Por que os generalistas
vencem em um mundo de especialistas

David Epstein

POR QUE OS GENERALISTAS VENCEM EM UM MUNDO DE ESPECIALISTAS

Tradução: Marcelo Barbão e Fal Azevedo

GLOBOLIVROS

Copyright © 2020 Editora Globo S.A. para a presente edição
Copyright © 2019 David Epstein

Todos os direitos reservados. Nenhuma parte desta edição pode ser utilizada ou reproduzida
— em qualquer meio ou forma, seja mecânico ou eletrônico, fotocópia, gravação etc. — nem
apropriada ou estocada em sistema de banco de dados sem a expressa autorização da editora.

Texto fixado conforme as regras do Acordo Ortográfico da Língua Portuguesa
(Decreto Legislativo nº 54, de 1995).

Título original: *Range: Why Generalists Triumph in a Specialized World*

Editora responsável: Amanda Orlando
Assistente editorial: Isis Batista
Preparação de texto: Erika Nogueira
Revisão: Aline Canejo e Augusto Coutinho
Diagramação: Equatorium Design
Capa: Gabriel Gonzalez
Imagem de capa: Freepik.com

1ª edição, 2020 - 6ª reimpressão, 2024

CIP-BRASIL. CATALOGAÇÃO-NA-FONTE
SINDICATO NACIONAL DOS EDITORES DE LIVROS, RJ

E54p
    Epstein, David, 1983-
        Por que os generalistas vencem em um mundo de especialistas /
David Epstein; tradução Marcelo Barbão, Fal Azevedo. - 1. ed. - Rio de Janeiro:
Globo Livros, 2020.
        336 p.

        Tradução de: Range : why generalists triumph in a specialized world
        Inclui índice
        ISBN 978-65-80634-34-7

        1. Técnicas de autoajuda. 2. Sucesso. 3. Habilidades de vida. I. Barbão,
Marcelo. II. Azevedo, Fal. III. Título.

20-63012
                    CDD: 153.9
                    CDU: 159.928.22

Meri Gleice Rodrigues de Souza - Bibliotecária CRB-7/6439

Direitos exclusivos de edição em língua portuguesa para o Brasil
adquiridos por Editora Globo S.A.
Rua Marquês de Pombal, 25 — 20230-240 — Rio de Janeiro — RJ
www.globolivros.com.br

Para Elizabeth, este e qualquer outro

Sumário

Introdução: Roger vs. Tiger.. 11

1. O culto da vantagem inicial 25
2. Como o mundo perverso foi criado 45
3. Quando menos do mesmo é mais 63
4. Aprendizado: rápido e lento 85
5. Pensar além da experiência 105
6. O problema do excesso de garra 127
7. Flertando com seus possíveis eus 153
8. A vantagem do *outsider* 177
9. Pensamento lateral com tecnologia obsoleta...................... 197
10. Enganado pela especialização....................................... 221
11. Aprendendo a abandonar suas ferramentas conhecidas........ 239
12. Amadores propositais 275

Conclusão: Expanda sua amplitude.................................... 295

Agradecimentos 299
Notas... 303
Índice remissivo 329

E ele se recusou a se especializar em algo, preferindo ficar de olho na *propriedade em geral* em vez de em alguma de suas partes... E a administração de Nikolai produziu os resultados mais brilhantes.
— LEON TOLSTÓI, *Guerra e paz*

Nenhuma ferramenta é onicompetente.
Não existe uma chave mestra que abra *todas* as portas.
— ARNOLD TOYNBEE, *Um estudo da história*

Introdução

Roger vs. Tiger

Vamos começar com algumas histórias do mundo dos esportes. A primeira, você provavelmente conhece.

O pai do garoto sabia que ele era diferente. Aos seis meses de idade, o menino conseguia se equilibrar dando a mão para o pai enquanto caminhava pela casa.[1] Aos sete meses, o pai lhe deu um taco de golfe para brincar, e o menino o arrastava para todo lugar que ia em seu pequeno andador circular. Aos dez meses, desceu do cadeirão, avançou até um taco de golfe que havia sido cortado do tamanho dele e imitou o balanço que observava na garagem. Como o pai ainda não conseguia conversar com o filho, desenhava imagens para mostrar ao menino como posicionar as mãos no taco. "É muito difícil explicar como dar uma tacada quando a criança é muito nova e ainda não fala",[2] contaria ele mais tarde.

Aos dois anos — uma idade em que os Centros para Controle e Prevenção de Doenças listam marcos físicos do desenvolvimento como "chutar uma bola" e "ficar na ponta dos pés" —, ele apareceu na televisão em rede nacional e usou um taco que chegava a seu ombro para dar uma pancada que deixou Bob Hope admirado. Naquele mesmo ano, entrou em seu primeiro torneio e venceu na categoria sub-10.

Não havia tempo a perder. Aos três anos, o menino estava aprendendo a sair de uma "armadilha de areia", e seu pai mapeava seu destino. Ele sabia que o filho tinha sido escolhido para isso, e que era seu dever guiá-lo. Pense nisso: se você tivesse certeza sobre o caminho que devia seguir, talvez também começasse a preparar seu filho de três anos para lidar com a futura mídia inevitável e insaciável. Ele preparava o garoto, interpretando o repórter, ensinando-o a dar respostas breves, a nunca responder mais do que havia sido perguntado. Naquele ano, o menino marcou 48 pontos, onze acima do par, por nove buracos em um campo na Califórnia.

Quando o menino tinha quatro anos, o pai podia deixá-lo em um campo de golfe às nove da manhã e buscá-lo oito horas depois, às vezes com o dinheiro que havia ganhado de quem era tolo o suficiente para duvidar dele.

Aos oito anos, o filho venceu o pai pela primeira vez. O pai não se importou, porque estava convencido de que seu filho tinha um talento singular e que poderia ajudá-lo. Ele também tinha se destacado como atleta e enfrentado enormes dificuldades. Jogara beisebol na faculdade quando era o único jogador negro em toda a liga. Entendia as pessoas e também a disciplina; tinha se formado em sociologia, servido no Vietnã como membro da elite dos Boinas Verdes do Exército e, mais tarde, ensinado guerra psicológica a futuros oficiais.[3] Sabia que não tinha sido um bom pai para três garotos de um casamento anterior, mas agora podia ver que tinha recebido uma segunda chance de fazer a coisa certa com o número quatro. E tudo estava indo conforme o planejado.

O menino já era famoso quando chegou a Stanford, e logo seu pai passou a falar sobre sua importância. O filho teria um impacto maior do que Nelson Mandela, do que Gandhi, do que Buda, ele insistia. "Ele tem um fórum maior do que qualquer um deles",[4] dizia. "É a ponte entre o Oriente e o Ocidente. Não há limite porque ele tem a orientação. Não sei ainda exatamente que forma isso vai tomar. Mas ele é o Escolhido."

Esta segunda história, você provavelmente também conhece. Pode não reconhecer no começo.

A mãe era treinadora, mas nunca o treinou. O filho começou a chutar a bola para ela logo que aprendeu a andar. Quando era menino, jogava squash com o pai aos domingos. Ele se interessava por esqui, luta livre, natação e skate.

Jogava basquete, handebol, tênis, tênis de mesa, badminton usando a cerca do vizinho e futebol na escola. Mais tarde, diria que todos os esportes que praticou o ajudaram a desenvolver sua capacidade atlética e a coordenação motora.

Descobriu que não importava muito qual era o esporte, desde que incluísse uma bola. "Sempre ficava muito mais interessado se uma bola estivesse envolvida",[5] ele se lembraria. Era um garoto que adorava jogar. Seus pais não tinham aspirações esportivas especiais para ele. "Não tínhamos plano A, nem plano B",[6] diria mais tarde sua mãe. Ela e o pai do menino o encorajaram a experimentar vários esportes. Na verdade, isso foi essencial. O menino "ficava insuportável",[7] conta a mãe, se tivesse que ficar parado por muito tempo.

Embora sua mãe desse aulas de tênis, ela decidiu não ensiná-lo. "Ele teria me deixado brava",[8] disse ela. "Experimentava várias jogadas estranhas e nunca devolvia uma bola normalmente. Isso simplesmente não é divertido para mães." Em vez de insistentes, um jornalista da *Sports Illustrated* observaria que seus pais eram, no mínimo, "displicentes".[9] Perto de sua adolescência, o menino começou a gravitar mais para o tênis; e, "se brigavam com ele, era para parar de levar o tênis tão a sério".[10] Quando disputava partidas, a mãe costumava se afastar para conversar com amigos. O pai tinha apenas uma regra: "Só não trapaceie".[11] Ele não trapaceava e começou a ficar bom de verdade.

Quando chegou à adolescência, era bom o suficiente para justificar uma entrevista para o jornal local. A mãe ficou chocada ao ler que, quando perguntaram o que ele compraria com um hipotético primeiro lugar jogando tênis, o filho respondeu: "Uma Mercedes". Ficou aliviada quando o repórter a deixou ouvir a gravação da entrevista. Perceberam que tinha havido um erro: o garoto dissera *"Mehr CDs"*, em alemão suíço. Ele simplesmente queria "mais CDs".[12]

O menino era competitivo, sem dúvida. Mas, quando seus instrutores de tênis decidiram transferi-lo para um grupo com jogadores mais velhos, pediu para voltar e ficar com os amigos. Afinal de contas, parte da diversão era ficar com eles depois das aulas para falar sobre música, luta livre ou futebol.

Quando finalmente desistiu de outros esportes — sobretudo futebol — para se concentrar no tênis, outras crianças havia muito vinham trabalhando com treinadores de força, psicólogos esportivos e nutricionistas. Mas isso não pareceu dificultar seu desenvolvimento em longo prazo. Aos trinta e poucos anos, época em que até mesmo tenistas lendários em geral já estão aposentados, ainda seria o primeiro colocado no mundo.

Em 2006, Tiger Woods e Roger Federer se conheceram, quando ambos estavam no auge de suas carreiras. Tiger voou em seu jato particular para assistir à final do Aberto dos EUA. Isso deixou Federer especialmente nervoso. Mesmo assim, venceu pelo terceiro ano consecutivo. Woods se juntou a ele no vestiário para uma festa regada a champanhe. Eles se conectaram como só os dois poderiam. "Nunca conversei com ninguém que estivesse tão familiarizado com a sensação de ser invencível",[13] descreveria Federer mais tarde. Eles logo se tornaram amigos, bem como focos de um debate sobre quem era o principal atleta no mundo.

Ainda assim, Federer não deixou de notar o contraste. "A história dele é completamente diferente da minha",[14] disse a um biógrafo em 2006. "Mesmo quando criança, seu objetivo era bater recordes e conquistar o maior número de torneios. Eu apenas sonhava em conhecer Boris Becker ou poder jogar alguma vez em Wimbledon."

Parece bastante incomum que uma criança com pais "displicentes" e que começou a jogar sem levar o esporte muito a sério tenha se transformado em um homem que domina o tênis como ninguém. Ao contrário de Tiger, milhares de crianças, pelo menos, tiveram uma vantagem inicial sobre Roger. A incrível educação de Tiger aparece com destaque em uma série de livros best-sellers sobre o desenvolvimento da especialização, um dos quais foi um manual voltado para pais escrito por Earl, pai dele. O menino não estava apenas jogando golfe. Estava envolvendo-se na "prática deliberada", o único tipo que conta na agora onipresente regra das 10 mil horas de experiência. A "regra" representa a ideia de que o número de horas acumuladas de treinamento altamente especializado é o único fator no desenvolvimento de habilidades, seja qual for a área. A prática deliberada, de acordo com o estudo de trinta violinistas que gerou a regra, ocorre quando os aprendizes recebem "instruções explícitas sobre o melhor método",[15] são supervisionados individualmente por um instrutor, recebem "feedback informativo imediato e conhecimento dos resultados de seu desempenho" e "executam repetidamente as mesmas tarefas ou similares". Uma grande quantidade de trabalho no desenvolvimento da especialização mostra que os atletas de elite passam mais tempo em práticas altamente técnicas e deliberadas a cada semana do que aqueles que alcançam níveis mais baixos:

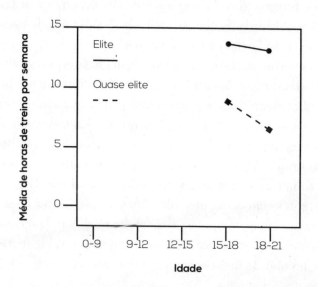

Tiger passou a simbolizar a ideia de que a quantidade de prática deliberada determina o sucesso — e seu corolário, que a prática deve começar o mais cedo possível.

A pressão para se concentrar cedo e de forma estrita se estende para bem além dos esportes. Muitas vezes, aprendemos que, quanto mais competitivo e complicado o mundo fica, mais especializados devemos nos tornar (e mais cedo devemos começar) para navegá-lo. Nossos ícones de sucesso mais conhecidos ganham projeção pela precocidade e pela vantagem inicial — Mozart, nas teclas; Mark Zuckerberg, CEO do Facebook, em outro tipo de teclado. A resposta, em todos os campos, a uma volumosa biblioteca de conhecimento humano e um mundo interconectado tem sido exaltar o foco cada vez mais preciso. Os oncologistas não se especializam mais em câncer, mas em câncer relacionado a apenas um órgão, e a tendência avança a cada ano. O cirurgião e escritor Atul Gawande destacou que, quando os médicos fazem piadas sobre os cirurgiões especialistas em orelha esquerda, "precisamos verificar se eles realmente não existem".[16]

No best-seller *Salto*, que trata das 10 mil horas, o jornalista britânico Matthew Syed sugeriu que o governo britânico não estava conseguindo acompanhar o caminho da firme especialização de Tiger Woods. A transferência de altos funcionários do governo entre os departamentos, escreveu ele, "não é menos absurda do que passar Tiger Woods do golfe para o beisebol, para o futebol americano e para o hóquei".

Só que o enorme sucesso da Grã-Bretanha nas recentes Olimpíadas, depois de décadas de desempenhos medianos, foi reforçado por programas criados especificamente para recrutar adultos que quisessem experimentar novos esportes e criar um canal para os que se desenvolvem tardiamente — "os que assam devagar",[17] como um dos funcionários do projeto descreveu para mim. Ao que parece, a ideia de um atleta, mesmo aquele que quer se tornar elite, seguir um caminho ao estilo de Roger e tentar esportes diferentes não é tão absurda. Atletas de elite no auge de suas habilidades passam mais tempo em uma prática deliberada e concentrada do que seus colegas quase elite. No entanto, quando os cientistas examinam todo o caminho de desenvolvimento dos atletas, desde a infância, o quadro é mais desta maneira:

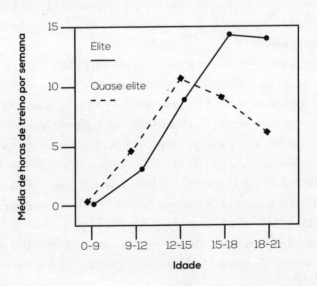

As futuras elites costumam dedicar *menos* tempo desde cedo à prática deliberada da atividade na qual acabarão se tornando especialistas. Em vez disso, passam pelo que os pesquisadores chamam de "período de experimentação". Praticam vários esportes, em geral em um ambiente não estruturado ou levemente estruturado; ganham uma gama ampla de proficiências físicas que podem usar; aprendem sobre suas próprias habilidades e inclinações; e apenas mais tarde se concentram e aumentam a prática técnica em uma área. O título de um estudo de atletas em esportes individuais proclamava "especialização tardia" como "a chave para o sucesso"; outro, "Chegar ao topo em esportes em equipe: comece mais tarde, intensifique e seja determinado".[18]

Quando comecei a escrever sobre esses estudos, encontrei críticas ponderadas, mas também negação. "Talvez em algum outro esporte", os fãs costumavam dizer, "mas isso não é verdade em *nosso* esporte". A comunidade do futebol, esporte mais popular do mundo, era a que mais reagia. Assim, como se fosse uma sugestão, no final de 2014, uma equipe de cientistas alemães publicou um estudo mostrando que os membros de sua equipe nacional, que tinha acabado de ganhar a Copa do Mundo, eram tipicamente especialistas tardios que jogaram futebol de forma amadora até os vinte e dois anos ou mais. Passaram boa parte da infância e adolescência jogando futebol amador e outros esportes. Outro estudo sobre futebol publicado dois anos depois reuniu jogadores conforme a habilidade aos onze anos e os acompanhou por dois anos. Aqueles que praticavam outros esportes e jogavam futebol amador, "e não praticavam mais futebol organizado/treinamento", melhoraram mais aos treze anos. Descobertas como essas agora estão tendo eco em uma enorme variedade de esportes, do hóquei ao vôlei.

A necessidade declarada de hiperespecialização constitui o núcleo de uma vasta máquina de marketing, bem-sucedida e às vezes bem-intencionada, nos esportes e em outros setores. Na realidade, o caminho de Roger para o estrelato esportivo é muito mais predominante do que o de Tiger, porém as histórias desses atletas são menos contadas, se é que chegam a ser. Você conhece alguns de seus nomes, mas provavelmente não suas origens.

Comecei a escrever esta apresentação logo após o Super Bowl de 2018, em que um *quarterback* recrutado para o beisebol profissional antes do futebol americano (Tom Brady) enfrentou outro que jogava futebol americano, basquete e beisebol, praticava caratê e teve que escolher entre o basquete e o futebol americano universitário (Nick Foles). Mais tarde, naquele mesmo mês, a atleta tcheca Ester Ledecká tornou-se a primeira mulher a ganhar ouro em dois esportes diferentes (esqui e snowboard) nas mesmas Olimpíadas de Inverno. Quando era mais nova, Ledecká praticou vários esportes (ainda joga vôlei de praia e pratica windsurf), concentrou-se na escola e nunca se apressou em ser a número um nas categorias de competição adolescente. O artigo do *Washington Post* no dia seguinte a seu segundo ouro proclamava: "Em uma era de especialização esportiva, Ledecká defende manter a variedade".[19] Logo após a façanha de Ledecká, o boxeador ucraniano Vasyl Lomachenko bateu o recorde de menos lutas necessárias para conquistar títulos mundiais em três categorias diferentes de peso. Lomachenko, que deixou o boxe por quatro anos quando criança para aprender dança tradicional ucraniana, refletiu: "Eu praticava muitos esportes quando era criança — ginástica, basquete, futebol, tênis —, e acho que, em última análise, todos eles contribuíram para melhorar meu trabalho de pernas".[20]

O proeminente cientista esportivo Ross Tucker resumiu a pesquisa no campo de forma simples: "Sabemos que a experimentação precoce é fundamental, assim como a diversidade".

Em 2014, incluí algumas das descobertas sobre a especialização tardia em esportes no posfácio do meu primeiro livro, *A genética do esporte*. No ano seguinte, recebi o convite de um público improvável para falar sobre essa pesquisa — não atletas ou treinadores, mas militares veteranos. Durante o preparo, examinei revistas científicas para trabalhar com especialização e mudança de carreira fora do mundo esportivo. Fiquei impressionado com o que encontrei. Um estudo mostrou que os especialistas precoces saltaram para a posição mais lucrativa após a faculdade, mas que os especialistas tardios compensaram a vantagem inicial dos outros ao encontrar um trabalho que se encaixava melhor em suas habilidades e personalidades. Encontrei uma série de estudos que mostraram como os inventores tecnológicos aumentaram seu impacto criativo acumulando experiência em diferentes domínios, em comparação com os colegas que se aprofundaram mais em um; eles realmente se beneficiaram com o fato de sacrificar um mínimo de profundidade, de forma proativa, pela amplitude, à medida que suas carreiras progrediram. Houve uma descoberta quase idêntica em um estudo sobre artistas.

Também comecei a perceber que algumas das pessoas cujo trabalho eu admirava muito — de Duke Ellington (que faltava às aulas de música para se concentrar em desenho e beisebol quando era criança) a Maryam Mirzakhani (que sonhava em se tornar romancista e se tornou a primeira mulher a ganhar o prêmio mais famoso da matemática, a Medalha Fields) — pareciam ter mais de Roger que de Tiger em suas histórias de desenvolvimento. Eu me aprofundei mais e encontrei indivíduos notáveis que foram bem-sucedidos não apesar de uma ampla gama de experiências e interesses, mas por causa disso: uma CEO que assumiu seu primeiro emprego na mesma época em que seus colegas estavam se preparando para se aposentar; um artista que percorreu cinco carreiras antes de descobrir sua vocação e mudar o mundo; e um inventor que aderiu a uma filosofia de antiespecialização própria e transformou uma pequena empresa fundada no século XIX em um dos nomes mais importantes do mundo atual.

Eu só tinha dado início à pesquisa sobre especialização no mundo mais amplo do trabalho. Então, em minha palestra para o pequeno grupo de militares veteranos, preferi falar apenas de esportes. Mencionei as outras descobertas brevemente, mas a audiência se aproveitou disso. Todos eram especialistas tardios ou tinham mudado de carreira. Quando vieram se apresentar depois da palestra, percebi que todos estavam pelo menos um pouco preocupados, e alguns perto de sentir vergonha.

Foram reunidos pela Fundação Pat Tillman que, no espírito do falecido jogador da NFL que deixou uma carreira no futebol profissional para se alistar no Exército, oferece bolsas de estudo para veteranos, militares ativos e cônjuges de militares que estão passando por mudanças de carreira ou voltando para a escola. Todos eram bolsistas, ex-paraquedistas e tradutores que estavam virando professores, cientistas, engenheiros e empreendedores. Estavam muito entusiasmados, mas navegavam em uma maré subterrânea de medo. Seus perfis no LinkedIn não apresentavam a progressão linear em direção a uma carreira específica que, tinham ouvido, era o que os empregadores queriam. Estavam ansiosos para começar a pós-graduação ao lado de estudantes mais jovens (às vezes, muito mais jovens) ou mudar de faixa mais tarde do que seus pares — tudo porque estiveram ocupados acumulando experiências incomparáveis de vida e liderança. De alguma forma, uma vantagem única tinha se transformado, em suas cabeças, em uma desvantagem.

Alguns dias após falar com o grupo da Fundação Tillman, um ex-SEAL da Marinha que apareceu depois da palestra me mandou um e-mail: "Estamos todos transitando de uma carreira para outra. Muitos de nós nos reunimos depois que você saiu e discutimos como ficamos aliviados ao ouvir suas palavras". Fiquei um pouco confuso ao descobrir que um ex-SEAL da Marinha, formado em história e geofísica que queria estudar pós-graduação em Administração de Empresas e Administração Pública, de Dartmouth e Harvard, precisava de mim para reafirmar suas escolhas de vida. Mas, como os outros na sala, tinha ouvido, implícita e explicitamente, que mudar de direção era perigoso.

A palestra foi recebida com tanto entusiasmo que a Fundação me convidou para fazer um discurso na conferência anual de 2016 e depois para reuniões de pequenos grupos em diferentes cidades. Antes de cada ocasião, li mais estudos, conversei com mais pesquisadores e descobri mais evidências de que leva tempo — e, muitas vezes, é preciso desistir de uma vantagem inicial — desenvolver um alcance pessoal e profissional, mas vale a pena.

Comecei a trabalhar mostrando que especialistas altamente credenciados podem ter a mente tão estreita que, na verdade, ficam piores quanto mais experiência possuem, mesmo quando mais confiantes — uma combinação perigosa. E fiquei chocado quando os psicólogos cognitivos com quem conversei me levaram a um enorme e muitas vezes ignorado trabalho demonstrando que a aprendizagem em si, para acumular conhecimento duradouro, deve ser realizada lentamente, mesmo quando isso significa ter um fraco desempenho em testes de progresso imediato. Ou seja, o aprendizado mais eficaz parece ineficiente; parece que estamos ficando para trás.

Começar algo novo na meia-idade pode parecer assim também. Mark Zuckerberg disse a famosa frase de que "os jovens são mais inteligentes".[21]

E, no entanto, um empreendedor de tecnologia com cinquenta anos de idade tem quase o dobro de chances de começar uma empresa bem-sucedida do que um de trinta, e o de trinta anos tem mais chance do que um de vinte anos.[22] Pesquisadores da Northwestern, do MIT e do Escritório do Censo dos EUA estudaram novas empresas de tecnologia e mostraram que, entre as startups em rápido crescimento, a idade média dos empreendedores era de 45 anos quando a empresa foi iniciada.

Zuckerberg tinha 22 anos quando disse isso. Era do seu interesse transmitir essa mensagem, assim como é do interesse das pessoas que comandam as ligas esportivas jovens afirmar que a dedicação no ano inteiro a uma atividade é necessária para o sucesso, não importando as evidências em contrário. Mas o impulso de se especializar vai além disso. Ela infecta não apenas indivíduos, mas sistemas inteiros, já que cada grupo especializado vê uma parte cada vez menor de um grande quebra-cabeça.

Uma revelação depois da crise financeira global de 2008 foi o grau de segregação nos grandes bancos. Legiões de grupos especializados que otimizavam o risco de suas próprias minúsculas partes do quadro geral criaram um todo catastrófico. Para piorar as coisas, as respostas à crise atraíram um grau estonteante de perversidade induzida pela especialização. Um programa federal lançado em 2009 incentivava os bancos a reduzirem os pagamentos mensais de hipotecas para os proprietários que estavam com dificuldades, mas que ainda conseguiam fazer pagamentos parciais. Uma boa ideia, porém foi assim que funcionou na prática: um braço do banco especializado em empréstimos hipotecários permitiu que o proprietário pagasse menos; outro braço do mesmo banco especializado em execuções hipotecárias notava que o dono da casa, de repente, estava pagando menos, declarava a inadimplência e tomava a casa. "Ninguém imaginou esse tipo de divisão dentro dos bancos",[23] comentou um conselheiro do governo, mais tarde. A superespecialização pode levar à tragédia coletiva mesmo quando cada indivíduo toma separadamente o curso de ação mais razoável.

Profissionais de saúde altamente especializados desenvolveram suas próprias versões do problema "se você só tem um martelo, tudo parece um prego". Os cardiologistas intervencionistas se acostumaram tanto a tratar a dor torácica com *stents* — tubos de metal que afastam os vasos sanguíneos

— que os usam de forma automática, mesmo nos casos em que uma grande quantidade de pesquisas provou que são inadequados ou perigosos. Um estudo recente descobriu que pacientes cardíacos tinham menos probabilidade de morrer se fossem internados durante uma reunião nacional de cardiologia, quando milhares de médicos dessa especialidade estavam ausentes; os pesquisadores sugeriram que poderia ser porque era menos provável que os tratamentos comuns de efeito duvidoso fossem realizados.[24]

Um cientista de renome internacional (que você conhecerá ao final deste livro) me disse que a crescente especialização criou um "sistema de trincheiras paralelas" na busca pela inovação. Todo mundo está cavando mais fundo em sua própria trincheira e raramente se levanta para olhar a trincheira ao lado, mesmo que a solução para o problema esteja lá. O cientista está tentando desespecializar a formação de futuros pesquisadores; espera que isso se espalhe para o treinamento em todos os campos. Ele lucrou imensamente com o cultivo da amplitude em sua própria vida, até mesmo quando foi obrigado a se especializar. E agora está ampliando sua esfera novamente, projetando um programa de treinamento em uma tentativa de dar aos outros a chance de se desviar do caminho de Tiger. "Essa pode ser a coisa mais importante que já fiz na vida", ele me disse.

Espero que este livro ajude você a entender por quê.

Quando os bolsistas da Tillman falaram em estar tomados pela incerteza e preocupados em estar cometendo um erro, entendi melhor do que demonstrei. Eu estava trabalhando em um navio de pesquisa científica no oceano Pacífico depois da faculdade quando decidi, com certeza, que queria ser escritor, não cientista. Nunca esperei que meu caminho da ciência para a escrita passasse pelo trabalho como repórter policial à noite em um tabloide de Nova York, nem que me tornasse logo em seguida redator sênior da *Sports Illustrated*, um trabalho que, para minha surpresa, eu deixaria pouco tempo depois. Comecei a me preocupar com a possibilidade de ser um vagabundo com fobia de compromissos com o trabalho e que devia ter entendido errado todo esse negócio de carreira. Aprender sobre as vantagens da amplitude e da especialização tardia mudou a maneira como me vejo e como vejo o mundo.

A pesquisa pertence a todas as fases da vida, desde o desenvolvimento das crianças em matemática, música e esportes a estudantes recém-saídos da faculdade tentando encontrar seu caminho, a profissionais na metade de suas carreiras que precisam de uma mudança e pretendem se aposentar procurando uma nova vocação após deixar a anterior.

O desafio que todos enfrentamos é como manter os benefícios da amplitude, da experiência diversificada, do pensamento interdisciplinar e da concentração tardia em um mundo que cada vez mais incentiva (e até exige) a hiperespecialização. Embora seja, sem dúvida, verdade que existem áreas exigindo indivíduos com a precocidade e a clareza de propósitos de Tiger, conforme a complexidade aumenta — com a tecnologia transformando o mundo em redes mais vastas de sistemas interconectados nos quais cada indivíduo vê apenas uma pequena parte —, também precisamos de mais Rogers: pessoas que começam de forma ampla e adotam diversas experiências e perspectivas enquanto progridem. Pessoas com amplitude.

1
O CULTO DA VANTAGEM INICIAL

Um ano e quatro dias após o fim da Segunda Guerra Mundial na Europa com a rendição incondicional, Laszlo Polgar nasceu em uma pequena cidade na Hungria — a semente de uma nova família. Ele não tinha avós, nem avôs ou primos; todos tinham morrido no Holocausto, junto com a primeira esposa e os cinco filhos de seu pai. Laszlo cresceu determinado a ter uma família — e que ela fosse especial.

Ele se preparou para a paternidade na faculdade estudando as biografias de pensadores lendários, de Sócrates a Einstein. Decidiu que a educação tradicional não funcionava, e que ele poderia transformar seus filhos em gênios se apenas lhes desse a vantagem certa. Ao fazer isso, provaria algo muito maior: que qualquer criança pode ser moldada para a eminência em qualquer disciplina. Só precisava de uma esposa que concordasse com o plano.[1]

A mãe de Laszlo tinha um amigo, e o amigo tinha uma filha — Klara. Em 1965, Klara viajou para Budapeste, onde conheceu Laszlo pessoalmente. Ele não foi nada sutil; passou o primeiro encontro dizendo a Klara que planejava ter seis filhos e que iria criá-los para serem brilhantes. Klara voltou para a casa dos pais com uma opinião morna: tinha "conhecido um homem muito interessante",[2] mas não se imaginava casada com ele.

Continuaram a trocar cartas. Ambos eram professores e concordavam que o sistema escolar padrão era frustrante, feito para produzir "a massa média cinzenta",[3] como dizia Laszlo. Um ano e meio de correspondência depois, Klara percebeu que trocava cartas com um amigo muito especial. Laszlo finalmente escreveu uma carta de amor e fez a proposta de casamento no final. Eles se casaram, mudaram-se para Budapeste e começaram a trabalhar. Susan nasceu no início de 1969, e o experimento começou.

Para seu primeiro gênio, Laszlo escolheu o xadrez. Em 1972, um ano antes de Susan começar a treinar, o norte-americano Bobby Fischer derrotou o russo Boris Spassky na "Partida do Século". Foi considerada uma representação da Guerra Fria nos dois hemisférios, e o xadrez virou, de repente, parte da cultura pop. Além disso, de acordo com Klara, o jogo tinha um benefício distinto: "O xadrez é muito objetivo e fácil de medir".[4] Ganhar, perder ou empatar, e um sistema de pontos mede a habilidade contra o resto do mundo do xadrez. Sua filha, decidiu Laszlo, se tornaria campeã de xadrez.

Laszlo era paciente e meticuloso. Começou a fazer "guerras de peões" com Susan. Somente peões, e a primeira pessoa a avançar a linha final ganhava. Logo, Susan estava estudando finais de jogos e armadilhas de abertura. Ela gostava do jogo e aprendeu rápido. Depois de oito meses de estudo, Laszlo a levou a um clube de xadrez enfumaçado em Budapeste e desafiou homens adultos a jogar com sua filha de quatro anos, cujas pernas pendiam da cadeira. Susan venceu a primeira partida, e o homem que perdeu foi embora enfurecido. Ela entrou no campeonato feminino de Budapeste e ganhou o título sub-11. Aos quatro anos, não havia perdido nenhum jogo.

Aos seis, Susan sabia ler e escrever e estava anos à frente de seus colegas em matemática. Laszlo e Klara decidiram que iriam educá-la em casa e deixavam o dia livre para o xadrez. A polícia húngara ameaçou colocar Laszlo na cadeia se ele não matriculasse a filha no sistema escolar obrigatório. Ele fez meses de lobby no Ministério da Educação para obter a permissão. A nova irmãzinha de Susan, Sofia, também seria educada em casa, assim como Judit, que nasceria em breve, e a quem Laszlo e Klara quase deram o nome de Zseni, "gênio" em húngaro. Todas as três se tornaram parte do grande experimento.

Em um dia normal, as garotas estavam no ginásio às sete da manhã jogando tênis de mesa com treinadores, e depois voltavam para casa às dez horas para o café da manhã, antes de um longo dia de xadrez. Quando Laszlo chegou ao limite de seu conhecimento, contratou técnicos para seus três gênios em treinamento. Passava seu tempo livre cortando 200 mil registros de sequências de jogos das revistas de xadrez — muitos oferecendo uma prévia de oponentes em potencial — e arquivando-os em um catálogo de cartões personalizados, o *cartotech*. Antes dos programas de xadrez de computador, isso dava à família Polgar o maior banco de dados de xadrez do mundo para estudar, exceto — talvez — pelos arquivos secretos da União Soviética.

Quando tinha dezessete anos, Susan tornou-se a primeira mulher a se classificar para o campeonato mundial masculino, embora a federação mundial de xadrez não tenha permitido que ela participasse. (Uma regra que logo seria alterada, graças a suas conquistas.) Dois anos depois, em 1988, quando Sofia tinha catorze e Judit, doze anos, as garotas eram três das quatro participantes da equipe húngara das Olimpíadas de Xadrez femininas. Na final, elas ganharam da União Soviética, que tinha vencido onze das doze Olimpíadas desde o início do evento. As irmãs Polgar se tornaram "tesouros nacionais", como disse Susan. No ano seguinte, o comunismo caiu, e as meninas puderam competir no mundo todo. Em janeiro de 1991, aos 21 anos, Susan tornou-se a primeira mulher a conquistar o título de grande mestre disputando torneios contra homens. Em dezembro, Judit, aos quinze anos e cinco meses, tornou-se a mais jovem grande mestre de todos os tempos, homem ou mulher. Quando perguntaram a Susan na televisão se ela queria ganhar o campeonato mundial na categoria masculina ou feminina, ela sabiamente respondeu que queria ganhar a "categoria absoluta".[5]

Nenhuma das irmãs atingiu o objetivo mais alto de Laszlo de se tornar campeã mundial, mas todas foram excelentes. Em 1996, Susan participou do campeonato mundial feminino e venceu. Sofia alcançou o nível de mestre internacional, um nível abaixo de grande mestre. Judit foi mais longe, subindo para o oitavo lugar no ranking mundial geral em 2004.

A experiência de Laszlo tinha funcionado. Funcionou tão bem que, no início dos anos 1990, ele sugeriu que, se sua abordagem de especialização inicial fosse aplicada a mil crianças, a humanidade poderia resolver problemas como o câncer e a Aids.[6] Afinal, o xadrez era apenas um meio arbitrário para seu propósito universal. Como a história de Tiger Woods, a da família Polgar entrou em um *loop* interminável na cultura pop, aparecendo em artigos, livros, programas de TV e palestras como um exemplo do poder de intervir na vida desde o começo precoce. Um curso on-line chamado "Crie gênios!" anuncia lições do método dos Polgar para "criar seu próprio Plano de Vida para um Gênio". O best-seller *Talent Is Overrated* usou as irmãs Polgar e Tiger Woods como prova de que uma vantagem inicial na prática deliberada é a chave para o sucesso em "praticamente qualquer atividade que seja importante para você".

A poderosa lição é que qualquer coisa no mundo pode ser conquistada da mesma maneira. Baseia-se em uma suposição muito importante e muito implícita: que xadrez e golfe são exemplos representativos de todas as atividades que são importantes para você.

Quanto do mundo e quantas das coisas que os humanos querem aprender e fazer são realmente como xadrez e golfe?

O psicólogo Gary Klein é pioneiro do modelo de especialização de "tomada de decisões naturalistas" (NDM, na sigla em inglês). Os pesquisadores da NDM observam especialistas em seu curso natural de trabalho para aprender como tomam decisões de alto risco sob pressão de tempo. Klein mostrou que os especialistas em uma série de campos são notavelmente semelhantes aos mestres do xadrez, pois reconhecem instintivamente padrões familiares.

Quando pedi que Garry Kasparov, talvez o melhor jogador de xadrez da história, explicasse seu processo de decisão em um movimento, ele me disse o seguinte: "Vejo um movimento, uma combinação quase instantaneamente". Baseava-se em padrões já vistos antes. Kasparov disse que apostaria que os grandes mestres geralmente fazem a jogada que vem à mente nos primeiros segundos de pensamento. Klein estudou comandantes de bombeiros e estimou que cerca de 80% de suas decisões também são tomadas instintivamente e em segundos. Após anos de combate a incêndios, eles reconhecem padrões repetidos no comportamento das chamas e dos prédios que queimam a ponto de desabarem. Quando estudou comandantes navais que não estavam em tempo de guerra tentando evitar desastres, como confundir um voo comercial com um inimigo e abatê-lo, percebeu que eles rapidamente detectavam possíveis ameaças. Em 95% do tempo, os comandantes reconheceram um padrão comum e escolheram um curso de ação comum que foi a primeira coisa em que pensaram.

Um dos colegas de Klein, o psicólogo Daniel Kahneman, estudou a tomada de decisão humana a partir do modelo da "heurística e do viés" do julgamento humano. Suas descobertas dificilmente poderiam ter sido mais diferentes das de Klein. Quando Kahneman sondava os julgamentos de especialistas muito treinados, frequentemente descobria que a experiência não tinha ajudado em nada. Pior, muitas vezes criava confiança, mas não habilidade.

Kahneman incluía-se nessa crítica. Ele tinha começado a duvidar da ligação entre experiência e especialização em 1955, quando era um jovem tenente da unidade de psicologia das Forças de Defesa de Israel. Um de seus deveres era avaliar candidatos a oficiais por meio de testes adaptados do Exército britânico. Em um exercício, equipes de oito pessoas tinham que passar levando um poste telefônico comprido sobre um muro de um metro e oitenta sem deixar o mastro tocar o chão, e sem que nenhum dos soldados ou o poste tocasse o muro.[*] A diferença no desempenho dos indivíduos era tão grande, com líderes natos, seguidores, fanfarrões e fracos emergindo naturalmente sob o estresse da tarefa, que Kahneman e seus colegas avaliadores foram ficando mais confiantes de que podiam analisar as qualidades de liderança dos candidatos e identificar como seria o desempenho deles na formação de oficiais e em combate. Estavam completamente enganados. A cada poucos meses, tinham um "dia de estatísticas", no qual recebiam um retorno sobre a precisão de suas previsões. Toda vez, descobriam que tinham ido um pouco melhor do que se adivinhassem às cegas. Cada vez adquiriam mais experiência e faziam julgamentos confiantes. E nunca conseguiam melhorar. Kahneman ficou maravilhado com a "completa falta de conexão entre a informação estatística e a convincente experiência da compreensão".[7] Na mesma época, foi publicado um livro influente sobre o julgamento de especialistas que Kahneman me disse que o impressionou "enormemente".[8] Era uma revisão

---

[*] Uma solução comum era que vários membros da equipe segurassem o poste em um ângulo enquanto os outros se revezavam subindo e pulando por cima do muro. O mastro poderia ser passado sobre o muro, mantido em certo ângulo, e os membros restantes da equipe poderiam pular, agarrar-se a ele e deslizar até que pudessem saltar para o outro lado.

abrangente da pesquisa que abalou a psicologia ao demonstrar que a experiência simplesmente não criava habilidade em uma ampla gama de cenários do mundo real, desde administradores universitários avaliando o potencial de alunos até psiquiatras prevendo o desempenho do paciente e profissionais de recursos humanos decidindo quem terá sucesso no treinamento profissional. Nesses domínios, que envolviam o comportamento humano e nos quais os padrões não se repetiam do forma clara, a repetição não causava aprendizado. Xadrez, golfe e combate a incêndios são exceções, não a regra.

A diferença entre o que Klein e Kahneman documentaram em profissionais experientes englobava um profundo enigma: os especialistas ficam melhor com a experiência ou não?

Em 2009, Kahneman e Klein deram o passo incomum de escrever juntos um artigo em que expuseram suas visões e buscaram um terreno comum.[9] E encontraram. Se a experiência inevitavelmente levava à especialização, concordaram eles, dependia por completo do domínio em questão. A experiência estrita serve para melhores jogadores de xadrez e pôquer, além de bombeiros, mas não para melhores prognósticos de tendências financeiras ou políticas, ou de como empregados ou pacientes irão agir. Os domínios estudados por Klein, nos quais o reconhecimento de padrões instintivos funcionava muito bem são os que o psicólogo Robin Hogarth denominou ambientes de aprendizagem "generosos".[10] Os padrões repetem-se muitas vezes, e o feedback é extremamente preciso e, em geral, muito rápido. No golfe ou no xadrez, uma bola (ou peça) é movida de acordo com regras e dentro de limites definidos, uma consequência mostra-se logo aparente, e desafios semelhantes ocorrem de forma repetida. Dê uma tacada em uma bola de golfe e ela vai longe demais ou não vai o suficiente; você comete erros como *slices* e *hooks* ou passa direto. O jogador observa o que aconteceu, tenta corrigir o erro, tenta de novo e repete por anos. Essa é a própria definição de prática deliberada, o tipo identificado tanto com a regra das 10 mil horas quanto com a corrida para a especialização precoce em treinamento técnico. O ambiente de aprendizagem é generoso porque o aluno melhora simplesmente participando da atividade e tentando fazer melhor. Kahneman estava focado no outro lado dos ambientes de aprendizagem generosos; Hogarth chamou-os de "perversos".

Nos domínios perversos, as regras do jogo costumam não ser claras ou são incompletas, podem ou não existir padrões repetitivos e podem não ser óbvios, e o feedback é muitas vezes atrasado, impreciso ou ambos.

Nos ambientes de aprendizado mais perversos, a experiência reforçará as lições erradas. Hogarth observou um famoso médico de Nova York, conhecido por sua habilidade de diagnóstico. Sua especialidade era a febre tifoide, e ele examinava os pacientes sentindo com as mãos a área em torno da língua. Várias vezes seu teste apontou um diagnóstico positivo antes que o paciente exibisse algum sintoma. E, muitas vezes, seu diagnóstico acabou por estar correto. Como outro médico mais tarde salientou: "Ele era um transmissor mais produtivo, usando apenas as mãos, do que a Maria Tifoide".[11] O repetido sucesso acabou ensinando-lhe a pior lição possível. Poucos ambientes de aprendizado são tão perversos, mas não é preciso muito para tirar profissionais experientes do curso. Bombeiros veteranos, quando confrontados com uma nova situação, como um incêndio em um arranha-céu, podem se ver repentinamente privados da intuição formada em anos de incêndios e ficar propensos a más decisões. Com uma mudança do *status quo*, os mestres do xadrez também podem descobrir que a habilidade que levaram anos para construir fica, de repente, obsoleta.

Em um confronto de 1997, anunciado como a batalha final pela supremacia entre a inteligência natural e a artificial, o supercomputador Deep Blue, da IBM, derrotou Garry Kasparov. O Deep Blue avaliava 200 milhões de posições por segundo. É uma fração minúscula das possíveis posições do xadrez — o número de possíveis sequências de jogos é maior do que o de átomos do universo observável —, mas é suficiente para vencer o melhor humano. De acordo com Kasparov, "hoje o aplicativo gratuito de xadrez no celular joga melhor que eu".[12] Ele não está sendo retórico.

"Qualquer coisa que possamos fazer, e que saibamos como fazer, as máquinas farão melhor", disse ele, em uma palestra recentemente. "Se pudermos codificar e passar para os computadores, eles farão melhor." Ainda assim, perder para o Deep Blue deu-lhe uma ideia. Ao jogar contra o computador, ele reconheceu o que os estudiosos da inteligência artificial (IA) chamam de paradoxo de Moravec: máquinas e humanos, com frequência, possuem forças e fraquezas opostas.

Há um ditado que diz que "o xadrez é 99% tática". As táticas são combinações curtas de movimentos que os jogadores usam para obter uma vantagem imediata no tabuleiro. Quando os jogadores estudam todos esses padrões, estão dominando as táticas. O planejamento do quadro mais geral no xadrez — como administrar as pequenas batalhas para ganhar a guerra — é chamado de estratégia. Como Susan Polgar escreveu, "você pode ir muito além, sendo muito bom em táticas"[13] — isto é, conhecendo muitos padrões — "e ter apenas um entendimento básico de estratégia".

Graças a seu poder de cálculo, os computadores são taticamente perfeitos em comparação aos humanos. Os grandes mestres preveem o futuro próximo, mas os computadores fazem isso melhor. E se, imaginou Kasparov, a proeza tática do computador fosse combinada com o pensamento estratégico do quadro geral humano?

Em 1998, ele ajudou a organizar o primeiro torneio de "xadrez avançado", no qual cada jogador humano, incluindo o próprio Kasparov, fazia uma dupla com um computador. Anos de estudo de padrões foram apagados. A parceria com a máquina poderia lidar com táticas para que o humano pudesse se concentrar na estratégia. Era como se Tiger Woods jogasse um videogame de golfe contra os melhores *gamers*. Seus anos de repetição seriam neutralizados, e a disputa mudaria para a estratégia, em vez da execução tática. No xadrez, mudou a hierarquia instantaneamente. "A criatividade humana era ainda mais importante sob essas condições, não menos",[14] segundo Kasparov. Kasparov empatou em 3-3 com um jogador que ele tinha trucidado por quatro jogos a zero apenas um mês antes em uma partida tradicional. "Minha vantagem no cálculo de táticas foi anulada pela máquina." O benefício primário de anos de experiência com treinamento especializado foi terceirizado e, em uma disputa em que os humanos se concentravam na estratégia, ele subitamente tinha jogadores no mesmo nível.

Alguns anos depois, foi realizado o primeiro torneio de "xadrez estilo livre".[15] As equipes podiam ser formadas por vários seres humanos e computadores. A vantagem de uma vida de prática especializada que havia sido diluída no xadrez avançado foi eliminada no estilo livre. Uma dupla de jogadores amadores com três computadores normais não apenas destruiu o Hydra, o melhor supercomputador de xadrez, como também esmagou equipes de grandes mestres usando computadores. Kasparov concluiu que os humanos da equipe vencedora eram os melhores no "treinamento" de vários computadores sobre o que examinar e, em seguida, sintetizavam essas informações para uma estratégia geral. Equipes combinadas de humanos/computadores — conhecidas como "centauros" — estavam jogando o mais alto nível de xadrez já visto. Se a vitória do Deep Blue sobre Kasparov sinalizou a transferência do poder do xadrez dos humanos para os computadores, a vitória dos centauros sobre o Hydra simbolizou algo ainda mais interessante: humanos capacitados para fazer o que fazem melhor sem o pré-requisito de anos de reconhecimento especializado de padrões.

Em 2014, um site de xadrez de Abu Dhabi ofereceu 20 mil dólares em prêmios para que jogadores de estilo livre competissem em um torneio que também incluía partidas nos quais os programas jogavam sem intervenção humana. A equipe vencedora era composta por quatro pessoas e vários computadores. O capitão e principal tomador de decisões foi Anson Williams, um engenheiro britânico sem classificação oficial de xadrez. Seu companheiro de equipe, Nelson Hernandez, contou o seguinte: "O que as pessoas não entendem é que o estilo livre envolve um conjunto integrado de habilidades que, em alguns casos, não têm nada a ver com jogar xadrez".[16] No xadrez tradicional, Williams estava provavelmente no nível de um amador decente. Mas ele era bem versado em computadores e perito na integração de informações em *streaming* para decisões estratégicas. Quando adolescente, ele se destacou no videogame *Command & Conquer*, conhecido como "estratégia em tempo real", porque os jogadores se movem simultaneamente. No xadrez estilo livre, ele tinha que considerar os conselhos de colegas de equipe e vários programas de xadrez e então rapidamente direcionar os computadores para examinar algumas possibilidades particulares mais detalhadamente. Ele era como um executivo com uma equipe de conselheiros táticos formada por grandes mestres, decidindo qual conselho ser investigado mais a fundo e, por fim, a quem prestar atenção. Jogou cada partida com cautela, esperando um empate, mas tentando criar situações que pudessem levar o adversário a um erro.

Por fim, Kasparov descobriu uma maneira de vencer o computador: terceirizando as táticas, a parte da perícia humana mais facilmente substituível, a parte que ele e as meninas-prodígio dos Polgar passaram anos aperfeiçoando.

Em 2007, a National Geographic TV fez um teste com Susan Polgar. A equipe colocou-a em uma mesa na calçada, no meio de um quarteirão frondoso no Greenwich Village, em Manhattan, na frente de um tabuleiro de xadrez sem peças. Os nova-iorquinos de jeans e casacos de outono passavam caminhando enquanto um caminhão branco carregando a imagem de um grande tabuleiro de xadrez com vinte e oito peças já no meio de uma partida fazia uma curva à esquerda na rua Thompson, passando por uma lanchonete e por Susan Polgar. Ela olhou para a imagem quando o caminhão seguiu e, logo depois, recriou a cena no tabuleiro à sua frente. O programa estava repetindo uma série de famosos experimentos de xadrez que abriram as cortinas para as habilidades de aprendizagem em ambientes amistosos.[17]

A primeira ocorreu na década de 1940, quando o mestre de xadrez e psicólogo holandês Adriaan de Groot apresentou tabuleiros de xadrez para jogadores com diferentes níveis de habilidade e, então, pediu que os recriassem da melhor forma que pudessem.[18] Um grande mestre repetidamente recriou o tabuleiro inteiro depois de vê-lo por apenas três segundos. Um jogador de nível mestre conseguia fazer a metade do que o grande mestre. Um jogador campeão menos experiente da cidade e um jogador mediano de clube nunca foram capazes de recriar o tabuleiro com precisão. Assim como Susan Polgar, os grandes mestres pareciam ter memória fotográfica.

Depois que Susan conseguiu fazer o primeiro teste, a National Geographic TV virou o caminhão para mostrar o outro lado, que mostrava um tabuleiro com peças distribuídas aleatoriamente. Quando Susan viu esse lado, embora houvesse menos peças, não conseguiu recriar nada.

Esse teste reencenou uma experiência de 1973, na qual dois psicólogos da Universidade Carnegie Mellon, William G. Chase e o futuro Nobel Herbert A. Simon, repetiram o exercício de Adriaan de Groot, mas acrescentaram algo inesperado. Dessa vez, os jogadores de xadrez também receberam tabuleiros com as peças em um arranjo que nunca ocorreria em um jogo. De repente, os especialistas tiveram um desempenho exatamente igual aos dos jogadores menos experientes. Os grandes mestres nunca tiveram memória fotográfica, afinal. Através do estudo repetitivo de padrões de jogo, eles aprenderam a fazer o que Chase e Simon chamavam de "criar blocos".[19] Em vez de se esforçar para lembrar a localização de cada peão, bispo e torre individualmente, o cérebro dos jogadores de elite agrupa as peças em um número menor de blocos significativos baseando-se em padrões familiares. Esses blocos permitem que jogadores avançados avaliem de imediato a situação com base na experiência, e é por isso que Garry Kasparov me disse que os grandes mestres geralmente sabem sua movimentação em segundos. Para Susan Polgar, quando o caminhão passou pela primeira vez, o tabuleiro não continha vinte e oito itens, mas cinco diferentes blocos significativos que indicavam como o jogo progrediria.

Criar blocos ajuda a explicar exemplos aparentemente milagrosos de memória específica para cada domínio, desde músicos tocando peças longas de cor até *quarterbacks* de futebol americano reconhecendo padrões de jogadores em uma fração de segundo e tomando a decisão de lançar a bola. A razão pela qual os atletas de elite parecem ter reflexos sobre-humanos é que eles reconhecem padrões de movimentos da bola ou do corpo que dizem o que está por vir antes que aconteça. Quando testados fora de seu contexto esportivo, suas reações sobre-humanas desaparecem.

Todos nos baseamos na criação de blocos diariamente nas habilidades em que somos especialistas. Reserve dez segundos e tente memorizar o máximo de vinte palavras possíveis:

Porque grupos vinte padrões
significativa são palavras mais fáceis dividir em os blocos lembrar
realmente sentença familiares pode de você muito em uma.

Certo! Agora, tente novamente:

Vinte palavras são realmente muito mais fáceis
de lembrar em uma sentença significativa porque
você pode dividir os blocos de padrões familiares em grupos.

São as mesmas vinte partes de informação, mas, ao longo da vida, você aprendeu padrões de palavras que permitem a criação instantânea de sentido no segundo arranjo — e lembrar-se dele com muito mais facilidade. Seu garçom no restaurante não tem uma memória milagrosa; como músicos e *quarterbacks*: eles aprenderam a agrupar informações recorrentes em blocos.

Estudar um número enorme de padrões repetitivos é tão importante no xadrez que a especialização inicial na prática técnica é fundamental. Os psicólogos Fernand Gobet (mestre internacional) e Guillermo Campitelli (treinador de futuros grandes mestres) descobriram que as chances de um jogador de xadrez competitivo alcançar o status de mestre internacional (um nível abaixo de grande mestre) caíam de uma em quatro para uma em 55 se o treinamento rigoroso não tivesse começado aos doze anos. A criação de blocos pode parecer mágica, mas vem de uma prática extensa e repetitiva. Laszlo Polgar estava certo em acreditar nisso. Suas filhas nem sequer constituem a evidência mais extrema.[20]

Por mais de cinquenta anos, o psiquiatra Darold Treffert estudou os sábios ou idiotas-prodígio, indivíduos com uma motivação insaciável para praticar em um domínio e uma habilidade nessa área que supera em muito suas habilidades em outras áreas.[21] "Ilhas de genialidade", como Treffert chama.* Treffert documentou os feitos quase inacreditáveis de sábios como o pianista Leslie Lemke, que pode tocar milhares de músicas de memória. Como Lemke e outros sábios têm capacidade de recuperação aparentemente ilimitada, Treffert inicialmente atribuiu as habilidades às memórias perfeitas; são gravadores humanos. Exceto que, quando são testados depois de ouvir uma música pela primeira vez, os sábios musicais reproduzem a música "tonal" — o gênero de quase todas as músicas pop e a maioria das clássicas — mais facilmente do que a música "atonal", em que sucessivas notas não seguem estruturas harmônicas familiares. Se os sábios fossem gravadores humanos repetindo notas, não faria diferença se fossem convidados a recriar músicas que seguem ou não as regras populares de composição. Mas, na prática, isso faz uma diferença enorme. Em um estudo de um pianista

---

* Cerca de metade dos sábios é autista e muitos outros têm deficiências, mas nem todos.

sábio, o pesquisador, que tinha ouvido o homem tocar centenas de músicas sem falhas, ficou estupefato quando o sábio não conseguiu recriar uma peça atonal mesmo depois de uma sessão de prática com ela. "O que ouvi pareceu tão improvável que me senti obrigado a verificar se o teclado não havia de alguma forma escorregado para o modo de transposição",[22] registrou o pesquisador. "Mas ele realmente tinha cometido um erro, e os erros continuaram." Padrões e estruturas familiares eram fundamentais para a extraordinária habilidade de memória do gênio. Da mesma forma, quando mostram aos sábios artistas, brevemente, imagens e pedem que as reproduzam, eles se saem muito melhor com objetos da vida real do que com representações mais abstratas.[23]

Treffert demorou décadas para perceber que estava errado, e que os sábios têm mais em comum com prodígios, como as irmãs Polgar, do que pensava. Eles não apenas regurgitam. O brilho deles, assim como o das Polgar, depende de estruturas repetitivas, que é precisamente o que tornou a habilidade das moças tão fácil de automatizar.

Com os avanços feitos pelo programa de xadrez AlphaZero (pertencente a um braço de IA da empresa controladora do Google), talvez até mesmo os melhores centauros fossem derrotados em um torneio estilo livre. Ao contrário dos programas de xadrez anteriores, que usavam força de processamento bruta para calcular um número enorme de movimentos possíveis e classificá-los de acordo com os critérios estabelecidos pelos programadores, o AlphaZero realmente aprendeu sozinho a jogar. Precisava apenas das regras, e depois jogar sozinho um número gigantesco de vezes, mantendo o registro do que funciona e do que não, usando isso para melhorar. Em pouco tempo, consegue vencer os melhores programas de xadrez. Fez o mesmo com o jogo do Go, que tem muito mais posições possíveis. Mas a lição do centauro continua: quanto mais uma tarefa se deslocar para um mundo aberto de estratégia global, mais os humanos terão algo que acrescentar.

Os programadores do AlphaZero divulgaram o impressionante feito declarando que a criação deles tinha saído de uma "tábula rasa" (do zero) até o domínio completo sozinha. Mas começar com um jogo é tudo, menos partir do zero.[24] O programa ainda está operando em um mundo restrito e limitado por regras. Mesmo em videogames que são menos limitados por padrões táticos, os computadores enfrentam um desafio maior.

O mais recente desafio de videogame para a inteligência artificial é o *StarCraft*, uma franquia de jogos de estratégia em tempo real em que espécies fictícias vão à guerra pela supremacia em algum ponto distante da Via Láctea. Requer tomadas de decisões muito mais complexas que o xadrez. Há batalhas para administrar, infraestrutura para planejar, espionagem para fazer, geografia para explorar e recursos para coletar, todos mandando informações uns aos outros. Os computadores esforçaram-se para ganhar no *StarCraft*, disse Julian Togelius, um professor da NYU que estuda a IA dos jogos, em 2017. Mesmo quando eles venceram humanos em jogos individuais, os jogadores humanos adaptaram-se com "estratégia adaptativa de longo prazo" e começaram a ganhar. "Há muitas camadas de pensamento", disse ele. "Nós, humanos, somos péssimos em todas elas individualmente, mas temos uma ideia muito aproximada sobre cada uma e podemos combiná-las e ser um pouco adaptativos. Esse parece ser o truque."

Em 2019, em uma versão limitada do *StarCraft*, a IA venceu um profissional pela primeira vez. (O profissional adaptou-se e obteve uma vitória depois de uma série de derrotas.) Mas a complexidade estratégica do jogo oferece uma lição: quanto maior o quadro, mais singular é a potencial contribuição humana. Nossa maior força é exatamente o oposto da especialização estrita. É a capacidade de fazer uma integração ampla. De acordo com Gary Marcus, um professor de psicologia e ciências neurológicas que vendeu sua empresa de aprendizado de máquina para a Uber: "Em mundos estritos o suficiente, os humanos podem não ter muito a contribuir por muito mais tempo. Em jogos mais abertos, acho que eles certamente terão. Não apenas jogos, em problemas do mundo real com fim aberto ainda estamos acabando com as máquinas".[25]

O progresso da IA no mundo fechado e ordenado do xadrez, com feedback instantâneo e dados profundos, tem sido exponencial. No mundo da direção de automóveis cheio de regras, mas confuso, a IA fez um tremendo progresso, mas os desafios continuam. Em um problema realmente aberto, desprovido de regras rígidas e dados históricos perfeitos, a IA tem sido desastrosa. O Watson, da IBM, destruiu no *Jeopardy!* e foi subsequentemente apresentado como uma revolução no tratamento do câncer, fracassando de forma tão espetacular que vários especialistas de inteligência artificial me disseram que se preocupavam com a possibilidade de sua reputação prejudicar a pesquisa da IA em campos relacionados à saúde.[26] Como disse um oncologista: "A diferença entre ganhar no *Jeopardy!* e curar o câncer é que sabemos a resposta às perguntas do *Jeopardy!*".[27] Com o câncer, ainda estamos trabalhando para fazer as perguntas certas.

Em 2009, um relatório publicado na revista *Nature* anunciou que o Google Flu Trends poderia usar padrões de consulta de pesquisa para prever a propagação da gripe no inverno mais rapidamente e com a mesma precisão que os Centros de Controle e Prevenção de Doenças.[28] Mas o Google Flu Trends logo se tornou instável e, no inverno de 2013, previu mais do que o dobro da prevalência da gripe da que realmente ocorreu nos Estados Unidos.[29] Hoje, o Google Flu Trends não está mais publicando estimativas, e apenas tem uma página dizendo que "ainda é cedo" para esse tipo de previsão. De maneira reveladora, Marcus apresentou-me essa analogia para os limites atuais das máquinas especialistas: "Os sistemas de IA são como sábios". Precisam de estruturas estáveis e mundos estreitos.

Quando conhecemos as regras e as respostas, e elas não mudam com o tempo — xadrez, golfe, música clássica —, podemos defender a prática hiperespecializada ao estilo do gênio desde o primeiro dia. Mas esses são modelos pobres para a maioria das coisas que os humanos querem aprender.

Quando a especialização estrita é combinada com um domínio não generoso, a tendência humana de confiar na experiência de padrões familiares pode dar muito errado — como os bombeiros experientes que, de repente, fazem escolhas ruins quando enfrentam um incêndio em uma estrutura desconhecida. Chris Argyris, que ajudou a criar a Yale School of Management, observou o perigo de tratar o mundo perverso como se fosse generoso. Ele estudou consultores de alto nível das principais escolas de negócios durante quinze anos e viu que se saíam muito bem em problemas bem definidos e rapidamente avaliados. No entanto, empregavam o que Argyris chamava de aprendizado de circuito único, o tipo que favorece a primeira solução familiar que vem à mente. Sempre que essas soluções davam errado, em geral o consultor ficava na defensiva. Argyris achou surpreendente suas "personalidades frágeis", dado que "a essência do trabalho deles é ensinar aos outros como fazer as coisas de maneira diferente".[30]

O psicólogo Barry Schwartz demonstrou uma inflexibilidade similar aprendida entre praticantes experientes quando dava aos estudantes universitários um quebra-cabeça lógico que envolvia pressionar os interruptores para acender e apagar as lâmpadas em sequência, e que eles podiam repetir muitas vezes. Poderia ser resolvido de setenta maneiras diferentes, com uma pequena recompensa em dinheiro para cada sucesso. Os alunos não recebiam nenhuma regra e, portanto, tinham que trabalhar com tentativa e erro.* Se um estudante encontrasse uma solução, ele a repetia várias vezes para conseguir mais dinheiro, mesmo que não soubesse por que estava funcionando. Mais tarde, novos alunos foram adicionados; e foi solicitado a todos que descobrissem a regra geral de todas as soluções. Incrivelmente, todos os estudantes que não conheciam o quebra-cabeça descobriram a regra de todas as setenta soluções, enquanto apenas um dos alunos que havia sido recompensado por apenas uma solução conseguiu descobrir. O subtítulo do artigo de Schwartz:[31] "Como não ensinar as pessoas a descobrir regras" — isto é, fornecendo recompensas pelo sucesso repetitivo de curto prazo com uma gama restrita de soluções.

Tudo isso é má notícia para algumas das analogias de aprendizagem bem-sucedidas favoritas do mundo dos negócios — as Polgar, Tiger e, até certo ponto, analogias baseadas em qualquer esporte ou jogo. Comparado com o golfe, um esporte como o tênis é muito mais dinâmico, com os jogadores ajustando-se aos adversários a cada segundo, às superfícies e, às vezes, a seus próprios companheiros de equipe. (Federer foi medalha de ouro no jogo de duplas nas Olimpíadas de 2008.) Mas o tênis ainda está muito na ponta do espectro em comparação com, digamos, uma sala de emergência

---

* Vinte e cinco lâmpadas foram montadas atrás de uma placa translúcida. O quebra-cabeça começava com a lâmpada superior esquerda acesa e um placar em zero. Os participantes foram informados de que acumular pontos renderia dinheiro, mas não como marcá-los. Experimentando, eles podiam descobrir que apertar os botões em uma sequência que levasse a acender a lâmpada inferior direita era a maneira de ganhar pontos e dinheiro. Essencialmente, tinham que mover a luz do canto superior esquerdo ao inferior direito.

hospitalar, onde médicos e enfermeiras não descobrem automaticamente o que acontece com um paciente assim que o encontram. Eles precisam descobrir maneiras de aprender além da prática e assimilar lições que podem até contradizer sua experiência direta.

O mundo não é golfe, e a maior parte nem é tênis. Como diz Robin Hogarth, boa parte do mundo é "tênis marciano". Dá para ver os jogadores em uma quadra com bolas e raquetes, mas ninguém contou quais são as regras. Cabe a você descobri-las, e elas estão sujeitas a alterações sem aviso prévio.

Demos como exemplos as histórias erradas. A história de Tiger e a das Polgar dão a falsa impressão de que a habilidade humana é sempre desenvolvida em um ambiente de aprendizado extremamente generoso. Se fosse o caso, a especialização que é ao mesmo tempo estrita e técnica, e que começa assim que possível, normalmente funcionaria. Mas não funciona nem na maioria dos esportes.

Se a quantidade de prática especializada precoce em uma área restrita fosse a chave para o desempenho inovador, os gênios dominariam todos os campos que tocassem e os prodígios infantis sempre passariam à eminência quando adultos. Como observou a psicóloga Ellen Winner, uma das maiores autoridades em crianças superdotadas, nenhum sábio jamais se tornou um "Grande Criador",[32] que fez grandes mudanças em seu campo.

Há áreas, além do xadrez, nas quais uma quantidade enorme de prática estrita contribui para a intuição ao "estilo grande mestre". Como os jogadores de golfe, os cirurgiões melhoram com a repetição do mesmo procedimento. Contadores e jogadores de bridge e pôquer desenvolvem intuição precisa através de experiências repetitivas.[33] Kahneman ressaltou as "robustas regularidades estatísticas"[34] desses domínios. Mas quando as regras são alteradas, mesmo que levemente, isso faz parecer que os especialistas trocaram a flexibilidade por habilidades específicas. Na pesquisa sobre o bridge em que a ordem do jogo foi alterada, os especialistas tiveram mais dificuldade em se adaptar às novas regras do que os não especialistas.[35] Quando foi solicitado em um estudo que contadores experientes usassem uma nova lei fiscal para deduções que substituía a anterior, eles se saíram pior do que os novatos.[36] Erik Dane, professor da Rice University que estuda o comportamento organizacional, chama esse fenômeno de "entrincheiramento cognitivo".[37] Suas sugestões para evitá-lo estão no extremo oposto da versão rígida da escola de pensamento de 10 mil horas: variar os desafios drasticamente dentro de um domínio e, como um colega pesquisador colocou, insistir em "ter um pé fora de seu mundo".[38]

Cientistas e membros do público em geral têm praticamente a mesma probabilidade de ter hobbies artísticos, mas os cientistas indicados às maiores academias nacionais têm muito mais probabilidade de ter passatempos fora de sua vocação. E aqueles que ganharam o Prêmio Nobel têm ainda maior probabilidade. Em comparação com outros cientistas, os ganhadores do Prêmio Nobel têm, pelo menos, vinte e duas vezes mais chances de serem atores, dançarinos, mágicos ou outro tipo de artista amador.[39] Cientistas reconhecidos nacionalmente são muito mais propensos do que outros cientistas a serem músicos, escultores, pintores, desenhistas, marceneiros, mecânicos, a consertar aparelhos eletrônicos, confeccionar peças de vidro, serem poetas ou escritores, tanto de ficção quanto de não ficção. E, mais uma vez, os premiados pelo Nobel têm probabilidade ainda maior. Os especialistas mais bem-sucedidos também pertencem ao mundo mais amplo. "Para aquele que observa de fora",[40] disse o espanhol ganhador do Prêmio Nobel Santiago Ramón y Cajal, o pai da neurociência moderna, "parece que estão dispersando e dissipando suas energias, enquanto na realidade elas estão sendo canalizadas e fortalecidas". A principal conclusão do estudo de cientistas e engenheiros durante anos, todos vistos por seus pares como verdadeiros especialistas técnicos, foi que aqueles que não fizeram uma contribuição criativa para seu campo careciam de interesses estéticos fora de sua área específica.[41] Como observou o psicólogo e proeminente pesquisador de criatividade Dean Keith Simonton, "em vez de se concentrar obsessivamente em um tópico limitado",[42] os empreendedores criativos tendem a ter interesses amplos. "Essa amplitude geralmente dá suporte a ideias que não podem ser atribuídas apenas à especialização específica do campo."

Tais descobertas são reminiscentes de um discurso de Steve Jobs, no qual ele notoriamente relatou a importância de uma aula de caligrafia para sua estética de design. "Quando estávamos projetando o primeiro computador Macintosh, tudo voltou a minha mente",[43] disse ele. "Se eu nunca tivesse feito aquele curso na faculdade, o Mac nunca teria vários tipos fontes espaçadas de forma proporcional." Ou o engenheiro elétrico Claude Shannon, que lançou a Era da Informação graças a um curso de Filosofia de que participou para preencher uma exigência na Universidade de Michigan. Nas aulas, foi exposto ao trabalho do lógico inglês autodidata do século XIX George Boole, que atribuiu um valor de 1 a afirmações verdadeiras e 0 a afirmações falsas e mostrou que os problemas lógicos poderiam ser resolvidos como equações matemáticas. Não resultou em nada de importância prática até setenta anos depois da morte de Boole, quando Shannon fez um estágio de verão no laboratório de pesquisa Bell Labs, da AT&T. Lá, ele reconheceu que poderia combinar a tecnologia de roteamento de chamadas telefônicas com o sistema lógico de Boole para codificar e transmitir qualquer tipo de informação eletronicamente. É a ideia fundamental sobre a qual se baseiam os computadores. "Simplesmente mais ninguém estava familiarizado com os dois campos ao mesmo tempo",[44] disse Shannon.

Em 1979, Christopher Connolly foi cofundador de uma consultoria de psicologia no Reino Unido para ajudar grandes realizadores (a princípio os atletas, mas depois outros) a alcançar seu melhor desempenho. Ao longo dos anos, Connolly ficou cada vez mais curioso sobre por que alguns profissionais se atrapalhavam fora de uma especialização estrita, enquanto outros eram notavelmente adeptos de expandir suas carreiras — de tocar em uma orquestra de primeira linha, por exemplo, a comandar outra. Trinta anos depois que começou, Connolly voltou a estudar ao fazer um doutorado investigando essa mesma questão sob orientação de Fernand Gobet, o psicólogo e mestre internacional do xadrez. A principal descoberta de Connolly foi que, no início de suas carreiras, aqueles que mais tarde fizeram transições bem-sucedidas tiveram um treinamento mais amplo e mantiveram vários "fluxos de carreira"[45] abertos, mesmo quando buscavam uma especialidade primária. Eles "viajaram em uma rodovia de oito pistas",[46] escreveu ele, em vez de cair em uma rua de mão única com só uma pista. Tinham amplitude. Os que eram bem-sucedidos na adaptação foram excelentes em levar o conhecimento de uma atividade e aplicá-lo criativamente em outra, evitando o entrincheiramento cognitivo. Empregaram o que Hogarth chamou de "disjuntor". Utilizaram experiências e analogias externas para interromper sua inclinação a adotar uma solução anterior que talvez não funcionasse mais. A habilidade deles era em *evitar* os mesmos padrões antigos. No mundo perverso, com desafios mal definidos e poucas regras rígidas, a amplitude pode ser uma forma de truque para a vida.

Fingir que o mundo é como o golfe e o xadrez é reconfortante. Cria a ideia de que ele é generoso e permite o surgimento de alguns livros muito atraentes. O resto deste aqui continuará a partir de onde aqueles terminam — em um lugar onde o esporte popular é o tênis marciano, com uma perspectiva de como o mundo moderno se tornou, antes de tudo, tão perverso.

2
COMO O MUNDO PERVERSO FOI CRIADO

A CIDADE DE DUNEDIN fica na base de uma península montanhosa que se projeta da ilha sul da Nova Zelândia para o Pacífico. A península é famosa pelos pinguins-de-olho-amarelo, e Dunedin orgulha-se, solenemente, de ter a rua residencial mais íngreme do mundo. Também abriga a Universidade de Otago, a mais antiga da Nova Zelândia, e o lar de James Flynn, professor de estudos políticos que mudou a maneira como os psicólogos avaliam o pensamento.

Ele começou em 1981, intrigado por um artigo de trinta anos[1] que relatava resultados de testes de QI de soldados norte-americanos nas duas Guerras Mundiais. Os soldados da Segunda Guerra tiveram melhor desempenho — bastante superior. Um soldado da Primeira Guerra que conseguiu alcançar a metade dos resultados de seus pares — 50% — teria conseguido apenas 22% em comparação com os soldados da Segunda Guerra Mundial. Flynn se perguntou se talvez os civis tinham experimentado uma melhora semelhante. "Pensei: se os aumentos de QI tivessem ocorrido em qualquer lugar", disse-me ele, "talvez tivessem ocorrido em todos os lugares". Se estivesse certo, os psicólogos estavam ignorando algo grande bem na frente deles.

Flynn escreveu para pesquisadores de outros países pedindo dados e, em um tedioso sábado de novembro de 1984, encontrou uma carta em sua caixa de correio da universidade. Era de um pesquisador holandês. E continha anos de dados brutos de testes de QI feitos com jovens na Holanda. Os dados eram de um teste conhecido como Matrizes Progressivas de Raven, projetado para avaliar a capacidade do realizador do teste de dar sentido à complexidade. Cada questão do teste mostra um conjunto de desenhos abstratos com um desenho ausente. O participante deve tentar preencher o desenho faltante para completar um padrão. Raven foi concebido para ser o epítome de um teste "culturalmente reduzido"; o desempenho não deve ser afetado pelo material aprendido na vida, dentro ou fora da escola. Se os marcianos pousassem na Terra, o teste de Raven deveria ser capaz de determinar até que ponto eles são brilhantes.[2] No entanto, Flynn logo percebeu que os jovens holandeses tinham conseguido enormes avanços de uma geração para a seguinte.

Flynn encontrou mais pistas nos manuais de referência do teste. Os testes de QI são padronizados para que a pontuação média seja sempre de 100 pontos. (Eles são classificados com base em uma curva, com 100 no meio.) Flynn notou que os testes precisavam ser repadronizados de tempos em tempos para manter a média em 100, porque os participantes do teste estavam dando mais respostas corretas do que no passado. Nos doze meses após receber a carta holandesa, Flynn coletou dados de catorze países. Todos mostravam avanços enormes em crianças e adultos. "Nossa vantagem sobre nossos antepassados", como ele apresenta, "é do berço ao túmulo".[3]

Flynn tinha feito a pergunta certa. Melhoras na pontuação *tinham* ocorrido em todos os lugares. Outros acadêmicos já haviam encontrado partes dos mesmos dados, mas nenhum tinha investigado se era parte de um padrão global, mesmo aqueles que precisavam ajustar o sistema de pontuação para manter a média em 100. "Como alguém de fora, as coisas me pareceram tão surpreendentes que acho que pessoas treinadas em psicometria simplesmente aceitaram isso", disse-me Flynn.

O efeito Flynn — o aumento das respostas corretas do teste de QI a cada nova geração no século XX — já foi documentado em mais de trinta países. Os avanços são surpreendentes: três pontos a cada dez anos. Colocando isso em perspectiva, se um adulto que ficou na média hoje fosse comparado aos adultos de um século atrás, ele estaria no percentual 98.

Quando Flynn publicou suas descobertas em 1987,[4] atingiu a comunidade de pesquisadores que estudam a capacidade cognitiva como uma bomba. A Associação de Psicologia do EUA convocou uma reunião inteira sobre a questão, e os psicólogos investiram na natureza imutável das pontuações dos testes de QI e ofereceram uma série de explicações para direcionar o efeito, de mais educação e melhor nutrição — o que presumivelmente contribuiu — a mais experiência em testes, mas nenhum se encaixa no padrão incomum de melhorias da pontuação. Nos testes que avaliam o material tirado da escola ou de leituras ou estudos independentes — conhecimento geral, aritmética, vocabulário —, as pontuações dificilmente mudaram.[5] Enquanto isso, o desempenho em tarefas mais abstratas que nunca são formalmente ensinadas, como as matrizes de Raven, ou testes de "semelhanças", que exigem uma descrição de como duas coisas são parecidas, disparou.

Se for pedido a um jovem hoje que apresente as semelhanças entre "crepúsculo" e "amanhecer", ele imediatamente perceberá que as duas palavras estão ligadas a períodos do dia. Só que seria mais provável que fornecessem uma informação mais completa do que suas avós: ambos separam o dia da noite.[6] Uma criança, hoje, que pontua a média de semelhanças estaria no percentual 94 da geração de seus avós. Quando um grupo de pesquisadores estonianos usou os resultados dos testes nacionais[7] para comparar o entendimento de palavras dos alunos na escola na década de 1930 com os de 2006, percebeu que a melhora ocorria especificamente nas palavras mais abstratas. Quanto mais abstrata a palavra, maior a melhoria. As crianças mal superavam seus avós em palavras para objetos ou fenômenos diretamente observáveis ("galinha", "comer", "doença"), mas melhoraram muito em conceitos imperceptíveis ("lei", "penhor", "cidadão").

As melhoras no mundo das Matrizes Progressivas de Raven — em que a mudança era menos esperada — foram as maiores de todas. "Os enormes avanços em Raven mostram que as crianças de hoje são muito melhores em resolver problemas no ato sem um método previamente aprendido para fazê-lo",[8] concluiu Flynn. São mais capazes de extrair regras e padrões quando nada é fornecido. Mesmo em países que recentemente tiveram uma *dimi-*

nuição nos resultados de testes de QI verbal e de matemática, as pontuações de Raven aumentaram.[9] A causa, ao que parece, era algo inefável no ar moderno. Não só isso, mas o cumulativo ar misterioso sobrecarregou de alguma forma os cérebros modernos especificamente para os testes mais abstratos. Que tipo de mudança, pensou Flynn, poderia ser tão grande e ao mesmo tempo tão particular?

No fim da década de 1920 e no início da de 1930, regiões remotas da União Soviética foram forçadas a mudanças sociais e econômicas que normalmente levariam gerações para acontecer. Lavradores em áreas isoladas do atual Uzbequistão sobreviveram por muito tempo cultivando por si só pequenas hortas para alimentação e algodão para todo o resto do país. Perto, nas terras montanhosas do atual Quirguistão, os pastores criavam animais. A população era inteiramente analfabeta; e uma estrutura social hierárquica, reforçada por regras religiosas estritas. A revolução socialista desmantelou esse modo de vida quase da noite para o dia.

O governo soviético forçou toda aquela terra agrícola a se transformar em grandes fazendas coletivas e iniciou o desenvolvimento industrial. A economia logo se tornou interconectada e complexa. Os agricultores tinham que criar estratégias de trabalho coletivas, planejar com antecedência a produção, dividir as funções e avaliar o trabalho ao longo do processo. Vilarejos remotos começaram a se comunicar com cidades distantes. Uma rede de escolas foi aberta em regiões com 100% de analfabetismo, e os adultos passaram a aprender um sistema que combinava símbolos com sons. Os aldeões tinham usado números antes, mas apenas em transações práticas. Naquele momento, estavam aprendendo o conceito de um número como uma abstração que existia mesmo sem a referência de contar animais ou distribuir comida. Algumas mulheres da aldeia permaneceram totalmente analfabetas, mas fizeram cursos rápidos sobre como ensinar alunos do jardim de infância. Outras mulheres foram admitidas por mais tempo em um magistério. As aulas de educação pré-escolar e a ciência e a tecnologia da agricultura eram oferecidas aos alunos que não tinham nenhum tipo de educação formal. Escolas secundárias e institutos técnicos foram criados em seguida. Em 1931, em meio a essa incrível transformação, um brilhante jovem psicólogo russo chamado Alexander Luria[10] reconheceu um fugaz "experimento natural", único na história do mundo. Ele se perguntou se mudar o trabalho dos cidadãos também mudaria suas mentes.

Quando Luria chegou, os vilarejos mais remotos ainda não tinham sido tocados pela veloz reestruturação da sociedade tradicional. Esses vilarejos deram a ele um grupo de controle. Ele aprendeu a língua local e trouxe psicólogos para criar situações sociais descontraídas para os moradores — casas de chá ou pastagens — e discutir questões ou tarefas destinadas a discernir seus hábitos mentais.[11]

Alguns eram muito simples: mostrar novelos de lã ou seda em vários matizes e pedir aos participantes que os descrevessem. Os agricultores coletivos e os líderes das fazendas, assim como as alunas, selecionaram facilmente azul, vermelho e amarelo, às vezes com variações, como azul-escuro ou amarelo-claro. Os moradores dos vilarejos mais remotos, que ainda eram "pré-modernos", davam descrições mais diversificadas: "algodão em flor", "dentes decompostos", "muita água", "céu", "pistache". Então, foi solicitado que classificassem os novelos em grupos. Os agricultores coletivos e os jovens, mesmo com pouca educação formal, fizeram isso com facilidade, formando naturalmente grupos de cores. Mesmo quando não sabiam o nome de uma determinada cor, tiveram pouca dificuldade em juntar os tons mais escuros e mais claros da mesma cor. Os aldeões remotos, por outro lado, recusaram-se, mesmo aqueles que trabalhavam com bordado. "Não pode ser feito", disseram. Ou: "Nenhum deles é o mesmo. Não dá para colocá-los juntos". Quando estimulados vigorosamente, e somente se pudessem fazer muitos pequenos grupos, alguns cederam e criaram conjuntos aparentemente aleatórios. Alguns pareciam ordenar os novelos de acordo com a saturação da cor, sem levar em conta a cor.

Depois, foi a vez das formas geométricas. Quanto maior a dose de modernidade, maior a probabilidade de um indivíduo compreender o conceito abstrato de "formas" e fazer grupos de triângulos, retângulos e círculos, mesmo sem educação formal e sem conhecer os nomes das formas. Enquanto isso, os aldeões remotos não viam nada parecido em um quadrado desenhado com linhas sólidas e o mesmo quadrado exato desenhado com linhas pontilhadas. Para Alieva, uma aldeã remota de 26 anos, o quadrado de linhas sólidas era, obviamente, um mapa, e o quadrado pontilhado era um relógio. "Como um mapa e um relógio podem ser colocados juntos?", perguntava ela, incrédula. Khamid, um aldeão remoto de 24 anos, insistia que os círculos preenchidos e não preenchidos não poderiam estar juntos porque um era uma moeda e o outro, uma lua.

O padrão continuou para cada gênero de pergunta. Pressionados a fazer agrupamentos conceituais — parecidos com as perguntas de semelhanças nos testes de QI —, os aldeões remotos voltaram às narrativas práticas com base em sua experiência direta. Quando os psicólogos tentaram explicar um exercício de agrupamento do tipo "o que não pertence" a Rakmat, de 39 anos, deram a ele o exemplo de três adultos e uma criança, com a criança evidentemente diferente das outras. Só que Rakmat não conseguia ver assim. "O menino deve ficar com os outros!", argumentava ele. Os adultos estão trabalhando "e, se tiverem que continuar correndo para buscar as coisas, nunca conseguirão terminar o trabalho, mas o menino pode correr por eles". Certo, então, que tal um martelo, uma serra, um machado e um tronco — três deles são ferramentas. Eles não são um grupo, Rakmat respondeu, porque são inúteis sem o tronco, então por que estariam juntos?

Outros aldeões descartaram o martelo ou o machado, que consideraram menos versáteis para usar com o tronco, a menos que pensassem em bater o machado no tronco com o martelo, e nesse caso ele poderia ficar. Talvez, então, pássaro/rifle/punhal/bala? Não dá para excluir um e ter um grupo, insistiu um aldeão remoto. A bala deve ser carregada no rifle para matar o pássaro, e "então você tem que cortar o pássaro com o punhal, já que não há outro jeito de fazer isso". Essas foram apenas as apresentações de explicação da tarefa de agrupamento, não as questões reais. Nenhuma quantidade de persuasão, explicação ou exemplos conseguia fazer com que os aldeões remotos usassem o raciocínio com base em qualquer conceito que não fosse uma parte concreta de suas vidas diárias.

Os agricultores e estudantes que tinham começado a ingressar no mundo moderno puderam praticar um tipo de pensamento chamado "edução",[12] elaborar princípios orientadores quando receberam fatos ou materiais, mesmo na ausência de instruções, e até quando nunca tinham visto o material antes. Isso é exatamente o que fazem os testes de Matrizes Progressivas de Raven.

Imagine apresentar aos aldeões que vivem em circunstâncias pré-modernas desenhos abstratos do teste de Raven.

Algumas das mudanças provocadas pela modernidade e pela cultura coletiva parecem quase mágicas. Luria descobriu que os aldeões mais remotos não estavam sujeitos às mesmas ilusões de ótica que os cidadãos do mundo industrializado, como a ilusão de Ebbinghaus. Qual círculo central, abaixo, parece maior?

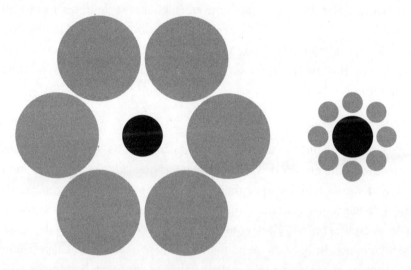

Se você disse o da direita, provavelmente é um cidadão do mundo industrializado. Os aldeões remotos viam, corretamente, que são do mesmo tamanho, enquanto os agricultores coletivos e as mulheres do magistério escolheram o da direita. Essas descobertas foram repetidas em outras sociedades tradicionais, e cientistas sugeriram que isso pode refletir o fato de que as pessoas pré-modernas não são tão atraídas pelo contexto holístico — a relação dos vários círculos entre si. Desse modo, sua percepção não é alterada pela presença de círculos extras. Para usar uma metáfora comum, as pessoas pré-modernas confundem a floresta com as árvores; as pessoas modernas confundem as árvores com a floresta.[13]

Desde essa viagem de Luria ao interior, os cientistas replicaram seu trabalho em outras culturas. O povo Kpelle,[14] na Libéria, cultivava arroz para subsistência, mas na década de 1970 as estradas começaram a serpentear na direção deles, conectando os Kpelles às cidades. Ao receber testes parecidos, adolescentes que tinham ligações com instituições modernas agruparam itens usando categorias abstratas ("Todas essas coisas podem nos manter aquecidos."), enquanto os adolescentes tradicionais geravam grupos que eram, comparativamente, arbitrários e mudavam com frequência, mesmo quando se pedia que repetissem a mesma tarefa. Como os adolescentes tocados pela modernidade tinham construído grupos temáticos significativos, também conseguiam se lembrar muito melhor quando, mais tarde, eram questionados sobre os itens. Quanto mais tinham se aproximado da modernidade, mais forte era seu pensamento abstrato, e menos precisavam usar sua experiência concreta com o mundo como ponto de referência.

Nas palavras de Flynn, agora vemos o mundo através dos "óculos científicos". Ele quer dizer que, em vez de confiar em nossas próprias experiências diretas, compreendemos a realidade por meio de esquemas de classificação, usando camadas de conceitos abstratos para entender como as informações se relacionam umas com as outras. Crescemos em um mundo de esquemas de classificação totalmente estranhos a quem mora nos vilarejos remotos. Classificamos alguns animais como mamíferos e, dentro dessa classe, estabelecemos conexões mais detalhadas baseadas na semelhança da fisiologia e do DNA deles.

As palavras que representam conceitos que antes eram domínio exclusivo de estudiosos passaram a ser amplamente compreendidas em poucas gerações. A palavra "porcentagem" era quase inexistente nos livros em 1900.[15] Em 2000, ela aparece cerca de uma vez a cada 5 mil palavras. (Este capítulo tem, aproximadamente, 7 mil palavras.) Os programadores de computador trabalham com muitas camadas de abstração. (Eles sempre se saem muito bem no teste de Raven.)[16] Na barra de progresso que vai crescendo na tela do computador para indicar um download, há uma legião de abstrações, do básico — a linguagem de programação que o criou é uma representação do código binário, os números 1 e 0 puros que o computador usa — ao psicológico: a barra é uma projeção visual do tempo que proporciona paz de espírito por estimar o progresso de um número imenso de atividades subjacentes.[17]

É possível que advogados considerassem como os resultados de um caso iniciado por um indivíduo em Oklahoma seria relevante para outro caso iniciado por uma empresa na Califórnia. A fim de se prepararem, eles poderiam experimentar diferentes argumentos hipotéticos ao mesmo tempo em que se colocam no lugar de um advogado opositor para prever quais serão os argumentos usados. Esquemas conceituais são flexíveis, têm a capacidade de organizar informações e ideias para vários usos e de transferir conhecimento entre domínios. O trabalho moderno exige transferência de conhecimento: a capacidade de aplicar o conhecimento a novas situações e a diferentes domínios. Nossos processos de pensamento mais fundamentais mudaram para acomodar a complexidade crescente e a necessidade de derivar novos padrões, em vez de confiar apenas nos conhecidos. Nossos esquemas de classificação conceituais fornecem uma base para conectar conhecimentos, tornando-os acessíveis e flexíveis.

Pesquisas com milhares de adultos em seis países industrializados descobriram que a exposição ao trabalho moderno com resolução autodirigida de problemas e desafios não repetitivos estava correlacionada com o fato de ser "cognitivamente flexível".[18] Como Flynn faz questão de salientar, isso não significa que os cérebros tenham agora mais potencial inerente do que tinham uma geração antes, mas que os óculos utilitários foram trocados por óculos que classificam o mundo usando conceitos.* Mesmo recentemente, dentro de algumas comunidades religiosas muito tradicionais ou ortodoxas que se modernizaram, mas que ainda impedem as mulheres de se envolver em trabalhos modernos, o efeito Flynn ocorreu mais lentamente para elas[19] do que para os homens na mesma comunidade. A exposição ao mundo moderno deixou-nos mais bem adaptados a complexidades, e isso se manifestou como flexibilidade, com profundas implicações para a amplitude de nosso mundo intelectual.

---

* Psicólogos ainda debatem acaloradamente as contribuições e implicações do efeito Flynn. Steven Pinker, psicólogo de Harvard, caracterizou os avanços como mais do que apenas uma mudança de pensamento: "Nenhum historiador que coloque a história humana dentro da escala dos séculos poderia deixar de perceber o fato de que estamos vivendo agora em um período de inteligência extraordinária" (S. Pinker. *Better Angels of our Nature*. Nova York: Penguin, 2011.).

Em toda direção cognitiva, as mentes dos cidadãos pré-modernos eram muito restringidas pelo mundo concreto diante deles. Com persuasão, alguns resolveram esta sequência lógica: "O algodão cresce bem em um lugar quente e seco. A Inglaterra é fria e úmida. O algodão pode crescer lá ou não?". Eles tinham experiência direta com o cultivo de algodão, de modo que alguns deles puderam responder (hesitando e quando pressionados) sobre um país que nunca tinham visitado. Exatamente a mesma charada com detalhes diferentes deixava-os perplexos: "No extremo norte, onde há neve, todos os ursos são brancos. Novaya Zemlya fica no extremo norte e há sempre neve. De que cor são os ursos lá?". Dessa vez, nenhuma pressão conseguiu fazer com que os aldeões remotos respondessem. Eles responderiam apenas com princípios. "Suas palavras só podem ser respondidas por alguém que esteve lá", disse um homem que, apesar de nunca ter ido à Inglaterra, tinha acabado de responder à questão do algodão. Mas mesmo um leve contato com o trabalho moderno começou a mudar isso. Apresentado à charada do urso-branco, Abdull, de 45 anos e pouco alfabetizado, apesar de ser o administrador de uma cooperativa rural, não daria uma resposta confiante, mas tentou exercitar a lógica formal. "Seguindo suas palavras, todos deveriam ser brancos", disse ele.

A transição transformou completamente os mundos interiores dos moradores dos vilarejos. Quando os cientistas de Moscou perguntaram aos aldeões o que gostariam de saber sobre eles ou sobre o lugar de onde vieram, os lavradores e pastores isolados geralmente não conseguiam fazer nenhuma pergunta. "Nunca vi o que as pessoas fazem em outras cidades. Então, como posso perguntar?", respondeu um. Já aqueles que estavam participando da agricultura coletiva eram muito curiosos. "Bom, você acabou de falar de ursos brancos...", disse Akhmetzhan, um trabalhador de 31 anos da cooperativa. "Não entendo de onde eles vêm." Ele parou para refletir por um momento. "E, então, você mencionou os EUA. É governado por nós ou por algum outro poder?" Siddakh, de dezenove anos, que trabalhava em uma cooperativa rural e tinha estudado em uma escola por dois anos, estava cheio de perguntas criativas que examinavam o autoaperfeiçoamento, desde o pessoal ao local e ao global: "Bom, o que posso fazer para melhorar nossos *kolkhozniks* [fazendeiros da cooperativa]? Como podemos obter plantas maiores ou plantar outras que crescerão como árvores grandes? E também estou interessado em saber como o mundo existe, de onde vêm as coisas, como os ricos se tornaram ricos e por que os pobres são pobres".

Enquanto os pensamentos dos aldeões pré-modernos estavam circunscritos por suas experiências diretas, comparativamente as mentes modernas são livres. Isso não quer dizer que uma forma de vida seja melhor que a outra. Como o historiador árabe Ibne Caldune, considerado um dos fundadores da sociologia, ressaltou séculos atrás, um morador da cidade viajando pelo deserto dependerá completamente de um nômade para se manter vivo. Enquanto estiverem no deserto, o nômade é um gênio.

Mas também é verdade que a vida moderna requer amplitude, o estabelecimento de conexões em domínios e ideias distantes. Luria abordou esse tipo de pensamento "categórico", que Flynn mais tarde chamaria de óculos científicos. "Geralmente é bastante flexível", escreveu Luria. "Os sujeitos estudados mudam prontamente de um atributo a outro e constroem categorias adequadas. Eles classificam objetos por substância (animais, flores, ferramentas), materiais (madeira, metal, vidro), tamanho (grande, pequeno) e cor (claro, escuro) ou outra propriedade. A capacidade de se mover livremente, de mudar de uma categoria para outra, é uma das principais características do 'pensamento abstrato'."

O grande desapontamento de Flynn é o grau em que a sociedade, e especialmente o ensino superior, respondeu à ampliação da mente impulsionando a especialização, em vez de concentrar o treinamento inicial no conhecimento conceitual e transferível.

Flynn realizou um estudo no qual comparou a média das notas de estudantes veteranos em uma das principais universidades estaduais dos Estados Unidos, do curso de Neurociência a Letras, de acordo com o desempenho em um teste de pensamento crítico.

O teste media a capacidade dos alunos de aplicar conceitos abstratos fundamentais de Economia, Ciências Sociais, Física e Lógica a cenários comuns do mundo real. Flynn ficou confuso ao descobrir que a correlação entre o teste de pensamento conceitual amplo e as notas era de quase zero. Nas palavras de Flynn, "as características que significam boas notas [na universidade] não incluem capacidade crítica de qualquer significado amplo*.[20]

Cada uma das vinte questões do teste avaliava uma forma de pensamento conceitual que pode ter um amplo uso no mundo moderno. Nos itens do teste que exigiam o tipo de raciocínio conceitual que pode ser obtido sem treinamento formal — detectar a lógica circular, por exemplo —, os alunos saíram-se bem. Mas, em relação às estruturas que mais exigem suas habilidades de raciocínio conceitual, eles foram horríveis. Os estudantes de Biologia e Inglês foram mal em tudo o que não estava diretamente relacionado a seu campo. Nenhum dos estudantes, inclusive os de Psicologia, entendia os métodos das Ciências Sociais. Os estudantes de Ciências aprendiam os fatos de seu campo específico sem compreender como a ciência deveria funcionar para tirar conclusões verdadeiras. Os estudantes de Neurociências não se saíram particularmente bem em nada. Os estudantes de Administração e Negócios tiveram um resultado muito fraco no geral, inclusive em Economia. Já os estudantes de Economia foram os melhores no geral. A Economia é um campo amplo por natureza, e professores dessa área estão sempre aplicando os princípios de raciocínio que aprenderam a problemas fora dela.**,[21] Os químicos, por outro lado, são extraordinariamente brilhantes, mas em vários estudos precisaram lutar para aplicar o raciocínio científico a problemas que não eram do campo da química.[22]

Geralmente, os estudantes que Flynn testou confundiam julgamentos sutis de valor com conclusões científicas. Em uma pergunta que apresentava um cenário complicado e exigia que os alunos *não* confundissem uma correlação com evidências de causalidade, o desempenho deles foi pior do que respostas aleatórias. Quase nenhum dos estudantes em todos os cursos

---

* Flynn também me contou que aplicou o teste aos alunos em uma escola de ensino médio britânica de onde saem vários estudantes que vão para a London School of Economics, bem como para calouros e veteranos da própria LSE. Sua conclusão: "Eles não eram melhores no pensamento crítico quando saíram da universidade do que quando entraram".

** Como notou o psicólogo Robin Hogarth sobre os economistas: "O que me impressiona no discurso deles... é como a terminologia e os processos de raciocínio da economia funcionam em quase todos os tópicos. Seja em esportes, fenômenos econômicos, políticos ou até mesmo os currículos acadêmicos".

mostrou uma compreensão consistente sobre como aplicar métodos de avaliação da verdade, que tinham aprendido em sua própria disciplina, nas outras áreas. Nesse sentido, os estudantes tinham algo em comum com os aldeões remotos de Luria — mesmo os estudantes de ciências não conseguiam generalizar os métodos de pesquisa de seus campos para outros. A conclusão de Flynn: "Não há nenhum sinal de que qualquer departamento tente desenvolver [alguma coisa] que não seja competência crítica estrita".

Flynn está agora na casa dos oitenta anos. Ele tem uma barba toda branca, as bochechas fustigadas pelo vento de alguém que correu durante toda a vida e vários cachos brancos que criam mechas e ondulam como nuvens *cumulus* sobre a cabeça. Sua casa em uma colina em Dunedin tem vista para as terras suavemente ondulantes das fazendas.

Quando ele conta sobre sua própria educação na Universidade de Chicago, onde foi capitão da equipe de cross-country, levanta a voz. "Mesmo as melhores universidades não estão desenvolvendo inteligência crítica", contou-me. "Não estão dando aos alunos as ferramentas para analisar o mundo moderno, exceto na própria área de especialização. A educação é muito estrita." Ele não quer dizer isso no sentido simples de que todo estudante de ciência da computação precisa de uma aula de história da arte, mas que *todos* precisam de hábitos mentais que lhes permitam se deslocar entre as disciplinas.

Chicago há muito tempo se orgulha de um currículo central dedicado ao pensamento crítico interdisciplinar. O curso de dois anos, de acordo com a universidade, "pretende ser uma introdução às ferramentas de investigação utilizadas em cada disciplina — ciência, matemática, ciências humanas e sociais. O objetivo não é só transferir conhecimento, mas trabalhar com questões fundamentais e familiarizar-se com as poderosas ideias que moldam nossa sociedade".[23] Mas, mesmo em Chicago, argumenta Flynn, sua educação não maximizou o potencial moderno de aplicação do pensamento conceitual entre diferentes domínios.

Os professores, disse-me ele, estão muito ansiosos para compartilhar seus fatos favoritos recolhidos durante anos de estudo cada vez mais estritos. Ele deu aulas por cinquenta anos, de Cornell a Canterbury, e é rápido para se incluir nessa crítica. Quando ensinava introdução à filosofia moral e política, não conseguia resistir à vontade de transmitir suas minúcias favoritas sobre Platão, Aristóteles, Hobbes, Marx e Nietzsche.

Flynn introduzia conceitos gerais em sala de aula, mas tem certeza de que muitas vezes os enterrava em uma montanha de outras informações específicas a somente essa classe — um mau hábito que trabalhou para superar. O estudo que ele realizou na universidade estadual o convenceu de que os departamentos universitários querem desenvolver alunos em uma área de especialidade específica, sendo que não conseguem afiar as ferramentas do pensamento que podem servir para todas as áreas. Isso deve mudar, argumenta ele, se quisermos que os estudantes capitalizem sobre a capacidade sem precedentes que possuem de pensamento abstrato. Eles devem aprender a pensar antes de aprenderem sobre o que pensar. Os alunos vêm preparados com óculos científicos, mas não saem carregando o canivete suíço do raciocínio científico.

Em vários lugares, os professores começaram a aceitar o desafio. Um curso na Universidade de Washington intitulado "Falando besteira" (em linguagem séria: INFO 198/BIOL 106B) teve foco em amplos princípios fundamentais para a compreensão do mundo interdisciplinar e na avaliação crítica do manejo diário da informação. Quando a turma foi aberta pela primeira vez em 2017, as vagas esgotaram-se no primeiro minuto.[24]

Jeannette Wing, professora de ciência da computação da Universidade de Columbia e ex-vice-presidente corporativa da Microsoft Research, tem defendido o "pensamento computacional" amplo como o canivete suíço mental. Defende que ele se torne tão fundamental quanto a leitura, mesmo para aqueles que não terão nada a ver com ciência da computação ou programação. "O pensamento computacional está usando abstração e decomposição quando ataca uma grande tarefa complexa",[25] escreveu ela. "É escolher uma representação apropriada para um problema."

Mas, na maioria das vezes, os estudantes obtêm o que o economista Bryan Caplan chamou de treinamento vocacional específico[26] para trabalhos que poucos deles terão. Três quartos dos graduados universitários norte-americanos terminam em uma carreira que não tem nada a ver com sua formação[27] — uma tendência que inclui os formados em matemática e ciência — depois de terem se tornado competentes nas ferramentas de apenas uma disciplina.

Uma boa ferramenta raramente é suficiente em um mundo complexo, interconectado e em rápida mudança. Como disse o historiador e filósofo Arnold Toynbee quando descreveu a análise do mundo em uma era de mudança tecnológica e social: "Nenhuma ferramenta é onicompetente".[28]

A paixão de Flynn ecoou profundamente dentro de mim. Antes de me dedicar ao jornalismo, eu fazia pós-graduação, vivia em uma tenda no Ártico, estudava como as mudanças na vida das plantas poderiam afetar o pergelissolo subterrâneo. As aulas consistiam em encher meu cérebro com os detalhes da fisiologia vegetal do Ártico. Poucos anos mais tarde — como jornalista investigativo escrevendo sobre pesquisas científicas ruins —, percebi que havia cometido uma negligência estatística em uma seção da tese que me rendeu o mestrado da Universidade de Columbia. Como muitos estudantes de pós-graduação, eu tinha um grande banco de dados e apertei um botão no computador para executar uma análise estatística comum, sem nunca ter aprendido a pensar profundamente (nem superficialmente) sobre como funcionava uma análise estatística. O programa de estatísticas cuspiu um número logo considerado "estatisticamente significativo". Infelizmente, era quase seguro um falso-positivo, porque eu não entendia as limitações do teste estatístico no contexto em que estava aplicando. Nem os cientistas que revisaram o trabalho. Como afirma o estatístico Doug Altman: "Todos estão tão ocupados fazendo pesquisas que não têm tempo para parar e pensar *como* estão fazendo".[29] Eu estava realizando uma pesquisa científica extremamente especializada sem ter aprendido nada sobre raciocínio científico. (E fui recompensado por isso com um diploma de mestrado, o que mostra a situação ruim do sistema de ensino.) Por mais retroativo que pareça, só comecei a pensar de modo mais amplo em como a ciência deveria funcionar anos depois de ter deixado de trabalhar com ela.

Felizmente, quando era estudante de graduação, tive um professor de química que incorporava o ideal de Flynn. Em toda prova, no meio das típicas questões de química, havia algo assim: "Quantos afinadores de piano existem na cidade de Nova York?". Os estudantes precisavam dar uma estimativa, usando apenas o raciocínio, e tentar chegar à ordem de magnitude correta. Mais tarde, o professor explicou que se tratava de "problemas de Fermi", porque Enrico Fermi — que criou o primeiro reator nuclear debaixo do campo de futebol da Universidade de Chicago — estava sempre resolvendo cálculos aleatórios para abordar problemas.* A lição final da questão era de que o conhecimento prévio detalhado era menos importante do que o modo de pensar.

No primeiro exame, segui meu instinto ("não tenho ideia; talvez 10 mil?") — *alto demais*. Ao final da aula, tinha uma nova ferramenta em meu canivete suíço conceitual, uma maneira de usar o pouco que eu sabia para chutar um palpite sobre o que eu não sabia. Sabia qual era a população da cidade de Nova York; e a maioria das pessoas solteiras em apartamentos pequenos provavelmente não tem pianos que precisam ser afinados, e a maioria dos pais de meus amigos tinha de um a três filhos. Então quantas residências existem em Nova York? Qual proporção poderia ter um piano? Com que frequência os pianos são afinados? Quanto tempo poderia levar para afinar um piano? Quantas casas um afinador pode visitar em um dia? Quantos dias por ano um afinador trabalha? Nenhuma das estimativas individuais precisa ser muito exata para conseguir uma resposta geral razoável. Os moradores dos vilarejos remotos do Uzbequistão não teriam conseguido bons resultados nos problemas de Fermi, mas eu também não antes daquela aula. Foi fácil aprender, no entanto. Tendo crescido no século xx, eu já estava usando óculos, só precisava de ajuda para capitalizar sobre eles. Não me lembro de nada sobre estequiometria, mas uso o pensamento de Fermi com regularidade, dividindo um problema para que possa aproveitar o pouco que sei para começar a investigar o que não sei — um tipo de problema de "semelhanças".

Felizmente, vários estudos descobriram que um pouco de treinamento em estratégias de pensamento amplo, como as usadas por Fermi, pode fun-

---

* Fermi estava presente no primeiro teste da bomba atômica e deixou cair pedaços de papel "antes, durante e depois da passagem da onda de choque", conforme escreveu em documentos marcados como secretos na época. Fermi usou a distância que o papel percorreu para estimar a força da explosão.

cionar bem e ser aplicado em vários domínios.[30] Não surpreende que os problemas de Fermi tenham sido um tópico no curso "Falando Besteira". Foi usada uma reportagem mentirosa de um canal de TV a cabo como estudo de caso para demonstrar "como a estimativa de Fermi pode eliminar as besteiras da mesma forma que uma faca quente corta a manteiga".[31] Ela dá a quem consome números, de artigos a anúncios, a capacidade de rapidamente detectar estatísticas enganosas. É uma faca aquecida para cortar manteiga muito eficiente. Eu teria sido um pesquisador muito melhor em qualquer domínio, inclusive na fisiologia das plantas do Ártico, se tivesse aprendido ferramentas de raciocínio amplamente aplicáveis, em vez dos detalhes mais sutis da fisiologia daquelas plantas.

Como os mestres de xadrez e os bombeiros, os aldeões pré-modernos confiavam que as coisas seriam as mesmas amanhã como foram ontem. Eles estavam extremamente bem preparados para o que tinham experimentado antes e extremamente mal equipados para todo o resto. Seu pensamento era altamente especializado, do tipo que o mundo moderno tem nos dito que está se tornando obsoleto. Eram perfeitamente capazes de aprender com a experiência, mas não aprendiam *sem* experiência. E é isso que um mundo perverso e em constante mudança exige — habilidades de raciocínio conceitual que podem conectar novas ideias e trabalhar em contextos diversos. Confrontados com qualquer problema que não tivessem experimentado antes, os aldeões remotos ficavam completamente perdidos. Isso não é uma opção para nós. Quanto mais limitado e repetitivo for um desafio, mais provavelmente ele será automatizado, enquanto grandes recompensas serão acumuladas para aqueles que conseguirem obter conhecimento conceitual de um problema ou domínio e aplicá-lo de maneira totalmente nova.

A capacidade de aplicar conhecimento de forma ampla vem do treinamento amplo. Um grupo especializado de artistas em outro lugar e tempo transformou o treinamento amplo em uma forma de arte. Sua história é mais antiga e, no entanto, uma parábola muito melhor do que os prodígios do xadrez para a era moderna.

3
Quando menos do mesmo é mais[1]

Em qualquer lugar em que um viajante da Veneza do século XVII prestasse atenção, podia ouvir música ultrapassando as barreiras tradicionais.[2] Até o nome da era musical, "Barroco", é tirado do termo de um joalheiro para descrever uma pérola de tamanho extravagante e formato incomum.

A música instrumental — que não dependia de palavras — passou por uma revolução completa. Alguns dos instrumentos eram novos em folha, como o piano; outros foram aprimorados — violinos feitos por Antonio Stradivari seriam vendidos, séculos depois, por milhões de dólares. O sistema moderno de escalas maiores e menores foi criado. Os virtuosos, as primeiras celebridades musicais, eram consagrados. Os compositores exploravam suas habilidades e escreviam solos elaborados para ampliar os limites das capacidades dos melhores instrumentistas. Nasceu o concerto — no qual um solista virtuoso toca acompanhado por uma orquestra —, e o compositor veneziano Antonio Vivaldi (conhecido como *Il Prete Rosso*, o Sacerdote Vermelho, por seu cabelo vermelho-fogo) tornou-se campeão indiscutível do formato. *As quatro estações* é o mais próximo de um sucesso pop que uma música de trezentos anos pode chegar. (Um mix com uma música de *Frozen*, da Disney, tem 90 milhões de visualizações no YouTube.)

A criatividade de Vivaldi foi facilitada por um grupo especial de músicos que conseguiam aprender rapidamente novas músicas em uma variedade impressionante de instrumentos. Eles atraíam imperadores, reis, príncipes, cardeais e condes de toda a Europa que eram regalados com a música mais inovadora da época. Era um elenco só de mulheres conhecidas como as *figlie del coro,* literalmente, "filhas do coro". Atividades de lazer como cavalgadas e esportes ao ar livre eram pouco frequentes na cidade flutuante; então, a música era o principal entretenimento de seus cidadãos.[3] Os sons de violinos, flautas, trompas e vozes espalhavam-se pela noite saindo de cada barco e gôndola. E, em uma época e lugar que ferviam com a música, as *figlie* dominaram por um século.[4]

"Só em Veneza podemos ver esses prodígios musicais", escreveu um proeminente visitante.[5] Elas eram tanto o marco zero de uma revolução musical quanto uma esquisitice. Em outros lugares, seus instrumentos eram reservados aos homens.[6] "Elas cantam como anjos, tocam violino, flauta, órgão, oboé, violoncelo e fagote", comentou um surpreso político francês.[7] "Resumindo, nenhum instrumento é grande o suficiente para amedrontá-las." Outros foram menos diplomáticos. O aristocrático escritor britânico Hester Thrale reclamou: "A visão de meninas tocando contrabaixo e soprando fagote não me agradou muito".[8] Afinal de contas, "instrumentos femininos adequados"[9] estavam mais na linha do cravo ou dos copos musicais.

As *figlie* deslumbraram o rei da Suécia. Casanova, o selvagem da literatura, maravilhou-se com as multidões em pé. Um sisudo crítico de concertos francês destacou uma violinista em particular: "Ela é a primeira de seu sexo a desafiar o sucesso de nossos maiores artistas".[10] Mesmo ouvintes que não tinham uma disposição óbvia a apoiar as artes ficaram tocados. Francesco Coli descreveu as "ninfas angelicais" que ultrapassavam "até mesmo os pássaros mais etéreos" e "abriam, para os ouvintes, as portas do paraíso".[11] Um elogio especialmente surpreendente, talvez, considerando que Coli era o censor de livros oficial da Inquisição de Veneza.

As melhores *figlie* tornaram-se celebridades europeias, como Anna Maria della Pietà. Um barão alemão declarou-a categoricamente "a melhor violinista da Europa".[12] O presidente do parlamento da Borgonha disse que ela era "inigualável",[13] mesmo em Paris. Um relatório de despesas que Vivaldi escreveu em 1712 mostra que ele gastou vinte ducados em um violino para Anna Maria, de dezesseis anos, um valor que equivalia a um anel de noivado para ele, que levava quatro meses para ganhar essa quantia.[14] Entre as centenas de concertos que Vivaldi escreveu para as *figlie del coro*, estão 28 que sobreviveram no "Caderno Anna Maria". Encadernado em couro tingido de vermelho veneziano, leva o nome de Anna Maria em caligrafia folheada a ouro. Os concertos, escritos especificamente para mostrar a destreza dela, estão cheios de passagens rápidas que exigem que diferentes notas em várias cordas sejam tocadas ao mesmo tempo. Em 1716, o Senado pediu que Anna Maria e as *figlie* intensificassem sua obra musical num esforço para trazer o favor de Deus aos exércitos de Veneza que lutavam contra o Império Otomano na ilha de Corfu.[15] (Nesse local, o violino veneziano e uma tempestade no momento correto provaram ser mais poderosos do que o canhão turco.)

Anna Maria já era de meia-idade na década de 1740, quando Jean-Jacques Rousseau foi visitá-la. O filósofo rebelde que alimentaria a Revolução Francesa também era compositor. "Tinha trazido comigo de Paris o preconceito nacional contra a música italiana",[16] escreveu Rousseau. Mas declarou, sobre a música tocada pelas *figlie del coro*: "Não tem igual, nem na Itália, nem no resto do mundo". Rousseau tinha um problema, no entanto, que o "levou ao desespero". Ele não conseguia *ver* as mulheres. Elas tocavam detrás de um fino tecido pendurado diante de grades entrelaçadas de ferro forjado nas galerias elevadas das igrejas. Podiam ser ouvidas, mas apenas suas silhuetas eram vistas, inclinando-se e balançando com as ondas da música, como imagens de sombras em um palco de *vaudeville*. As grades "escondiam de mim os anjos de beleza", Rousseau escreveu. "Não consigo falar de outra coisa."

Ele falava tanto sobre isso que acabou citando seu desejo a um dos mais importantes patronos das *figlie*. "Se você quer tanto ver aquelas menininhas será fácil satisfazer seu desejo", disse o homem a Rousseau.

Rousseau *queria* muito vê-las. Ele incomodou o homem sem parar até que este o levou para conhecer as musicistas. Lá, Rousseau, cuja escrita destemida seria proibida e queimada antes de fertilizar o solo da democracia, ficou ansioso. "Quando entramos no salão que confinava essas belezas que tanto esperei para conhecer, senti um tremor amoroso, algo que nunca tinha experimentado antes", escreveu ele.

O patrono apresentou as mulheres, as sereias prodigiosas cuja fama havia se espalhado como um incêndio pela Europa — e Rousseau ficou chocado.

***

Lá estava Sophia — "horrível", escreveu Rousseau. Cattina — "ela só tinha um olho". Bettina — "a varíola a havia desfigurado completamente". "Quase todas elas tinham algum defeito impressionante", segundo Rousseau.

Um poema tinha sido escrito havia pouco tempo sobre uma das melhores cantoras: "Faltam os dedos da mão esquerda/Também falta seu pé esquerdo".[17] Uma instrumentista talentosa era a "pobre senhora que mancava". Outros convidados deixaram registros ainda menos bondosos.

Como Rousseau, a visitante inglesa lady Anna Miller ficou fascinada pela música e pediu para ver as mulheres tocando sem nenhuma barreira que as escondesse. "Meu pedido foi concedido, mas, quando entrei, fui tomada por um ataque de risos tão violento que me surpreende não ter sido expulsa... Fui atingida pela visão de doze ou catorze bruxas feias e velhas... junto com várias garotas novas", escreveu Miller.[18] Ela mudou de ideia sobre querer vê-las tocar "tanto a visão das artistas tinha me causado repulsa".

As garotas e mulheres que causavam deleite aos ouvidos delicados não tinham tido vidas delicadas. A maioria de suas mães tinha trabalhado na vibrante indústria do sexo de Veneza e contraído sífilis antes de darem à luz, e, por isso, as meninas tinham sido abandonadas no Ospedale della Pietà. O nome significa, literalmente, "Hospital da Piedade", mas, de maneira figurada, era a Santa Casa da Misericórdia, onde as meninas cresciam e aprendiam música. Era o maior dos quatro *ospedali*, instituições de caridade em Veneza fundadas para acabar com certos males sociais. No caso da Pietà, o mal era que os bebês órfãos (principalmente meninas) com frequência acabavam nos canais.

A maioria delas nunca conheceria suas mães. Elas eram deixadas na *scaffetta,*uma gaveta embutida na parede externa da Pietà. Como o aparelho que testa o tamanho da bagagem de mão no aeroporto, se um bebê coubesse na gaveta, a Pietà cuidava dele.

A grande Anna Maria era um exemplo. Alguém, possivelmente sua mãe, que provavelmente era uma prostituta, levou a bebê Anna Maria para a porta da Pietà à beira da Basílica de São Marcos, em Veneza, ao longo de uma avenida movimentada. Um sino preso à *scaffetta* alertava os funcionários de cada nova chegada. Os bebês eram frequentemente entregues com um pedaço de tecido, uma moeda, um anel ou alguma bugiganga deixada como uma forma de identificação, caso alguém voltasse para reivindicá-los.[19] Uma das mães deixou metade de um mapa meteorológico brilhantemente ilustrado, esperando um dia retornar com a outra metade. Tal como acontecia com muitos dos objetos, e muitas das meninas, ficou para sempre na Pietá. Como Anna Maria, a maioria dos órfãos nunca conheceria um parente de sangue. Por isso, recebiam o nome da casa: Anna Maria della Pietà — Anna Maria da Pietà. Um registro do século XVIII lista as irmãs *de facto* de Anna Maria: Adelaide della Pietà, Agata della Pietà, Ambrosina della Pietà, e assim por diante, até chegar a Violeta, Virginia e Vittoria della Pietà.[20]

Os *ospedali* eram parcerias público-privadas, cada uma supervisionada por um conselho voluntário de venezianos da classe alta. As instituições eram oficialmente seculares, mas estavam anexadas às igrejas, e a vida dentro delas seguia regras quase monásticas. Os moradores eram separados de acordo com a idade e o gênero. A missa diária era obrigatória antes do café da manhã, e esperava-se uma confissão regular. Todos, até mesmo as crianças, trabalhavam constantemente para manter a instituição funcionando. Um dia por ano, as meninas podiam ir passear no campo, acompanhadas, é claro. Era uma existência rígida, mas havia benefícios.

As crianças aprendiam a ler, a escrever e aritmética, bem como habilidades vocacionais. Algumas se tornavam enfermeiras para os residentes, outras lavavam seda ou costuravam velas de navios que podiam ser vendidas. Os *ospedali* eram comunidades autônomas e completamente funcionais. Todos eram compensados por seu trabalho, e a Pietà tinha um banco próprio que pagava juros, destinado a ajudar as pessoas a aprender a administrar seu próprio dinheiro. Os meninos aprendiam um ofício ou se alistavam na Marinha e partiam quando eram adolescentes. Para as meninas, o casamento era o principal caminho para a emancipação. Os dotes estavam prontos, mas muitas ficavam ali para sempre.

Como os *ospedali* tinham instrumentos, a música era incluída na educação de dezenas de garotas. Assim, elas poderiam tocar durante as cerimônias religiosas nas igrejas adjacentes. Depois que uma praga em 1630 matou um terço da população, os venezianos viram-se em um "clima penitencial", como contou um historiador.[21] Os músicos, de repente, ganharam importância.

Os diretores dos *ospedali* notaram que havia mais gente nas igrejas e que as doações à instituição aumentavam de forma proporcional à qualidade da música das garotas. No século XVIII, os diretores promoviam abertamente as meninas musicistas para angariar fundos. Todos os sábados e domingos, os concertos começavam antes do pôr do sol. A igreja ficava tão cheia que o rito de comunhão teve de ser cancelado. Os visitantes ainda eram bem-vindos sem pagar, é claro, mas, se alguém quisesse se sentar, a equipe dos *ospedali* ficava feliz em alugar cadeiras. Quando o espaço interno estava cheio, os ouvintes amontoavam-se do lado de fora das janelas ou paravam suas gôndolas no canal. As órfãs tornaram-se um motor econômico, não apenas sustentando o sistema de bem-estar social em Veneza, mas atraindo turistas do exterior. Entretenimento e penitência misturavam-se de uma maneira estranha. Os membros da plateia não tinham permissão para aplaudir na igreja. Então, após a nota final, eles tossiam, pigarreavam, raspavam os pés e assoavam o nariz em admiração.

Os *ospedali* encomendaram obras originais aos compositores. Em um período de seis anos, Vivaldi escreveu 140 concertos exclusivamente para as musicistas da Pietà. Foi criado um sistema de ensino no qual as *figlie* mais velhas ensinavam as mais jovens, e estas ensinavam as iniciantes. Elas tinham vários trabalhos — Anna Maria era professora e copista. Mesmo assim, surgiram diversas estrelas virtuosas. Depois de Anna Maria, sua sucessora como solista, Chiara della Pietà, foi saudada como a maior violinista de toda a Europa.

Isso levanta a questão: que mecanismo de treinamento mágico foi implementado para transformar as órfãs da indústria veneziana do sexo, que, se não fosse pela graça da caridade, teriam morrido nos canais da cidade, nas primeiras estrelas de rock internacional do mundo?

O programa musical da Pietà não era famoso pelo rigor. De acordo com uma lista dos diretores da Pietà, as lições formais aconteciam às terças, às quintas e aos sábados. As *figlie* tinham liberdade para ensaiar quando quisessem. No começo do sucesso das *figlie del coro*, o trabalho e as tarefas ocupavam a maior parte do tempo. Assim, elas só tinham permissão para estudar música por uma hora.

O mais surpreendente foi quantos instrumentos elas aprenderam. Logo depois de ter recebido seu doutorado em música em Oxford, o compositor e historiador inglês do século XVIII Charles Burney planejou escrever uma história definitiva da música moderna, que envolveu várias visitas aos *ospedali*. Burney, que ficou famoso tanto como escritor de viagens quanto como o principal estudioso de música da época, ficou surpreso com o que viu em Veneza. Em uma viagem aos *ospedali*, ele viu uma apresentação particular de duas horas, sem separação entre ele e as musicistas. "Foi realmente curioso *ver*, assim como *ouvir*, cada parte desse excelente concerto, feito por mulheres tocando violinos, *hautbois* [oboés], tenores, bases, espinetas, trompas e até contrabaixos",[22] escreveu Burney. Mais curioso ainda, "essas jovens frequentemente trocam de instrumentos".

As *figlie* tomavam lições de canto e aprendiam a tocar todos os instrumentos existentes em suas instituições. Ajudou o fato de serem pagas para aprender novas habilidades. Uma musicista chamada Maddalena casou-se, deixou a vida institucional e viajou de Londres a São Petersburgo apresentando-se como violinista, cravista, violoncelista e soprano. Ela escreveu sobre "adquirir habilidades inesperadas para meu sexo"[23] e tornou-se tão famosa que sua vida pessoal foi coberta por um dos escritores de fofocas da época.

Para aquelas que ficavam a vida toda na instituição, a formação multi-instrumental tinha importância prática. Pelegrina della Pietà,[24] que chegou à *scaffetta* envolta em trapos, começou no baixo, passou para o violino e, depois, para o oboé, enquanto trabalhava como enfermeira. Vivaldi escreveu partes de oboés especificamente para Pelegrina, mas, quando ela chegou aos sessenta anos, seus dentes caíram, o que terminou repentinamente com sua carreira de oboísta. Então, ela voltou a tocar violino e continuou a se apresentar até os setenta anos.

As musicistas da Pietà gostavam de mostrar sua versatilidade. Segundo um escritor francês, elas tinham sido treinadas "em todos os estilos de música, sacros ou profanos" e faziam concertos que "se prestaram às mais variadas combinações vocais e instrumentais".[25] Era comum a plateia comentar a grande quantidade de instrumentos que as *figlie* conseguiam tocar, ou a surpresa ao verem uma cantora virtuosa aparecer durante o intervalo para improvisar um solo instrumental.

Além dos instrumentos que as *figlie* tocavam nos concertos, elas aprendiam outros que eram provavelmente usados para ensinar ou para experimentação: uma espineta parecida com um cravo; um órgão; um instrumento de cordas gigante conhecido como trompeta marina; um instrumento parecido com uma flauta de madeira coberta com couro chamado coneto; e uma viola da gamba, um instrumento de corda tocado na vertical e com um arco como um violoncelo, só que com mais cordas, um formato um pouco diferente e trastes parecidos com os de uma guitarra. As *figlie* não apenas tocavam bem: eram participantes de um período extraordinário em termos de invenção e reinvenção de instrumentos. De acordo com o musicólogo Marc Pincherle, nas *figlie* multitalentosas e em sua coleção de instrumentos, "Vivaldi tinha à sua disposição um laboratório musical de recursos ilimitados".[26]

Alguns dos instrumentos que as *figlie* aprenderam eram tão obscuros que ninguém sabe exatamente o que eram. Uma jovem musicista da Pietà chamada Prudenza, ao que parece, cantava muito bem e tocava fluentemente violino e *violoncello all'inglese*. Pesquisadores musicais discutiram muito o que seria isso, já que tudo o que caía em suas mãos — como o *chalumeau* (sopro) e o saltério (cordas) — as *figlie* aprendiam a tocar.

Elas permitiram que os compositores chegassem a alturas inexploradas. Fizeram parte da ponte que levou a música dos compositores barrocos aos mestres clássicos: Bach (que transcreveu os concertos de Vivaldi); Haydn (que compôs especificamente para uma das *figlie,* Bianchetta, cantora, harpista e organista); e talvez Mozart, que visitou um *ospedale* com o pai quando era garoto e voltou na adolescência. O talento das *figlie* em uma grande quantidade de instrumentos permitiu uma experimentação musical tão profunda que estabeleceu a base para a orquestra moderna. De acordo com o musicologista Denis Arnold, a modernização da música sacra que ocorreu por causa das *figlie* foi tão influente que uma das mais conhecidas peças sacras de Mozart, sem as garotas dos orfanatos de Veneza, "poderia nunca ter sido composta".[27]

Porém, as histórias delas foram, em grande parte, esquecidas ou eliminadas, literalmente.[28] Quando as tropas de Napoleão chegaram em 1797, jogaram manuscritos e registros dos *ospedali* pelas janelas.[29] Quando, duzentos anos depois, um famoso quadro do século XVIII de mulheres dando um concerto foi exibido na National Gallery of Art, em Washington, as misteriosas figuras vestidas de preto, em uma varanda superior acima do público, não foram identificadas.

Talvez as memórias das *figlie* tenham desaparecido porque eram mulheres — tocar música em cerimônias religiosas públicas desafiava a autoridade papal — ou porque muitas delas não tinham famílias nem deixaram descendentes. Não tinham sobrenomes, mas as meninas abandonadas acabaram virando tanto sinônimo de seus instrumentos que estes se tornaram seus sobrenomes. O bebê que entrou pela gaveta na parede e começou seu caminho como Anna Maria della Pietà deixou o mundo tendo sido conhecida, em vários palcos, como Anna Maria del Violino, Anna María del Theorbo, Anna María del Cembalo, Anna María del Violoncello, Anna Maria del Luta, Anna Maria della Viola d'Amore e Anna Maria del Mandolim.[30]

Imagine hoje: clique em um site de turismo e a recomendação de entretenimento é uma orquestra mundialmente famosa composta por órfãs deixadas na porta do teatro em que se apresentam. Você ouvirá solos virtuosos de instrumentos que conhece e ama, mas também de outros de que nunca ouviu falar. Ocasionalmente, as musicistas trocarão de instrumentos durante o espetáculo. E, por favor, siga-nos no Twitter: @OrfãsFamosas. Não se incomode com o dote de duzentos ducados — as *figlie* teriam agentes e contratos para participação no cinema.

Assim como a aparição televisiva de Tiger Woods, quando ele tinha dois anos, isso fomentaria um frenesi de pais e meios de comunicação buscando desvendar o misterioso segredo do sucesso. Os pais realmente surgiram em bando no século XVIII. Os nobres disputavam (e pagavam) para que suas filhas tivessem a chance de tocar com aquelas "indigentes capazes",[31] como afirmou um historiador.

No entanto, seria difícil reproduzir as estratégias de desenvolvimento musical delas. Hoje, essa abordagem multi-instrumentista parece ir contra tudo o que sabemos sobre como seria dominar uma habilidade como a de tocar música. Certamente, vai contra a estrutura de prática deliberada, que conta apenas com tentativas altamente focadas na habilidade a ser executada. Múltiplos instrumentos, nessa perspectiva, seriam um desperdício de tempo.

No gênero das narrativas modernas de autoajuda, o treinamento musical aparece, ao lado do golfe, no topo do pódio, um exemplo do poder de uma vantagem inicial totalmente concentrada em treinamento altamente técnico. Seja a história de Tiger Woods ou da professora de Direito de Yale conhecida como a Mãe-Tigre, a mensagem é a mesma: escolha cedo, concentre-se de forma estrita, nunca vacile.

O verdadeiro nome da Mãe-Tigre é Amy Chua, e ela criou o termo em seu livro *Grito de guerra da Mãe-Tigre*, de 2011. Como Tiger, a Mãe-Tigre foi absorvida pela cultura popular. Chua divulgou os segredos de "como os pais chineses criam essas crianças com o estereótipo do sucesso". Na primeira página do primeiro capítulo, está a ladainha de coisas que Sophia e Lulu nunca devem fazer, como: "tocar qualquer instrumento que não seja o piano ou o violino". (Sophia escolhe piano, Lulu fica com o violino.) Chua supervisionava três, quatro e, às vezes, cinco horas de prática musical por dia.

Em fóruns on-line, os pais sofrem para escolher qual instrumento devem dar a seus filhos, porque a criança é muito jovem para escolher sozinha e acabará ficando para trás se for esperar. "Estou tentando convencê-lo devagar de que é ótimo fazer música", disse o pai de um garoto de dois anos e meio de idade. "Só não tenho muita certeza de qual instrumento seria melhor." Outro post aconselha a proibição do violino se uma criança não tiver iniciado aos sete anos, já que estará muito atrasada. Em resposta a essas preocupações, o diretor de uma escola particular de música escreveu uma coluna de conselhos "como decidir",[32] com dicas para escolher um instrumento para uma criança que ainda não mantém a mesma cor favorita de uma semana para outra.

Existem, é claro, muitos caminhos para o conhecimento. Alguns músicos notáveis mantiveram o foco desde muito jovens. O excelente violoncelista Yo-Yo Ma é um exemplo bastante conhecido. Menos conhecido, porém, é que Ma começou a tocar violino e trocou pelo piano e, depois, pelo violoncelo, porque não tinha gostado dos dois primeiros instrumentos.[33] O que aconteceu é que ele passou por esse período de experimentação mais rapidamente que o aluno típico.

Os pais-tigres estão tentando pular essa fase. Isso me lembra de uma conversa que tive com o britânico Ian Yates, um cientista esportivo e treinador que ajudou a desenvolver futuros atletas profissionais em várias modalidades. Os pais, segundo Yates, procuram-no cada vez mais e "querem que seus filhos façam o que os atletas olímpicos estão fazendo agora, não o que estavam fazendo quando tinham doze ou treze anos". Isso incluía uma ampla variedade de atividades que desenvolveu a condição física geral deles e permitiu que testassem seus talentos e interesses antes de se concentrarem em habilidades técnicas. O período de experimentação não é um detalhe para o desenvolvimento de grandes atletas — algo a ser extirpado na intenção de se alcançar uma vantagem inicial —, é parte disso.

John Sloboda é, sem dúvida, um dos pesquisadores mais influentes na psicologia da música. Seu livro de 1985, *A mente musical: a psicologia cognitiva da música*, engloba desde as origens da música até a aquisição da habilidade de tocar e estabelece uma agenda de pesquisas que o campo ainda está realizando hoje. Nos anos 1990, Sloboda e seus colegas estudaram estratégias para o aprimoramento musical. Não foi nenhuma surpresa verificar que o treino era crucial no desenvolvimento de músicos, mas os detalhes eram menos intuitivos.

Um estudo com alunos de música com idades entre oito e dezoito anos, que incluía de novatos a estudantes de uma escola de música bastante seletiva, descobriu que, quando eles começavam a treinar, não havia diferença na quantidade de treino realizado entre qualquer um dos grupos de músicos.[34] Do menos ao mais capaz. Os alunos que se tornariam mais bem-sucedidos só começaram a treinar mais quando identificaram um instrumento no qual queriam se concentrar, seja porque eram melhores nele ou porque apenas gostavam mais. Aparentemente, o instrumento impulsionava o praticante, e não o contrário.

Em um estudo separado com 1.200 jovens músicos, aqueles que desistiram relataram "uma incompatibilidade entre os instrumentos que eles queriam aprender a tocar e os instrumentos que eles, de fato, tocavam".[35] Amy Chua descrevia sua filha Lulu como uma "musicista natural". A amiga cantora de Chua chamava Lulu de "extraordinária", com um dom que "ninguém pode ensinar". Lulu progrediu rapidamente no violino, mas logo disse à mãe: "Foi você que escolheu. Não fui eu". Aos treze anos, ela quase tinha deixado de vez o instrumento. Chua, sincera e introspectiva, imaginou no epílogo do livro se Lulu ainda estaria tocando se tivesse podido escolher seu próprio instrumento.

Quando Sloboda e um colega realizaram um estudo em um internato britânico que recebia alunos de todo o país — a admissão baseava-se totalmente em uma audição —, ficaram surpresos ao descobrir que os alunos classificados como excepcionais pela escola vinham de famílias menos ativas musicalmente em comparação com aqueles menos talentosos, não tinham começado a tocar quando eram jovens, tinham menos probabilidade de possuir um instrumento em casa quando eram pequenos, tinham recebido menos aulas antes de entrar na escola e, no geral, tinham ensaiado menos — muito menos. "Parece muito claro que a grande quantidade de aulas ou de tempo de treinamento não é um bom indicador de excepcionalidade", escreveram os psicólogos.[36] Quanto às lições estruturadas, cada um dos alunos que tiveram uma grande quantidade de tempo de aula estruturada no início de seu desenvolvimento caiu na categoria de habilidade "média", e nenhum deles estava no grupo excepcional. "A forte implicação", escreveram os pesquisadores, é "que muitas aulas na infância podem não ser úteis".

"No entanto, a distribuição de esforços em diferentes instrumentos parece importante. As crianças identificadas como excepcionais [pela escola] acabam sendo aquelas que distribuíram seus esforços de maneira mais uniforme por três instrumentos", acrescentaram eles. Os alunos menos qualificados tendiam a dedicar mais tempo ao primeiro instrumento com que tiveram contato, como se não pudessem desistir de uma vantagem inicial percebida. Os estudantes excepcionais desenvolveram-se mais como as *figlie del coro*. "O modesto investimento em um terceiro instrumento valeu a pena para as crianças excepcionais", concluíram os cientistas.

Os psicólogos destacaram a variedade de caminhos para a excelência, porém o mais comum foi um período de experimentação, muitas vezes levemente estruturado com algumas aulas e uma variedade de instrumentos e atividades, seguido por um estreitamento de foco posterior, mais estrutura e uma explosão do volume de treino. Isso lembra alguma coisa? Um estudo que retomou o trabalho de Sloboda duas décadas depois comparou jovens músicos admitidos em um competitivo conservatório com estudantes de música igualmente comprometidos, mas menos qualificados.[37] Quase todos os alunos mais talentosos tinham tocado, pelo menos, três instrumentos, proporcionalmente muito mais do que os alunos de nível inferior, e mais da metade tinha tocado quatro ou cinco. Aprender a tocar música clássica é uma peça narrativa para o culto da vantagem inicial, pois a música é um esforço relativamente semelhante ao golfe. Ela vem com um esquema claro; os erros são imediatamente aparentes; exige prática repetitiva da mesma tarefa até que a execução se torne automática e o desvio seja mínimo. Como é que escolher um instrumento o mais cedo possível e começar o treinamento técnico poderia não ser o caminho padrão para o sucesso? E, mesmo assim, até a música clássica desafia uma simples história de tigres.

The Cambridge Handbook of Expertise and Expert Performance, publicado em 2006, é meio que uma bíblia para escritores, palestrantes e pesquisadores populares na escola das 10 mil horas. É uma compilação de capítulos ensaísticos, cada um escrito por diferentes pesquisadores que mergulham em dança, matemática, esportes, cirurgia, escrita e xadrez. A seção de música concentra-se, obviamente, na clássica. Com novecentas páginas, é um manual para quem tem mãos grandes. No capítulo sobre o desenvolvimento da perícia musical, há apenas uma única menção importante aos primeiros passos dos músicos experientes em todos os gêneros de música do mundo além da clássica. O *Handbook* simplesmente nota que, ao contrário dos especializados nesse tipo de música, os músicos e cantores de jazz, folk e música popular moderna não seguem uma trajetória simples e estrita de treinamento técnico e "começam muito mais tarde".

***

Jack Cecchini pode agradecer a dois tropeços, um metafórico e outro literal, por torná-lo um dos raros músicos de primeira linha tanto no jazz quanto na música clássica.

O primeiro foi em 1950, em Chicago, quando tinha treze anos e tropeçou em uma guitarra no sofá de seu senhorio. Ele esbarrou nas cordas enquanto passava. O senhorio a pegou, mostrou dois acordes e, imediatamente, pediu a Cecchini que o acompanhasse. Claro que ele não conseguiu. "Ele balançava a cabeça quando era hora de mudar o acorde e, se eu não acertasse, começava a xingar", lembra Cecchini com uma risada. Isso instigou o interesse de Cecchini; assim, começou a tentar imitar as canções que ouvia no rádio. Aos dezesseis anos, estava tocando jazz nos fundos dos clubes de Chicago, pois era jovem demais para entrar. "Era como uma fábrica", ele me contou. "Se você tivesse que ir ao banheiro, tinha que pedir que outro cara continuasse tocando. Mas eu estava experimentando todas as noites." Ele se inscreveu nas únicas aulas de música gratuitas que conseguiu, de clarinete, e tentava transferir o que aprendia para a guitarra. "Há oito milhões de lugares na guitarra para tocar as mesmas notas", disse ele. "Eu estava apenas tentando encontrar soluções para problemas, e assim comecei a conhecer o braço da guitarra." Logo, estava se apresentando com Frank Sinatra no Villa Venice e Miriam Makeba no Apollo; e fazendo turnês com Harry Belafonte do Carnegie Hall a estádios de beisebol lotados. Foi aí que aconteceu o segundo tropeção.

Durante um show, quando Cecchini tinha 23 anos, um dos dançarinos de palco de Belafonte pisou no cabo que conectava sua guitarra a um amplificador. Seu instrumento ficou reduzido a um sussurro. "Harry ficou doido", lembra-se Cecchini. "Ele falou: 'Livre-se dessa coisa e compre um violão!'." Foi fácil conseguir um, mas ele sempre tocou com palheta, e para o violão era preciso aprender a dedilhar. O problema era aprender a tocar no meio de uma turnê.

Ele se apaixonou pelo instrumento e, aos 31 anos, era tão adepto que foi escolhido como solista para tocar um concerto de ninguém menos que Vivaldi, acompanhado por uma orquestra para uma multidão no Grant Park de Chicago. No dia seguinte, o crítico musical do *Chicago Tribune* começou sua resenha: "Apesar do número cada vez maior de entusiastas que promovem incansavelmente a ressurreição do violão como um instrumento clássico, há poucos homens que possuem o talento e a paciência para dominar o que continua sendo um dos mais belos, mas obstinadamente difíceis, instrumentos".[38] Cecchini, continuou ele, "provou ser um desses poucos".

Mesmo com seu início tardio e casual, Cecchini também se tornou um professor renomado de jazz e violão clássico. Os alunos viajavam de todas as partes para ter aulas com ele e, no início da década de 1980, havia filas nas escadarias de sua escola em Chicago. O treinamento formal dele, é claro, tinham sido aquelas lições gratuitas de clarinete. "Diria que sou 98% autodidata", ele me falou. Cecchini trocou de instrumento e encontrou seu caminho usando tentativa e erro. Pode parecer incomum, mas, quando ele citava os gigantes com quem tocou ou que admirava, não havia um tigre entre eles.

Duke Ellington foi um dos poucos que, de fato, estudou formalmente, quando tinha sete anos, com a exuberante professora Marietta Clinkscales. Ele perdeu o interesse imediatamente, antes mesmo de aprender a ler notas, e largou a música inteiramente para se concentrar no beisebol. Na escola, seus interesses eram desenho e pintura. (Mais tarde, ele recusou uma bolsa de estudos de arte na faculdade.) Quando tinha catorze anos, Ellington ouviu ragtime e, pela primeira vez em sete anos, sentou-se ao piano e tentou imitar o que tinha ouvido. "Não havia conexão entre mim e a música, até que comecei a brincar com ela",[39] lembrava. "Quanto a ter aulas com alguém, havia muitas regras... Se eu pudesse me sentar e descobrir tudo sozinho, então estava tudo bem." Mesmo quando se tornou indiscutivelmente o mais destacado compositor dos EUA, ele contava com copistas para decodificar sua notação musical pessoal e passar para a tradicional.[40]

Johnny Smith era o favorito absoluto de Cecchini. Smith cresceu em uma casa pequena e apertada no Alabama. Os vizinhos se reuniam para fazer um som e o jovem Johnny brincava com qualquer instrumento que tivessem deixado no canto durante a noite. "John tocava qualquer coisa", lembrou seu irmão Ben.[41] Isso permitiu que ele entrasse em competições locais de qualquer instrumento, e os prêmios eram compras no mercado. Certa vez, ele ganhou um saco de 2,5 quilos de açúcar. Ele não gostava muito do violino, no entanto. Smith disse que teria caminhado oitenta quilômetros por aulas de guitarra, mas não havia professores por perto. Então, ele tinha que experimentar.

Quando os Estados Unidos entraram na Segunda Guerra Mundial, Smith alistou-se no Exército, na esperança de ser piloto, mas um problema no olho esquerdo o desqualificou. Foi mandado para a banda de música, que não tinha nenhum espaço para um guitarrista. Ainda não sabia ler partituras, mas mandaram que aprendesse sozinho vários instrumentos para que pudesse tocar nos eventos de recrutamento. Essa vasta experiência levou-o a ser o arranjador musical da NBC depois da guerra. Tinha aprendido a aprender, e sua habilidade em vários instrumentos e gêneros tornou-se tão reconhecida que o colocou em uma situação complicada.

Ele estava saindo da NBC em uma sexta-feira à noite quando foi parado no elevador e pediram que aprendesse uma nova parte para o violão. O músico clássico contratado para o trabalho não conseguia tocar. Era para uma celebração ao vivo do aniversário de 75 anos do compositor Arnold Schoenberg, e uma de suas composições atonais, que havia 25 anos não era tocada, seria apresentada. Smith tinha quatro dias. Ele continuou com sua noite de sexta-feira, chegou em casa às cinco horas da manhã e partiu para um ensaio de emergência às sete. Na quarta-feira, tocou tão bem que o público exigiu um bis de todos os sete movimentos. Em 1998, junto com sir Edmund Hillary que, com Tenzing Norgay, tinha sido o primeiro a escalar o monte Everest, Smith foi condecorado com a Medalha Bicentenária do Instituto Smithsonian por contribuições culturais de destaque.

O pianista Dave Brubeck também ganhou a medalha. Sua música "Take Five" foi escolhida pelos ouvintes da NPR como a melhor música de jazz de todos os tempos. A mãe de Brubeck tinha tentado ensinar-lhe piano, mas ele se recusava a seguir as instruções. Tinha nascido estrábico, e sua relutância infantil estava relacionada a sua incapacidade de enxergar a notação musical. Sua mãe desistiu, mas ele a ouvia ensinando outras pessoas e tentava imitá-la. Brubeck ainda não sabia ler música quando abandonou o curso de veterinária no College of the Pacific e atravessou o gramado até o Departamento de Música, mas era um imitador magistral. Ele adiou o estudo do piano, preferindo instrumentos que lhe facilitariam improvisar nos exercícios. No último ano, não conseguiu mais esconder. "Tinha um professor de piano maravilhoso que descobriu que eu não sabia ler as partituras em cerca de cinco minutos", lembrou ele.[42] O reitor informou Brubeck que ele não poderia se formar e que, além disso, era uma vergonha para o conservatório. Outro professor que havia notado sua criatividade saiu em sua defesa, e o reitor fez um acordo. Brubeck teve permissão para se formar com a condição de que prometesse nunca envergonhar a instituição tentando ser professor. Vinte anos depois, a faculdade aparentemente não sentiu mais vergonha e concedeu-lhe um doutorado honorário.

Talvez o maior mestre de improvisação de todos não soubesse ler — palavras ou música. Django Reinhardt nasceu na Bélgica em 1910, em uma caravana cigana. Seus talentos na infância eram roubo de galinhas e cócegas em trutas — ele se sentava nas margens de um rio para pescar e esfregava a barriga das trutas até que relaxassem e pudessem ser jogadas na terra firme. Django cresceu nos arredores de Paris em uma área chamada La Zone, onde os limpadores de esgoto da cidade descarregavam o lixo todas as noites. Sua mãe, Négros, estava muito ocupada sustentando a família — fazendo pulseiras de cartuchos de artilharia usados que ela apanhava de um campo de batalha da Primeira Guerra Mundial — para cuidar do treinamento musical de alguém. Django ia para a escola quando tinha vontade, mas, na maioria das vezes, não ia. Ele entrava escondido no cinema e jogava bilhar, sempre cercado por música. Onde quer que os ciganos se reunissem, havia banjos, harpas, pianos e, especialmente, violinos.

A portabilidade do violino fazia com que fosse o clássico instrumento dos ciganos, e Django começou com ele, mas não gostou muito. Ele aprendeu no estilo "chamada e resposta". Um adulto tocaria uma parte da música e ele tentaria copiá-la. Quando tinha doze anos, ganhou de presente de um conhecido um híbrido de violão e banjo. Ficou obcecado por aquela coisa. Usava diferentes objetos como palhetas quando seus dedos precisavam de uma pausa: colheres, dedais de costura, moedas, um pedaço de osso de baleia. Ele se juntou a um corcunda que tocava banjo chamado Lagardère, e os dois andavam pelas ruas de Paris tocando e improvisando duetos.

Na adolescência, Django estava em um restaurante em Paris, onde os acordeonistas da cidade costumavam se reunir, e pediram que ele tocasse seu violão-banjo no palco com os outros músicos. Django tocou uma polca que era conhecida como uma música que provava a habilidade dos acordeonistas porque era muito difícil de tocar. Quando ele terminou a forma tradicional, em vez de parar, mergulhou em uma série de improvisações, modificando e distorcendo a música em criações que nenhum dos veteranos jamais tinha ouvido. Django estava "brincando com fogo",[43] como se diz. Estava procurando briga, ao modificar uma música sagrada do salão de baile, mas era tão original que se safou. Sua criatividade corria solta. "Eu fico pensando se, em seus dias de juventude, ele sabia que existia música impressa", contou um de seus parceiros musicais.[44] Django logo precisaria de toda a versatilidade que tinha aprendido.

Ele tinha dezoito anos quando um lampião em sua carroça incendiou um lote de flores de celuloide que sua esposa, Bella, havia preparado para um funeral. A carroça explodiu em um inferno. Metade do corpo de Django terminou queimado, e ele foi obrigado a ficar na cama por um ano e meio. Pelo resto da vida, o dedo mindinho e o anelar de sua mão esquerda, a mão do braço do violão, eram tocos de carne, inúteis para tocar. Django estava acostumado a improvisar. Como Pelegrina, das *figlie del coro*, quando perdeu os dentes, ele se virou. Aprendeu sozinho a tocar acordes com o polegar e dois dedos. A mão esquerda precisava correr para cima e para baixo no braço de seu violão, o indicador e o dedo médio pairavam como insetos sobre as cordas. Ele ressurgiu com uma nova maneira de tocar o instrumento, e sua criatividade explodiu.[45]

Com um violinista francês, Django fundiu o *musette* de baile com jazz e inventou uma nova forma de improvisação musical que desafiava a caracterização fácil. Por isso, era chamado apenas de "jazz cigano". Algumas de suas composições espontâneas tornaram-se "standards", peças que entram no cânone e são usadas para que outros músicos improvisem. Ele revolucionou o agora familiar solo de guitarra virtuoso que permeou a música da geração seguinte, de Jimi Hendrix, que tinha um disco com as gravações de Django e deu o nome de Band of Gypsys a um de seus grupos, a Prince (autodidata, tocou mais de meia dúzia de diferentes gêneros de instrumentos em seu álbum de estreia).[46] Muito antes de Hendrix derreter "The Star-Spangled Banner" em uma criação própria e maravilhosa, Django fez isso com o hino nacional francês "La Marseillaise".

Apesar de nunca ter aprendido a ler música (ou palavras — um colega músico teve que ensiná-lo a autografar para os fãs), Django compôs uma sinfonia, tocando em seu violão o que ele queria que cada instrumento do grupo fizesse, enquanto outro músico lutava para fazer a transcrição.

Ele morreu de hemorragia cerebral aos 43 anos, mas a música que criou há quase um século continua a aparecer na cultura pop, inclusive em sucessos de bilheteria de Hollywood, como *Matrix* e *O aviador*, e no famoso jogo de videogame *BioShock*. O autor de *The Making of Jazz* afirmou que o homem que não sabia nem ler música nem estudar com o dedilhado tradicional foi "sem dúvida, o mais importante violonista na história do jazz".

Cecchini tem sobrancelhas grossas e uma barba que se separa e se fecha rapidamente como arbustos desordenados quando ele fala animadamente. Como agora: está falando de Django e é um grande fã. Ele tinha um poodle preto chamado Django. Abre um clipe do YouTube em tom sépia e sussurra, em tom conspirador: "Veja isso".[47]

Então, aparece Django, gravata-borboleta, bigode fininho e cabelo penteado para trás. Os dois dedos inúteis da mão esquerda estão dobrados como uma garra. De repente, a mão corre por todo o braço do violão e, em seguida, todo o caminho de volta, disparando uma rápida sucessão de notas. "Isso é incrível!", diz Cecchini. "A sincronização entre a mão esquerda e a direita é fenomenal."

A escola de prática deliberada estrita descreve o treinamento útil como algo focado conscientemente na correção de erros. Mas o exame mais abrangente do desenvolvimento em formas improvisadas do professor da Universidade Duke, Paul Berliner, descreveu a infância dos profissionais como "uma questão de osmose", não de instrução formal. "A maioria explorou as diversas opções dos instrumentos da banda como um prelúdio para selecionar um instrumento de especialização", escreveu ele. "Não era incomum que os jovens desenvolvessem habilidades em vários instrumentos." Berliner acrescentou que aspirantes a improvisadores "cuja formação educacional promoveu uma dependência fundamental de professores [formais] devem adotar novas abordagens para o aprendizado".[48] Vários músicos relataram cenários parecidos com o de Brubeck para Berliner, na época em que uma professora descobriu que não sabiam ler música, mas tinham se tornado adeptos da imitação e da improvisação e que "eles simplesmente fingiam seguir a notação". Berliner transmitiu o conselho de músicos profissionais a um jovem aprendiz de improvisação: "não devia pensar em tocar — apenas tocar".

Enquanto eu conversava com Cecchini, ele tocou uma improvisação incrível. Pedi que tocasse novamente para poder gravar. "Não conseguiria tocar de novo nem se você colocasse uma arma na minha cabeça", respondeu. Charles Limb, músico, especialista em audição e cirurgião auditivo da Universidade da Califórnia, em São Francisco, projetou um teclado sem metal para que os músicos de jazz pudessem improvisar enquanto estavam dentro de um aparelho de ressonância magnética. Limb viu que as áreas do cérebro associadas à atenção, à inibição e à autocensura focadas ficavam inativas quando os músicos estavam criando. "É quase como se o cérebro desligasse sua própria habilidade de se criticar",[49] contou ele à *National Geographic*. Ao improvisar, os músicos fazem o oposto de identificar conscientemente os erros e parar para corrigi-los.

Os mestres da improvisação aprendem como bebês: mergulham, imitam e improvisam primeiro; aprendem as regras formais depois. "No início, sua mãe não lhe deu um livro e disse: 'Isso é um substantivo, isso é um pronome, esse é um particípio no local errado'", disse-me Cecchini. "Você adquire o som primeiro. E depois você adquire a gramática."

Django Reinhardt esteve uma vez em um táxi com Les Paul, o inventor da guitarra elétrica de corpo sólido. Paul era músico autodidata, e a única pessoa eleita para os salões da fama do Rock and Roll e dos Inventores Nacionais. Reinhardt deu um tapinha no ombro de Paul e perguntou se ele sabia ler música. "Respondi que não, não sabia", contou Paul. "E ele riu até chorar e completou: 'Bem, também não sei ler. Não sei nem o que é um *dó*; simplesmente toco'."[50]

Cecchini disse-me que ficava sempre surpreso quando pedia a um músico de jazz excepcional no palco para tocar uma nota e percebia que a pessoa não conseguia entendê-lo. "É uma piada antiga entre os músicos de jazz", disse Cecchini. "Você pergunta: 'Sabe ler música?'. E o cara responde:

'Sei, mas só o suficiente para não atrapalhar minha forma de tocar'." Há um pouco de verdade na piada. Cecchini deu aulas para músicos que tocavam profissionalmente na Sinfônica de Chicago que, em 2015, foi eleita a melhor orquestra dos Estados Unidos e a quinta no mundo por um painel de críticos. "É mais fácil para um músico de jazz aprender a tocar música clássica do que um músico clássico aprender a tocar jazz", disse ele. "O músico de jazz é um artista criativo, o músico clássico é um artista re-criativo."

Depois que Django Reinhardt incendiou a cena musical de clubes noturnos, músicos de formação clássica começaram a tentar fazer a transição para o jazz. Segundo Michael Dregni, que escreveu vários livros sobre esse período, a improvisação era "um conceito contrário ao treinamento de conservatório... Depois de anos de treinamento rigoroso nos conservatórios, mostrou-se uma transição impossível para alguns".[51] Leon Fleisher, considerado um dos grandes pianistas clássicos do século xx, disse ao coautor de suas memórias, de 2010, que seu "maior desejo" era ser capaz de improvisar. Apesar de toda uma vida de interpretação magistral das notas na partitura, ele disse: "Não consigo improvisar de forma alguma".[52]

A analogia de Cecchini com a aprendizagem do idioma está longe de ser excepcional. Até mesmo o Método Suzuki de instrução musical, sinônimo de consciência pública com o treinamento na infância, foi projetado por Shinichi Suzuki para imitar a aquisição da linguagem natural. Suzuki cresceu na fábrica de violinos de seu pai, mas considerava o instrumento um brinquedo. Quando ele e seus irmãos brigavam, usavam os violinos para bater um no outro.[53] Ele só tentou tocar o instrumento quando tinha dezessete anos, emocionado por uma gravação de *Ave Maria*. Levou um violino para a fábrica e tentou imitar uma gravação clássica de ouvido. "Minha técnica autodidata completa soava mais como algo raspando nas cordas do que qualquer outra coisa", contou sobre a tentativa inicial. "Mas, de alguma forma, finalmente consegui tocar a peça."[54] Só mais tarde procurou lições técnicas e tornou-se músico e, depois, educador. De acordo com a Associação Suzuki das Américas: "As crianças não praticam exercícios para aprender a falar... As crianças aprendem a ler depois que sua capacidade de falar já está bem estabelecida".

Na totalidade, o quadro está de acordo com uma clássica descoberta feita por pesquisas que não são específicas da música: a amplitude do treinamento é um prognóstico da amplitude da transferência. Ou seja, quanto mais contexto existe em algo que é aprendido, mais o aluno cria modelos abstratos, e menos precisa confiar em qualquer exemplo específico. Os alunos vão ficando melhores na aplicação do conhecimento a uma situação que nunca viram antes, que é a essência da criatividade.

Comparado com o livro da Mãe-Tigre, um manual para pais orientado para a realização criativa deveria começar com uma lista muito menor de regras. Ao oferecer conselhos aos pais, o psicólogo Adam Grant observou que pode ser difícil nutrir a criatividade, mas é fácil frustrá-la. Ele mostrou um estudo que encontrou uma média de seis regras domésticas para as crianças típicas, em comparação com apenas uma em lares com crianças extremamente criativas.[55] Os pais com filhos criativos davam suas opiniões depois que as crianças faziam algo de que eles não gostavam, não proibiam antecipadamente. Os lares tinham poucas restrições estabelecidas.

"É estranho", afirmou Cecchini ao final de uma de nossas longas horas de discussões, "que alguns dos maiores músicos foram autodidatas ou nunca aprenderam a ler música. Não estou dizendo que uma maneira é a melhor, mas agora recebo muitos alunos de escolas que estão ensinando jazz, e todos soam iguais. Eles não parecem encontrar sua própria voz. Acho que, quando você é autodidata, acaba experimentando mais, tentando encontrar o mesmo som em lugares diferentes. Aprende a resolver problemas".

Cecchini parou de falar por um momento, reclinou-se na cadeira e olhou para o teto. Passaram-se alguns segundos. "Eu poderia mostrar a alguém em dois minutos, o que levaria anos de tentativas no braço da guitarra, como eu fiz para descobrir. Você não sabe o que está certo ou errado. Isso não está em sua cabeça. Você está apenas tentando encontrar uma solução para os problemas e, depois de cinquenta tentativas, tudo começa a funcionar. É lento", disse-me. "Mas, ao mesmo tempo, é importante aprender dessa maneira."

4
Aprendizado: rápido e lento

"Certo? Vocês vão a um jogo dos Eagles", disse a carismática professora de matemática a sua classe do oitavo ano.[1] Ela procura enquadrar os problemas usando situações que motivam os alunos. "Estão vendendo cachorros-quentes", continua. "Aliás, são muito gostosos na Filadélfia." Os alunos riem. Um interrompe: "Os *cheeseburgers* também são".

A professora os traz de volta à lição do dia, expressões algébricas simples: "Os cachorros-quentes no estádio onde os Eagles jogam são vendidos por três dólares. Quero que me deem uma expressão variável para [o custo de] N cachorros-quentes".[2] Os alunos precisam aprender o que significa uma letra representando um número indeterminado. É uma abstração que eles precisam entender para progredir em matemática, mas não é algo fácil de explicar.

Marcus é voluntário: "N sobre três dólares".

"Não *sobre*", responde a professora. "Porque isso significa dividir." Ela apresenta a expressão correta: "Três N. Três N significa pouco importa quantos cachorros-quentes eu comprar, terei que pagar três dólares por cada um, certo?". Outro aluno ficou confuso. "De onde você tirou o N?", pergunta ele.

"É o número N de cachorros-quentes", explica a professora. "É o que estou usando como minha variável." Uma aluna chamada Jen pergunta se isso significa que eles devem multiplicar. "Isso mesmo. Então, se compro dois cachorros-quentes, quanto vou gastar?"

Seis dólares, responde Jen, corretamente.

"Três vezes dois. Muito bem, Jen." Outro braço se ergue. "Sim?"

"Pode ser qualquer letra?", quer saber Michelle. Sim, pode.

"Mas não é confuso?", pergunta Brandon.

Pode ser qualquer letra, explica a professora. Partimos para a segunda parte da lição de hoje: avaliar expressões.

"O que acabei de fazer com os três dólares por um cachorro-quente foi 'avaliar uma expressão'", explica a professora. Ela escreve $7H$ no quadro e pergunta: "Se você ganha sete dólares por hora e trabalha duas horas nesta semana, quanto vai ganhar? "Catorze", Ryan responde corretamente. "E se você trabalhar dez horas?" "Setenta", responde Josh. A professora percebe que eles estão entendendo. Logo, porém, ficará claro que nunca realmente entenderam a expressão. Apenas perceberam que deviam multiplicar os dois números que a professora dizia em voz alta.

"O que acabamos de fazer foi pegar o número de horas e fazer o quê? Michelle?" "Multiplicamos por sete", responde Michelle. "Certo, mas na verdade o que fizemos", explica a professora, "foi colocar o número de horas na expressão, no lugar do H. Isso é o que significa avaliar: substituir um número por uma variável."

Mas agora outra garota está confusa. "Então para a coisa do cachorro--quente, o N seria dois?", pergunta. "Sim. Substituímos dois pelo N", responde a professora. "Nós avaliamos aquele exemplo." Por que, então, a menina quer saber, não se pode simplesmente escrever quantos dólares custa um cachorro-quente vezes dois? Se N é apenas dois, qual o sentido de escrever "N" em vez de "2"?

Os alunos fazem mais perguntas que, aos poucos, deixam claro que não conseguiram conectar a abstração de uma variável a mais do que apenas um número específico para cada exemplo dado. Quando ela tenta voltar a um contexto realista — "a aula de estudos sociais é três vezes mais comprida do que a de matemática" —, estão totalmente perdidos. "Eu pensei que o quinto período fosse o mais comprido", responde um. Quando a professora pede que os alunos transformem frases em expressões variáveis, eles precisam começar a adivinhar.

"E, se eu disser, 'seis menos que um número'? Michelle?", pergunta a professora.

"Seis menos *N*", responde Michelle. Incorreto.

Aubrey adivinha a única outra possibilidade: "*N* menos seis". Ótimo.

As crianças repetem essa forma de múltipla escolha de pelotão. Assistindo na hora, pode dar a impressão de que estão entendendo.

"E se eu desse a vocês 15 menos *B*?", pergunta a professora à classe, pedindo que os alunos transformem a expressão em palavras. Hora da múltipla escolha. "Quinze menor que *B*?", chuta Patrick. A professora não responde imediatamente. Então, ele tenta outra coisa. "*B* menor que 15." Dessa vez, a resposta é imediata; ele acertou. O padrão repete-se. *Kim é quinze centímetros mais baixa que a mãe.* "*N* menos quinze negativo", chuta Steve. Não. "*N* menos quinze." Muito bom. *Mike é três anos mais velho que Jill.* Ryan? "Três *X*", afirma ele. Não, isso seria multiplicar, não seria? "Três mais *X*." Ótimo.

Agora, Marcus descobriu o modo certeiro de chegar à resposta correta. Seu braço dispara com a próxima pergunta. *Três dividido por W.* Marcus? "*W* sobre três, ou três sobre *W*", responde ele, cobrindo todas as possibilidades. Bom, três sobre *W*, acertou.

Apesar das tiradas inteligentes da professora, fica claro que os alunos não entendem como esses números e letras podem ser úteis em qualquer lugar além da prova na escola. Quando ela pergunta onde as expressões variáveis podem ser usadas no mundo, Patrick responde: "Quando você está tentando resolver problemas de matemática". Ainda assim, os alunos descobriram como chegar às respostas certas em seus cadernos: interrogando enfaticamente a professora.

Ela confunde o jogo de múltipla escolha que os estudantes estão dominando com exploração produtiva. Às vezes, os alunos se unem. Em sucessão *stacatto*: "*K* sobre oito", chuta um. "*K* dividido por oito", diz outro. "*K* de oito", tenta um terceiro. A professora é gentil e os incentiva, mesmo que eles não consigam dar a resposta certa. "Tudo bem", diz ela. "Vocês estão pensando." O problema, no entanto, é o modo como eles estão pensando.

Essa foi uma das centenas de aulas, nos Estados Unidos, na Ásia e na Europa, filmadas e analisadas em uma tentativa de entender o ensino eficaz de matemática. Não é preciso dizer: as turmas eram muito diferentes. Na Holanda, os alunos costumavam chegar tarde na aula e passavam muito tempo trabalhando sozinhos. Em Hong Kong, a aula parecia bastante semelhante à dos Estados Unidos: exposições, em vez de trabalho individual, ocupavam a maior parte do tempo. Alguns países usaram muitos problemas em contextos do mundo real; outros confiaram mais em matemática simbólica. Algumas aulas mantinham as crianças em suas carteiras, outras as levavam ao quadro-negro. Alguns professores eram muito enérgicos; outros, sérios. A litania de diferenças é longa, mas nenhuma dessas características foi associada a diferenças no desempenho dos alunos nesses países. Havia semelhanças também. Em todas as salas de aula de todos os países, os professores usavam dois tipos principais de perguntas.

As mais comuns eram as perguntas para "aplicar o procedimento":[3] basicamente, praticar aquilo que acabou de ser ensinado. Por exemplo, pegue a fórmula para a soma dos ângulos internos de um polígono — 180 x (número de lados do polígono – 2) — e aplique-a aos polígonos na folha de exercícios. A outra variedade comum era de perguntas para estabelecer conexões, que ligavam os alunos a um conceito mais amplo, em vez de apenas um procedimento. Ela era feita quando o professor perguntava aos alunos *por que* a fórmula funcionava ou pedia que tentassem descobrir se ela funcionava para absolutamente todos os polígonos, de um triângulo a um octógono. Os dois tipos de pergunta são úteis e foram feitos pelos professores em todas as salas de aula de todos os países estudados. Mas uma diferença importante foi notada naquilo que os professores faziam *depois* de pedir para os alunos resolverem um problema de estabelecer conexões.[4]

Em vez de deixar que os alunos se esforçassem com certa confusão, os professores muitas vezes respondiam a suas interpelações com dicas que transformavam um problema de estabelecer conexões em outro de "aplicar o procedimento". Era exatamente o que a carismática professora da sala de aula norte-americana estava fazendo. Lindsey Richland, uma professora da Universidade de Chicago que estuda o aprendizado, assistiu àquele vídeo comigo e me disse que, quando os alunos estavam brincando de múltipla escolha com a professora, "o que estão fazendo, de fato, é buscar regras". Eles estavam tentando transformar um problema conceitual que não entendiam em um procedimento que poderiam realizar. "Somos muito bons, os humanos são, em tentar dedicar o mínimo trabalho necessário para realizar uma tarefa", disse-me Richland. Pedir dicas para encontrar uma solução é algo esperto e conveniente. O problema é que, quando se trata de aprender conceitos que podem ser amplamente usados, a conveniência pode sair pela culatra.

Nos Estados Unidos, cerca de um quinto das questões propostas aos alunos começava como um problema de "estabelecimento de conexão". Mas, quando paravam de pedir dicas ao professor e resolviam os problemas, nenhum deles permanecia na categoria "estabelecimento de conexão". Esse tipo de problema não sobreviveu às interações professor-aluno.

Professores de todo o mundo caíram na mesma armadilha, mas, nos países com melhor desempenho, muitos problemas de estabelecer conexões continuavam nessa categoria quando a classe se esforçava para entendê-los. No Japão, pouco mais da metade dos problemas era de estabelecimento de conexão, e metade destes continuava na mesma categoria ao longo da busca da solução. Uma aula inteira poderia ser usada para a resolução de apenas um problema com muitas partes. Quando um aluno oferecia uma ideia de como abordar um problema, em vez de dar início a uma interação de múltipla escolha, o professor pedia que ele fosse ao quadro-negro e colocasse um ímã com seu nome ao lado da ideia. Ao final da aula, um problema em um quadro-negro do tamanho da parede inteira servia como um diário de bordo da viagem intelectual coletiva da classe, inclusive com os becos sem saída. Originalmente, Richland tentou rotular as lições gravadas em vídeo com um único tópico do dia, "mas não poderíamos fazer isso com o Japão", contou ela. "Porque daria para tratar esses problemas usando muito conteúdo diferente." (Há uma palavra japonesa específica para expressar o ato de escrever no quadro-negro mapeando as conexões conceituais ao longo da solução coletiva de problemas: *bansho*.[5])

Como no golfe, a prática de procedimentos é importante em matemática. Mas, quando constitui toda a estratégia de treinamento em matemática, é um problema. "Os alunos não veem a matemática como um *sistema*",[6] escreveram Richland e seus colegas. Eles a veem apenas como um conjunto de procedimentos. Da mesma forma que, quando perguntaram a Patrick como as expressões variáveis se conectavam ao mundo, sua resposta foi que eram boas para responder a perguntas na aula de matemática.

Em sua pesquisa, Richland e seus colaboradores destacaram o surpreendente grau de confiança que alunos de faculdades comunitárias — 41% de todos os alunos de graduação nos Estados Unidos — têm em algoritmos memorizados. Quando precisavam responder se $a/5$ ou $a/8$ era maior, 53% dos alunos respondiam corretamente — pouco melhor do que adivinhar. Ao explicarem suas respostas, os alunos frequentemente indicavam algum algoritmo. Eles lembravam que deveriam se concentrar no número inferior, mas muitos se recordavam de que um denominador maior significava que $a/8$ era maior que $a/5$. Outros lembraram que deveriam tentar obter um denominador comum, mas não sabiam ao certo por quê. Alguns alunos fizeram uma multiplicação cruzada, porque sabiam que é isso que se faz quando há frações, mesmo que o procedimento não tivesse relevância para o problema em questão. Apenas 15% dos alunos começaram com um raciocínio conceitual e amplo de que, se você dividir algo em cinco partes, cada peça será maior do que se dividir a mesma coisa em oito partes. Todos esses alunos chegaram à resposta correta.

Alguns dos estudantes universitários pareciam ter perdido a noção numérica que a maioria das crianças tem, como a de que adicionar dois números leva a um terceiro composto dos dois primeiros. Quando foi pedido que um estudante verificasse $462 + 253 = 715$, ele subtraiu 253 de 715 e obteve 462. Quando outra estratégia foi solicitada, ele não conseguiu subtrair 462 de 715 para ver se era igual a 253, porque a regra que tinha aprendido era subtrair o número à direita do sinal de mais para verificar a resposta.

Com relação a quando os alunos mais jovens levam lições para casa que os forçam a estabelecer conexões, Richland me disse: "Os pais falam: 'Eu vou te mostrar; tem um jeito mais rápido e mais fácil'.". Se o professor já não tiver transformado o trabalho em uma prática de "aplicar procedimentos", os pais bem-intencionados o farão. Eles não se sentem à vontade com crianças desorientadas e querem que o entendimento seja rápido e fácil. Mas um aprendizado durável (que fica gravado), flexível (que pode ser aplicado de forma ampla), *rápido e fácil* é precisamente o problema.

***

"Algumas pessoas argumentam que parte da razão pela qual os estudantes norte-americanos não se saem tão bem nos testes internacionais de conhecimento do ensino médio é que vão muito bem na aula", disse Nate Kornell, psicólogo cognitivo do Williams College. "O que você quer é facilitar a dificuldade."

Kornell estava explicando o conceito de "dificuldades desejáveis",[7] obstáculos que tornam a aprendizagem mais desafiadora, mais lenta e mais frustrante em curto prazo, mas melhor no longo. O excesso de dicas, como as da aula de matemática da oitava série, faz o oposto; reforça o desempenho imediato, mas prejudica o progresso em longo prazo. Diversas dificuldades desejáveis que podem ser usadas na sala de aula estão entre os métodos mais rigorosos para melhorar o aprendizado, e a aplicada professora de matemática da oitava série acidentalmente subverteu todos eles com o interesse bem-intencionado em um progresso perceptível de imediato.

Uma dessas dificuldades desejáveis é conhecida como "efeito geração". Esforçar-se para produzir uma resposta por conta própria, mesmo que errada, melhora o aprendizado subsequente. Sócrates, ao que parece, tinha um objetivo quando forçava os alunos a produzir respostas, em vez de oferecê-las ele mesmo. Isso requer que o aluno sacrifique intencionalmente o desempenho momentâneo para benefício futuro.

Kornell e a psicóloga Janet Metcalfe fizeram testes com alunos do sexto ano em South Bronx sobre aprendizado de vocabulário e diversificaram o modo como eles estudavam para explorar o efeito geração.[8] Os alunos receberam algumas palavras junto com suas definições. Por exemplo: *discutir algo para chegar a um acordo — negociar*. Para outros, só mostraram a definição e deram algum tempo para que pensassem na palavra correspondente certa, mesmo que não tivessem ideia, antes de ela ser revelada. Quando foram testados mais tarde, os alunos saíram-se melhor nas palavras cujas definições eram oferecidas primeiro. A experiência foi repetida com alunos da Universidade de Columbia, com mais palavras menos usuais (*caracterizado por um desdém arrogante — presunçoso*). Os resultados foram os mesmos. Ser forçado a oferecer respostas melhora a aprendizagem subsequente, mesmo que a resposta esteja errada. Pode até ajudar caso esteja totalmente errada. Metcalfe e seus colegas demonstraram várias vezes o "efeito da hipercorreção".[9] Quanto mais confiante o aluno se sente em relação a suas respostas erradas, mais a informação é lembrada quando ele aprende a resposta correta. Tolerar grandes erros pode criar as melhores oportunidades de aprendizado.*

Kornell ajudou a mostrar que os benefícios de longo prazo dos enganos facilitados se estendem aos primatas apenas um pouco menos estudiosos do que os alunos da Columbia. Especificamente, a Oberon e Macduff, dois macacos-resos treinados para memorizar listas por tentativa e erro.[10] Em um experimento fascinante, Kornell trabalhou com um especialista em cognição animal para dar a Oberon e Macduff listas de imagens aleatórias que deveriam memorizar em uma ordem específica. (Uma tulipa, um cardume de peixes, um cardeal, Halle Berry e um corvo, por exemplo.) As fotos eram todas exibidas ao mesmo tempo em uma tela. Ao tocar nelas, por tentativa e erro, os macacos tiveram que aprender a ordem desejada e praticá-la repetidamente. Mas nem todo o exercício foi projetado da mesma forma.

Em algumas sessões práticas, Oberon (que, em geral, era mais inteligente) e Macduff recebiam automaticamente dicas a cada tentativa, ao ser indicada a próxima imagem da lista. Em outras listas, eles podiam tocar quando quisessem em uma caixa de dicas na tela sempre que não soubessem como continuar e desejassem ver o próximo item. Ainda em outras listas, podiam pedir uma dica quando chegassem na metade de suas tentativas. E no grupo final de listas, eles não recebiam dica alguma.

Nas sessões práticas em que podiam solicitar dicas, os macacos comportavam-se muito como os humanos. Quase sempre pediam dicas quando havia a possibilidade e, assim, acertavam muitas das listas. No geral, foram cerca de 250 tentativas para aprender cada lista.

Depois de três dias de prática, os cientistas tiraram as rodinhas. A partir do quarto dia, os macacos memorizadores tiveram que repetir todas as listas de todos os treinamentos sem qualquer dica. Foi um desempenho

---

* Este é outro exemplo de como a generalização do que ocorre nos esportes para outras áreas pode ser maléfica. Ao aprender habilidades motoras, alguns maus hábitos, uma vez formados, podem ser difíceis de desfazer. Os treinadores de elite concentram-se muito em acertar hábitos motores cristalizados anos antes por atletas que tiveram muita prática quando crianças. Fora do contexto esportivo, repetidas respostas erradas podem configurar aprendizado, desde que a resposta certa seja fornecida ao final.

desastroso. Oberon só conseguiu organizar cerca de 1/3 das listas de forma correta. Macduff acertou menos de uma em cinco. Houve, no entanto, uma exceção: as listas para as quais eles nunca tinham recebido dicas.

Nessas listas, no primeiro dia de prática, a dupla teve um péssimo desempenho. Eram literalmente macacos apertando botões. Mas foram melhorando continuamente a cada dia de treinamento. No dia do teste, Oberon acertou quase 3/4 das listas que aprendeu sem dicas. Macduff acertou quase a metade.

Os resultados gerais do experimento foram os seguintes: quanto mais dicas estavam disponíveis durante o treinamento, mais os macacos acertavam durante os primeiros treinos, e pior se saíam no dia do teste. Nas listas em que Macduff passou três dias treinando com dicas automáticas, não conseguiu acertar *nenhuma* delas. Era como se, de repente, a dupla tivesse desaprendido todas as listas que praticava com dicas. A conclusão do estudo era simples: "treinar com dicas não produz nenhum aprendizado duradouro".

O treinamento sem dicas é lento e cheio de erros. É, essencialmente, o que costumamos pensar de uma prova, exceto pelo propósito de aprender em vez de avaliar — quando "prova" se torna uma temida palavra de cinco letras. A professora de matemática da oitava série basicamente testava seus alunos nas aulas, mas estava facilitando ou dando as respostas diretamente.

Quando a prova é usada para aprender, testar, inclusive se autotestar, é uma dificuldade muito desejável. Até mesmo fazer testes antes de estudar funciona, sabendo que respostas erradas certamente acontecerão. Em um dos experimentos de Kornell, os participantes tiveram que memorizar pares de palavras e depois foram interrogados sobre elas. No teste, deram-se melhor com pares que tinham aprendido por meio de práticas *quizzes*, mesmo que tivessem errado as respostas nos jogos de perguntas. Esforçar-se para se recordar de informações estimula o cérebro para o aprendizado subsequente, mesmo quando a lembrança em si não seja bem-sucedida. O esforço é real e realmente útil. "Como a vida, a lembrança tem tudo a ver com o percurso", escreveram Kornell e sua equipe.[11]

Se aquela classe do oitavo ano seguia um plano acadêmico típico ao longo do ano, é exatamente o oposto do que a ciência recomenda para um aprendizado durável — um tópico provavelmente ficou limitado a uma semana e outro à seguinte. Como muitos esforços de desenvolvimento profissional, cada conceito (ou habilidade) em particular recebe um curto período de foco intensivo. Depois, partimos para o próximo e nunca mais voltamos. Essa estrutura faz sentido intuitivamente, mas se abstém de outra importante dificuldade desejável: "fazer intervalos" — ou prática distribuída.

É exatamente o que parece — dar tempo entre as sessões de treinamento do mesmo material. Você pode chamá-lo de não treino deliberado entre períodos de prática deliberada. "Há um limite de quanto tempo você deve se abster", disse Kornell. "Mas é maior do que as pessoas pensam. Serve para qualquer coisa, estudar o vocabulário de uma língua estrangeira ou aprender a pilotar um avião. Quanto mais difícil, mais você aprende." O intervalo entre as sessões de treinamento cria a resistência que melhora a aprendizagem. Um estudo dividiu alunos que aprendiam vocabulário de espanhol em dois grupos — um que aprendeu as palavras e foi testado no mesmo dia, e um segundo, que aprendeu o vocabulário e foi testado no mês seguinte.[12] Após oito anos, sem nenhum estudo nesse período, o segundo grupo lembrava-se de 250% mais do que o outro. Para uma determinada quantidade de estudo em espanhol, o intervalo tornou o aprendizado mais produtivo ao facilitar as dificuldades.

Não é preciso tanto tempo para notar o efeito dos intervalos. Pesquisadores da Universidade Estadual de Iowa leram listas de palavras e, depois, pediram para os que ouviram recitarem cada lista imediatamente, após quinze segundos de ensaio, ou depois de quinze segundos resolvendo problemas matemáticos muito simples que impediam qualquer ensaio.[13] Aqueles que foram autorizados a reproduzir as listas logo após ouvi-las se saíram melhor. Aqueles que tiveram quinze segundos para ensaiar antes de recitar ficaram em segundo lugar. O grupo distraído com problemas de matemática terminou em último. Mais tarde, quando todos pensaram que tinham terminado, receberam um teste-surpresa: anotar todas as palavras que conseguissem se lembrar das listas. De repente, o pior grupo tornou-se o melhor. O treinamento em curto prazo proporcionou benefícios puramente de curto prazo. Esforçar-se para não esquecer a informação e, depois, para recuperá-la, ajudou o grupo distraído com problemas de matemática a transferir a informação da memória de curto prazo para a de longo prazo. O grupo com mais oportunidades de ensaio imediato não lembrou quase nada no teste-surpresa. A repetição, foi o que descobriram, era menos importante que o esforço.

Não é ruim responder corretamente durante os estudos. O progresso só não deveria acontecer rápido demais, a menos que o aluno quisesse acabar como Oberon (ou, pior, como Macduff), com uma miragem de conhecimento que evapora no momento mais importante. Tal como acontece com o excesso de dicas, isso vai, como afirmou um grupo de psicólogos, "produzir capiciosos altos níveis de domínio imediato que não sobreviverão à passagem de períodos substanciais de tempo".[14] Para uma determinada quantidade de material, a aprendizagem é mais eficiente em longo prazo quando é realmente ineficiente em curto prazo. Se você está se saindo muito bem em um autoteste, o antídoto simples é esperar mais tempo antes de praticar o mesmo material novamente, para que o teste seja mais difícil. Frustração não é um sinal de que você não está aprendendo, mas a facilidade é.

Plataformas como o Medium e o LinkedIn estão repletas de publicações sobre novos e brilhantes *hacks* de aprendizado que levam a um progresso incrivelmente rápido — de suplementos dietéticos especiais e aplicativos de "treinamento cerebral" a sinais de áudio destinados a alterar as ondas cerebrais. Em 2007, o Departamento de Educação dos EUA publicou um relatório feito por seis cientistas e um professor bem-sucedidos convidados a identificar estratégias de aprendizagem que, de fato, tivessem respaldo científico. Intervalos, testes e uso de perguntas que estabelecessem conexões apareceram na lista extremamente curta. Todos os três prejudicam o desempenho em curto prazo.[15]

Tal como acontece com as questões que estabelecem conexões estudadas por Richland, é difícil aceitar que o melhor caminho para o aprendizado seja lento, e que ir mal no presente é essencial para ter um melhor desempenho mais tarde. É tão profundamente ilógico que engana os próprios alunos, tanto sobre seu próprio progresso quanto sobre a habilidade de seus professores. Demonstrar isso exigiu um estudo extraordinariamente único.[16] Um que apenas um cenário como o da Academia da Força Aérea dos EUA poderia proporcionar.

***

Em troca de bolsas integrais, os cadetes da Academia da Força Aérea comprometem-se a servir como oficiais militares por, pelo menos, oito anos após a graduação.* Eles se submetem a um programa acadêmico altamente estruturado e rigoroso, focado em Ciências e Engenharia. Todos os alunos devem concluir, no mínimo, três períodos de Matemática.

Todo ano, um algoritmo distribui aleatoriamente os cadetes ingressantes a classes de Cálculo I, com cerca de vinte alunos cada. Para examinar o impacto dos professores, dois economistas compilaram dados sobre mais de 10 mil cadetes aleatoriamente designados a turmas de Cálculo regidas por quase uma centena de professores ao longo de uma década. Cada turma usou exatamente o mesmo currículo, a mesma prova e o mesmo formulário de avaliação do professor para os cadetes preencherem.

Depois de Cálculo I, os alunos foram escolhidos aleatoriamente mais uma vez para as aulas de Cálculo II, novamente com os mesmos currículo e prova; e, depois, para os cursos de Matemática, Ciências e Engenharia mais avançados. Os economistas verificaram que as pontuações dos testes padronizados e as notas do ensino médio eram distribuídas de modo uniforme pelas seções. Desse modo, os instrutores enfrentavam desafios semelhantes. A Academia até padronizou os procedimentos de correção de provas, de modo que cada aluno era avaliado da mesma maneira. "Potenciais professores 'coração mole' não tinham poder para melhorar as notas", escreveram os economistas. Isso era importante, porque eles queriam ver que diferença os professores faziam individualmente.

Como era de se esperar, havia um grupo de professores de Cálculo I cuja instrução melhorou muito o desempenho dos alunos na prova de Cálculo I e que obteve excelente classificação por parte dos estudantes. Outro grupo de professores somou significativamente menos ao desempenho dos alunos na prova e foi julgado mais duramente nas avaliações. Mas, quando os economistas analisaram uma medida diferente, de longo prazo, do valor agregado do professor — como aqueles alunos se saíram em cursos posteriores de Matemática

---

* Devem estar cinco anos na ativa.

e Engenharia que exigiam Cálculo I como pré-requisito —, os resultados foram chocantes. Os professores de Cálculo I que eram os melhores e conseguiam o máximo dos alunos em sua classe, de certa forma, não tinham sido bons para eles no longo prazo. "Os professores que se destacam na promoção do desempenho acadêmico no ato prejudicam, em média, o desempenho posterior de seus alunos em classes mais avançadas", escreveram os economistas. O que parecia uma vantagem inicial desaparecia.

Os economistas sugeriram que os professores que causavam dificuldades no curto prazo, mas ganhos no longo, estavam facilitando o "aprendizado profundo" ao estabelecer conexões. Eles "ampliam o currículo e criam alunos com uma compreensão mais profunda do material". Isso também tornava seus cursos mais difíceis e frustrantes, como evidenciado pelas notas dos exames de Cálculo I mais baixas dos alunos e pelas avaliações mais duras de seus instrutores. O contrário também era válido. O professor de Cálculo que ficou em último lugar, no aprendizado profundo, entre os cem estudados — ou seja, seus alunos tiveram desempenho inferior nos cursos posteriores —, foi o sexto nas avaliações dos alunos e o sétimo no desempenho dos alunos durante a época do curso que lecionava. Os estudantes avaliavam suas instruções com base em como se saíam nas provas *naquela época* — uma medida fraca de como os professores os prepararam para o desenvolvimento posterior. Então, davam as melhores notas para os professores que proporcionavam os menores benefícios no longo prazo. Os economistas concluíram que os alunos estavam, na verdade, *punindo* eletivamente os professores que criavam mais benefícios em longo prazo. Algo revelador é que os alunos de Cálculo I cujos professores tinham menos qualificação e menos experiência se saíram melhor nessa matéria. Enquanto isso, os alunos de professores mais experientes e qualificados tiveram dificuldades em Cálculo I, mas se saíram melhor nas disciplinas subsequentes.

Um estudo semelhante foi realizado na Universidade Bocconi, na Itália,[17] com 1.200 alunos do primeiro ano selecionados aleatoriamente para aulas introdutórias do curso em Administração, Economia ou Direito, e depois para cursos posteriores a eles em uma sequência prescrita durante quatro anos. O mesmo padrão foi apresentado. Os professores que orientaram os alunos para conseguir o nível mais elevado em seu próprio curso tiveram classificações altas e prejudicaram o desempenho dos estudantes em longo prazo.

O psicólogo Robert Bjork usou a expressão "dificuldades desejáveis" pela primeira vez em 1994. Vinte anos depois, ele e um coautor concluíram o capítulo de um livro sobre a aplicação da ciência da aprendizagem deste modo: "Acima de tudo, a mensagem mais básica é que professores e alunos devem evitar interpretar o desempenho concomitante como aprendizado. O bom desempenho em uma prova durante o processo de aprendizado pode indicar domínio, mas estudantes e professores precisam estar cientes de que esse desempenho geralmente indicará, ao contrário, um progresso rápido e fugaz".[18]

Aqui está o lado positivo: nos últimos quarenta anos, os norte-americanos estão falando cada vez mais, em pesquisas nacionais, que os estudantes atuais estão tendo uma educação pior do que a que eles tiveram, e estão errados.[19] As pontuações da Avaliação Nacional do Progresso Educacional, "o boletim escolar do país", estão aumentando constantemente desde a década de 1970. É inquestionável que os alunos de hoje dominam muito mais as habilidades básicas do que os do passado. A escola não piorou. Os objetivos da educação apenas se tornaram mais elevados.

O economista educacional Greg Duncan, um dos professores mais influentes do mundo, registrou essa tendência. Concentrar-se nos problemas da "aplicação de procedimentos" funcionava bem quarenta anos atrás, quando o mundo estava cheio de empregos que pagavam salários de classe média por tarefas relativas a procedimentos como digitar, arquivar e trabalhar em uma linha de montagem. "Cada vez mais os empregos que pagam bem exigem que os funcionários resolvam problemas inesperados, muitas vezes trabalhando em grupos... Essas mudanças nas demandas da força de trabalho, por sua vez, impuseram exigências novas e cada vez mais rigorosas às escolas", segundo Duncan.[20]

Esta é uma questão de Matemática de uma prova de habilidades básicas do início dos anos 1980 para todos os alunos do sexto ano da rede pública em Massachusetts:

Carol consegue andar de bicicleta a 10 milhas por hora. Se Carol for de bicicleta até a loja, quanto tempo levará?

Para resolver esse problema, você precisaria saber:

a) Qual é a distância até a loja.
b) Que tipo de bicicleta Carol tem.
c) A que horas Carol irá sair.
d) Quanto Carol tem para gastar.

E esta é uma questão que alunos do sexto ano de Massachusetts receberam em 2011:

Paige, Rosie e Cheryl gastaram exatamente 9 dólares na mesma lanchonete.

- Paige comprou 3 sacos de amendoim.
- Rosie comprou 2 sacos de amendoim e 2 *pretzels*.
- Cheryl comprou 1 pacote de amendoim, 1 *pretzel* e 1 milk-shake.

a. Qual o custo, em dólares, de 1 saco de amendoim? Mostre ou explique como obteve sua resposta.
b. Qual o custo, em dólares, de 1 *pretzel*? Mostre ou explique como obteve sua resposta.
c. Qual é o número total de pretzels que podem ser comprados com o mesmo valor de 1 milk-shake? Mostre ou explique como obteve sua resposta.

Para cada problema como o primeiro, a fórmula simples "distância = velocidade x tempo" poderia ser memorizada e aplicada. O segundo problema exige a conexão de vários conceitos que são então aplicados a uma nova situação. As estratégias de ensino que os atuais professores usaram quando eram alunos já não são boas o suficiente. O conhecimento precisa cada vez mais não apenas ser durável, mas também flexível — passível de ser guarda-do e aplicado de forma ampla.

Quase no fim da aula de Matemática da oitava série a que assisti com Lindsey Richland, os alunos trabalharam em uma folha de exercícios que os psicólogos chamam de prática "compactada". Ou seja, praticar a mesma coisa repetidamente, empregando o mesmo procedimento a cada problema. Isso leva a um desempenho imediato excelente, mas, para que o conhecimento seja flexível, deve ser aprendido em condições variadas, uma abordagem cha-mada prática variada ou mista, ou, para os pesquisadores, "intercalada".

Provou-se que intercalar melhora o raciocínio indutivo. Quando são apresentados a diferentes exemplos, os alunos aprendem a criar generaliza-ções abstratas que lhes permitem aplicar o que aprenderam a um material que nunca viram antes. Por exemplo, digamos que você planeje visitar um museu e queira identificar o artista (Cézanne, Picasso ou Renoir) de qua-dros os quais nunca viu. Antes de ir, em vez de estudar uma pilha de cartões de Cézanne, e depois uma pilha de cartões de Picasso e uma pilha de Renoir, você deve colocar as cartas juntas e embaralhar para que fiquem intercaladas. Você terá mais dificuldade (e talvez se sentirá menos confian-te) durante os estudos, mas estará mais bem preparado quando for ao mu-seu para discernir o estilo de cada pintor, mesmo em quadros que não esta-vam nos cartões de memória.

Em um estudo usando problemas de Matemática de universidades, os alunos que aprenderam em blocos — todos exemplos de um tipo específico de problema ao mesmo tempo — tiveram um desempenho muito pior do que aqueles que estudaram exatamente os mesmos problemas intercala-dos.[21] Os alunos da prática compactada aprenderam procedimentos para cada tipo de problema através da repetição. Os estudantes da prática mista aprenderam a diferenciar tipos de problemas.

O mesmo efeito apareceu entre todos os alunos independentemente do que estudavam, desde a identificação de espécies de borboletas até o diagnóstico de transtornos psicológicos.[22] Na pesquisa sobre simulações de defesa aérea e naval, os indivíduos que se envolveram em práticas mistas tiveram um desempenho pior do que os da prática compactada durante o treinamento, quando tinham que responder a possíveis cenários de ameaças que iam se tornando familiares ao longo do treinamento.[23] No momento do teste, todos enfrentaram cenários completamente novos, e o grupo de prática mista acabou com o grupo de prática compactada.

No entanto, a prática de intercalar tende a enganar os alunos sobre seu próprio progresso. Em um dos estudos sobre intercalação de Kornell e Bjork, 80% dos estudantes tinham certeza de que estavam aprendendo melhor com práticas compactadas do que mistas, enquanto 80% tiveram um desempenho que provou o contrário.[24] A sensação de aprendizado, ao que parece, baseia-se no progresso diante de você. Porém, a aprendizagem profunda, não. "Quando sua intuição manda compactar, você provavelmente deve intercalar", disse-me Kornell.

Intercalar é uma dificuldade desejável que costuma se aplicar tanto a habilidades físicas quanto mentais. Um exemplo simples de habilidade motora é um experimento no qual alunos de piano foram instruídos a aprender a executar, em um quinto de segundo, um salto com a mão esquerda sobre quinze teclas.[25] Eles podiam praticar 190 vezes. Alguns usaram todas essas tentativas para praticar o salto de quinze teclas, enquanto outros intercalavam entre saltos de oito, doze, quinze e vinte e duas teclas. Quando os alunos de piano foram convidados a voltar para um teste, aqueles que se submeteram à prática mista foram mais rápidos e mais precisos no salto de quinze teclas do que os que só tinham praticado o salto exato. O criador da expressão "dificuldade desejável", Robert Bjork, comentou certa vez sobre as eternas dificuldades de Shaquille O'Neal com os lances livres dizendo que, em vez de continuar praticando a partir da linha de lance livre, o atleta deveria treinar de um metro à frente e um metro atrás para aprender a modulação motora de que precisava.[26]

Seja em uma tarefa mental ou física, intercalar melhora a capacidade de combinar a estratégia correta a um problema. Acontece que essa é uma marca do especialista em solução de problemas.[27] Sejam químicos, físicos ou cientistas políticos, aqueles que resolvem problemas de modo mais bem-sucedido despendem energia mental descobrindo que tipo de problema estão enfrentando antes de criar uma estratégia para atacá-lo, em vez de passar direto aos procedimentos memorizados. Dessa forma, são exatamente o oposto dos especialistas que se desenvolvem em ambientes de aprendizado generosos, como os mestres do xadrez, que confiam muito na intuição. Os especialistas de ambientes de aprendizagem generosos escolhem uma estratégia e depois avaliam; os especialistas em ambientes menos repetitivos avaliam e depois escolhem.

As dificuldades desejáveis, como testes e intervalos, fazem com que o conhecimento permaneça. Ele se torna durável. As dificuldades desejáveis como estabelecer conexões e intercalar tornam o conhecimento flexível e útil para problemas que nunca apareceram no treinamento. Tudo desacelera a aprendizagem e faz com que o desempenho sofra em curto prazo. Isso pode ser um problema porque, como os cadetes da Força Aérea, todos avaliamos automaticamente nosso progresso pela forma como estamos indo *no momento*. E como os cadetes da Força Aérea, muitas vezes estamos errados.

Em 2017, o economista educacional Greg Duncan e o psicólogo Drew Bailey, junto com alguns colegas, revisaram 67 programas de educação infantil destinados a melhorar o desempenho acadêmico.[28] Programas como o Head Start, de fato, davam uma vantagem inicial, mas, em termos acadêmicos, nada mais que isso. Os pesquisadores descobriram um efeito dominante de "desvanecimento", no qual uma vantagem acadêmica temporária diminuía rapidamente e, muitas vezes, desaparecia de vez. Em um gráfico, isso seria representado pelos futuros atletas de elite alcançando os colegas que tiveram uma vantagem inicial na prática deliberada.

Uma razão para isso, concluíram os pesquisadores, é que os programas educacionais voltados para a primeira infância ensinam habilidades "fechadas" que podem ser adquiridas rapidamente com a repetição de procedimentos, mas que todos vão aprender, de qualquer forma, em algum momento. O desvanecimento não significa que as habilidades vão desaparecer — apenas que o resto do mundo irá conquistar as mesmas capacidades. O equivalente em habilidades motoras seria ensinar uma criança a andar um pouco mais cedo.[29] Todo mundo irá aprender de todo modo; e, embora possa ser temporariamente impressionante, não há evidências de que adiantar seja importante.

A equipe de pesquisa recomendou que, se os programas quiserem proporcionar benefícios acadêmicos duradouros, devem concentrar-se em habilidades "abertas" que criem as bases para conhecimentos posteriores. Ensinar as crianças a ler um pouco antes não é uma vantagem duradoura. Ensiná-los a buscar e conectar pistas contextuais para entender o que leem pode ser. Como acontece com todas as dificuldades desejáveis, o problema é que uma vantagem inicial chega rápido, mas o aprendizado profundo se mostra lento. "O crescimento mais lento ocorre para as habilidades mais complexas", escrevem os pesquisadores.

Duncan discutiu as descobertas de sua equipe no programa *Today*. O contraponto foi feito por pais e um professor de educação infantil que estavam confiantes de que podiam *ver* o progresso das crianças. Isso não está em discussão. A questão é como eles conseguem avaliar o impacto no aprendizado futuro, e as evidências dizem que, do mesmo modo que os cadetes da Força Aérea, a resposta é que não muito bem.*

O progresso "diante de si" reforça nosso instinto de fazer mais do mesmo, mas, como no caso do médico da febre tifoide, o feedback ensina a lição errada. Aprender de modo profundo significa aprender devagar. O culto da vantagem inicial engana os próprios alunos que tenta ajudar.

O conhecimento com uso duradouro deve ser muito flexível, composto de esquemas mentais que possam ser adaptados a novos problemas. Os potenciais oficiais na simulação de defesa aérea e os alunos de matemática que se dedicavam à prática intercalada estavam aprendendo a reconhecer aspectos comuns estruturais profundos em diferentes tipos de problemas. Eles não podiam confiar na repetição do mesmo tipo de problema. Assim, tinham de identificar conexões conceituais subjacentes em ameaças de batalha simuladas ou problemas de matemática nunca vistos antes. Então,

---

* Dois dos mais famosos programas de educação infantil intensiva apresentaram o padrão de desvanecimento em várias medidas cognitivas que pretendiam melhorar, mas também demonstraram alguns benefícios sociais importantes em longo prazo, como taxas reduzidas de encarceramento. Mesmo quando os efeitos acadêmicos visados desaparecem, teoricamente um programa extenso de interações positivas entre adultos e crianças pode deixar uma marca duradoura. Na minha opinião, os programas de esportes para jovens devem levar isto em consideração: as interações entre treinador e atleta podem ter uma vida mais longa do que a vantagem inicial passageira em habilidades fechadas.

combinavam uma estratégia para cada novo problema. Quando uma estrutura de conhecimento é tão flexível que pode ser aplicada de maneira eficaz mesmo em novos domínios ou situações extremamente novas, ela é chamada de "transferência distante".

Existe um tipo particular de pensamento que facilita a transferência distante — o qual os aldeões uzbeques de Alexander Luria não poderiam empregar. Isso pode parecer improvável justamente por causa da distância de transferência. E é um modo de pensamento amplo que nenhum de nós emprega o suficiente.

5
Pensar além da experiência

O século xvii aproximava-se. O universo era composto por corpos celestes que se moviam em torno de uma Terra estacionária, guiados por espíritos individuais, almas planetárias inefáveis. O astrônomo polonês Nicolau Copérnico tinha proposto que os planetas gravitam o Sol, porém essa ideia ainda era tão heterodoxa que o filósofo italiano Giordano Bruno tinha sido censurado por ensiná-la, e enfim condenado a morrer na fogueira como herege por insistir que existiam outros sóis circundados por outros planetas.[1]

Seus espíritos podiam até guiá-los, mas os planetas também precisavam de um veículo para se mover. Então, supunha-se que viajavam por esferas cristalinas. Tais esferas eram invisíveis a partir da Terra e conectadas, como as engrenagens de um relógio, produzindo, assim, um movimento coletivo em velocidade constante por toda a eternidade. Platão e Aristóteles criaram as bases do modelo aceito, e ele prevaleceu por dois mil anos. Foi esse universo mecânico que o astrônomo alemão Johannes Kepler herdou.[2] E ele, a princípio, o aceitou.

Quando a constelação de Cassiopeia subitamente ganhou uma nova estrela (na verdade, era uma supernova — a explosão luminosa que marca o fim da vida de uma estrela), Kepler percebeu que a ideia do céu imutável não poderia estar correta. Alguns anos depois, um cometa cruzou os céus da Europa. "Ele não deveria ter quebrado as esferas cristalinas em sua trajetória?", perguntou-se Kepler. Ele começou a duvidar do conhecimento aceito por dois milênios.

Em 1596, ao completar 25 anos, Kepler concordou com o modelo de Copérnico de planetas orbitando o Sol e ponderava sobre uma questão complexa: por que os planetas mais distantes do Sol se moviam mais devagar? Talvez as "almas móveis" desses planetas fossem mais fracas. Mas por que isso acontecia? Apenas coincidência? Ou talvez, pensou ele, em vez de muitos espíritos, houvesse apenas um, dentro do Sol, que por alguma razão afetava com mais potência os planetas mais próximos. Kepler estava tão distante dos limites do conhecimento anterior que não existia qualquer evidência com a qual ele pudesse trabalhar. Ele teve de usar analogias.

Odores e calor dissipam-se de forma previsível quando se afastam de sua fonte, e isso podia significar que o misterioso poder que movia os planetas a partir do Sol funcionava da mesma maneira. Mas odores e calor são também detectáveis por toda a sua trajetória, enquanto a alma móvel do Sol, escreveu Kepler, "se derrama por todo o mundo, mas ainda assim só se manifesta onde há algo que possa ser movido". Haveria alguma prova de que algo assim poderia existir?

A luz "faz seu ninho no Sol", escreveu Kepler. Entretanto, parece não existir entre sua fonte e um objeto que ela ilumina. Se a luz pode se comportar assim, então outra entidade física também poderia. Ele começou a utilizar as palavras "energia" ou "força" no lugar de "alma" e "espírito". A "energia de movimento" de Kepler era uma precursora da gravidade, um salto mental assombroso, pois apareceu antes de a ciência incorporar a noção de forças físicas que agem por todo o universo.

Dada a forma como a energia de movimento parecia emanar do Sol e se dispersar no espaço, Kepler se perguntou se não era a própria luz ou alguma força parecida com a luz a responsável pelo movimento. Bem, se fosse assim, a energia de movimento poderia ser bloqueada, como a luz? O movimento dos planetas não cessava durante um eclipse, raciocinou Kepler, então a energia de movimento não podia ser exatamente igual à luz ou depender da luz. Ele precisava de uma nova analogia.

Kepler leu uma recém-publicada descrição do magnetismo e imaginou que os planetas talvez fossem como ímãs, com polos em ambas as extremidades.[3] Ele percebeu que cada planeta se movia mais devagar quando estava nas regiões mais distantes do Sol em sua órbita. Então, talvez os planetas e o Sol estivessem atraindo-se e repelindo-se, conforme qual polo fosse mais próximo. Isso explicaria por que os planetas se moviam afastando-se e aproximando-se do Sol. Porém, qual a razão de continuarem a se mover dentro de suas órbitas? A energia vinda do Sol também parecia fazer com que eles se movessem para a frente. Seguimos para a próxima analogia.

O Sol gravita seu eixo e cria um turbilhão de energia de movimento que leva os planetas como barcos em uma corrente. Kepler gostou dessa ideia, mas ela criava um novo problema. Ele tinha notado que as órbitas não eram perfeitamente circulares. Então que espécie estranha de corrente o Sol estava criando? A analogia do turbilhão era incompleta sem marinheiros.

Em um turbilhão fluvial, os marinheiros podem conduzir seus barcos perpendicularmente à corrente. Então, talvez, os planetas pudessem se conduzir da mesma forma pela corrente do Sol, supôs Kepler. Uma corrente circular explicaria por que todos os planetas se movem na mesma direção e, assim, cada planeta manobraria pela corrente para que não fosse tragado para o centro, o que tornaria as órbitas não exatamente circulares. Mas quem estava comandando os navios? Isso levou Kepler de volta aos espíritos, e ele não ficou nada feliz com isso. "Kepler, neste caso não gostarias de equipar cada planeta com dois olhos?", escreveu para si mesmo.

Sempre que chegava a um beco sem saída, Kepler sacava uma bateria de analogias. Não apenas luz, calor, odor, correntes e marinheiros, mas a ótica das lentes, balanças, uma vassoura, ímãs, uma vassoura magnética, oradores contemplando uma multidão e mais. Ele interrogava cada analogia sem piedade, levantando novas questões a cada rodada.

Por fim, Kepler decidiu que os corpos celestes atraíam uns aos outros, e os corpos maiores atraíam com mais força. Isso o levou a afirmar (corretamente) que a Lua influenciava as marés na Terra.[4] Galileu, a encarnação das verdades ousadas, zombou dele pela ridícula ideia do "domínio da Lua sobre as águas".

As peregrinações intelectuais de Kepler tiveram uma trajetória desconcertante, desde planetas imbuídos de almas navegando por esferas cristalinas interconectadas, traçando círculos perfeitos em torno de uma Terra estacionária, até sua incrível descoberta das leis do movimento dos planetas, mostrando que estes se movem em elipses previsíveis baseadas em sua relação com o Sol.

Mais importante ainda, Kepler inventou a astrofísica. Ele não herdou uma ideia de forças físicas universais. Não existia o conceito da gravidade como uma força, e ele não tinha noção do impulso que mantém os planetas em movimento.[5] Tudo o que Kepler tinha eram analogias. Ele se tornou o primeiro a descobrir as leis físicas que regem fenômenos celestiais e percebeu isso. "Vocês, físicos, agucem seus ouvidos, porque agora nós vamos invadir seu território", escreveu ele após publicar suas leis do movimento planetário.[6] O título de sua obra-prima: *Nova astronomia baseada nas causas*.

Em uma era em que a alquimia ainda era um método comum de análise de fenômenos naturais, Kepler preencheu o universo com forças invisíveis agindo por toda parte e ajudou a inaugurar a Revolução Científica. Sua documentação exaustiva de cada trilha tortuosa que seu pensamento percorreu é um dos grandes registros de uma mente passando por uma transformação criativa. Seria uma redundância dizer que Kepler pensava fora da caixa. Mas o que ele realmente fazia, sempre que se encontrava em um beco sem saída, era pensar completamente além do domínio em questão. Ele deixou um percurso vivamente iluminado com suas ferramentas preferidas para fazer isso, aquelas que lhe permitiram olhar de fora e para além da sabedoria que seus pares apenas aceitavam. "Eu amo, em especial, as analogias", escreveu ele. "São minhas mestras prediletas, conhecedoras de todos os segredos da natureza… Todos deveriam fazer vasto uso delas."[7]

Mencione Kepler se quiser ver entusiasmada a psicóloga Dedre Gentner, da Universidade Northwestern. Ela gesticula. Seus óculos de aro de tartaruga chacoalham para cima e para baixo. Ela é, possivelmente, a maior autoridade mundial em pensamento analógico. O pensamento analógico profundo é a prática de reconhecer similaridades em múltiplos campos de conhecimento ou cenários que, superficialmente, parecem ter muito pouco em comum. É uma ferramenta poderosa para resolver problemas complexos, e Kepler era viciado em analogias. Então, naturalmente, Gentner gosta muito dele.

Quando menciona um detalhe histórico banal sobre o astrônomo, que poderia ser mal compreendido pelos leitores modernos, ela sugere que talvez fosse melhor não publicá-lo, pois poderia ser ruim para a imagem de Kepler, apesar de ele ter morrido há cerca de quatrocentos anos.

"Na minha opinião, nossa habilidade de pensar de forma relacional é uma das razões pelas quais dominamos o planeta. Relações são muito difíceis para outras espécies", disse-me Gentner. O pensamento analógico transforma o novo em algo familiar ou pega algo familiar e coloca-o sob uma nova luz, permitindo aos seres humanos raciocinarem sobre problemas nunca encontrados e em contextos desconhecidos. Ele também nos permite entender aquilo que não conseguimos *ver*. Estudantes podem aprender sobre o movimento das moléculas por analogia com as colisões de bolas de bilhar; os princípios da eletricidade podem ser compreendidos por meio de analogias com o fluxo da água correndo nos canos. Conceitos da Biologia servem de analogia para os últimos avanços da inteligência artificial: as "redes neurais" que aprendem a identificar imagens por meio de exemplos (como quando você procura figuras de gatos) foram concebidas a partir do comportamento dos neurônios cerebrais; e os "algoritmos genéticos" baseiam-se conceitualmente na evolução por seleção natural — as soluções são experimentadas e avaliadas, e as mais bem-sucedidas passam suas propriedades para o próximo grupo de soluções até o infinito. É a mais avançada extensão da forma de pensar que era estranha para os aldeões pré-modernos de Luria, cuja solução de problemas dependia da experiência direta.

Kepler enfrentava um problema que não era novo apenas para ele, mas para toda a humanidade. Não havia um banco de experiências para consultar. Para investigar se ele poderia ser o primeiro a propor uma "ação a distância" nos céus (uma energia misteriosa, viajando invisível através do espaço e, então, aparecendo em seu alvo), ele se valeu da analogia (odor, calor, luz) para considerar se isso era conceitualmente possível.[8] A partir daí, ele seguiu com uma litania de analogias sobre distância (ímãs, barcos) para conseguir pensar sobre o problema.

Claro, a maioria dos problemas não é nova. Então, podemos contar com aquilo que Gentner chama de analogias de "aparência" de nossas próprias experiências. "Na maior parte do tempo, se algo o lembra de coisas aparentemente similares, elas também terão formas relacionais similares", explicou ela. Lembra-se de como você desentupiu o ralo da banheira no apartamento antigo? Isso, provavelmente, virá à mente quando a pia da cozinha entupir no apartamento novo.

Mas a ideia de analogias superficiais que vêm à mente e funcionam em problemas originais é uma hipótese do "mundo generoso", segundo Gentner. Como em ambientes de aprendizagem generosos, um mundo generoso se baseia em padrões que se repetem. "Isso é perfeitamente aceitável se você passa a vida inteira na mesma aldeia ou na mesma savana", disse ela. O mundo atual não é tão generoso; ele exige um pensamento que não tem experiência anterior em que se apoiar. Como os alunos de Matemática, nós precisamos ser capazes de escolher uma estratégia para resolver problemas que nunca vimos antes. "Na vida que levamos atualmente, precisamos ser lembrados de coisas que são apenas relacionais ou abstratamente similares. E quanto mais criativo você deseja ser, mais importante isso se torna", disse-me Gentner.

Enquanto estudava resolução de problemas nos anos 1930, Karl Duncker criou um dos mais famosos problemas hipotéticos da psicologia cognitiva. Ele é descrito do seguinte modo:

> Suponha que você seja um médico e tenha um paciente com um tumor maligno no estômago. É impossível operá-lo, e o paciente vai morrer — a menos que o tumor seja destruído. Há um tipo de raio que pode ser usado para isso. Se todos os raios atingirem o tumor ao mesmo tempo e com uma intensidade alta o suficiente, ele será destruído. Infelizmente, na intensidade exigida, o tecido saudável através do qual os raios passarão até atingir o tumor também será prejudicado. Em intensidades mais baixas, os raios são inofensivos para o tecido saudável, mas também incapazes de destruir o tumor. Que tipo de procedimento pode ser usado para eliminar o tumor com esses raios, evitando-se, ao mesmo tempo, destruir o tecido saudável?[9]

Sua tarefa é extirpar o tumor e salvar o paciente, porém os raios são ou muito fortes ou muito fracos. Como você poderia resolver o problema? Enquanto pensa, uma historinha para passar o tempo: certa vez, um general precisava capturar uma fortaleza controlada por um ditador brutal, localizada no centro de um país. Se o general pudesse fazer com que todas as suas tropas chegassem à fortaleza ao mesmo tempo, elas não teriam problemas em tomá-la. Muitas das estradas que as tropas podiam tomar irradiavam da fortaleza em todas as direções, como os raios de uma roda de bicicleta, mas todas estavam cobertas de minas terrestres. Então, só pequenos grupos de soldados podiam passar pelas estradas com segurança. O general elaborou um plano. Ele dividiu seu exército em pequenos grupos, e cada um deles usou uma estrada diferente para chegar à fortaleza. Eles sincronizaram seus relógios e se asseguraram que todos chegassem ao forte ao mesmo tempo por estradas diferentes. O plano funcionou. O general capturou a fortaleza e derrubou o ditador.[10]

Você já salvou o paciente? Só mais uma historinha enquanto continua pensando: há alguns anos, o chefe dos bombeiros de um pequeno vilarejo atendeu a um chamado de incêndio em uma cabana de madeira. Sua preocupação era que o fogo pudesse se alastrar para uma casa próxima se não fosse logo debelado. Não havia hidrantes próximos, mas a cabana ficava próxima a um lago. Então, havia água suficiente. Dezenas de vizinhos já estavam se revezando, jogando água na cabana com baldes, mas não viam nenhum progresso. Os vizinhos surpreenderam-se quando o bombeiro gritou para que parassem o que estavam fazendo e fossem todos encher seus baldes no lago. Quando voltaram, ele os dispôs em um círculo em volta da cabana e os instruiu para jogarem toda a água ao mesmo tempo, após contar até três. O fogo imediatamente diminuiu e logo se extinguiu. O vilarejo deu ao chefe dos bombeiros um aumento de salário como prêmio por pensar rápido.[11]

Você já salvou o paciente? Não se sinta mal. Quase ninguém consegue. Pelo menos não imediatamente; e, então, quase todo mundo soluciona o problema. Apenas cerca de 10% das pessoas resolvem o "problema de radiação de Duncker" logo de cara. Quando apresentadas ao problema e à história da fortaleza, cerca de 30% o resolvem e salvam o paciente. Quando, além disso, ouvem a história do bombeiro, metade das pessoas resolve o problema. Quando ouvem tanto a história da fortaleza quanto a do bombeiro e são então instruídas a usá-las para ajudar a resolver o problema da radiação, 80% salvam o paciente.

A resposta é que você (o médico) poderia apontar múltiplos raios de baixa intensidade para o tumor, de diferentes direções, cada raio mantendo o tecido saudável intacto, mas convergindo no local do tumor com uma intensidade coletiva suficiente para destrui-lo. Da mesma forma como o general dividiu suas tropas e as fez convergir para a fortaleza, e como o chefe dos bombeiros dispôs os vizinhos com seus baldes em torno da cabana em chamas para que toda a água convergisse sobre o fogo simultaneamente.

Esses resultados são de uma série de estudos sobre pensamento analógico da década de 1980. E não se sinta mal se você não conseguiu. Em um experimento real, haveria mais tempo e, no fim, se você resolveu ou não o problema não é importante. O que importa é o que ele demonstra sobre a resolução de problemas. O oferecimento de apenas uma analogia de um domínio diferente triplicou a proporção de participantes que resolveu o problema da radiação. Duas analogias de domínios diferentes aumentaram mais ainda a porcentagem de acertos. O impacto individual da história da fortaleza foi tão grande que foi como se os participantes tivessem sido informados diretamente do seguinte princípio: "Se você precisa de uma grande quantidade de força para alcançar algum propósito, mas não consegue aplicar tal força diretamente, muitas forças menores aplicadas simultaneamente a partir de direções diferentes podem produzir o mesmo resultado".

Os cientistas que conduziram o estudo esperavam que as analogias funcionassem como combustíveis para a resolução de problemas, mas se surpreenderam quando a maioria dos participantes não encontrou pistas na história da fortaleza até serem instruídos a procurar. "Poderíamos supor que estar em um experimento psicológico teria levado praticamente todos os participantes a considerar como a primeira parte [do experimento] poderia estar relacionada com a segunda", escreveram os cientistas.[12]

A intuição humana, parece, não é construída de forma a fazer uso das melhores ferramentas quando confrontada com aquilo que os pesquisadores chamaram de problemas "mal definidos".[13] Nossos instintos baseados na experiência são projetados para funcionar bem nos domínios como o de Tiger, o mundo generoso descrito por Gentner, onde os problemas e soluções se repetem.

Um experimento com estudantes de relações internacionais de Stanford conduzido durante a Guerra Fria forneceu um alerta contra confiar no raciocínio do mundo generoso — isto é, utilizar apenas a primeira analogia que pareça familiar.[14] Os alunos foram informados de que um pequeno país democrático fictício estava sendo ameaçado por um vizinho totalitário, e eles tinham que decidir como os Estados Unidos deveriam responder. Alguns estudantes receberam descrições que se aproximavam da situação da Segunda Guerra Mundial (refugiados em vagões; um presidente "de Nova York"; o mesmo estado de Franklin Roosevelt; negociações no "Winston Churchill Hall"). Para outros, a situação descrita era similar à do Vietnã (um presidente "do Texas; o mesmo estado de Lyndon Johnson"; refugiados em barcos). Os alunos de relações internacionais levados a se lembrar da Segunda Guerra Mundial foram muito mais propensos a optar pela guerra; aqueles que se lembraram do Vietnã optaram pela diplomacia não militar. Esse fenômeno tem sido registrado por toda parte. Técnicos de futebol americano universitário avaliaram o potencial do mesmo jogador de forma completamente diferente, dependendo de com qual outro antigo atleta eles foram inicialmente comparados em uma descrição introdutória, mesmo quando todas as outras informações eram exatamente iguais para todos.

No difícil problema da radiação, as estratégias mais bem-sucedidas aplicavam múltiplas situações nem um pouco aparentemente similares, mas que tinham similaridades estruturais profundas. A maioria das pessoas que tentam resolver problemas não faz como Kepler. Elas permanecem no problema imediato, focadas nos detalhes internos, e talvez recorrendo a mais conhecimento médico, já que aparentemente é um problema médico. Não vão, intuitivamente, voltar-se para analogias distantes em busca de soluções. Mas deveriam fazer isso, e se assegurar de que algumas daquelas analogias estão, aparentemente, bem distantes do problema que tentam resolver. Em um mundo perverso, confiar na experiência em apenas um domínio não é apenas limitador. Pode ser desastroso.

O problema em usar somente uma analogia, sobretudo uma de situações muito similares, é que isso não ajuda a resistir ao impulso natural de recorrer à "visão interna", um termo cunhado pelos psicólogos Daniel Kahneman e Amos Tversky. Nós usamos a visão interna ao fazer julgamentos estritamente baseados em detalhes de um projeto particular que esteja bem diante de nós.

Kahneman teve uma experiência pessoal com os perigos da visão interna quando reuniu um grupo para escrever uma ementa para o ensino médio sobre a ciência da tomada de decisão.[15] Após um ano inteiro de reuniões semanais, ele perguntou a cada membro do grupo quanto tempo achava que o projeto duraria. A estimativa mais baixa foi de um ano e meio, a mais alta, de dois anos e meio. Então, Kahneman perguntou a um dos membros do grupo, chamado Seymour, um importante especialista em currículos escolares, que já havia presenciado este mesmo processo com outros grupos, como aquele era em comparação com os outros.

Seymour pensou um pouco. Alguns momentos antes, havia estimado que o projeto duraria mais dois anos. Confrontado com a pergunta de Kahneman sobre outros grupos, disse que nunca tinha pensado em comparar este grupo com outros projetos individuais, mas que cerca de 40% dos grupos que tinha acompanhado nunca terminaram o trabalho, e que ele não se lembrava de nenhum caso que tivesse durado menos de sete anos.

O grupo de Kahneman não estava disposto a gastar mais seis anos em um projeto de ementa que, no fim, podia até fracassar. Passaram alguns minutos debatendo a nova opinião e decidiram continuar, confiando no prazo de aproximadamente dois anos estimado pela maioria do grupo. Oito anos depois, eles terminaram. Naquela altura, Kahneman não estava mais no projeto ou ao menos vivendo no país, e a agência que havia encomendado a ementa não estava mais interessada.

Nossa inclinação natural em seguir a visão interna pode ser vencida recorrendo-se a analogias vindas da "visão externa". Esta busca similaridades estruturais profundas com o problema em questão em problemas diferentes. A visão externa é profundamente contraintuitiva, pois exige que o responsável pela tomada de decisões ignore as características superficiais únicas do projeto em questão, nas quais ele é especialista, e procure analogias estruturalmente similares em outros lugares. Ela requer que a atitude mental passe de estreita para larga.

114 *David Epstein*

A partir de um experimento singular realizado em 2012, Dan Lovallo, professor de Estratégia de Negócios da Universidade de Sidney — que havia conduzido pesquisas sobre visão interna com Kahneman —, e dois economistas teorizaram que começar um projeto pensando em muitas analogias diferentes, ao estilo de Kepler, levaria naturalmente a uma visão externa e a decisões melhores. Eles recrutaram investidores de várias corretoras de valores que avaliavam uma enorme quantidade de projetos em potencial de muitas áreas diferentes.[16] Os pesquisadores imaginaram que o próprio trabalho dos investidores poderia se prestar naturalmente a uma visão externa.

Os investidores foram instruídos a avaliar um projeto real no qual estivessem trabalhando, produzir uma descrição detalhada dos passos necessários para o sucesso e prever o retorno sobre os investimentos. A seguir, foi pedido que listassem outros projetos que conhecessem, similares conceitualmente ao deles em linhas gerais — por exemplo, outros exemplos de proprietários querendo vender suas empresas, ou startups com produtos tecnologicamente arriscados. Também deveriam estimar o retorno sobre o investimento desses outros exemplos.

Ao final, os investidores estimaram que o retorno de seus próprios projetos seria cerca de 50% maior que o dos externos que haviam identificado como conceitualmente similares. Quando, ao final, lhes foi dada a oportunidade de repensar e revisar, reduziram a estimativa inicial de seus projetos. "Eles ficaram um pouco chocados", disse-me Lovallo. "E os mais experientes foram os que mais se impressionaram." Inicialmente, os investidores julgaram seus próprios projetos, sobre os quais conheciam todos os detalhes, de forma completamente diferente de projetos similares, que só viam de fora.

Esse é um fenômeno generalizado. Se lhe pedirem para predizer se um determinado cavalo vai ganhar uma corrida ou se um determinado político irá vencer uma eleição, quanto mais detalhes internos você aprender sobre algum cenário particular — os atributos físicos de um cavalo específico, o passado e a estratégia de um determinado político —, mais inclinado estará a dizer que o cenário que está investigando acontecerá.[17, 18]

Psicólogos já mostraram repetidas vezes que, quanto mais detalhes internos um indivíduo é levado a considerar, mais extrema se torna sua avaliação. No caso dos investidores, eles conheciam mais detalhes sobre seu próprio projeto. Então, julgaram que aquele projeto teria extremo sucesso, até serem forçados a avaliar outros conceitualmente similares aos deles. Em um exemplo diferente, estudantes avaliaram muito melhor uma universidade quando eram informados sobre alguns poucos departamentos de ciência classificados entre os dez melhores do país do que se fossem simplesmente informados de que *todos* os departamentos de ciência da universidade estavam classificados entre os dez melhores. Em uma pesquisa famosa, os participantes avaliaram que um indivíduo tinha mais chance de morrer de "doenças do coração, câncer ou outras causas naturais" do que de "causas naturais".[19] Concentrar-se de forma estrita em muitos pequenos detalhes do problema em questão parece ser exatamente o que se deve fazer, quando, muitas vezes, devemos agir exatamente da maneira oposta.

Bent Flyvbjerg, titular da cadeira de Gerenciamento de Grandes Projetos na Faculdade de Administração da Universidade de Oxford, mostrou que cerca de 90% dos grandes projetos de infraestrutura do mundo estouram os orçamentos (28%, na média), em parte porque os gestores se concentram nos detalhes do projeto e ficam excessivamente otimistas.[20] Gerentes de projeto podem ficar como a equipe de desenvolvimento de ementas de Kahneman, ao decidirem que, levando em conta seu grupo de especialistas, com certeza não sofrerão os mesmos atrasos que afligiram outras equipes. Flyvbjerg estudou um projeto de construção de um sistema de bondes na Escócia, no qual um grupo de consultores externos efetivamente passou por um processo de analogias semelhante àquele que os investidores foram instruídos a fazer. Eles ignoraram os detalhes do projeto em questão e se concentraram em outros projetos estruturalmente similares. Os consultores viram que a equipe do projeto havia conduzido uma análise rigorosa, considerando todos os detalhes sobre o trabalho a ser feito. Ainda assim, usando analogias com projetos semelhantes, os consultores concluíram que o custo do projeto, de 320 milhões de libras (mais de 1,5 bilhão de reais), estava, provavelmente, muito subestimado.[21] Quando o sistema foi inaugurado, três anos depois, o custo aproximava-se de 1 bilhão de libras. Depois disso, outros projetos de infraestrutura no Reino Unido começaram a utilizar métodos de visão externa, essencialmente forçando os gestores a fazer analogias com vários projetos externos passados.

Após o experimento com investidores, os pesquisadores da visão externa voltaram-se para a indústria cinematográfica, um domínio notoriamente incerto, de alto risco, grandes recompensas e uma grande quantidade de dados sobre resultados reais.[22] Eles queriam saber se, forçando espectadores a utilizar o pensamento analógico, poderiam gerar previsões precisas sobre o sucesso de um filme. Começaram fornecendo a centenas de fãs de cinema informações básicas — nomes dos atores principais, o cartaz do filme e a sinopse — de um lançamento próximo. Naquele momento, os lançamentos incluíam *Penetras bom de bico*, *Quarteto fantástico* e *Gigolô europeu por acidente*. Os espectadores também receberam uma lista de quarenta filmes mais antigos, e foi pedido que avaliassem o quanto cada um desses serviria como uma analogia para cada lançamento. Os pesquisadores usaram essas classificações de similaridade (e algumas informações básicas sobre o filme; se era uma continuação, por exemplo) para prever a receita final dos futuros lançamentos. Compararam essas previsões com um modelo matemático alimentado com informações sobre cerca de 1.700 filmes mais antigos e sobre cada lançamento, como gênero, orçamento, atores principais, ano de estreia e se seria lançado durante as férias. Mesmo sem todas as informações detalhadas, as previsões de receita que usaram as classificações de analogias dos espectadores se saíram muito melhor. As previsões baseadas nas analogias foram melhores para quinze de dezenove lançamentos. As analogias dos espectadores geraram projeções apenas 4% diferentes do número real no caso de *Guerra dos mundos*, *A feiticeira* e *Voo noturno*; e 1,7% para *Gigolô europeu por acidente*.

A Netflix chegou a uma conclusão semelhante para melhorar seu algoritmo de recomendação.[23] Decodificar as características de filmes para descobrir do que você gosta era muito complexo e menos preciso do que simplesmente considerá-lo análogo a muitos outros clientes com históricos similares de filmes e séries assistidos. Em vez de prever *do que* você poderia gostar, examina-se *com quem* você se parece, e toda complexidade é capturada dentro dessa operação.

Mais interessante, se os pesquisadores usavam apenas o filme que os fãs classificaram como o mais análogo ao novo lançamento, o poder de previsão diminuía drasticamente. O que parecia ser a melhor analogia de todas não se saía bem sozinha. Usar toda a "classe de referência" de analogias — o pilar da visão externa — era imensamente mais preciso.

Pense no capítulo 1, nos tipos de especialistas intuitivos que Gary Klein estudou em ambientes de aprendizagem generosos, como mestres de xadrez e bombeiros. Em vez de começar oferecendo opções, eles chegam rapidamente a uma decisão baseando-se no reconhecimento de padrões de características aparentes. Desse modo, até podem avaliar a solução encontrada, se tiverem tempo, mas em geral ficam com ela. Esta vez provavelmente será como a anterior, então uma vasta experiência em um campo restrito funciona bem. Oferecer novas ideias ou enfrentar problemas novos em ambientes pouco previsíveis não se parece em nada com isso. Avaliar uma gama de opções *antes* de permitir que a intuição aja é um truque para o mundo perverso.

Em outro experimento, Lovallo e seu colaborador Ferdinand Dubin pediram que 150 estudantes de Administração de Empresas produzissem estratégias para ajudar a fictícia Mickey Company, que estava enfrentando dificuldades com sua linha de mouses de computador na Austrália e na China.[24] Após os estudantes entenderem os desafios que a empresa enfrentava, foi pedido que listassem todas as estratégias que conseguissem imaginar para melhorar a posição da Mickey.

Lovallo e Dubin deram a alguns estudantes uma ou mais analogias durante as instruções. ("Os perfis da Nike Inc. e da McDonald's Corp. podem ajudar a complementar suas recomendações, mas não devem limitá-las", por exemplo.) Outros estudantes não receberam analogia alguma. Os que receberam uma analogia produziram mais estratégias que aqueles que não receberam, e os alunos que receberam múltiplas analogias produziram mais estratégias que aqueles que receberam apenas uma. Os que foram apresentados aos casos da Nike e do McDonald's produziram mais opções estratégicas que seus colegas que foram lembrados das fabricantes de computador Apple e Dell. Apenas o fato de serem lembrados de produzir analogias livremente tornou os estudantes de Administração mais criativos. Infelizmente, os estudantes também disseram que, se fosse mesmo necessário usar companhias análogas, acreditavam que a melhor maneira de criar opções estratégicas seria se concentrar em apenas um exemplo da mesma área.

Como os investidores, sua intuição dizia para usar poucas analogias e para confiar naquelas que fossem mais similares superficialmente. "Esse, na maioria dos casos, é exatamente o jeito errado de pensar, independentemente do fim para o qual está usando analogias", disse-me Lovallo.

A boa notícia é que se mostra fácil redirecionar as analogias da visão interna intuitiva para a visão externa. Em 2001, o Boston Consulting Group, uma das consultorias mais bem-sucedidas do mundo, criou um site em sua intranet para fornecer a seus consultores coleções de materiais que facilitassem o pensamento analógico de grande amplitude.[25] As "apresentações" interativas eram classificadas por disciplina (Antropologia, Psicologia e História, entre outras), conceitos (mudança, logística, produtividade etc.) e tema estratégico (competição, cooperação, uniões e alianças, entre outros). Um consultor que trabalhasse em estratégias para a integração após uma fusão poderia ver a apresentação sobre como Guilherme, o Conquistador "fundiu" a Inglaterra e o Reino Normando no século XI. Uma apresentação descrevendo as estratégias de observação de Sherlock Holmes poderia fornecer ideias sobre como aprender com os detalhes, que profissionais experientes poderiam deixar passar como triviais. E um consultor que estivesse trabalhando com uma startup em rápida expansão poderia extrair ideias dos escritos de um estrategista militar prussiano que estudou o frágil equilíbrio entre manter o momento após uma vitória e superestimar tanto um objetivo que a vitória se transforma em derrota. Se tudo isso soa incrivelmente distante de preocupações urgentes de negócios e projetos, é exatamente esse o ponto.

Dedre Gentner queria descobrir se todo mundo pode ser um pouco mais como Kepler, capaz de manipular analogias remotas para resolver problemas. Ela, então, ajudou a criar a "Tarefa de Classificação Ambígua".

Essa tarefa consiste em 25 cartas, cada uma descrevendo um fenômeno do mundo real — por exemplo, como funcionam os roteadores de internet ou as bolhas econômicas. Cada carta pertence a duas categorias principais, uma de sua área (Economia, Biologia e assim por diante) e outra de sua estrutura profunda. Os participantes devem classificar as cartas em categorias afins.

Em um exemplo de estrutura profunda, você poderia colocar as bolhas econômicas e o derretimento das calotas polares juntos, como *loops* de retroalimentação positiva (nas bolhas econômicas, os consumidores compram ações ou propriedades pensando que os preços irão subir; essas aquisições fazem o preço subir, levando a mais aquisições. Quando as calotas polares derretem, elas refletem menos luz solar de volta para o espaço, esquentando o planeta, o que faz com que mais gelo derreta). Ou talvez você colocasse as decisões do Banco Central e a transpiração juntas, como *loops* de retroalimentação negativa (a transpiração esfria o corpo; então, transpirar não é mais necessário. O Banco Central aumenta a taxa básica de juros para diminuir a atividade econômica que os juros permitiram). O modo como o preço do combustível leva a um aumento no preço de verduras e legumes e os passos necessários para uma mensagem viajar pelos neurônios no cérebro são dois exemplos de redes de causalidade, nas quais um evento leva a outro, que leva a outro, em uma ordem linear.

Por outro lado, você poderia agrupar as mudanças na taxa de juros do Banco Central, as bolhas econômicas e as mudanças no preço do combustível, pois todas são parte da mesma área: a Economia. E transpiração e a transmissão entre neurônios poderiam ser agrupados em Biologia.

Gentner e seus colegas aplicaram a Tarefa de Classificação Ambígua a estudantes de várias áreas da Universidade de Northwestern e verificaram que todos eles descobriram como agrupar os fenômenos por área.[26] Contudo, poucos conseguiam criar grupos baseados na estrutura causal. Entretanto, havia um grupo de alunos particularmente eficiente em encontrar a estrutura profunda comum: os que tinham assistido a aulas em várias áreas, como os do Programa Integrado de Ciências (PIC).

A página desse programa no website da Northwestern apresenta suas características: "Pense no Programa Integrado de Ciências como uma formação em Biologia, em Química, em Física e em Matemática, combinadas em apenas uma graduação. O objetivo primário desse programa é expor os alunos a todos os campos das ciências naturais e matemáticas, de forma a permitir que eles vejam as similaridades entre os diferentes campos das ciências naturais... O PIC possibilita que você descubra as conexões entre disciplinas diferentes".

Um professor a quem eu perguntei sobre o PIC me disse que os departamentos acadêmicos específicos, em geral, não gostam muito do programa. Querem que os alunos assistam a aulas mais especializadas em um único departamento. Receiam que os estudantes estejam ficando para trás. Eles teriam preferido acelerar a especialização dos alunos em vez de expô-los ao que Gentner se referiu como uma "variedade de domínios básicos", os quais nutrem o pensamento analógico e as conexões conceituais, ferramentas que podem ajudá-los a categorizar o tipo de problema que estão tentando resolver. E essa é precisamente uma habilidade que se destaca nas pessoas mais aptas a resolver problemas.

Em um dos mais citados estudos sobre resolução avançada de problemas já conduzidos, um grupo interdisciplinar de cientistas chegou a uma conclusão muito simples: as pessoas que melhor resolvem problemas são as mais capazes de determinar sua estrutura profunda antes de determinar uma estratégia de resolução.[27] Os menos bem-sucedidos em resolver problemas são como a maioria dos alunos na Tarefa de Classificação Ambígua: classificam mentalmente os problemas segundo suas características superficiais manifestas, como o campo contextual. Para os melhores, escreveram os pesquisadores, a resolução de problemas "começa com a determinação do tipo de problema". Como o pioneiro da educação John Dewey escreveu em *Logic, The Theory of Inquiry*, "um problema bem formulado já está meio resolvido".

Antes de iniciar sua tortuosa marcha de analogias rumo à redefinição do universo, Kepler precisou ficar muito confuso com sua lição de casa. Ao contrário de Galileu e Isaac Newton, ele registrou suas dúvidas. "O que mais me importa não é meramente comunicar ao leitor o que tenho a dizer, mas, acima de tudo, transmitir as razões, os subterfúgios e golpes de sorte que me levaram às minhas descobertas", escreveu.[28]

Kepler era um jovem quando começou a trabalhar no observatório de Tycho Brahe — tão avançado na época que havia custado 1% do orçamento nacional da Dinamarca.[29] Ele recebeu a tarefa que ninguém mais queria: Marte e sua órbita desconcertante. A órbita devia ser um círculo, disseram a Kepler. Então, ele tinha que descobrir por que as observações de Brahe não confirmavam isso. De vez em quando, Marte parecia inverter seu curso no céu, executar uma pequena reviravolta e retornar à direção original, um fenômeno conhecido como movimento retrógrado. Astrônomos propuseram várias contorções elaboradas para explicar como Marte poderia executar essa manobra enquanto percorria as esferas interconectadas do céu.

Como sempre, Kepler não podia aceitar contorções. Ele pediu ajuda a colegas, mas suas súplicas não foram ouvidas. Seus predecessores haviam sempre conseguido explicar os desvios de Marte sem prejudicar o esquema geral. A curta tarefa de Kepler (ele estimou que precisaria de oito dias) transformou-se em cinco anos de cálculos que tentavam prever onde Marte apareceria no céu a cada momento. Assim que terminou, com enorme precisão, Kepler jogou tudo fora.

Estava próximo, mas não era perfeito. A imperfeição era minúscula. Apenas duas das observações de Brahe diferiam dos cálculos de Kepler sobre onde Marte deveria estar, e apenas por oito minutos de arco, uma lasca de céu da largura de um oitavo de um dedo mindinho a um braço de distância. Kepler poderia ter considerado que seu modelo estava correto e aquelas duas observações eram um pouco imprecisas, ou poderia desprezar cinco anos de trabalho. "Se eu tivesse acreditado que podia ignorar aqueles oito minutos, teria modificado minha hipótese nesse sentido", escreveu.[30] A tarefa que ninguém queria se tornou o buraco de fechadura através do qual Kepler viu a possibilidade de um novo entendimento do universo. Ele estava em um território inexplorado. As analogias então começaram para valer, e Kepler reinventou a astronomia. Luz, calor, cheiro, barcos, vassouras, ímãs — tudo começou com aquelas observações incômodas que não se encaixavam direito e terminou com o completo colapso do universo harmonioso de Aristóteles.

Kepler fez algo que se mostrou uma característica importante dos melhores laboratórios de pesquisa atuais. O psicólogo Kevin Dunbar começou a registrar como os laboratórios mais produtivos funcionavam nos anos 1990 e deparou-se com uma versão moderna do pensamento kepleriano. Confrontados com uma descoberta inesperada, em vez de assumir que a teoria atual está correta e a observação, portanto, deve estar imprecisa, o inesperado torna-se uma oportunidade para se aventurar por um novo caminho — e analogias servem como guias nas terras selvagens.

Quando Dunbar começou, ele se propôs apenas a registrar o processo de descoberta em tempo real.[31] Ele se concentrou em laboratórios de biologia molecular, pois estavam abrindo novos caminhos, especialmente em genética e nos tratamentos contra vírus, como o HIV. Ele passou um ano em quatro laboratórios norte-americanos, como uma mosca pousada na parede, visitando as instalações todos os dias durante meses e, mais tarde, expandiu seu trabalho para laboratórios nos EUA, no Canadá e na Itália. Tornou-se uma presença tão familiar que os cientistas ligavam para ele para se assegurar de que soubesse de reuniões imprevistas. As características aparentes de cada laboratório eram muito distintas. Um tinha dezenas de membros; outros eram pequenos. Alguns eram compostos apenas por homens; um apenas por mulheres. Todos tinham uma reputação internacional de excelência.

As reuniões semanais dos laboratórios eram o ambiente de observação mais interessante. Uma vez por semana, a equipe toda se reunia — o diretor, os pós-graduandos, pesquisadores de pós-doutorado, os técnicos — para discutir algum desafio enfrentado por um dos membros da equipe. As reuniões não pareciam em nada com o estereótipo do cientista solitário enterrado em sua mesa ou sua bancada, curvado sobre livros ou tubos de ensaio. Dunbar viu uma troca livre e espontânea. Ideias eram lançadas de um lado para o outro. Novos experimentos eram propostos. Obstáculos eram discutidos. "Aqueles eram alguns dos momentos mais criativos da ciência", disse-me ele. E, então, ele os registrou.

Os primeiros quinze minutos podiam ser dedicados a arrumar a casa — de quem era a vez de pedir novos suprimentos ou quem tinha feito uma bagunça e deixado de limpar. Logo começava a ação. Alguém apresentava uma descoberta inesperada ou confusa, a versão local da órbita de Marte de Kepler. Prudentemente, o primeiro instinto dos cientistas era culpar a si mesmos, algum erro de cálculo ou equipamento mal calibrado. Se o dado continuava a aparecer, o laboratório aceitava o resultado como verdadeiro; e ideias sobre o que tentar ou o que poderia estar acontecendo começavam a ser propostas. Cada hora de reunião de laboratório gravada por Dunbar exigia oito horas de transcrição e classificação dos comportamentos de resolução de problemas, de modo que pudesse analisar o processo de criatividade científica, e ele encontrou um festival de analogias.

Dunbar presenciou ao vivo avanços importantes e percebeu que os laboratórios mais capazes de transformar descobertas inesperadas em conhecimento novo para a humanidade criavam muitas analogias, e as criavam a partir de uma grande variedade de áreas. Os laboratórios cujos cientistas tinham históricos profissionais mais diversificados eram aqueles onde as melhores e mais variadas analogias eram oferecidas, e onde avanços eram produzidos de forma mais consistente a partir do aparecimento de algo inesperado. Aqueles laboratórios eram "comitês de Keplers". Eles incluíam membros com uma grande diversidade de experiências e interesses. Quando chegava a hora de desprezar ou abraçar e se atracar com informações que os confundiam, buscavam analogias em seu repertório. Muitas analogias.

Para desafios relativamente diretos, os laboratórios começavam com analogias a outros experimentos muito similares. Quanto mais incomum o desafio, mais distantes tornavam-se as analogias, afastando-se das aparentes semelhanças e mergulhando nas similaridades estruturais profundas. Em algumas reuniões de laboratório, uma nova analogia era proposta, em média, a cada quatro minutos, algumas delas vindas de áreas completamente alheias à Biologia.

Certa vez, Dunbar assistiu a duas reuniões de laboratório sobre o mesmo problema experimental mais ou menos na mesma época. As proteínas que eles queriam medir se prendiam a um filtro, o que as tornava difíceis de analisar. Um dos laboratórios era composto inteiramente por especialista em *E. coli*, e o outro tinha cientistas com estudos em Química, Física, Biologia e Genética, além de estudantes de Medicina. "Um dos laboratórios criou uma analogia baseada no conhecimento de uma pessoa formada em Medicina, e eles descobriram a resposta ali mesmo na reunião", disse-me Dunbar. "O outro usava o conhecimento sobre a *E. coli* para atacar todos os problemas. Nesse caso, isso não funcionou. Então, tiveram de continuar experimentando por semanas até encontrarem uma resolução. Isso me colocou em uma posição incômoda, pois eu tinha visto a resposta na reunião do outro laboratório." (Uma das condições acordadas do estudo era que ele não podia compartilhar informações entre os laboratórios.)

Frente ao inesperado, a amplitude das analogias disponíveis ajudou a determinar quem aprendeu algo novo. No único laboratório que não fez nenhuma nova descoberta durante o projeto de Dunbar, todos tinham experiências prévias muito similares e extremamente especializadas, e analogias quase nunca eram utilizadas. "Quando todos os membros do laboratório têm o mesmo conhecimento a seu dispor e um novo problema surge, um grupo de indivíduos com inclinações mentais similares não irá produzir mais informação para criar analogias que um único indivíduo",[32] concluiu Dunbar. "É como no mercado de ações", disse-me ele. "Você precisa de uma gama de estratégias."

O problema de cursos como o Programa Integrado de Ciências, da Northwestern, que ensina várias estratégias, é que eles podem exigir que o aluno abandone uma vantagem inicial rumo a uma graduação ou a uma carreira. É algo difícil de vender, mesmo que seja melhor para os estudantes em longo prazo.

Seja a criação de conexões estudada por Lindsey Richland ou sejam os conceitos amplos testados por Flynn ou o raciocínio analógico, estrutural, profundo e remoto que Gentner avaliou, na maior parte das vezes não há nenhuma defesa acirrada da amplitude ou do conhecimento que precisa ser adquirido vagarosamente. Todas as forças estão alinhadas para incentivar uma vantagem e uma especialização profunda e precoce, mesmo que essa seja uma estratégia ruim no longo prazo. Isso é um problema, pois outro tipo de conhecimento, talvez o mais importante de todos, é necessariamente adquirido devagar — o tipo que o ajuda a buscar o desafio correto em primeiro lugar.

6
O PROBLEMA DO EXCESSO DE GARRA

A MÃE DO MENINO GOSTAVA de música e de arte, mas, quando o garoto tentou desenhar o gato da família à mão livre, ele mostrou ser um desenhista tão medíocre que destruiu o esboço e se recusou a tentar novamente. Em vez disso, passou sua infância na Holanda jogando bolinha de gude ou andando de trenó com o irmão mais novo, mas na maior parte do tempo apenas observava as coisas à sua volta. Um famoso livro sobre criação de filhos desaconselhava passeios solitários, que poderiam "envenenar" a imaginação da criança, porém ele perambulava por horas a fio. Caminhava sob tempestades e à noite. Andava vários quilômetros apenas para observar por horas um ninho de pássaro ou seguia insetos aquáticos em suas viagens pelos riachos. Ele era particularmente obcecado por colecionar besouros e etiquetava cada um deles com o nome da espécie em latim.[1]

Aos treze anos, o garoto foi aceito em uma nova escola, que funcionava em um antigo e soturno palácio real. Era tão longe de sua casa que ele precisou se hospedar com uma família local. Durante as aulas, sua mente vagava por outros lugares, mas ele era um bom aluno e usava o tempo livre para decorar poesia.

O professor de arte era a celebridade do corpo docente, um pioneiro da educação que defendia a escalada do design a uma parte central do motor econômico nacional. Aquela cruzada foi tão bem-sucedida que levou o governo federal a instituir aulas obrigatórias de desenho à mão livre em todas as escolas públicas. Em vez de pontificar na frente da classe, o professor dispunha os alunos no meio da sala e serpenteava entre eles como uma agulha de costura, dando atenção particular a cada um. A maioria dos alunos adorava-o. Mas ele não causou qualquer impressão em nosso garoto. Já adulto, o menino reclamaria que ninguém jamais lhe explicara o que era, no desenho, a perspectiva, apesar de esse conceito ser tão importante entre os princípios daquele professor que o estudo da perspectiva era mencionado na lei que expandia a educação artística.

O menino não gostava de morar com estranhos. Então, abandonou a escola um pouco antes de completar quinze anos. Durante os dezesseis meses seguintes, fez pouco mais do que longos passeios pelo campo. Isso não poderia continuar para sempre, mas ele não tinha ideia do que mais podia fazer. Por sorte, seu tio era dono de uma empresa de negociação de arte extremamente bem-sucedida e tinha acabado de ser condecorado cavaleiro. Ele ofereceu ao sobrinho um emprego na cidade grande. Se fazer arte não tinha inspirado o garoto, negociar o inspirou. O garoto voltou a capacidade de observação que tinha treinado na natureza para as litogravuras e as fotografias, categorizando o que via da mesma forma que havia feito com os besouros. Aos vinte anos ele negociava com clientes importantes e viajava a negócios para o exterior. O jovem, confiante, disse a seus pais que nunca mais teria que procurar um emprego. Estava errado.

Ele era um garoto do interior na cidade grande, sem o traquejo social para apaziguar os desentendimentos com o chefe, e não gostava de barganhar, pois sentia que estava tentando tirar vantagem dos clientes. Logo, foi transferido para a filial de Londres, que não lidava diretamente com clientes, e, então, aos 22 anos, foi transferido de novo, dessa vez para Paris. Ele chegou à França em meio a uma revolução artística. Em suas caminhadas até o escritório, o jovem passava por ateliês de artistas que estavam se tornando famosos. E, ainda assim, como acontecera com o professor de arte, dois de seus futuros biógrafos escreveriam: "Nada daquilo teve qualquer efeito".[2] Ele estava muito ocupado com sua nova obsessão: a religião. Anos depois, quando o rapaz e o irmão mais novo conversavam sobre aqueles artistas revolucionários, diria que não tinha "visto absolutamente *nada* neles".[3]

128 David Epstein

Quando finalmente foi demitido da empresa de negociação de arte, foi trabalhar como professor-assistente em um internato em uma cidade do litoral da Inglaterra. Trabalhando catorze horas por dia, ensinava de francês a matemática, supervisionava o dormitório, levava os alunos para a igreja e também servia de zelador. Para o dono, a escola era apenas um negócio; e o jovem, mão de obra barata. Ele encontrou um novo emprego como professor, dessa vez em um internato mais famoso, mas, após alguns meses, decidiu se tornar missionário na América do Sul. Seus pais convenceram-no a desistir, insistindo que ele precisava "parar de perseguir seus próprios desejos" e voltar para um curso de vida estável. A mãe queria que o filho fizesse algo ligado à natureza, pois isso o deixaria "mais feliz e mais calmo".[4] Decidiu seguir os passos do pai; ia estudar para se tornar pastor.

Nesse meio-tempo, o pai arranjou para ele um emprego em uma livraria. O jovem amava livros e trabalhava das oito da manhã até a meia-noite. Quando a loja sofreu uma inundação, ele surpreendeu os colegas com sua enorme resistência física, ao carregar pilha atrás de pilha de livros para um local seguro. Seu novo objetivo era conseguir uma vaga na universidade, e estudar para ser pastor. Mais uma vez, ele libertou sua paixão incansável. Trabalhava como professor particular e copiava livros inteiros à mão. "Eu tenho que ficar sentado até não conseguir mais manter os olhos abertos", disse a seu irmão.[5] Dizia a si mesmo que "a prática leva à perfeição", mas não conseguia aprender latim e grego com facilidade. Foi morar com um tio, um severo herói de guerra que o estimulou a simplesmente "persistir".[6] O jovem decidiu começar a estudar antes de seus colegas acordarem e só parar depois que eles estivessem dormindo. Seu tio o encontrava lendo nas primeiras horas da manhã.

No entanto, mesmo assim, patinava nos estudos. Com quase 25 anos, o jovem ouviu um sermão sobre como a revolução econômica tinha tornado certos cidadãos, como seu tio que negociava arte, extremamente ricos, enquanto outros haviam sido lançados em uma pobreza abjeta. Decidiu esquecer a universidade e começar a espalhar a Palavra mais rápido. Optou por um curso rápido, mas não gostava de pregar os sermões curtos e diretos que a escola exigia. Ele fracassou também ali. Mas ninguém conseguiria impedi-lo de pregar. Então, foi para a região das minas de carvão, onde a inspiração era mais urgente.

Quando chegou e viu o céu enegrecido, o jovem recordou-se das sombras de Rembrandt. Ali, pregaria para trabalhadores tão oprimidos que se referiam ao mundo fora do túnel da mina como "lá em cima no inferno".[7] Mergulhou no serviço espiritual com sua energia habitual, doou suas roupas e seu dinheiro, dedicando-se dia e noite aos doentes e aos feridos. E eles eram muitos.

Pouco depois de sua chegada, uma série de explosões matou 121 mineiros e lançou uma corrente de gás para fora da mina, criando um pilar de fogo, como se algum bico de Bunsen monstruoso estivesse enterrado sob o solo. Os moradores locais maravilharam-se com a resistência do jovem, que tentava consolar as famílias. Mas eles também o achavam estranho; as crianças que ele tentava ensinar não o ouviam. Logo, seu ministério improvisado acabou. Ele tinha 27 anos e estava desanimado. Uma década após seu exuberante início como negociante de arte, não tinha posses, realizações ou uma direção na vida.

Abriu seu coração em uma carta ao irmão mais novo, então já um respeitado negociante de arte. Comparou-se a um pássaro engaiolado na primavera, o qual sente profundamente que é chegada a hora de fazer algo importante, mas não consegue se lembrar o que é. Então, "bate a cabeça contra as grades da gaiola. E a gaiola continua no mesmo lugar e o pássaro enlouquece de dor".[8] Além disso, um homem, exortou ele, "nem sempre sabe por si mesmo o que poderia fazer, mas sente, por instinto, que é bom para alguma coisa, ainda assim! Eu sei que poderia ser um homem completamente diferente! Há algo dentro de mim, mas o que é?" Ele tinha sido estudante, negociante de arte, professor, vendedor de livros, pastor em formação e missionário. Após inícios promissores, fracassou desastrosamente em todos os caminhos que tentou trilhar.

Seus irmãos sugeriram que tentasse a carpintaria ou procurasse emprego como barbeiro. A irmã achava que ele daria um ótimo padeiro. Ele era um leitor insaciável. Então, talvez, pudesse ser bibliotecário. Mas, das profundezas de seu desespero, ele voltou sua feroz energia para a última coisa que imaginava ser capaz de começar imediatamente. Sua carta seguinte ao irmão foi muito curta: "Estou escrevendo para você enquanto desenho e estou apressado para voltar ao trabalho".[9] Antigamente, aquele homem via o desenho como uma distração de seu objetivo de alcançar as pessoas com a verdade. Naquele momento, começou a buscar a verdade retratando as vidas à sua volta em desenhos. Ele tinha parado de desenhar à mão livre ainda criança, quando se dera conta de que era um péssimo desenhista. Então, começou bem do início, lendo um *Guia do* ABC *do desenho*.

Nos anos seguintes, faria algumas poucas e breves tentativas com cursos formais. O marido de uma prima era pintor e tentou lhe ensinar a técnica da aquarela. Esse homem seria mais tarde o único item na seção "Educação" da página da Wikipédia sobre o homem. Na verdade, tinha problemas com o toque suave necessário para a aquarela, e a relação entre mentor e aluno encerrou-se após um mês. Seu antigo patrão, o negociante de arte, então um respeitado crítico e influenciador do gosto no mundo das artes, decretou que seus desenhos não mereciam ser expostos para venda. "De uma coisa eu tenho certeza, você não é um artista", disse a ele o antigo patrão. E acrescentou, secamente: "Você começou muito tarde".[10]

Quanto tinha quase 33 anos, ele se matriculou em uma escola de arte, com colegas uma década mais novos, mas só a frequentou por algumas semanas. Entrou na competição de desenho da sala, e os juízes sugeriram, cruelmente, que ele passasse para uma classe de iniciantes com as crianças de dez anos.

Como estava entre carreiras, pulava de uma paixão artística para outra. Um dia, achava que os verdadeiros artistas pintavam apenas imagens realistas, e então, quando seus desenhos saíam ruins, no dia seguinte, os verdadeiros artistas só se importavam com paisagens. Um dia, ele buscava o realismo; no outro, a pura expressão. Em uma semana, a arte era um meio para exaltar a devoção religiosa; na semana seguinte, esse tipo de preocupação dificultava a criação pura. Em um ano ele decidiu que toda a arte verdadeira consistia apenas em tons de preto e cinza, para mais tarde resolver que as cores vibrantes eram a verdadeira pérola dentro da concha do artista. A cada vez, apaixonava-se completamente, para depois se afastar rápido e de vez.

Certo dia, carregou um cavalete e tintas a óleo — com as quais quase não tinha experiência — até uma duna de areia durante uma tempestade.

Corria para dentro e para fora do abrigo, jogando e espalhando tinta sobre a tela a golpes de pincel, entre rajadas de vento que salpicavam o quadro com grãos de areia. Espremia as tintas direto do tubo sobre a tela quando necessário. A tinta a óleo viscosa e a velocidade necessária para aplicá-la sob a tempestade liberaram sua imaginação e sua mão das deficiências que o haviam acometido quando buscou o realismo perfeito. Mais de um século depois, seu biógrafo escreveria que, naquele dia, "[ele] fez uma descoberta surpreendente: sabia pintar".[11] E percebeu isso. "Achei imensamente prazeroso", escreveu para o irmão. "Pintar mostrou-se menos difícil do que eu imaginava."[12]

Ele continuou a saltar de um experimento artístico para outro, reconhecendo e rejeitando, condenando ferozmente qualquer tentativa de capturar a luz solar na pintura, apenas para reverter o curso e colocar sua tela sob o sol para fazer exatamente isso. Ficou obcecado por pretos mais escuros e profundos em obras sem cor e, logo, desistiu daquilo em um instante, e para sempre, em favor de cores vibrantes. Sua conversão foi tão completa que não usaria mais o preto nem sequer para representar o céu noturno. Ele começou a estudar piano porque pensou que talvez os tons musicais pudessem ensinar algo sobre os tons de cor.

Suas peregrinações, geográficas e artísticas, continuaram pelos poucos anos restantes de sua curta vida. Por fim, desistiu da meta de algum dia ser tornar um desenhista magistral. Então, deixou para trás, um por um, todos os estilos que tinha anteriormente considerado críticos, mas nos quais fracassou. Criou uma nova arte: impetuosa, coberta de tinta, explodindo de cores, livre de qualquer formalidade, exceto a captura de algo infinito.* Queria fazer uma arte que qualquer um pudesse entender, não obras pretensiosas voltadas para aqueles treinados a admirá-las. Por anos ele havia tentado e fracassado em capturar todas as proporções de um corpo de forma precisa. Naquele momento, tinha abandonado tão inteiramente aquela necessidade que colocava pessoas caminhando entre árvores com os rostos borrados e as mãos como luvas sem dedos.

---

* Ele escreveu a frase em francês em uma carta ao irmão: *"Ce qui ne passe pas dans ce qui passe"* — *O que permanece naquilo que desvaneçe.*

Se antes havia exigido modelos vivos para retratar e imagens para copiar, agora via com olhos dentro de sua mente. Uma noite, observando pela janela de seu quarto as colinas distantes, assistiu ao movimento do céu por horas, como tinha feito quando menino com pássaros e besouros. Quando pegou o pincel, sua imaginação transformou uma cidade próxima em uma pequena vila, sua imensa catedral em uma humilde capela. O cipreste verde-escuro no primeiro plano tornou-se expresso, subindo pela tela como algas marinhas ao ritmo rodopiante do céu noturno.

Apenas alguns anos tinham se passado desde a recomendação de que ele passasse para a classe de desenho para crianças de dez anos. Mas aquela noite estrelada, junto com inúmeras outras pinturas em seu novo estilo, o que ele desenvolveu através de uma sucessão de fracassos, lançaria a arte em uma nova era e inspiraria novas concepções de beleza e expressão. Obras que ele pintou em horas, como experimentos, nos dois anos finais de sua vida, iriam tornar-se — tanto cultural quanto monetariamente — alguns dos objetos mais valiosos que já existiram.

É um mito que Vincent van Gogh tenha morrido no anonimato. Uma crítica extasiada retratou-o como um revolucionário, meses antes de sua morte, e tornou-o o assunto de Paris.[13] Claude Monet, o decano do impressionismo — movimento que Van Gogh ignorou, lamentou, e sobre o qual depois inovou — declarou que o trabalho de Van Gogh era o auge da exposição anual.

Ajustados pela inflação, quatro dos quadros de Van Gogh foram vendidos por mais de 100 milhões de dólares, e nem eram os mais famosos. Suas obras agora decoram tudo, de meias a capas de celular, além de uma marca de vodca que leva seu nome. Mas ele foi muito além do comércio.

"O que os artistas fazem mudou por causa de Vincent van Gogh", disse-me o artista e escritor Steven Naifeh. (Naifeh, junto com Gregory White Smith, escreveu "a biografia definitiva", segundo o curador do Museu Van Gogh.) As pinturas de Van Gogh serviram de ponte para a arte moderna, e inspiraram uma devoção generalizada, que nenhum outro artista, talvez nenhuma outra pessoa, causou. Adolescentes que nunca visitaram um museu pregam a arte de Van Gogh em suas paredes; viajantes japoneses deixam as cinzas de seus ancestrais no túmulo do pintor. Em 2016, o Instituto de Arte de Chicago mostrou, juntos, os três icônicos "Quarto em Arles" — quadros cujo objetivo é "descansar o cérebro, ou melhor: a imaginação", de acordo com Van Gogh; o número recorde de visitantes forçou os expositores a criar estratégias improvisadas de controle de multidão, com filas de *check-in* como em aeroportos.

E, ainda assim, se Van Gogh tivesse morrido aos 34 em vez de aos 37 (a expectativa de vida na Holanda quando ele nasceu era de quarenta anos), talvez não merecesse sequer uma nota de rodapé na história.[14] O mesmo pode ser dito de Paul Gauguin, pintor que morou com Van Gogh por algum tempo e inovou em um estilo conhecido como sintetismo, no qual linhas grossas separam seções de cores brilhantes, sem as gradações sutis da pintura clássica. Também se tornou outro dos poucos artistas a ultrapassar a barreira dos 100 milhões de dólares. Gauguin passou os seis primeiros anos de sua vida profissional com a Marinha Mercante, antes de encontrar sua aptidão: corretor de ações e burguês. Só se tornou um artista em tempo integral após a queda da Bolsa em 1882, aos 35 anos.[15] Sua mudança lembra a de J. K. Rowling. Ela "fracassou em uma escala épica" dos vinte aos trinta, disse ela certa vez, pessoal e profissionalmente. Um curto casamento "implodiu", e ela se viu mãe solteira e professora desempregada, vivendo do dinheiro da assistência social. Como Van Gogh nas minas de carvão e Gauguin após a queda da Bolsa, foi "libertada" pelo fracasso, para tentar o trabalho que melhor se adaptava a seus talentos e interesses.

Todos eles parecem ter se sobressaído apesar de seus inícios tardios. Seria fácil escolher histórias de desenvolvimento tardio excepcional como superação de obstáculos. Mas eles não são exceções devido a seu início tardio, e esses inícios tardios não diminuíram suas probabilidades de sucesso. Os inícios tardios foram parte de seu sucesso final.

"Match Quality", ou Fator de Adequação, é um termo que os economistas usam para descrever o grau de adequação entre o trabalho realizado por alguém e quem é essa pessoa — suas habilidades e inclinações.

A inspiração do economista Ofer Malamud para estudar o fator de adequação foi uma experiência pessoal. Ele nasceu em Israel, mas seu pai trabalhava para uma companhia de navegação. Quando Malamud tinha nove anos, a família mudou-se para Hong Kong, onde ele foi matriculado em uma escola inglesa. O sistema inglês exigia que o aluno escolhesse uma especialização acadêmica nos dois últimos anos do ensino médio. "Quando você se inscrevia em uma universidade na Inglaterra, era preciso escolher uma carreira específica", disse-me Malamud. Seu pai era engenheiro. Então, ele imaginou que devia fazer Engenharia. No último instante, decidiu não escolher uma especialidade. "Decidi me matricular nos Estados Unidos, porque não sabia o que queria fazer", disse.

Malamud começou com Ciência da Computação, mas rapidamente viu que não era o que queria. Então, experimentou disciplinas antes de escolher Economia e, depois, Filosofia. Aquela experiência deixou nele uma curiosidade permanente sobre o impacto do momento de especialização na escolha de carreira. No fim dos anos 1960, o futuro ganhador do Nobel de Economia, Theodore Schultz, argumentou que sua área tinha mostrado bem como uma educação superior aumentava a produtividade do trabalhador, mas que os economistas tinham negligenciado o papel da educação ao permitir que os indivíduos adiassem a especialização, enquanto experimentavam e descobriam quem eram e onde se encaixavam melhor.[16]

Ofer Malamud não podia determinar aleatoriamente a vida das pessoas para estudar o momento em que acontecia a especialização, mas encontrou um experimento natural no sistema escolar britânico.[17] Durante o período que analisou, os estudantes da Inglaterra e do País de Gales tinham que se especializar previamente para poderem se candidatar a programas universitários específicos e restritos. Na Escócia, por outro lado, os estudantes, na verdade, eram obrigados a cursar disciplinas de diferentes áreas durante os dois primeiros anos na universidade e podiam até continuar experimentando além desse período.

Em cada um dos países, todos os cursos universitários que um estudante cursava forneciam habilidades que podiam ser aplicadas a uma determinada área, bem como informações sobre a adequação de cada aluno àquela área. Se os alunos se concentravam em uma área precocemente, colecionavam mais habilidades que os preparavam para um bom emprego. Se eles experimentavam mais e se especializavam mais tarde, chegavam ao mercado de trabalho com menos habilidades específicas, porém com um maior conhecimento sobre o tipo de trabalho mais adequado a suas habilidades e inclinações. A pergunta de Malamud era: quem faz a melhor escolha — os que se especializam mais cedo ou os que se especializam mais tarde?

Se o benefício da educação superior fosse simplesmente a aquisição de habilidades para o trabalho, então os que se especializavam cedo estariam menos propensos a trocar de carreira após a universidade para áreas não relacionadas com seu campo de estudos: eles teriam adquirido mais habilidades específicas para aquela carreira. Assim, teriam mais a perder com a troca. Contudo, se o benefício essencial da universidade fosse fornecer informações sobre a adequação de cada um a cada tipo de trabalho, então os que se especializavam cedo deveriam acabar mudando para carreiras não relacionadas com mais frequência, porque não tiveram tempo para experimentar diferentes áreas antes de escolher aquela que mais se adequava a suas habilidades e interesses.

Malamud analisou dados de milhares de ex-alunos e descobriu que aqueles formados na Inglaterra e em Gales eram consistentemente mais propensos a mudar para carreiras completamente diferentes que seus equivalentes escoceses, que se especializavam mais tarde. E, apesar de começarem atrás em termos salariais, por terem menos habilidades específicas da carreira, os escoceses rapidamente alcançavam os ingleses e os galeses.[18] Seus colegas na Inglaterra e no País de Gales trocavam de área com mais frequência após terminarem a faculdade e após iniciarem uma carreira, apesar de receberem menos incentivo para mudar, tendo se concentrado naquela área. Com menos oportunidade de experimentar áreas diferentes, mais estudantes estreitavam sua trajetória antes mesmo de descobrir se era um bom caminho. Os estudantes ingleses e galeses especializavam-se tão cedo que cometiam mais erros. A conclusão de Malamud: "Os benefícios de uma melhor adequação [...] sobrepujam o atraso na aquisição de habilidades específicas".[19] Aprender alguma coisa era menos importante que aprender sobre si mesmo. A exploração não é apenas um capricho educacional; é um benefício central da educação.

Não é surpreendente que mais estudantes na Escócia acabavam por se graduar em disciplinas que não existiam em seus colégios no ensino médio, como Engenharia. Na Inglaterra e no País de Gales, os estudantes eram obrigados a escolher um caminho conhecendo apenas as opções limitadas às quais tinham sido expostos mais cedo no ensino médio. Isso é mais ou menos como ser obrigado a decidir aos dezesseis anos se você quer se casar com sua namorada atual. Naquele momento, pode até parecer uma ótima ideia, mas, quanto mais você experimenta, menos interessante aquela ideia parece em retrospecto. Na Inglaterra e em Gales, os adultos têm maior probabilidade deixar as carreiras nas quais investiram porque se acomodaram cedo demais. Se as carreiras fossem encaradas mais como encontros românticos, ninguém se acomodaria tão rápido.

Para os profissionais que mudaram de carreira, independentemente de terem se especializado cedo ou tarde, a mudança era uma boa ideia. "Você descarta uma boa parte de suas habilidades, então há um impacto", disse Malamud, "mas seu desenvolvimento se acelera após a mudança". Independentemente de quando sua especialização ocorreu, aqueles que mudam tiram proveito de sua maior experiência em identificar trabalhos mais adequados.

Steven Levitt, o economista coautor de *Freakonomics: o lado oculto e inesperado de tudo que nos afeta*, valeu-se de seus leitores para um teste sobre mudanças.[20] Na seção do site do livro, em inglês, chamada "Freakonomics Experiments", ele convidou leitores que estivessem considerando alguma mudança em suas vidas a jogar para cima uma moeda digital. Se saísse "cara", significava que deveriam ir em frente e fazer a mudança; "coroa", que não deveriam mudar. Vinte mil voluntários responderam com dúvidas sobre tudo, desde se deveriam fazer uma tatuagem, inscrever-se em um site de namoro ou ter um filho, até as 2.186 pessoas que estavam considerando mudar de emprego.* Mas eles poderiam realmente confiar uma decisão tão importante à sorte? A resposta, para aqueles que queriam mudar de emprego e lançaram a moeda era: só se quisessem ser mais felizes. Seis meses depois, os que tiraram cara e mudaram de trabalho estavam substancial-

---

* Isso tornou a mudança de emprego a dúvida mais prevalente do teste.

mente mais felizes que os que ficaram nos antigos empregos.[*] De acordo com Levitt, o estudo sugeriu que "advertências como 'vencedores nunca desistem e quem desiste nunca vence', apesar de bem-intencionadas, podem ser conselhos extremamente ruins". Levitt considera que uma de suas mais importantes habilidades é a "disposição a abandonar"[21] um projeto ou toda uma área de estudo por algo mais adequado.

A frase de Winston Churchill, "Nunca, nunca, nunca, nunca desistir", é uma expressão muito usada. O fim da frase é sempre esquecido: "exceto quando informado por sua convicção ou pelo bom senso".

O economista do trabalho Kirabo Jackson demonstrou que, mesmo aquela temida dor de cabeça administrativa conhecida como "rotatividade de professores" traz embutido o valor da mudança esclarecida. Ele descobriu que os professores são mais eficientes em melhorar o desempenho de alunos após mudarem de escola, e que esse efeito não pode ser explicado por mudanças para instituições mais exigentes ou com melhores alunos. "Professores tendem a sair de instituições onde não se sentem adequados", concluiu ele. "A rotatividade de professores... pode, na verdade, nos levar a uma alocação ótima de professores a escolas."[22]

Aqueles dispostos a mudar são vencedores. Isso parece contradizer antigos ditados sobre desistir e também conceitos muito mais novos da psicologia moderna.

A psicóloga Angela Duckworth coordenou o mais famoso estudo sobre desistência. Ela queria prever quais calouros abandonariam o treinamento básico/orientação da Academia Militar dos Estados Unidos, tradicionalmente conhecido como "Beast Barracks".[23]

---

[*] Em uma análise detalhada, Levitt mostrou que o resultado do lançamento da moeda influenciou, de fato, as decisões das pessoas. Alguém que estava considerando mudar de emprego e tirasse cara era mais propenso a mudar de emprego que alguém na mesma situação que tirasse coroa, apesar de, claro, todos poderem fazer o que quisessem com suas vidas, independentemente do resultado do lançamento. Entre aqueles que escolheram seguir o conselho da moeda, tirar cara (e mudar de trabalho) teve uma relação causal com seu aumento de felicidade posterior.

Aquelas seis semanas e meia de rigores físicos e emocionais são projetadas para transformar jovens e adolescentes de férias em oficiais em treinamento. Os cadetes estão em formação às cinco e meia da manhã, para corridas ou exercícios. Na cantina, durante o café, os novos cadetes, ou "plebeus", devem sentar-se eretos nas cadeiras e levar a comida à boca sem abaixar o rosto em direção aos pratos. Um veterano pode crivar o cadete com perguntas. "Como está a vaca?" é um código para "Quanto leite ainda tem aqui?". Um plebeu aprende a responder: "Senhor/senhora, ela anda, ela fala, ela é muito valiosa! O fluido lácteo extraído da fêmea da espécie bovina é prolífico ao [N] grau!". N, aqui, deve ser substituído pelo número de copos de leite restantes na mesa.

O resto do dia é tomado por aulas e atividades físicas, como uma câmara de gás lacrimogêneo sem janelas, em que os plebeus devem retirar suas máscaras e recitar uma série de fatos com os olhos e o rosto ardendo. Vomitar não é obrigatório, mas também não é desencorajado. As luzes dos dormitórios apagam-se às dez da noite, e tudo começa de novo na manhã seguinte. É um tempo de incertezas para a moral dos novos alunos/cadetes. Para entrar na academia, todos precisaram ser alunos excelentes, muitos são atletas de destaque, e a maioria passou por um processo de seleção que inclui a recomendação de um congressista. Preguiçosos não chegam ao Beast Barracks. Ainda assim, alguns dos que chegam vão embora antes do fim primeiro mês de treinamento.

Duckworth descobriu que o Índice do Candidato Completo — uma combinação de resultados de testes padronizados, desempenho no ensino médio, teste de aptidão física e capacidade de liderança — é o fator individual mais importante para a aprovação do candidato, mas que é inútil para prever quem irá desistir antes de terminar o treinamento básico. Ela já estava trabalhando com profissionais de alta performance em várias áreas diferentes e decidiu estudar a paixão e a perseverança, uma combinação que resumiu como "garra". Duckworth projetou uma autoavaliação que capturava os dois componentes da garra. Um é, essencialmente, a ética de trabalho e a resiliência; o outro é a "consistência de interesses" — direção, saber exatamente o que se quer.[24]

Em 2004, no início do Beast Barracks, Duckworth aplicou a avaliação de garra a 1.218 plebeus da classe de calouros. A avaliação pedia que eles atribuíssem um de cinco valores, indicando o quanto cada uma das doze afirmações do teste se aplicava a eles. Algumas afirmações eram diretamente ligadas à ética de trabalho ("Eu trabalho duro"; "Sou aplicado ao que faço"). Outras sondavam a persistência ou a capacidade de concentração pontual ("Muitas vezes, eu me atribuo um objetivo, mas depois decido perseguir um objetivo diferente"; "Meus interesses mudam de um ano para o outro").

Onde o Índice do Candidato Completo falhava ao prever desistências, o Teste de Garra saiu-se melhor. Duckworth estendeu a pesquisa a outras áreas, como as finais do Torneio Nacional de Soletração. Ela descobriu que tanto os testes de QI verbal como o Teste de Garra previam a trajetória de um competidor, mas o faziam por vias diferentes. O melhor era ter muito de ambos, porém competidores com pouca garra podiam compensar com um alto QI verbal, e competidores com performance pior nos testes de QI verbal podiam compensar com garra.

O intrigante trabalho de Duckworth fez nascer uma indústria caseira, mas para uma casa muito grande. Times esportivos, grandes empresas, redes de ensino e o Departamento de Educação dos Estados Unidos começaram procurar a garra, desenvolver a garra e até testar a garra. Duckworth ganhou uma bolsa MacArthur de "gênio" por seu trabalho, mas respondeu de forma ponderada a todo aquele carnaval, em um artigo no *New York Times*. "Me preocupa que eu possa ter contribuído, inadvertidamente, com uma ideia à qual me oponho vigorosamente: avaliações de personalidade para alta performance", escreveu ela.[25] E essa não foi a única forma pela qual a pesquisa sobre determinação foi expandida ou exagerada para além das evidências.

O fato de os cadetes serem selecionados com base em seu Índice do Candidato Completo leva ao que estatísticos chamam de uma "restrição de amostra". Ou seja, como os cadetes são selecionados exatamente por sua performance nesse índice, um grupo de pessoas muito parecidas segundo o mesmo parâmetro é separado do resto da humanidade. Quando isso acontece, outras variáveis que não eram parte do processo seletivo podem, subitamente, em comparação, parecer muito mais importantes. Para usar uma analogia com esportes, seria como conduzir um estudo sobre o sucesso no basquete incluindo apenas jogadores profissionais da NBA como sujeitos. Tal estudo poderia mostrar que a altura não é um fator importante na previsão do sucesso do jogador, mas que a determinação é. Claro, a NBA já selecionou homens altos no resto da população. Então, a amplitude de alturas no estudo seria restrita.* Da mesma forma, a relativa previsibilidade da garra e de outras características em cadetes de West Point e competidores do torneio de soletração pode não funcionar exatamente da mesma maneira em uma população menos restrita. Se uma amostra realmente aleatória de formandos do ensino médio, e não apenas aqueles aceitos em West Point, fosse testada com o Índice do Candidato Completo, a capacidade física, as notas e a capacidade de liderança poderiam talvez prever sua persistência no Beast Barracks, talvez mais até que a garra. Para fazer justiça a Duckworth e seus coautores, eles escreveram que, ao estudarmos grupos extremamente pré-selecionados, nós necessariamente limitamos a validade externa de nossa investigação.[26]

A maioria dos plebeus chega ao final do Beast Barracks, independentemente de seus índices de determinação. No primeiro ano em que Duckworth os testou, 71 cadetes de 1.218 desistiram. Em 2016, 32 plebeus de 1.308 desistiram.[27] A questão mais profunda é se desistir pode ser, na verdade, uma boa decisão. Oficiais formados em West Point disseram-me que os cadetes desistem por diversos motivos, tanto no treinamento básico como depois disso. "Acho que, para os garotos mais racionais e menos atléticos, a curta duração ajuda a aguentar o tranco para chegar ao semestre letivo propriamente dito. Para os mais atléticos, o Beast Barracks é uma das melhores experiências que eles têm na academia", disse-me Ashley Nicolas, uma formanda de 2009 que trabalhou como oficial de inteligência no Afeganistão. Alguns dos cadetes passam pelo treinamento básico apenas para descobrir que West Point não é o lugar certo para suas habilidades ou seus interesses. "Eu me lembro de muitos outros indo embora durante o primeiro semestre,

---

* Dependendo do ano em que o estudo fosse conduzido, um cientista que estudasse basquete encontraria uma relação inversa entre a altura e a performance do jogador, se olhasse apenas para a NBA. Se o cientista não reconhecesse que o resto da humanidade fora da NBA já havia sido previamente filtrado do estudo, poderia aconselhar os pais a terem filhos mais baixos, pois estes teriam melhor performance no basquete profissional.

quando percebiam que não conseguiam acompanhar os cursos. Aqueles que saíam mais cedo eram os que sentiam muita saudade de casa ou apenas descobriam que não se encaixavam ali. A maioria parecia ser de garotos que tinham sido pressionados a ir para West Point, mesmo sem desejar isso." Em outras palavras, do pequeno número de cadetes que ia embora durante o treinamento básico, alguns faziam isso porque estavam simplesmente respondendo a informações sobre sua adequação, e não por terem baixa determinação. Eles não se encaixavam ali.

De modo similar, algumas pessoas podem começar a decorar os radicais das palavras para o Torneio Nacional de Soletração e, então, perceber que não é assim que querem gastar seu tempo de estudo. Pode ser um problema de determinação ou uma decisão tomada em resposta a informações sobre adequação que não poderiam ser obtidas sem uma tentativa real.

O professor de estatística e economista Robert A. Miller, da Carnagie Mellon, definiu a adequação a uma carreira — e a decisão de ir para uma academia militar é uma importante escolha de carreira — como um "bandido de muitos braços". "Bandido de um braço só" é uma gíria para máquinas caça-níqueis. Um "bandido de muitos braços" refere-se a um cenário hipotético: apenas um jogador está sentado na frente de toda uma fileira de máquinas caça-níqueis; cada máquina tem uma probabilidade própria de dar um prêmio a cada vez que a alavanca é puxada; o desafio do jogador é testar as diferentes máquinas e tentar descobrir a melhor maneira de alocar as puxadas de alavanca que tem a seu dispor para maximizar a premiação. Miller mostrou que o processo para testar adequação é o mesmo. Um indivíduo começa sem nenhuma informação ou conhecimento, testa vários caminhos, de modo a obter informações o mais rápido possível, e refina cada vez mais suas decisões sobre alocação de energia. A expressão "jovem e tolo", escreveu ele, descreve a tendência de jovens adultos a buscarem empregos arriscados, mas isso não é tolo de forma alguma. É o ideal. Eles têm menos experiência que os profissionais mais velhos. Assim, os primeiros caminhos que devem buscar são aqueles de alto risco e altas recompensas e que têm grande valor informativo. Tentar ser atleta profissional ou ator ou fundar uma nova empresa lucrativa tem pouca chance de dar certo, mas a recompensa potencial é extremamente alta. Graças à constante avaliação e a um implacável processo de eliminação, aqueles que tentam rapidamente aprendem se são adequados, pelo menos se comparados com trabalhos em que a avaliação não é tão constante. Se são inadequados, podem ir experimentar outra coisa e continuar coletando informações sobre suas opções e sobre si mesmos.[28]

Seth Godin, autor de alguns dos mais populares textos sobre carreira do mundo, escreveu um livro atacando ferozmente a ideia de que "quem desiste nunca vence". Godin argumentou que os "vencedores" — ele se refere em geral a indivíduos que alcançam o ápice de suas áreas — desistem rápido e com frequência quando percebem que um plano não é adequado, e não se sentem mal com isso. "Nós fracassamos quando insistimos em 'tarefas das quais não temos coragem de desistir'", escreveu ele.[29] Godin, obviamente, não defende a desistência apenas porque o caminho é difícil. Perseverar na dificuldade é uma vantagem competitiva para qualquer um que queira percorrer uma longa estrada, mas ele sugere que saber quando desistir é uma vantagem estratégica tão grande que todos, antes de embarcar em qualquer projeto, deveriam listar as condições sob as quais desistiriam do esforço. O truque mais importante, disse ele, é manter-se sintonizado para perceber quando mudar é simplesmente falta de perseverança e quando se trata do astuto reconhecimento da existência de projetos mais adequados.

O Beast Barracks é perfeito para a abordagem sobre desistência do bandido de muitos braços. Um grupo de jovens de alta performance, nenhum deles com qualquer experiência militar, puxa a "alavanca" de West Point, por assim dizer. Isto é, eles se lançam em um programa de alto risco e grandes recompensas e, desde o primeiro dia, recebem toneladas de informação sobre sua adequação à disciplina militar. A maioria segue em frente, mas não seria realista esperar que cada um dos membros de um grande grupo de jovens adultos tenha entendido exatamente onde estava se metendo. Será que aqueles poucos que desistem deveriam ter terminado o treinamento? Talvez, se eles desistissem em um momento de puro pânico, e não por uma reavaliação sobre o futuro que desejam, à luz das novas informações sobre a vida militar. Mas, talvez, mais deles devessem ter desistido cedo também.

***

Em troca de um compromisso de cinco anos de serviço ativo, todo cadete de West Point recebe uma bolsa financiada com dinheiro dos contribuintes, avaliada em, aproximadamente, meio milhão de dólares. Por isso, é particularmente vergonhoso para o Exército que, desde meados dos anos 1990, cerca de metade dos formados em West Point deixem o serviço ativo após cinco anos, que é tão cedo quanto possível. Cinco anos é praticamente o tempo necessário para cobrir os custos da formação de um oficial treinado, e três quartos deles se vão antes de completarem vinte anos de serviço, o que lhes garante uma pensão vitalícia tendo pouco mais de quarenta anos de idade.[30]

Um artigo de 2010 publicado pelo Instituto de Estudos Estratégicos do Exército norte-americano advertia que as perspectivas do corpo de oficiais do Exército "vêm se tornando mais duvidosas por conta de um retorno cada vez menor desse investimento, conforme evidenciado pelos sempre decrescentes índices de retenção de oficiais intermediários".[31]

Os cadetes de West Point têm encarado o Beast Barracks, depois um curso desafiador e, então, ido embora, apresentando as maiores taxas de abandono entre todos os programas de formação de oficiais — mais que os oficiais que passaram pelo ROTC (programa de formação de oficiais matriculados em universidades não militares), ou a Escola de Candidatos a Oficial (OCS, em inglês), que treina civis com um diploma universitário ou soldados alistados para se tornarem oficiais. O investimento em treinamento de oficiais tem, recentemente, funcionado ao contrário do que deveria: aqueles formados pela OCS ficam mais tempo, em seguida vêm os formados no ROTC que não receberam qualquer bolsa universitária, depois os formados no ROTC que receberam bolsas de dois anos, seguidos pelos formados no ROTC com bolsas de três anos, pelos formados em West Point e pelos formados no ROTC com bolsa universitária integral. Quanto maior a probabilidade de o Exército identificar alguém como um futuro oficial bem-sucedido e investir dinheiro nessa pessoa, maior a probabilidade de ela sair do serviço ativo o mais rápido possível. O objetivo do Exército é formar oficiais de carreira experientes, não meros sobreviventes do Beast Barracks. De uma perspectiva militar, isso é um enorme tiro pela culatra.

144 David Epstein

Esse padrão atingiu tais proporções que um alto oficial decidiu que West Point estava, na verdade, formando desistentes e declarou que os militares deveriam reduzir o investimento em uma "instituição que ensinava seus cadetes a saírem do Exército".

Claro, nem a academia nem o ROTC estão ensinando os cadetes a irem embora. Será que os cadetes, de repente, perdem a garra que demonstraram e desenvolveram no Beast Barracks? Também não é essa a resposta. Os autores do artigo — um major, um tenente-coronel aposentado e um coronel, todos professores ou ex-professores de West Point — identificaram o problema como um caso de adequação. Quanto mais habilidoso o Exército achava que um futuro oficial poderia se tornar, maior a probabilidade de lhe oferecer uma bolsa. E, quando esses bolsistas esforçados e talentosos se tornavam jovens profissionais, eles tendiam a perceber que tinham muitas opções de carreira fora das Forças Armadas. Em algum momento, eles decidiam tentar outra coisa. Em outras palavras, tinham aprendido sobre si mesmos quando tinham vinte anos e respondiam com decisões relacionadas a sua adequação ao trabalho.

Os vazamentos na linha de montagem de oficiais da academia começaram a aumentar muito nos anos 1980, durante a transição nacional para a economia do conhecimento. Na virada do milênio, os vazamentos transformaram-se em uma cachoeira. O Exército começou a oferecer bônus de retenção — pagamentos em dinheiro para jovens oficiais se eles concordassem em servir por mais alguns anos. Aquilo custou 500 milhões de dólares aos contribuintes e foi um imenso desperdício. Oficiais que já planejavam permanecer aceitaram o dinheiro e aqueles que planejavam sair recusaram a oferta. O Exército aprendeu uma dura lição: o problema não era financeiro; era de adequação.

Na era industrial, ou era do "homem da empresa", como os autores da monografia a chamaram, "as empresas eram altamente especializadas", com empregados que, em geral, enfrentavam o mesmo tipo de desafio muitas vezes. Tanto a cultura da época — pensões eram quase universais e mudanças de emprego poderiam ser encaradas como deslealdade — quanto a especialização eram barreiras à mobilidade do trabalhador entre companhias. Além disso, havia pouco incentivo para empresas recrutarem candidatos externos, pois seus funcionários eram regularmente expostos a ambientes generosos de aprendizagem, do tipo em que a experiência repetitiva basta para produzir melhorias. Já nos anos 1980, a cultura corporativa estava mudando. A economia do conhecimento criou uma "enorme demanda por... empregados com talento para criar conceitos e gerar conhecimento". Habilidades conceituais amplas agora ajudavam uma gama de trabalhos e, de repente, o controle sobre a trajetória de carreira mudou do empregador, que olhava para uma escada de oportunidades interna, para o empregado, que observava uma imensa rede de oportunidades externas. No setor privado, um eficiente mercado de talentos emergiu, conforme os trabalhadores se deslocavam entre as empresas em busca de sua melhor adequação. Enquanto o mundo mudava, o Exército continuou preso à escada interna da era industrial.

Os professores de West Point explicaram que o Exército, como muitas outras organizações burocráticas, não enxergou os mercados de adequação profissional. "Não há um mecanismo de mercado para adequar os talentos", escreveram eles. Quando um jovem oficial mudava de rumo e saía do Exército, isso não era o sinal de uma perda de ímpeto. Isso mostrava, na verdade, que um forte ímpeto para desenvolvimento pessoal havia transformado completamente os objetivos daquele oficial. "Ainda estou para encontrar um colega que tenha deixado o Exército e se arrependido", disse Ashley Nicolas, a ex-oficial de inteligência. Ela se tornou primeiro professora de matemática e, depois, advogada. Ashley acrescentou que todos eram agradecidos pela experiência no Exército, mesmo que isso não tenha se traduzido em uma carreira vitalícia.

Enquanto o setor privado se adaptou à surgente necessidade por melhor adequação, o Exército apenas ofereceu dinheiro às pessoas. Mas também começou a mudar, sutilmente. A mais hierárquica das entidades encontrou sucesso ao abraçar a flexibilidade de adequação. O Programa de Satisfação na Carreira para Oficiais foi projetado para que formados de West Point e bolsistas do ROTC possam ter mais controle sobre seu próprio progresso na carreira. Em troca de três anos adicionais no serviço ativo, os programas aumentaram o número de oficiais que podem escolher sua área de preferência (Infantaria, Inteligência, Engenharia, Odontologia, Finanças, Veterinária e Tecnologia de Comunicação, entre muitas outras) ou o lugar no mundo onde querem servir. Onde acenar com dinheiro para os jovens oficiais tinha fracassado de modo espetacular, facilitar a adequação funcionou. Nos primeiros quatro anos do programa, 4 mil cadetes concordaram em aumentar seus anos no serviço ativo em troca da possibilidade de escolha.*

Esse é apenas um pequeno passo. Quando o Secretário de Defesa Ash Carter visitou West Point em 2016, para um encontro com os estudantes, foi bombardeado com preocupações de cadetes muito determinados sobre os planos de carreira rígidos que não lhes permitiam se ajustar a seu próprio desenvolvimento. Carter prometeu reformar drasticamente o gerenciamento de pessoal da "era industrial" do Exército, do modelo estritamente "suba ou saia" para um que permita aos oficiais melhorar sua adequação conforme eles se desenvolvem.[32]

Recém-formados do ensino médio, com poucas habilidades e quase nenhuma exposição ao mundo das opções de carreira, os cadetes de West Point poderiam facilmente ter respondido "Não tem nada a ver comigo" para a afirmação "Muitas vezes, eu me atribuo um objetivo, mas depois decido perseguir um objetivo diferente". Alguns anos depois, com mais conhecimento de suas habilidades e preferências, escolher mudar de objetivo não era mais o caminho de quem não tem garra; era o caminho inteligente.

Intuitivamente, a pesquisa da garra me atrai. Na acepção coloquial, não científica da palavra, tendo a achar que tenho muita garra. Depois de ter praticado atletismo, futebol americano, basquete e beisebol em uma grande escola pública no ensino médio — e eu não tinha nem 1,7 metro de altura —, entrei para a equipe de corrida da Primeira Divisão na universidade, como corredor dos oitocentos metros.

---

* O Exército também iniciou um processo chamado "ramificação baseada em talentos", que trabalha com os cadetes e os jovens oficiais para ajudá-los a avaliar seus próprios talentos e interesses enquanto eles avançam no treinamento. A ideia é melhorar sua adequação profissional. Como observou a coronel Joanne Moore em uma palestra em 2017, os trabalhos com os quais os cadetes sonham ao entrar para as forças armadas muitas vezes não são os mais adequados. Eles só descobrem isso após tentar. Então, a possibilidade de mudança é crítica para otimizar a adequação. (D. Vergun, "Army Helping Cadets Match Talent to BranchSelection", *Army News Service*, 21 de março de 2017.)

Eu não estava perto de ser o pior corredor na equipe dos alunos do primeiro ano; eu era *o* pior, de longe. Permitiram que eu continuasse treinando com a equipe porque, desde que você não fosse escolhido para as viagens, não custava nada para ninguém, sequer o par de tênis que os iniciantes recebiam. Quando a equipe principal viajava para a Carolina do Sul, para treinar durante as férias de primavera, eu ficava naquele campus estranhamente silencioso, em vez de ir para casa, para treinar sem distrações. Insisti naquilo por dois miseráveis anos de exercícios até ficar à beira do vômito e de corridas que acabavam com o ego, enquanto os novatos mais valorizados desistiam e eram substituídos por outros corredores. Houve muitos dias (e semanas, e um ou três meses inteiros) em que senti que deveria desistir. Mas eu estava aprendendo sobre o tipo de treinamento que funcionava para mim — e estava melhorando. Na temporada do meu último ano, entrei para a lista dos dez melhores corredores em pista coberta da história da universidade, fui duas vezes campeão All-East e parte da equipe de revezamento que bateu o recorde da universidade. O único outro aluno do meu ano que obteve um recorde universitário foi meu determinado colega de quarto, outro persistente. Quase todos os selecionados para a equipe do nosso ano tinham desistido. Hilariamente, recebi o Prêmio em Memória a Gustave A. Jaeger, dado ao atleta que "consegue um sucesso atlético significativo frente a desafios incomuns e dificuldades" — meus "desafios incomuns e dificuldades" resumindo-se a eu ser, no início, extremamente ruim. Depois da apresentação, o técnico principal, com quem eu, como voluntário, tinha tido muito poucas conversas diretas enquanto penava, contou-me que se sentia desolado quando me via treinando no primeiro ano.

Não há nada particularmente especial nessa história — ela existe em todas as equipes. Mas acho que é um indicador do modo como eu encaro o trabalho. Apesar disso, fui colocado no 50° percentil na Escala de Garra quando comparado a todos os adultos norte-americanos de modo geral.[33] Consegui pontos por me avaliar como um trabalhador muito aplicado, que não se deixa desencorajar por fracassos, mas perdi muitos por confessar que "meus interesses mudam de um ano para o outro" e que, como muitos

148 *David Epstein*

formandos de West Point, eu às vezes "me atribuo um objetivo, mas, depois, decido perseguir um objetivo diferente". Quando tinha dezessete anos e estava certo que iria para a Academia da Força Aérea e me tornaria piloto e depois astronauta, eu provavelmente teria sido avaliado no topo da Escala de Garra. Cheguei mesmo a conseguir que Sidney Yates, congressista de Chicago, concordasse em me indicar.

Mas nunca fiz nada daquilo. No último minuto, mudei de ideia e fui estudar Ciência Política em outro lugar. Cursei apenas uma disciplina do curso, e acabei me formando em Ciências da Terra e do Meio Ambiente, com um diploma também de Astronomia, e tinha certeza de que me tornaria cientista. Trabalhei em laboratórios durante a faculdade e depois dela, e descobri que não era o tipo de pessoa que queria passar a vida toda aprendendo uma ou duas coisas novas sobre o mundo; eu era do tipo que queria aprender coisas novas o tempo todo e compartilhar esse conhecimento. Fui da ciência para o jornalismo; meu primeiro emprego foi como repórter de rua no turno da madrugada em Nova York. (Nada alegre que apareça no *New York Daily News* acontece entre meia-noite e dez da manhã.) Meu crescente autoconhecimento fez com que meus objetivos e interesses mudassem, até que cheguei a uma carreira cujo principal traço é investigar os interesses mais amplos. Mais tarde, quando trabalhei na *Sports Illustrated*, estudantes cheios de determinação me perguntavam se era melhor estudar jornalismo ou letras para trabalhar na revista. Eu respondia que não fazia ideia, mas que estatística e biologia nunca fizeram mal a ninguém.

Não acho que fiquei menos apaixonado ou resiliente ao longo dos anos, nem acho que todos aqueles antigos cadetes de West Point que abandonaram o Exército perderam o ímpeto que os levou até lá. Faz sentido para mim que a garra seja imensamente preditiva para cadetes tentando sobreviver a um treinamento básico rigoroso, ou para uma amostra de estudantes ou participantes de torneios de soletração. Os objetivos de pessoas muito jovens normalmente lhe são impostos, ou pelo menos elas têm uma lista limitada da qual escolher, e perseguir esses objetivos com paixão e resiliência é o principal desafio. O mesmo vale para corredores dos oitocentos metros. Um dos aspectos mais atraentes dos objetivos esportivos é sua simplicidade, sua facilidade de medição. No último fim de semana dos Jogos Olímpicos de Inverno de 2018, Sasha Cohen, medalhista de prata da prova de patinação artística em 2006, escreveu um artigo com conselhos a atletas que estavam se aposentando. "Atletas olímpicos precisam entender que as regras da vida são diferentes das regras dos esportes", escreveu. "Sim, esforçar-se todos os dias para alcançar um único grande objetivo significa que você tem paixão, determinação e resiliência. Mas a habilidade de se manter mental e fisicamente alerta em uma competição é diferente dos novos desafios que o esperam. Então, depois que se aposentar, viaje, escreva um poema, tente começar um negócio, saia e se atrase um pouco para voltar para casa, dedique tempo a algo que não tenha um objetivo final definido."[34] No amplo mundo do trabalho, encontrar um objetivo com boa adequação já é um grande desafio, e persistência por si só já pode ser um obstáculo.

Um estudo internacional recente da Gallup com mais de 200 mil trabalhadores em 150 países mostrou que 85% estavam ou "não comprometidos" ou "ativamente descomprometidos" em seus empregos.[35] Nessa condição, segundo Seth Godin, desistir requer muito mais coragem que continuar sendo levado adiante, como os detritos em uma onda no oceano. O problema, observou Godin, é que os humanos são atormentados pela "falácia do custo irrecuperável". Tendo investido tempo ou dinheiro em algo, relutamos em abandonar, pois isso significaria que desperdiçamos nosso tempo ou nosso dinheiro, ainda que ambos já tenham sido gastos. A escritora, doutora em psicologia e jogadora profissional de pôquer Maria Konnikova explicou em seu livro *The Confidence Game* como a mentalidade do custo irrecuperável é tão entranhada que os vigaristas sabem que devem começar pedindo a suas vítimas vários pequenos favores ou investimentos, antes de chegar a pedidos maiores. Depois que a vítima tiver investido energia ou dinheiro, em vez de se afastar dos custos já incorridos, irá continuar investindo, mais do que jamais desejou e mesmo que, para qualquer observador externo, o desastre seja iminente. "Quanto mais tivermos investido, ou mesmo perdido, mais vamos persistir, insistindo que no fim tudo vai dar certo", escreveu Konnikova.

Steven Naifeh passou uma década estudando a vida de Van Gogh. Então, pedi-lhe que preenchesse o questionário de garra pelo pintor. A ética de trabalho de Van Gogh era inacreditável. Ele estava inebriado com uma imagem que seu pai usara em um sermão sobre o semeador, que precisa trabalhar agora para colher mais tarde. "Pense em todos os campos que foram descartados por pessoas sem visão", pregava Dorus van Gogh. Ele invocava aquela imagem, escreveram Naifeh e Smith, como "um paradigma da persistência frente à adversidade". Em cada um de seus empregos, Vincent estava convencido de que, se trabalhasse mais que todos à sua volta, seria bem-sucedido. E então fracassava. Seus interesses mudavam constantemente. Mesmo depois de decidir ser artista, ele devotava toda a sua energia a um estilo ou suporte para, em seguida, rejeitá-lo de todo. Naifeh e Smith usaram uma expressão elegante para descrever as paixões flexíveis de Van Gogh: seu "evangelho alterado". A afirmação do Teste de Garra, "Eu fiquei obcecado por uma determinada ideia ou projeto por algum tempo, mas depois perdi o interesse", é o resumo de Van Gogh, pelo menos até seus últimos anos de vida, quando ele se acomodou a seu estilo único e sua criatividade explodiu. Van Gogh é um exemplo de otimização da adequação, o bandido de muitos braços de Robert Miller personificado. Testava opções com uma intensidade maníaca, obtinha o máximo de informação sobre sua adequação o mais rápido possível e, então, mudava para outra coisa e repetia o processo, até ter percorrido todo o caminho tortuoso até um lugar onde ninguém jamais estivera, e onde ele, sozinho, se distinguiu. O Teste de Garra de Van Gogh, de acordo com a avaliação de Naifeh, estava repleto de trabalho duro, mas tinha pouca adesão a qualquer objetivo ou projeto. Ele acabou no percentual quarenta.

A partir de 2017, para minha grande honra, fui convidado para trabalhar com veteranos, revisando candidaturas para a Fundação Pat Tillman, uma organização com a qual comecei a me relacionar em 2015. Muitos dos candidatos às bolsas de estudos fornecidas pela fundação eram ambiciosos ex-alunos de West Point.

Seus ensaios eram fascinantes e inspiradores. Quase todos falavam de alguma lição fundamental aprendida no Afeganistão, ou com uma equipe de resgate doméstica durante um furacão, ou ao ter que traduzir de uma língua para outra sob pressão, ou como cônjuge, tendo de se mudar continuamente e encontrando trabalho para outros cônjuges de militares, ou mesmo durante um período de crescente frustração com algum aspecto do conflito militar ou da burocracia disfuncional. O importante era que alguma experiência inesperada tinha levado a um novo e inesperado objetivo ou à descoberta de um talento inexplorado.

Os candidatos que recebem o financiamento se juntam à comunidade dos Tillman Scholars, um grupo de grandes realizadores cuja preocupação com a mudança de direção tardia em relação a seus colegas ajudou a inspirar este livro. Discutir a especialização tardia era praticamente uma catarse para a ansiedade deles por terem gasto tempo para fazer e aprender coisas que estavam felizes em terem feito e aprendido.

Ninguém de posse de suas faculdades mentais diria que paixão e perseverança são desimportantes, ou que um dia ruim seja um sinal de que devemos desistir. Mas a ideia de que uma mudança de interesse, ou um recalibragem de foco, seja uma imperfeição e uma desvantagem competitiva leva a uma história como a de Tiger, simples e de tamanho único: escolha e persista, o mais rápido possível. Responder a experiências vividas com uma mudança de direção, como Van Gogh costumava fazer, como os cadetes de West Point têm feito desde o início da economia do conhecimento, é menos ordenado, mas não menos importante. Envolve um comportamento específico que melhora suas chances de encontrar uma melhor adequação, mas que, à primeira vista, soa como uma péssima estratégia de vida: planejamento em curto prazo.

7
FLERTANDO COM SEUS POSSÍVEIS EUS

FRANCES HESSELBEIN CRESCEU NAS montanhas do oeste da Pensilvânia, entre famílias atraídas pelas siderúrgicas e pelas minas de carvão.[1] "Em Johnstown, 5h30 significa 5h30", costuma dizer ela. Então, se os executivos, militares de alta patente e legisladores que fazem fila na porta de seu escritório em Manhattan em busca de conselhos sobre liderança querem ter uma hora inteira com ela, devem ser pontuais. Mesmo tendo passado por seu centésimo aniversário, Hesselbein está no escritório todos os dias da semana com mais trabalho do que pode dar conta. Adora contar aos visitantes que já ocupou quatro cargos, todos de presidente ou CEO, para os quais nunca se candidatou. Na verdade, tentou recusar três deles. Quando procurava imaginar para onde a vida a levaria, quase sempre esteva enganada.

No ensino médio, ela sonhava com uma vida de dramaturga, às voltas com os livros. Depois de se formar, Hesselbein matriculou-se no Junior College da Universidade de Pittsburgh, o "Junior Pitt". Adorava experimentar diferentes matérias, mas, durante o primeiro ano seu pai adoeceu. Hesselbein tinha dezessete anos, a mais velha de três irmãos, e estava acariciando o rosto do pai no hospital quando ele faleceu. Beijou-o na testa e prometeu cuidar da família. Então, terminou o semestre e, depois, deixou a faculdade para trabalhar como assistente de publicidade na loja de departamentos Penn Traffic Company.

Pouco depois, ela se casou a tempo de ter um filho antes que seu marido, John, se alistasse à Marinha durante a Segunda Guerra Mundial. John serviu como fotógrafo de combate aéreo e, ao retornar, montou um estúdio onde fazia de tudo, de retratos de colegiais a documentários. Hesselbein tinha um trabalho versátil que chamava de "ajudar John". Quando uma cliente queria que a fotografia de um cachorro parecesse uma pintura, ela pegava tinta a óleo, coloria a fotografia e *voilà*.

Hesselbein adorava a diversidade de Johnstown, mas aprendeu ali lições duras. Como parte da recém-formada Comissão de Relações Humanas da Pensilvânia, John cuidou de atos de discriminação na cidade, como uma barbearia que se recusava a cortar o cabelo dos clientes negros. "Não tenho as ferramentas certas", reclamou o barbeiro. A resposta de John: "Então, terá de comprar as ferramentas certas". Quando John confrontou o professor que expulsou duas crianças negras aos pontapés de um parquinho, o professor chamou-o de "traidor". Hesselbein, então, decidiu que uma comunidade que valorizava a inclusão deve responder "sim" à pergunta "Quando eles olham para nós, podem encontrar a si mesmos?".

Quando Hesselbein tinha 34 anos, uma mulher proeminente na comunidade foi até sua casa e lhe pediu para liderar a Tropa 17 das Escoteiras como voluntária. A líder anterior havia deixado as meninas para se tornar missionária na Índia, e outras vizinhas tinham recusado o convite. Hesselbein fez a mesma coisa, três vezes. Tinha um menino de oito anos e declarava não saber coisa alguma sobre garotinhas. Finalmente, a mulher disse que o grupo de trinta meninas de dez anos, que vinha de famílias modestas e se reunia no porão de uma igreja, teria de ser desfeito. Hesselbein concordou em ficar seis semanas, até que encontrassem uma líder de verdade.

Para se preparar, leu sobre as Escoteiras. Aprendeu que a organização tinha sido fundada oito anos antes de as mulheres terem direito ao voto no Estados Unidos, e que a fundadora lembrara às meninas que elas poderiam ser "médicas, advogadas, aviadoras ou balonistas". Hesselbein lembrou-se de que, quando estava no segundo ano, havia declarado que desejava ser piloto, e seus colegas riram. Assim, ela apareceu no porão da igreja para enfrentar suas seis semanas. Acabou ficando com o Tropa 17 por oito anos, até que as meninas se formassem no ensino médio.

Depois disso, Hesselbein continuou aceitando tarefas na organização, postos que não procurava e nos quais não pretendia permanecer por muito tempo. Estava no meio da casa dos quarenta quando saiu do país pela primeira vez para um encontro internacional de Escoteiras na Grécia. Mais viagens se seguiram — Índia, Tailândia, Quênia. Hesselbein deu-se conta de que adorava ser voluntária.

Foi convidada a presidir o conselho regional da United Way, em uma época em que mulheres ocupando cargos como este era tão raro quanto mulheres pilotando aviões naquele tempo. Era um trabalho voluntário. Por isso, ela achou que não tinha o que perder. Mas, quando indicou como seu vice o presidente do Sindicato dos Metalúrgicos da América da região, subitamente o presidente da United Way decidiu que aquela não era uma boa ideia e que ele precisava consultar a Bethlehem Steel, um grande patrocinador. Hesselbein agiu rapidamente e obteve o apoio tanto da empresa quanto do sindicato. Naquele ano, a pequena Johnstown, na Pensilvânia, alcançou a marca de maior doação *per capita* no país para a United Way. Claro, Hesselbein encarava aquilo como um cargo temporário, e o entregou no ano seguinte.

Em 1970, três líderes empresariais de Johnstown que apoiaram as Escoteiras convidaram Hesselbein para almoçar. Disseram a ela que haviam escolhido um novo diretor executivo do Conselho Regional das Escoteiras. O anterior tinha ido embora e o conselho estava com sérios problemas financeiros.

"Que maravilha! Quem é?", perguntou ela.

"Você", responderam.

"Eu jamais aceitaria um emprego remunerado", disse ela. "Sou voluntária."

Um dos empresários era membro do conselho da United Way e disse que, se Hesselbein não aceitasse o trabalho e endireitasse as finanças, as Escoteiras perderiam a parceria com a United Way. Ela concordou em ficar apenas seis meses e, em seguida, afastar-se para dar lugar a um profissional experiente. Aos 54 anos, começou o que chama de seu primeiro emprego remunerado. Devorou livros de administração e, um mês depois, percebeu que o trabalho combinava com ela. Permaneceu por quatro anos no cargo.

Mas, mesmo que seu trabalho estivesse indo bem, o pano de fundo era terrível. Ao final dos anos 1960 e no início dos anos 1970, a sociedade mudou consideravelmente. As Escoteiras, não. As garotas preparavam-se para a faculdade e para exercer carreiras em números sem precedentes e precisavam de informações sobre temas espinhosos como sexo e drogas. A organização estava em crise existencial. O número de filiações caía drasticamente. O cargo de CEO ficou vago por quase um ano inteiro. Em 1976, o comitê encarregado de encontrar um novo CEO convidou Hesselbein para ir até Nova York para uma entrevista. As CEOs anteriores das Escoteiras tinham credenciais de liderança impressionantes. A capitã Dorothy Stratton tinha sido professora de Psicologia, reitora universitária, diretora fundadora das Reservistas Femininas da Guarda Costeira dos Estados Unidos e a primeira diretora de pessoal do Fundo Monetário Internacional. A executiva-chefe mais recente era a doutora Cecily Cannan Selby, que aos dezesseis anos ingressou no Radcliffe College e, mais tarde, se valeu de seu doutorado em biologia física do MIT para aplicar a tecnologia desenvolvida nos tempos de guerra ao estudo das células. Os cargos de liderança ocupados por Selby abarcavam desde áreas industriais até educacionais. Hesselbein, por sua vez, tinha sido a chefe de uma sede regional das Escoteiras, uma das 335 por todo o país. Planejava passar a vida na Pensilvânia — então, educadamente recusou a entrevista.

Porém, John aceitou-a pela esposa. Disse que ela poderia recusar o emprego, mas que a levaria até Nova York para que o fizesse pessoalmente. Como não estava interessada no trabalho, Hesselbein sentiu-se à vontade quando o comitê perguntou o que faria como uma CEO. Descreveu a transformação total de uma organização impregnada de tradição: atividades remodeladas para permanecerem relevantes — focadas em matemática, ciência e tecnologia; a estrutura de liderança hierárquica desmantelada a favor da "administração circular". Em vez de degraus em uma escada, funcionários em todos os níveis seriam contas de pulseiras concêntricas, com múltiplos contatos que poderiam eles mesmos levar ideias de conselhos regionais para o centro dos tomadores de decisão no país.

Hesselbein chegou a Nova York em 4 de julho de 1976, como CEO de uma organização de 3 milhões de membros. Dispensou o manual consagrado das Escoteiras e adotou quatro manuais, cada um direcionado a uma faixa etária específica. Contratou artistas e lhes disse que, para uma menina nativa de seis anos folheando um manual perto de uma geleira no Alasca, seria melhor ver alguém que se parecesse com ela em um uniforme de escoteira. Encomendou pesquisas sobre mensagens convidativas para meninas de todas as origens. Isso gerou cartazes de marketing poético. Um deles, direcionado aos nativos americanos, dizia: "Seus nomes estão nos rios".

Diversidade era excelente, disseram a Hesselbein, mas aquilo era coisa demais, cedo demais. Era preciso corrigir os problemas organizacionais para depois se preocupar com a diversidade. Mas Hesselbein decidira que a diversidade *era* o principal problema organizacional. Então, foi ainda mais longe. Reuniu uma equipe de liderança que representava seu público-alvo e modernizou tudo, desde a declaração de missão até os distintivos de mérito. Agora, haveria divisas para matemática e computação. Hesselbein tomou a decisão angustiante de vender acampamentos que voluntários e funcionários adoravam desde a juventude, mas que já não eram tão usados.

Hesselbein permaneceu como CEO por treze anos. Sob sua liderança, a participação minoritária triplicou; as Escoteiras receberam 250 mil membros e mais de 130 mil novos voluntários. O negócio de venda de biscoitos cresceu para mais de 300 milhões de dólares por ano.

Em 1990, Hesselbein aposentou-se das Escoteiras. O experiente especialista em gestão Peter Drucker proclamou-a a melhor CEO do país. "Ela poderia gerenciar qualquer empresa na América", disse ele.[2] Meses depois, o CEO da General Motors aposentou-se. Quando a *Business Week* perguntou a Drucker quem seria o próximo chefe da GM, ele declarou: "Eu escolheria Frances".[3]

Na mesma manhã, depois que se aposentou, em 1990, Hesselbein recebeu uma ligação surpresa do presidente da companhia de seguros Mutual of America, perguntando quando poderia ir conhecer seu novo escritório na Quinta Avenida. Ela já estava no conselho, e a empresa decidiu que a queria trabalhando lá integralmente; Hesselbein poderia descobrir o que desejava fazer com o escritório designado a ela mais tarde. Naquela época, já fizera as pazes com a ideia de não ter planos claros em longo prazo para sua carreira, já que vinha simplesmente improvisando durante toda a vida.

Hesselbein decidiu formar uma fundação sem fins lucrativos para ajudar a trazer as melhores práticas de negócios para o empreendedorismo social. Ela poderia manter-se no conselho, mas já tinha comprado uma casa na Pensilvânia, onde poderia ficar por um tempo e escrever um livro. A equipe fundadora pediu a Peter Drucker que fosse o presidente honorário. Ele concordou, sob a condição de que Hesselbein se tornasse CEO. Adeus planos de escrever livros na Pensilvânia. Seis semanas depois de deixar o comando da maior organização do mundo para meninas e mulheres, ela era CEO de uma fundação sem dinheiro ou ativos, mas com um escritório vago, que era o suficiente para ela começar. Ela reuniu uma equipe e, hoje, administra o Instituto de Liderança Frances Hesselbein.

Hesselbein nunca se formou na faculdade, mas seu escritório é ornamentado com vinte e três doutorados honorários, mais um sabre cintilante oferecido a ela pela Academia Militar dos EUA por ministrar cursos de liderança — assim como a Medalha Presidencial da Liberdade, o mais alto prêmio civil nos Estados Unidos.[4] Quando a visitei logo após seu aniversário de 101 anos, levei-lhe uma xícara de leite vaporizado, como eu havia sido aconselhado, e imediatamente perguntei que treinamento a tinha preparado para a liderança. Pergunta errada. "Ah, não me pergunte qual foi meu treinamento", respondeu Hesselbein com um gesto vago. Ela me explicou que só se envolvia com o que, de alguma maneira, tivesse a possibilidade de lhe ensinar alguma coisa, que lhe permitisse ser útil todo o tempo e que, de alguma forma, contribuísse para seu treinamento. Como Steven Naifeh disse a respeito da vida de Van Gogh, alguns "processos indefiníveis de percepção" ocorreram como experiências acumuladas diversas. "Eu não sabia que estava sendo preparada", disse-me ela. "Não pretendia me tornar uma líder, apenas aprendi como ser uma, fazendo o que era necessário na época."

Em retrospecto, Hesselbein pode fazer suposições a respeito de lições que não reconheceu na época. Viu tanto o poder de inclusão quanto o da exclusão na diversa Johnstown. Aprendeu a ter jogo de cintura fazendo de tudo um pouco no ramo da fotografia. Como líder novata de tropas com menos experiência do que requeriam suas obrigações, apoiou-se na liderança compartilhada. Hesselbein uniu as partes interessadas que comumente estavam em conflito para a campanha da United Way. Sem jamais ter saído do país até viajar para comparecer a reuniões internacionais das Escoteiras, aprendeu rapidamente a encontrar um terreno comum com colegas de todo o mundo.

No primeiro evento de treinamento de Escoteiras a que Hesselbein assistiu, ela ouviu outra líder de tropa reclamar que não estava tirando algo de bom da sessão. Hesselbein mencionou o fato a uma operária da indústria têxtil que também era voluntária, e a mulher disse-lhe: "Você precisa carregar uma cesta grande para levar alguma coisa para casa". Ela repete essa frase hoje, para dizer que uma mente aberta sempre levará algo de toda nova experiência.

É uma filosofia natural para alguém que tinha sessenta anos quando tentou recusar uma entrevista para o trabalho que se tornou sua missão. Hesselbein não tinha planos em longo prazo — apenas o plano de fazer o que fosse interessante ou necessário no momento. "Nunca imaginei" é seu preâmbulo mais popular.

A carreira de Hesselbein, que começou na casa dos cinquenta anos, foi extraordinária. O caminho sinuoso, no entanto, não foi.

Todd Rose, diretor do programa Mente, Cérebro e Educação, de Harvard, e o neurocientista computacional Ogi Ogas projetaram uma ampla rede quando começaram a estudar trajetórias de carreiras extraordinariamente sinuosas. Eles queriam encontrar pessoas realizadas e bem-sucedidas que tivessem chegado lá de forma pouco tradicional. Recrutaram profissionais bem-sucedidos de *sommeliers* e *personal organizers* a adestradores de animais, afinadores de piano, parteiras, arquitetos e engenheiros. "Imaginamos que teríamos de entrevistar cinco pessoas para cada uma que tivesse aberto seu próprio caminho", disse Ogas. "Não pensamos que seriam maioria, que seria muita gente."

Acontece que praticamente todas as pessoas seguiram o que parecia ser um caminho incomum. "O que foi ainda mais incrível é que todos pensavam que eram anomalias", disse Ogas. Dos primeiros cinquenta indivíduos, 45 descreveram caminhos profissionais tão sinuosos que expressaram constrangimento por ter pulado de um lugar para outro ao longo da carreira. "Eles ficavam dizendo 'Bem, a maioria das pessoas não faz dessa forma'", contou Ogas. "Disseram-lhes que sair do caminho inicial era muito arriscado. Mas, na verdade, todos nós devemos entender que isso não é estranho. É a norma." Assim, a pesquisa encontrou um nome, o Dark Horse Project [Projeto Cavalo Negro], porque, mesmo quando mais indivíduos foram adicionados, a maioria considerava-se cavalos negros que seguiam o que parecia ser o caminho improvável.*

Essas pessoas estavam em busca de qualidade de jogo. "Elas nunca olham em volta e dizem 'Ah, vou ficar para trás. Essas pessoas aqui começaram mais cedo e têm mais chances do que eu por serem mais jovens.'", disse-me ele. "Elas se concentraram em: 'Aqui está quem sou no momento. Aqui estão minhas motivações, aqui está o que acho que gosto de fazer, aqui está o que eu gostaria de aprender e aqui estão as oportunidades. Qual destes é o melhor jogo *agora*? E talvez daqui a um ano eu mude, porque vou encontrar algo melhor'."

Cada cavalo negro tinha uma jornada diferente, mas uma estratégia comum. "Planejamento de curto prazo", disse Ogas. "Todos eles praticam o não planejamento de longo prazo." Mesmo aqueles que se parecem com determinados visionários de longo prazo, em geral eram como planejadores de curto prazo de perto. Quando perguntaram em 2016 ao cofundador da Nike, Phil Knight, sobre sua visão de longo prazo e como sabia o que desejava quando criou a empresa, ele respondeu que o que realmente queria era ser um atleta profissional.[5] Mas não era bom o suficiente. Então, passou a tentar encontrar um caminho que lhe permitisse aplicar seu conhecimento natural à economia de mercado e permanecer envolvido com esportes. Ele corria com a supervisão de um técnico de faculdade que mexia com sapatos e que mais tarde se tornou seu cofundador. "Sinto muito pelas pessoas que sabem exatamente o que vão fazer desde o segundo ano do ensino médio", disse ele. Em seu livro de memórias, Knight escreveu que "não era muito de estabelecer metas" e que seu principal objetivo

---

* Dados do Departamento de Estatísticas do Trabalho mostram que a metáfora dos *millennials* profissionalmente itinerantes é, na verdade, apenas uma continuação natural de uma tendência da economia do conhecimento. Cinquenta por cento dos *baby boomers* tardios (nascidos entre 1957 e 1964) ocuparam, pelo menos, onze empregos diferentes entre as idades de dezoito e cinquenta anos, e esse dado foi semelhante tanto para mulheres quanto para homens de diferentes níveis educacionais.

para a empresa recém-fundada de calçados era fracassar rápido o suficiente para aplicar o que estava aprendendo em seu próximo empreendimento.[6] Ele fez um giro de curto prazo atrás do outro, aplicando as lições enquanto prosseguia.

Ogas usa o termo "cláusula de padronização" para a noção cultural de que é racional trocar um caminho sinuoso de autoexploração por um objetivo menos flexível com uma vantagem inicial, porque isso garante estabilidade. "As pessoas que estudamos foram obrigadas a cumprir um plano de longo prazo, mas só o formularam após um período de descoberta", disse-me ele. "É claro que não há nada de errado em conseguir um diploma de Medicina ou Direito. Mas é realmente mais arriscado assumir esse compromisso antes que você saiba como ele se encaixará em sua vida. E não considere que sua rota está traçada. As pessoas descobrem coisas sobre si mesmas no meio da faculdade de Medicina." Charles Darwin, por exemplo.

Por ordem do pai, Darwin planejava ser médico, mas achava as aulas de Medicina "insuportavelmente monótonas" e, no meio de sua formação, saiu de uma operação ao primeiro som da serra cirúrgica. "Nunca mais participei", escreveu Darwin. "Porque dificilmente qualquer incentivo teria sido forte o suficiente para me fazer voltar."[7] Na época, Darwin acreditava em uma interpretação literal da Bíblia, e pensou que se tornaria um religioso. Pulou de curso em curso, incluindo um de Botânica com um professor que posteriormente o recomendou para uma posição não remunerada a bordo do HMS *Beagle*.[8] Depois de convencer o pai (com a ajuda de seu tio) de que esse desvio não o tornaria um malandro, Darwin começou, talvez, o mais impactante ano sabático pós-universidade da história. Os desejos do pai, enfim, "morreram de morte natural". Décadas mais tarde, Darwin refletiu sobre seu processo de autodescoberta. "Parece ridículo que uma vez eu tenha pretendido ser um religioso", escreveu ele. Seu pai, médico havia mais de sessenta anos, detestava ver sangue. "Se o pai dele tivesse lhe dado alguma escolha, nada o teria feito seguir com a medicina", escreveu Darwin.[9]

Michael Crichton também começou com medicina, depois de descobrir que pouquíssimos escritores vivem do que escrevem. Com a medicina, "eu nunca teria de me perguntar se o trabalho valeria a pena", escreveu ele.[10] Só que, alguns anos depois, desencantou-se com a prática médica. Crichton formou-se na Faculdade de Medicina de Harvard, mas decidiu se tornar escritor. Sua educação na área médica não foi sequer remotamente desperdiçada. Ele a usou para criar algumas das histórias mais populares do mundo: o romance *Jurassic Park* e a série televisiva ER, com um recorde de 124 indicações ao Emmy.

Objetivos de carreiras que antes pareciam seguros e certos podem parecer ridículos, para usar o adjetivo de Darwin, quando examinados à luz de um autoconhecimento maior. Nossas preferências de trabalho e nossas preferências de vida não são as mesmas, porque *nós* não permanecemos os mesmos.

O psicólogo Dan Gilbert chamou isso de "ilusão do fim da história".[11] De adolescentes a idosos, reconhecemos que nossos desejos e motivações mudaram muito no passado (lembre-se de seu antigo corte de cabelo), mas acreditamos que não mudaremos muito no futuro. Nos termos de Gilbert, somos trabalhos em andamento, mas alegamos estar terminados.

Gilbert e seus colegas mediram as preferências, os valores e as personalidades de mais de 19 mil adultos com idade entre dezoito e 68 anos. A alguns, foi pedido para preverem o quanto mudariam na próxima década; a outros, refletirem sobre o quanto haviam mudado na anterior. Os primeiros esperavam que se transformariam muito pouco na década seguinte. Enquanto isso, os segundos relataram ter mudado muito na anterior. Qualidades que parecem imutáveis mudaram imensamente. Valores fundamentais — prazer, segurança, sucesso e honestidade — tinham se transformado. Preferências por tipos de férias, música, passatempos e até amigos foram transfiguradas. Curiosamente, os primeiros estavam dispostos a pagar uma média de 129 dólares em um ingresso para um show de dez anos antes de sua banda favorita atual, enquanto os segundos só pagariam 80 dólares para ver um show hoje de sua banda favorita de dez anos antes. Sua pessoa de agora é passageira, assim como todas as outras que você já foi. Parece o resultado mais inesperado, mas é também o mais bem documentado.

É definitivamente verdade que uma criança tímida tem mais probabilidade de ser um prenúncio de um adulto tímido, mas está longe de ser uma correlação perfeita. E, se um traço particular de personalidade não mudar, outros mudarão. A única certeza é a mudança, tanto em média, conforme uma geração envelhece, como para cada indivíduo em si. Brent W. Roberts, psicólogo da Universidade de Illinois, é especialista no estudo do desenvolvimento da personalidade. Ele e um colega reuniram os resultados de 92 estudos e revelaram que alguns traços de personalidade mudam ao longo do tempo de maneira bastante previsível.[12] Os adultos tendem a se tornar mais agradáveis, mais conscienciosos, mais estáveis emocionalmente e menos neuróticos com a idade, porém menos abertos à experiência. Na meia-idade, os adultos crescem mais consistentes e cautelosos e menos curiosos, abertos e inventivos.* As mudanças têm impactos bem conhecidos, como o fato de que, em geral, os adultos tornam-se menos propensos a cometer crimes violentos com a idade e mais capazes de criar relações estáveis. As mudanças de personalidade mais importantes ocorrem entre os dezoito anos e o fim da casa dos vinte, de modo que se especializar cedo é uma tarefa de prever a busca da adequação para uma pessoa que ainda não existe. Poderia funcionar, mas faz com que as chances sejam menores. Além disso, ainda que a mudança de personalidade diminua, ela não para em nenhuma idade. Às vezes, isso pode acontecer instantaneamente.

Graças ao YouTube, o "teste do marshmallow" pode ser o experimento científico mais famoso do mundo. Na verdade, foi uma série de experimentos iniciados na década de 1960. A premissa original era simples: um examinador coloca um marshmallow (ou um biscoito ou um *pretzel*) na frente de uma criança da educação infantil. Antes de deixar a sala, o examinador diz à criança que, se ela conseguir esperar até que ele retorne, ganhará aquele

---

* Para aqueles leitores familiarizados com métodos estatísticos, a correlação para um traço de personalidade particular entre a adolescência do indivíduo e a idade avançada do indivíduo é tipicamente cerca de 0,2–0,3, que está no lado moderado. (Supondo que não haja nenhum erro de medição aleatório, uma correlação de 1,0 significaria que o traço de personalidade não muda em nada em relação a sua idade — pares combinados.) "Nós claramente não seremos, aos 75 anos, as mesmas pessoas que éramos aos quinze", disse-me Roberts. "Mas há vestígios que devem ser reconhecidos."

marshmallow e mais um. Se a criança não conseguir esperar, pode comer o marshmallow à sua frente. A criança não é informada do tempo que durará a espera (de quinze a vinte minutos, dependendo da idade). Então, ela só deve resistir se quiser a recompensa máxima.

O psicólogo Walter Mischel e sua equipe de pesquisa acompanharam as crianças anos mais tarde e descobriram que aquelas que tinham conseguido resistir por mais tempo tinham probabilidade de serem bem-sucedidas social, acadêmica e financeiramente, e era menos provável que se tornassem usuárias de drogas.[13]

O teste do marshmallow já era famoso como experimento científico, mas tornou-se a Beyoncé dos estudos quando meios de comunicação e pais ansiosos por prever o destino dos filhos começaram a publicar testes caseiros na internet. Os vídeos variam entre adoráveis e intrigantes. Quase todas as crianças esperam, pelo menos um pouco. Algumas olham para o marshmallow, tocam, cheiram, encostam delicadamente a língua nele e a recolhem, como se o doce estivesse quente. Talvez algumas até o coloquem na boca, peguem e simulem uma grande mordida. Algumas mordem um pedacinho quase imperceptível para um microteste de sabor. Antes do fim do vídeo, as crianças que começaram tocando terão comido o marshmallow. As crianças que resistem com sucesso procuram todo tipo de distração, de desviar o olhar a empurrar o prato para longe, tapando os olhos, girando e gritando, cantando, falando sozinhas, contando, geralmente se debatendo na cadeira ou (meninos) batendo no próprio rosto. Um garotinho que passou o tempo olhando em todas as direções, exceto para o marshmallow, estava tão ávido quando o examinador retornou com o segundo doce que colocou os dois na boca imediatamente.

A atração que o teste de marshmallow parece exercer é inegável e também mal interpretada. O colaborador de Mischel, Yuichi Shoda, fez questão de dizer várias vezes que muitos alunos da educação infantil que comeram o marshmallow ficaram bem.[*] Shoda sustentou que o mais emocionante aspec-

---

[*] Uma réplica do teste do marshmallow, publicada em 2018, descobriu que o poder preditivo para comportamentos posteriores era menor do que no estudo original. (T. W. Watts et al., "Revisiting the marshmallow test", *Psychological Science* 29, nº 7 (2018): 1159–77.)

to dos estudos foi demonstrar a facilidade com que as crianças podem aprender a mudar um comportamento específico com estratégias mentais simples, como pensar sobre o marshmallow como uma nuvem, em vez de alimento. O trabalho de Shoda após o teste tem se concentrado na parte psicológica da ponte entre os argumentos extremos do debate sobre os papéis da natureza e da nutrição da personalidade. Um extremo sugere que os traços de personalidade são quase inteiramente uma função da natureza do indivíduo, e o outro que a personalidade é inteiramente uma função do ambiente. Shoda argumentou que os dois lados do então chamado debate entre pessoa e situação estavam certos. E errados. Em um determinado momento da vida, a natureza do indivíduo influencia como ele responde a uma situação particular, mas sua natureza pode parecer surpreendentemente diferente em alguma outra situação. Com Mischel, Shoda começou a estudar "ocorrências se–então".[14] *Se* David está em uma festa enorme, *então* ele parece introvertido, mas, *se* David está com sua equipe no trabalho, *então* ele parece extrovertido. (Verdadeiro.) Então, David é introvertido ou extrovertido? Bem, ambos, e de maneira consistente.[15]

Ogas e Rose chamam isso de "princípio do contexto". Em 2007, Mischel escreveu: "A essência de tais descobertas é que a criança agressiva em casa pode ser menos agressiva do que a maioria quando está na escola; o homem excepcionalmente hostil quando rejeitado no amor pode ser excepcionalmente tolerante em relação à crítica de seu trabalho; aquele que sente apreensão no consultório médico pode ser um alpinista; o empreendedor que corre riscos nos negócios pode assumir poucos riscos sociais". Rose disse isso de forma mais coloquial: "Se hoje você for meticuloso e neurótico na direção, é uma aposta bastante segura dizer que você será meticuloso e neurótico quando dirigir amanhã. Ao mesmo tempo... você pode *não* ser meticuloso e neurótico ao tocar *covers* dos Beatles com sua banda no pub do bairro".[16] Talvez essa seja uma das razões pelas quais Daniel Kahneman e seus colegas das Forças Armadas (capítulo 1) falharam em prever quem seria um líder em batalha com base em quem tinha liderado em um exercício com obstáculo. Quando praticava atletismo na universidade, eu tinha companheiros de equipe cujas motivação e determinação pareciam quase ilimitadas na pista e quase inexistentes na sala de aula, e vice-versa.

Em vez de perguntar se alguém é durão, devemos perguntar *quando* ele se mostra assim. "Se você coloca alguém em um contexto que lhe agrade, é mais provável que trabalhe duro, e isso vai parecer força para quem o observa", disse Ogas.

Como a personalidade muda mais do que esperamos com o tempo, a experiência e os diferentes contextos, estamos mal preparados para traçar metas sólidas em longo prazo quando nosso passado consiste em pouco tempo, poucas experiências e uma gama restrita de contextos. Cada "história própria" continua a evoluir. Devemos todos dar atenção à sabedoria de *Alice no País das Maravilhas*. Quando o Grifo lhe pede que compartilhe sua história, Alice decide que precisa começar com o início de sua aventura naquela mesma manhã. "Não adianta voltar para ontem porque eu era uma pessoa diferente na época", disse ela. Alice capturou um grão de verdade que tem profundas consequências para a maximização da busca ativa da adequação.

Herminia Ibarra, professora de comportamento organizacional na Escola de Comércio de Londres, estudou como jovens consultores e banqueiros avançam (ou não) em empresas que ela descreveu como hierarquias avançadas. Quando foi ver como estavam se saindo alguns anos mais tarde, depois de seu projeto, descobriu que algumas das estrelas em ascensão não estavam mais lá: tinham embarcado em novas carreiras ou estavam tecendo planos de fuga.

Ibarra começou outro estudo, dessa vez adicionando empreendedores da web, advogados, médicos, professores e profissionais de TI.[17] Ela se concentraria na mudança de carreira. Ibarra acompanhou profissionais ambiciosos, a maioria entre trinta e quarenta anos, nos Estados Unidos, no Reino Unido e na França, que tinham traçado uma carreira linear por um período mínimo de oito anos. Ao longo de seu trabalho, conheceu profissionais que, no meio da trajetória, foram de um lampejo de vontade de mudança para um período inquietante de transição até, de fato, pularem para uma nova carreira. Ocasionalmente, viu todo o processo ocorrer duas vezes na vida do mesmo indivíduo. Quando compilou suas descobertas, a premissa central era, ao mesmo tempo, simples e profunda: aprendemos quem somos apenas vivendo, e não antes.

Ibarra concluiu que maximizamos a busca pela adequação ao longo da vida, elencando atividades, grupos sociais, contextos, empregos, carreiras e, em seguida, refletindo e ajustando nossas narrativas pessoais. E repetindo. Se isso soa fácil, considere que é precisamente o oposto de uma vasta cruzada de marketing que garante aos clientes que eles podem encontrar a adequação perfeita apenas por meio da introspecção. Uma lucrativa indústria de aconselhamento em carreira e questionários de personalidade sobrevive dessa noção. "Todas essas listagens de pontos fortes e talentos do momento dão às pessoas a liberdade de classificar a si mesmas ou aos outros de maneiras que simplesmente não levam em conta o quanto crescemos, evoluímos, florescemos e descobrimos coisas novas", disse Ibarra. "Mas as pessoas querem respostas, então essas estruturas vendem. É muito mais difícil dizer: 'Bem, experimente um pouco por aí e veja o que acontece'."

Se você preencher esse questionário, segundo consta, ele irá iluminar o caminho para a carreira ideal, independentemente do que os psicólogos tenham registrado sobre mudanças pessoais ao longo do tempo e do contexto. Ibarra criticou artigos de abordagem convencional, como um publicado no *The Wall Street Journal* sobre "o caminho indolor para uma nova carreira", que decretou que o segredo é apenas formar "uma imagem clara do que você quer" antes de agir.[18]

Em vez disso, ela me disse, em uma inteligente inversão de um axioma consagrado: "Primeiro aja e depois pense". Ibarra organizou a psicologia social para argumentar de forma persuasiva que cada um de nós é composto de inúmeras possibilidades. Como ela colocou, "descobrimos as possibilidades ao *fazer,* ao experimentar novas atividades, construindo novas redes, encontrando novos modelos". Aprendemos quem somos na prática, não na teoria.

Pense em Frances Hesselbein, que assumiu mais e mais cargos enquanto estava apenas experimentando algo novo, até chegar perto da idade em que seus colegas estavam se aposentando e, por fim, perceber que tinha planejado apenas em curto prazo seu caminho para uma vocação. Ou Van Gogh, que estava certo de que encontrara o chamado perfeito repetidas vezes, apenas para aprender na prática que estava enganado, até não estar mais.

Ibarra registrou transições extremas: Pierre, um psiquiatra de 38 anos e autor *best-seller*, tornou-se um monge budista após uma estrada sinuosa que começou ao conhecer um lama tibetano em um jantar. E mais transformações cotidianas: Lucy, 46 anos, gerente de tecnologia de uma firma de corretagem, teve um baque tão grande ao receber uma crítica pessoal de uma consultora de desenvolvimento organizacional, que contratou a mulher como *coach* pessoal. Lucy logo percebeu que estava mais inspirada para gerenciar pessoas (uma área de fraqueza; a consultora a convenceu) do que para trabalhar com tecnologia. Foi assistindo a aulas e conferências e sondou até os mais remotos membros de sua rede de relacionamentos para descobrir quais eram suas possibilidades. Dando um passo de cada vez, a fraqueza tornou-se força, e ela mesma tornou-se uma *coach* de desenvolvimento organizacional.

Temas surgiram nas transições. Os protagonistas tinham começado a se sentir insatisfeitos com seu trabalho e, depois, de um encontro casual com algum mundo anteriormente invisível, conduziram a si mesmos por uma série de explorações de curto prazo. No começo, todos os que mudaram de carreira foram vítimas do culto da vantagem inicial e acharam que não faria sentido dispensar tão rapidamente seus planos de longo prazo a favor de experimentos de curto prazo. Às vezes, tentavam convencer-se disso. Seus confidentes os aconselharam a não fazer nada precipitado; não mude agora, disseram, trate esse novo interesse ou talento recém-descoberto como um passatempo. Só que, quanto mais se interessavam, mais certos estavam de que era hora de mudar. Uma nova identidade profissional não se manifestou da noite para o dia, mas começou com a tentativa de algo temporário, ao estilo de Hesselbein, ou com a descoberta de um novo modelo, cuja experimentação levava à reflexão para, em seguida, encarar o próximo plano de curto prazo. Alguns dos que mudaram de carreira ficaram mais ricos, outros mais pobres; todos se sentiram temporariamente defasados, mas, como no lançamento de moeda digital da *Freakonomics*, ficaram mais felizes com a mudança.

O conselho de Ibarra é quase idêntico ao planejamento de curto prazo registrado pelos pesquisadores do Dark Horse. Em vez de esperar uma encouraçada primeira resposta à questão "Quem realmente quero ser?", seu trabalho indicou que é melhor ser um cientista de si mesmo, fazendo perguntas menores que possam ser testadas de fato: "Quais dos meus vários eus possíveis devo começar a explorar agora? Como posso fazer isso?". Flerte com seus possíveis eus.* Em vez de um grande plano, encontre experimentos que possam ser realizados rapidamente. "Teste e aprenda", Ibarra me disse. "Não planeje e implemente."

Paul Graham, cientista da computação e cofundador da Y Combinator — o fundador do Airbnb, Dropbox, Stripe e Twitch — encapsulou os princípios de Ibarra em um discurso de formatura que escreveu, mas nunca fez:[19]

> Pode parecer que nada seria mais fácil do que decidir do que você gosta, mas acaba por ser difícil, em parte porque é difícil obter uma imagem precisa da maioria dos trabalhos... A maior parte dos trabalhos que tive nos últimos dez anos não existia quando eu estava no ensino médio... Em um mundo como esse, não é uma boa ideia ter planos fixos.
>
> Ainda assim, todo mês de maio, palestrantes de todo o país fazem um discurso de formatura cujo tema é: não desista de seus sonhos. Sei o que eles querem dizer, mas isso é uma maneira ruim de colocar em palavras, porque significa que você deve estar comprometido com algum plano traçado desde o início de sua vida. O mundo da informática tem um nome para isso: otimização prematura.
>
> Em vez de trabalhar em torno de uma meta preestabelecida, siga em frente, trabalhando a partir de situações promissoras. Isso é o que as pessoas mais bem-sucedidas realmente fazem de qualquer maneira.
>
> Em geral, nos discursos de formatura, você decide onde quer estar daqui a vinte anos e depois se pergunta: o que devo fazer agora para chegar lá? Já eu proponho que você não se comprometa com nada no futuro, mas apenas esteja atento a todas as opções disponíveis agora e escolha aquelas que lhe permitirão, mais tarde, um maior leque de opções.

* A criadora de *Grey's Anatomy* e *Scandal*, Shonda Rhimes, flertou loucamente com o que chamou de "Ano do Sim". Rhimes é introvertida e tendia a recusar qualquer convite inesperado que aparecesse em seu caminho. Decidiu mudar de ideia e dizer sim a tudo por um ano inteiro. Terminou aquele ano com uma profunda compreensão das áreas em que gostaria de se concentrar.

O que Ibarra chama de modelo de "planejar e implementar" — a ideia de que devemos primeiro fazer um plano de longo prazo e executá-lo sem desvio, em oposição ao modelo "testar e aprender" — está entrincheirado em nossas histórias sobre os gênios. O folclore popular sustenta que o escultor Michelangelo veria uma figura completa em um bloco de mármore antes de tocá-lo, e apenas arrancaria o excesso de pedra para libertar a figura presa lá dentro. É uma imagem primorosamente bela. E uma total inverdade. O historiador de arte William Wallace mostrou que Michelangelo era, na verdade, prodígio do método de teste e aprendizado.[20] Ele constantemente mudava de ideia e alterava seus projetos enquanto trabalhava nas esculturas. Michelangelo deixou três quintos de suas esculturas inacabados, sempre passando para algo mais promissor.[21] Esta é a primeira linha da análise de Wallace: "Michelangelo não explanou uma teoria da arte". Ele tentava e, depois, seguia em frente. Foi escultor, pintor e arquiteto e fez projetos de engenharia para fortificações em Florença. Com quase trinta anos, afastou-se das artes plásticas para passar tempo escrevendo poemas (incluindo um sobre o quanto passara a não gostar de pintura). Michelangelo deixou inacabada metade de seus poemas.

Como qualquer um que anseie elevar suas perspectivas de adequação, Michelangelo aprendeu quem ele era — e quem estava esculpindo — na prática, não na teoria. Ele começava com uma ideia, testava, alterava e prontamente a abandonava em busca de um ajuste mais coerente para o projeto. Michelangelo se encaixaria bem no Vale do Silício — começava de novo e de novo, de modo implacável. Trabalhou de acordo com o novo aforismo de Ibarra: "Eu sei quem sou quando vejo o que faço".

A verdade nua e crua: depois de pesquisar o Dark Horse Project, fui recrutado por ele, em virtude de uma carreira sinuosa de planos de curto prazo. O trabalho ressoou em mim, em parte por causa de minhas próprias experiências, mas sobretudo por exibir uma lista de pessoas que admiro.

O cineasta e escritor de não ficção Sebastian Junger tinha 29 anos e trabalhava como arboricultor. Ele estava sentado em um galho no alto de um pinheiro quando abriu um talho na perna com uma motosserra e teve a ideia de escrever sobre trabalhos perigosos. Ele ainda mancava, dois meses depois, quando um navio de pesca de Gloucester, Massachusetts, onde vivia, perdeu-se no mar. A pesca comercial firmou-se como assunto; o resultado foi o livro *A tormenta*. Junger continuou com o tema de trabalhos perigosos e fez o documentário de guerra indicado ao Oscar, *Restrepo*. "Aquele ferimento foi a melhor coisa que poderia ter acontecido comigo", Junger me disse. "Ele foi o ponto inicial para que eu revisse minha carreira. Praticamente todas as coisas boas da minha vida vieram a partir daquele azar, então *eu sinto* que não se sabe o que é bom e o que é ruim quando as coisas acontecem. *Você não sabe*. Precisa esperar para descobrir."

Meus escritores de ficção favoritos têm histórias semelhantes. Haruki Murakami queria ser músico, "mas eu não tocava os instrumentos muito bem", contou ele.[22] Murakami tinha 29 anos e tocava em um bar de jazz em Tóquio, quando foi a um jogo de beisebol na primavera e o som da bola batendo na luva — "uma batida dupla, bela e tocante", escreveu Murakami — fez com que fosse atingido com a revelação de que poderia escrever um romance.[23] Por que esse pensamento o alcançou? "Eu não sabia naquela época e continuo sem saber agora." Murakami começou a escrever à noite. "A sensação de escrever foi muito nova." Os catorze romances de Murakami (todos com música entremeando a trama) foram traduzidos para mais de cinquenta idiomas.

O escritor de fantasia Patrick Rothfuss começou estudando Engenharia Química na faculdade, o que "levou a uma revelação de que a Engenharia Química é chata".[24] Ele passou *nove anos* pulando de matéria em matéria, antes de ser "gentilmente convidado" a se formar de uma vez. Depois disso, de acordo com sua biografia oficial, "Patrick foi para a pós-graduação. Ele prefere não falar sobre o assunto". Enquanto isso, Rothfuss trabalhava lentamente em um romance. Esse romance, *O nome do vento* (em que a Química aparece várias vezes), vendeu milhões de cópias no mundo todo e é fonte de material para um potencial sucessor da série *Game of Thrones*.

Hillary Jordan, por coincidência, mudou-se para o apartamento abaixo do meu em um prédio no Brooklyn e me disse que trabalhou com publicidade por quinze anos antes de começar a escrever ficção. Seu primeiro romance, *Mudbound: lágrimas sobre o Mississippi,* ganhou o prêmio Bellwether de ficção socialmente engajada. A versão cinematográfica foi comprada pela Netflix e em 2018 recebeu quatro indicações ao Oscar.

Ao contrário de Jordan, Maryam Mirzakhani esperava ser uma romancista desde o começo. Era apaixonada pelas livrarias perto de sua escola quando era jovem e sonhava em escrever. Era obrigada a ter aulas de matemática, mas "eu não estava interessada em pensar sobre isso", disse ela mais tarde.[25] Por fim, passou a considerar a matemática como área de pesquisa. "É como estar perdido em uma selva e tentar usar todo o conhecimento que você reunir para criar novos truques e, com alguma sorte, conseguir encontrar uma saída."[26] Em 2014, ela se tornou a primeira mulher a ganhar a Medalha Fields, o mais famoso prêmio de matemática do mundo.

Dos atletas que conheci quando trabalhei na *Sports Illustrated,* a que mais admirei foi a triatleta britânica de Ironman (e escritora e ativista pelos direitos humanos) Chrissie Wellington, que montou uma *mountain bike* pela primeira na vida aos 27 anos. Ela estava trabalhando em um projeto de saneamento básico no Nepal quando descobriu que gostava de andar de bicicleta e podia acompanhar os xerpas* na altitude do Himalaia. Dois anos depois de voltar para casa, venceu o primeiro de quatro campeonatos mundiais de Ironman, em uma carreira que começou tarde e durou apenas cinco anos. "Minha paixão pelo esporte não diminuiu, mas minha paixão por novas experiências e novos desafios é o que agora está mais intensamente acesa", contou ela, quando se aposentou.[27]

Sou fã de teatro irlandês, e meu ator favorito é Ciarán Hinds, mais conhecido por seus papéis em produções da HBO — Júlio César, em *Roma,* e Mance Rayder, o "Rei Além da Muralha" de *Game of Thrones* — além de ser a estrela de *The Terror,* da AMC. Sua voz pode ser reconhecida como o rei dos *trolls,* Grand Pabbie, na animação da Disney *Frozen.* Este livro foi a desculpa para perguntar a Hinds sobre sua trajetória, e ele se lembrou de ter sido um "sonhador indolente", inseguro de seu destino, quando se matriculou no curso de Direito na Queen's University, em Belfast. Sua atenção foi rapidamente desviada "devido a um grande interesse por sinuca, pôquer e dança

---

* Etnia que habita a região mais montanhosa do Nepal. (N. E.)

experimental", ele me disse. Um dos tutores de Hinds, que o vira aos doze anos interpretando Lady Macbeth em uma peça universitária, sugeriu que ele largasse os estudos jurídicos e se matriculasse em uma escola de teatro. "Ele também teve a bondade de falar com meus pais, que eram muito hesitantes sobre a questão", lembrou Hinds. "Eu me matriculei na Academia Real de Arte Dramática, e assim começou minha vida no teatro profissional."

A biografia de Van Gogh, escrita por Steven Naifeh e seu falecido parceiro e coautor Gregory White Smith, é um dos melhores livros que já li em qualquer gênero. Naifeh e Smith se conheceram na faculdade de Direito, mas ambos se deram conta de que aquilo não era para eles. Juntos, começaram a escrever livros sobre uma variedade de tópicos, de crimes reais a estilo masculino, ainda que tivessem ouvido de um editor que tinham de escolher um gênero e permanecer nele. Sua disposição para mergulhar em novas áreas pagou dividendos inesperados. Quando um editor de outra casa editorial pediu-lhes para escrever um guia para a solicitação de serviços advocatícios, isso os levou a fundar a *Best Lawyers,* que gerou um grande volume de manuais para a área. "Se não tivéssemos tido essa ideia [de criar um mecanismo que ajudasse as pessoas a selecionar advogados] e não tivéssemos seguido com ela", disse Naifeh, "nossas vidas teriam sido bastante diferentes, e aquilo não era em nada parecido com qualquer coisa que já tivéssemos feito". Eles poderiam jamais ter tido os meios e a liberdade para passar uma década pesquisando a biografia de Van Gogh ou a biografia de Jackson Pollock, livro que lhes rendeu um Pulitzer.

Pollock, me disse Naifeh, "era literalmente um dos menos talentosos desenhistas da Liga dos Estudantes de Arte". Naifeh argumenta que, assim como com Van Gogh, a falta de habilidade para o desenho tradicional de Pollock o levou a inventar suas próprias regras para fazer arte. Como as escolas que oferecem caminhos padronizados na arte proliferaram, "um dos problemas é que os artistas tendem a ser produtos dessas escolas", explicou Naifeh, ele mesmo um artista.

Talvez isso tenha ajudado a alimentar uma explosão de interesse na chamada arte não convencional por parte de praticantes que começaram sem um caminho estabelecido à vista. Claro, não há nada de errado com quem se destaca por meio da formação de talentos desenvolvida pelo sistema, mas, se esse é o único canal de captação de talentos a ser considerado, alguns dos mais brilhantes ficam esquecidos. "Artistas não convencionais" são os autodidatas gênios do jazz e da arte visual, e a originalidade de seu trabalho pode ser chocante. Em 2018, a National Gallery britânica apresentou uma exposição inteira dedicada a artistas autodidatas; os programas de História da Arte em Stanford, Duke, Yale e o Instituto de Arte de Chicago oferecem seminários sobre arte não convencional. Katherine Jentleson, que em 2015 foi nomeada como curadora de arte autodidata no High Museum of Art, em Atlanta, me disse que esses artistas, em geral, começavam apenas experimentando e fazendo coisas de que gostavam enquanto trabalhavam em outros projetos. "A maioria não começou a fazer arte a sério até depois da aposentadoria", contou Jentleson.

Ela me apresentou ao escultor e pintor Lonnie Holley, um proeminente artista autodidata que cresceu na extrema pobreza no Alabama. Em 1979, quando tinha 29 anos, os dois filhos de sua irmã morreram em um incêndio. A família não podia pagar pelas lápides. Então, Holley juntou arenito descartado em uma fundição próxima e as esculpiu ele mesmo. "Eu nem sabia o que era arte!", ele me contou, com os olhos arregalados, como se tivesse sido surpreendido por sua própria história. Mas foi bom. Holley esculpiu lápides para outras famílias e começou a fazer esculturas com qualquer coisa que pudesse encontrar. Eu estava com Holley perto da entrada de uma galeria de Atlanta que exibia seu trabalho quando ele pegou um clipe de papel e rapidamente o curvou em uma intrincada silhueta de rosto, que espetou de forma decorativa na borracha do lápis que a recepcionista estava usando. É difícil imaginar um tempo em que ele não fizesse arte, já que parece que Holley mal consegue tocar em algo sem que suas mãos comecem a explorar o que mais aquilo poderia se tornar.

Jentleson também me indicou o Paradise Garden, a 144 quilômetros a noroeste de Atlanta, a propriedade repleta de pinturas e esculturas de Howard Finster, falecido pastor da Igreja Batista. Por muito tempo, Finster juntou material de bricolagem em sua propriedade, desde coleções de ferramentas até variedades de plantas frutíferas. Ele estava consertando uma bicicleta em um dia de 1976, aos 59 anos, quando viu o que parecia ser um rosto delineado em uma mancha de tinta branca em seu polegar. "Uma onda de calor tomou meu corpo", lembrou-se ele.[28] No mesmo instante, Finster começou uma das dezenas de milhares de obras de arte que encheram sua propriedade, incluindo milhares de pinturas em seu estilo único, quase cartunístico, muitas vezes densamente repleto de animais e figuras — anjos, Elvis, George Washington — ambientados em fantasiosas paisagens apocalípticas. Em pouco tempo, ele começou a fazer aparições no *Tonight Show*, de Johnny Carson, e a criar capas de álbuns para o R.E.M. e o Talking Heads. Ao entrar em seu jardim, fui recebido pelo gigantesco autorretrato de um Finster sorridente usando um terno vinho, preso a uma parede de concreto. Na parte inferior, pode-se ler: "Comecei a pintar em janeiro de 1976 — sem qualquer estudo prévio. Esta é minha pintura. Uma pessoa não sabe o que pode fazer a menos que experimente. Experimentar é a resposta para encontrar seu talento".

8
A VANTAGEM DO *OUTSIDER*

ALPH BINGHAM VAI SER o primeiro a admitir: ele é hiperespecializado, pelo menos em teoria. "Meu doutorado não é nem em Química, é em Química *Orgânica!*", exclamou ele. "Se não houver um carbono envolvido, tecnicamente não estou sequer qualificado, está bem?"

Durante a pós-graduação, na década de 1970, Bingham e seus colegas de turma tinham de desenvolver maneiras de criar moléculas específicas. "Éramos um bando de homens e mulheres inteligentes que podiam criar essas moléculas", ele me disse, "mas, de alguma forma, a solução de alguém era sempre mais inteligente do que a do outro. Eu estava prestando atenção e notei que a solução mais inteligente sempre vinha de um conhecimento que *não* fazia parte do currículo normal". Um dia, ele foi o mais esperto.

Bingham tinha elaborado uma solução elegante para sintetizar uma molécula em quatro etapas curtas, e o elemento-chave do conhecimento envolvia cremor de tártaro, um ingrediente culinário que Bingham conhecia desde a infância. "Você pode perguntar a vinte químicos o que é cremor de tártaro, e muitos deles não fazem a menor ideia", disse ele. "Pensei no processo que diferencia as soluções, e ele não fazia parte de nenhuma grade ou do currículo de ninguém. Percebi que sempre haveria esse pensamento fora da caixa, algo aleatório, que tornaria a solução mais inteligente, eficaz em termos de custo, competente, mais lucrativa do que a de qualquer outra pessoa. Então, parti dessa ideia, de como os problemas são resolvidos, chegando a 'Como alguém põe para funcionar uma organização que resolve problemas dessa maneira?'". Anos mais tarde, quando Bingham se tornou o vice-presidente de estratégia de pesquisa e desenvolvimento da Eli Lilly, ele teve a chance de tentar construir sua organização inteligente.

Na primavera de 2001, Bingham reuniu 21 problemas que frustraram os cientistas da Eli Lilly e perguntou a um alto executivo se poderia publicá-los em um site para que qualquer pessoa pudesse lê-los. O executivo só consideraria fazer isso se a empresa de consultoria McKinsey achasse que era uma boa ideia. "A opinião da McKinsey foi: 'Quem sabe? Por que você não faz isso e nos diz qual a resposta?'", lembrou Bingham. Este assim o fez, mas, quando os cientistas que contribuíram com problemas os viram on-line, "escreveram, cada um deles, para o diretor científico, reclamando que os problemas não deveriam ser abertos ao público, pois eram confidenciais: 'Por que diabos você acha que alguém além de nós pode resolver esse problema?'". Eles não deixavam de ter razão. Se os químicos altamente qualificados, especializados e com os melhores recursos do mundo estavam presos a problemas técnicos, como é que qualquer outra pessoa poderia ajudar? O diretor científico (cso) fez com que todos os problemas fossem retirados do site.

Bingham insistiu. Valeria ao menos uma tentativa com problemas que não revelassem um segredo comercial e, se não funcionasse, nenhum prejuízo viria daí. O cso concordou com seu argumento. O site foi relançado e, no outono, as respostas começaram a aparecer. Os Estados Unidos estavam bem no meio de todo aquele pânico por causa do antraz. Então, Bingham me falou que ele era um dos poucos destinatários do país que pareciam felizes em receber envelopes cheios de pó branco. "Eu ia colocando todos no espectrômetro e, conforme cada um chegava, [falávamos] 'Eba! Recebemos outro!'", disse ele. Estranhos estavam criando substâncias que deixavam os químicos da Eli Lilly confusos. Como Bingham supusera, o conhecimento não convencional era a chave. "Isso validou a hipótese que tínhamos, mas ainda me surpreendia como esses bolsões de conhecimento estavam escondidos sob outras qualificações. Eu realmente não contava com a participação de advogados."

Uma solução de síntese molecular foi enviada por um advogado cujo conhecimento relevante veio do trabalho com patentes químicas. O homem

178 *David Epstein*

escreveu que "estava pensando em gás lacrimogêneo" quando enviou sua solução. Era sua versão do cremor de tártaro de Bingham. "O gás lacrimogêneo não tem nada a ver com o problema", disse Bingham. "Mas ele viu paralelos com a estrutura química de uma molécula da qual precisávamos."

Bingham tinha notado que as companhias, em geral, tendiam a abordar problemas com a chamada pesquisa centralizada, isto é, usando especialistas de uma única área de domínio, tentando soluções que haviam funcionado antes. Porém, seu chamado por ajuda não convencional foi tão bem-sucedido que acabou sendo estabelecido como método em uma empresa independente. Chamada de InnoCentive, essa empresa é uma facilitadora para companhias de qualquer campo, atuando como "rastreadora" e sendo paga para postar "desafios" e recompensas para "solucionadores" não convencionais. Pouco mais de um terço dos desafios foram completamente resolvidos, uma porção notável, já que a InnoCentive foi selecionada para encontrar soluções para problemas que frustraram os especialistas que os publicaram.[1] Ao longo do caminho, a InnoCentive percebeu que poderia ajudar os clientes a adaptar suas postagens para tornar a solução mais provável. O truque: estruturar o desafio de forma que se tornasse atraente para uma gama diversificada de solucionadores de problemas. Quanto mais atraente fosse o desafio não apenas para os cientistas, mas também para advogados, dentistas e mecânicos, maior a probabilidade de que fosse resolvido.

Bingham chama isso de pensamento "não convencional": encontrar soluções em experiências muito além do profissional treinado e direcionado para o problema em si. A história está cheia de exemplos que mudaram o mundo.

Certa vez, Napoleão queixou-se de que suas tropas só podiam carregar provisões para alguns dias. "A fome é mais selvagem do que a espada", escreveu um cronista militar do século IV.[2] O imperador francês era um fomentador da ciência e da tecnologia, de modo que, em 1795, ofereceu uma recompensa pela pesquisa sobre a preservação de alimentos.[3] Um punhado das mentes mais formidáveis do mundo vinha trabalhando no problema havia mais de um século, inclusive o cientista irlandês Robert Boyle, o "pai da química moderna". Onde grandes mentes da ciência tinham fracassado, o *foodie* parisiense e confeiteiro Nicolas Appert se destacou.

Appert era um "homem de todos os ofícios", de acordo com o Can Manufacturers Institute. Singrava os mares do universo gustativo como confeiteiro, vinicultor, chef, cervejeiro, fabricante de picles e muito mais. Seus excepcionalmente amplos conhecimentos culinários deram-lhe uma vantagem sobre os cientistas que se concentravam na ciência da preservação. "Tendo gasto meus dias nas despensas, nas cervejarias, nos armazéns e nas adegas da Champagne, bem como em lojas, fábricas e armazéns de confeiteiros, destiladores e mercearias, tive a oportunidade de ser exposto, em minha caminhada, a todo tipo de aprendizagem, e grande parte das pessoas que se dedicaram à arte da conservação não teve essa oportunidade", escreveu ele no apropriadamente intitulado livro *L'art de conserver, pendant plusieurs aneés, toutes les substances animales et végétales* [A arte de conservar, durante vários anos, todos os tipos de substâncias animais e vegetais]. Ele colocou comida dentro de garrafas de champanhe de vidro espesso, que selou hermeticamente e que, depois, mergulhou por horas em água fervente. A inovação de Appert foi a base dos alimentos enlatados. Ele preservou uma ovelha inteira em um cântaro só para exibir sua técnica.[4] Sua solução preservou os nutrientes tão bem que o escorbuto, a deficiência de vitamina C conhecida como "o pesadelo dos marinheiros", passou de uma maldição mortal para um incômodo evitável. A principal epifania científica — o calor mata micróbios — ainda estava a sessenta anos de ser descoberta por Louis Pasteur. O método de Appert revolucionou a saúde pública e, infelizmente para Napoleão, acabou indo para o outro lado do Canal da Mancha. Em 1815, alimentou as tropas inglesas em Waterloo.[5]

Os críticos de Alph Bingham estavam cientes de que amadores e diletantes tinham feito avanços técnicos no passado. Contudo, presumiram que tudo se limitava a isto: um recurso do passado que não se traduziria na era da hiperespecialização. *Ajude-nos. Um gigante farmacêutico internacional concebeu e criou uma molécula que usaremos como alicerce para sintetizar outra molécula, tão obscura que não nos importamos em compartilhar essa informação publicamente, porque não sabemos como resolver essa questão e ninguém para além de nossas paredes poderá supor, de qualquer maneira, aonde queremos chegar com isso.* Mesmo as expectativas de Bingham mostravam-se muito modestas quando se tratava das contribuições dos solucionadores não convencionais para problemas que deixavam os especialistas perplexos. "Quando um problema que a Nasa tentou resolver por trinta anos é solucionado", ele me disse, "eu ainda me surpreendo."

Aliás, a Nasa foi incapaz de prever tempestades de partículas solares, material radioativo expelido pelo Sol que pode prejudicar gravemente os astronautas e os equipamentos dos quais dependem. Os físicos especializados estavam compreensivelmente céticos de que os amadores de fora pudessem ajudar, mas depois de três décadas às voltas com o problema, não tinham nada a perder e, em 2009, a Nasa divulgou a questão por meio da InnoCentive. Em seis meses, Bruce Cragin, engenheiro aposentado da Sprint Nextel e morador da zona rural de New Hampshire, resolveu o problema usando ondas de rádio captadas por telescópios. Antes de se aposentar, Cragin tinha colaborado com cientistas e se dera conta de que essas equipes de especialistas costumavam se atrapalhar com os pequenos detalhes à custa de soluções práticas. "Acho que ajudou o fato de eu ser alguém de fora, para poderem sair de onde estavam presos."[6] Um funcionário da Nasa observou, diplomaticamente, que "houve alguma resistência" à solução de Cragin no início, "porque usava uma metodologia diferente".

Esse era exatamente o ponto. Por isso, Appert e Cragin tiveram uma experiência de trabalho tangencialmente relevante. Outros solucionadores não convencionais prosperaram porque não tiveram nenhuma experiência assim.

Em 1989, o famoso petroleiro *Exxon Valdez* bateu em um recife e vazou sua carga na enseada Prince William. Foi um desastre ambiental e comercial monumental para a pesca. Quando o óleo se misturou à água, os trabalhadores da extração referiam-se à gosma resultante como "mousse de chocolate". Combine isso à baixa temperatura, e os socorristas tiveram de lidar com uma substância que tinha viscosidade de manteiga de amendoim. Era infernal remover.

Quase vinte anos após o vazamento do *Exxon Valdez*, 32 mil litros de petróleo ainda estavam teimosamente estacionados ao longo da costa do Alasca. Um dos desafios mais intratáveis para contornar o derramamento de óleo foi o bombeamento do petróleo das barcaças de recuperação depois que ele foi retirado da água. Em 2007, Scott Pegau, gerente do programa de pesquisa do Instituto de Recuperação de Derramamentos de Óleo do Alasca, pensou em pedir ajuda para a InnoCentive. Ofereceu uma recompensa de 20 mil dólares por uma solução para a retirada da "mousse de chocolate" congelada das barcaças de recuperação.

Ideias fluíram. A maioria, cara demais para ser viável. E, então, chegou a solução de John Davis, tão barata e simples que fez Pegau rir. "Todo mundo olhou para ele", Pegau me contou, "e apenas disse: 'Sim, isso deve funcionar'."

Davis, um químico de Illinois, vinha ponderando sobre o desafio do derramamento de óleo sentado em aeroportos entre seus voos a trabalho. Claro que começou pensando em soluções químicas, mas então mudou de rumo. "Você já está lidando com um poluente químico", disse Davis. "Portanto, quer mexer com o mínimo possível de química" para evitar ainda mais poluentes. Davis deixou sua especialidade de lado e voltou-se para uma analogia distante. "Visualizei o problema do modo como fazemos para beber uma substância espessa", disse ele. "Você tem de girar o canudo para mexer. Como pode fazer isso de forma que não seja tão trabalhoso mover aquela gosma?"

A questão gosmenta, então, fez com que Davis se lembrasse de uma breve experiência que tivera na área da construção. Anos antes, ele se voluntariara para ajudar a construir um longo lance de degraus de concreto que desciam da casa de um amigo até um lago adjacente. "Eles só precisavam de uma pessoa a mais para carregar os baldes ou fazer qualquer tipo de trabalho pesado", ele me disse. "Como não sou um cara superforte, não fui muito útil, para ser honesto."

O concreto era descarregado no alto da colina e mandado para baixo por meio de uma calha, quando era necessário, na parte inferior. Davis estava de pé no topo, preocupado com um monte de concreto que já estava endurecendo enquanto assava ao sol. Ele alertou o irmão de seu amigo, que lhe disse: "Olha só!". Apanhou uma haste presa a um motor e a encostou no monte de concreto. "Ele ficou instantaneamente fluido", lembrou Davis. A haste era, na verdade, um vibrador de concreto, que faz exatamente o que seu nome diz: é um pedaço de metal que impede que os componentes do concreto endureçam. "Quando me lembrei disso, tive meu momento eureca", disse-me Davis.

Davis ligou para uma empresa que vendia vibradores de concreto para entender alguns detalhes de seu funcionamento. Então, fez um esboço de como os vibradores poderiam facilmente se conectar a uma barcaça e fazer com a "mousse de chocolate" o que já faziam com concreto. Contando com os esboços, a solução tinha um total de três páginas.

"Às vezes, você apenas balança a cabeça e resmunga: 'Bem, por que não pensei nisso?'. Se pudesse ser facilmente resolvido por pessoas do setor, já teria sido feito", disse Pegau. "Acho que isso acontece com frequência maior do que gostaríamos de admitir, porque tendemos a ver o quadro geral com todas as informações que coletamos em nossa área e, às vezes, isso nos leva a um caminho em que a gente dá de cara na parede. É difícil voltar atrás e encontrar outro." Pegau estava basicamente descrevendo o efeito Einstellung, um termo psicológico para a tendência dos solucionadores de problemas de empregar apenas métodos familiares, mesmo que outros melhores estejam disponíveis. Mais tarde, Davis ganhou outro prêmio em dinheiro em um desafio que buscava solução para problemas com um produto de remoção de pelos. A lembrança de chiclete mascado tocando em sua perna quando criança o levou a uma resposta.

Quando perguntei a Davis se ele estava propenso a abordar problemas por meio de analogias distantes de experiências aleatórias fora de sua área de atuação, ele precisou ponderar por um momento. Perguntei se ele faz isso quando encara problemas diários de Química. "Sabe... Não faço isso, não", disse. "São esses outros enigmas ou problemas que fazem você pensar fora da caixa."

A InnoCentive funciona, em parte, porque, conforme a atenção dos especialistas se estreita, "a caixa" se parece mais e mais com bonecas russas. Especialistas se dividem em subespecialidades, que logo se dividem em "subsubespecialidades". Mesmo que eles se livrem de uma boneca, podem ficar presos dentro da próxima, um pouco maior. Cragin e Davis já começaram fora da caixa e viram soluções diretas que confundiam os especialistas diretamente envolvidos, com todo seu treinamento e todos os recursos. Os próprios solucionadores ficaram espantados quando resolvem um problema que dificultou a vida de companhias ou indústrias inteiras.

"Demorei três noites para chegar à solução", disse um solucionador não convencional à revista *Science* depois de responder ao pedido de ajuda da Johnson & Johnson para um problema de produção na fabricação de medicamentos para tuberculose.[7] "Acho estranho que uma grande empresa farmacêutica não consiga resolver esse tipo de problema." Karim Lakhani, codiretor do Laboratório de Inovação Científica de Harvard, fez com que os solucionadores de problemas da InnoCentive avaliassem quão relevantes eles eram em seu próprio campo de especialização e descobriram que, "quanto mais o problema era distante da área de especialização do solucionador, mais provável era que ele o resolvesse".[8]

À medida que as caixas organizacionais ficam menores, e à medida que as pessoas de fora se envolvem mais facilmente on-line, "a busca [de novas soluções] ocorre, cada vez mais, fora dos limites da empresa original", escreveram Lakhani e seus colaboradores.[9] Nossa impressão pode ser a de que apenas os hiperespecializados podem inovar, mas a crescente especialização cria, de fato, novas oportunidades para pessoas de outros campos.

Como Alph Bingham notou, quando lidam com problemas complexos, as organizações tendem a procurar soluções em sua própria área de atuação. Eles se apoiam em especialistas de um único domínio de conhecimento e métodos que funcionaram previamente. (Pense no laboratório do capítulo 5, que contava apenas com especialistas em *E. coli*). Se os especialistas falharem, todo o processo fica paralisado. Para os problemas mais complexos, "nossa pesquisa mostra que uma solução baseada em especialização apresenta, muitas vezes, uma solução inferior", segundo Lakhani.[10] "A grande inovação acontece com mais frequência quando um estranho, que pode estar longe da área primária do problema, reformula a questão de maneira a desbloquear a solução."

Desde que a InnoCentive demonstrou o conceito, outras organizações surgiram para capitalizar solucionadores não convencionais em campos que costumam ser altamente especializados. A Kaggle atua como a InnoCentive, mas especificamente publicando desafios na área de aprendizagem automática — inteligência artificial projetada para possibilitar que computadores aprendam sem intervenção humana.

Shubin Dai, que mora em Changsha, na China, foi o melhor solucionador da Kaggle no mundo até o momento, entre mais de 40 mil colaboradores. Seu trabalho diário é liderar uma equipe que processa dados para bancos, mas os desafios da Kaggle lhe deram a oportunidade de se envolver em aprendizado de máquina. Seus problemas favoritos envolvem saúde humana ou preservação da natureza, como uma competição em que ele ganhou 30 mil dólares ao manipular imagens de satélite para determinar se a devastação florestal na Amazônia tinha causas naturais ou era gerada por ações humanas. Perguntaram a Dai, para um artigo no blog da Kaggle, sobre quão importante era o papel da especialização para ganhar competições. "Para ser franco, não acho que podemos nos beneficiar muito do domínio de conhecimento... É muito difícil ganhar uma competição apenas usando métodos [conhecidos]", respondeu ele. "Precisamos de soluções mais criativas."[11]

"As pessoas que resolvem um desafio da Kaggle na área da saúde não têm treinamento médico, não têm estudos profundos em Biologia e também não são realmente especialistas em aprendizado de máquina", disse Pedro Domingos, professor de ciência da computação e pesquisador de aprendizado automático. "O conhecimento é uma faca de dois gumes. Ele permite que você faça algumas coisas, mas também o torna cego para outras questões com as quais você poderia lidar."

Don Swanson percebeu isso — as oportunidades para pessoas de outros campos, como Bruce Cragin e John Davis, que mesclam linhas díspares de conhecimento. Swanson concluiu o doutorado em Física em 1952 e, em seguida, trabalhou como analista de sistemas de computação industrial, ficando fascinado com a organização de informações. Em 1963, a Universidade de Chicago convidou-o para ser reitor da Graduate Library School. Com seus 38 anos de experiência no setor da indústria privada, ele era uma ave rara. O anúncio de sua contratação dizia: "Swanson é o primeiro cientista da área das ciências físicas a dirigir uma pós-graduação em Biblioteconomia neste país".[12]

Swanson começou a se preocupar com o aumento da especialização, que levaria a publicações que atendiam a apenas um pequeno grupo de especialistas e inibiria a criatividade. "A disparidade entre a quantidade total de conhecimento registrado e a capacidade humana limitada de assimilá-lo não apenas é enorme, como cresce incessantemente", disse ele certa vez.[13] Como podem as fronteiras serem expandidas, pensou Swanson, se um dia levaremos uma vida inteira para alcançá-las em cada domínio especializado? Em 1960, a Biblioteca Nacional de Medicina dos EUA usava cerca de cem pares específicos de termos para indexar artigos.[14] Em 2010, estava aproximando-se de 100 mil. Swanson considerou que, se esse grande estrondo do conhecimento público continuasse em ritmo acelerado, as subespecialidades seriam como galáxias, afastando-se umas das outras até que cada uma se tornasse invisível para todas as demais. E, como ele sabia que a resolução interdisciplinar de problemas era fundamental, isso precisava ser resolvido.

Na crise, Swanson enxergou oportunidade. Ele percebeu que poderia fazer descobertas conectando informações de artigos científicos de campos de subespecialidades que nunca se referiam uns aos outros e não tinham cientistas trabalhando juntos. Por exemplo, ao cruzar sistematicamente bancos de dados bibliográficos de diferentes disciplinas, descobriu "onze conexões negligenciadas" entre a deficiência de magnésio e a pesquisa sobre enxaqueca e propôs que fossem testadas.[15] Todas as informações que encontrou estavam em domínio público, mas nunca haviam sido conectadas. "Conhecimento público não revelado" foi como Swanson chamou. Em 2012, a Sociedade Americana de Cefaleia e a Academia Norte-Americana de Neurologia revisaram todas as pesquisas sobre a prevenção da enxaqueca e concluíram que o magnésio deveria ser considerado um tratamento comum. A comprovação da eficiência do magnésio era tão forte quanto a dos remédios mais populares, como o ibuprofeno.

Swanson queria mostrar que áreas de literatura especializada que normalmente nunca se sobrepunham estavam cheias de tesouros interdisciplinares escondidos esperando para serem conectados. Ele criou um sistema de computador, o Arrowsmith, que ajudou outros usuários a fazerem o mesmo que ele — criar pesquisas que pudessem revelar conjuntos de artigos científicos díspares, mas relevantes, e fundou um campo da ciência da informação que trabalha para conectar as diversas áreas do conhecimento, em um momento no qual as especialidades que podem informar umas às outras se distanciam.

186 *David Epstein*

Swanson faleceu em 2012. Então, entrei em contato com sua filha, a professora de Filosofia Política Judy Swanson, para ver se o pai já havia discutido com ela suas preocupações sobre especialização. Quando a encontrei, ela estava em uma conferência, "como sempre, relacionada à superespecialização nas ciências sociais", disse-me. À primeira vista, Judy Swanson parece bem especializada. Sua página da faculdade listava 44 de seus artigos e livros, todos com "Aristóteles" no título. Então, perguntei como se sentia sobre sua especialização, e ela pareceu surpresa. Judy Swanson não se considerava especializada em comparação com seus pares, em parte porque gasta tempo ensinando, o que requer mais do que Aristóteles. "Há esse sentimento de frustração quando penso que eu deveria estar fazendo algo mais especializado", disse-me ela. Os departamentos acadêmicos não se limitam mais a se fraturar naturalmente em subespecialidades, mas elevam a estreiteza como um ideal.

Isso é contraproducente. Como Karim Lakhani declarou depois de sua pesquisa na InnoCentive, a chave para a solução criativa de problemas é identificar pessoas não convencionais que usam abordagens diferentes "para que o 'campo de origem' do problema não acabe restringindo a solução".[16] Algumas vezes, o campo original pode ser tão restrito que um curioso de fora dele é mesmo o único que pode ver a solução.

O assunto do e-mail chamou minha atenção: "Medalhista olímpica e paciente com distrofia muscular com a mesma mutação".

Eu tinha acabado de escrever um livro sobre genética e atletismo, e achei que estava prestes a ler um artigo que tinha deixado de lado. Em vez disso, cheguei a uma mensagem da própria paciente com distrofia muscular, Jill Viles, uma mulher de 39 anos que vivia em Iowa. Jill tinha uma elaborada teoria ligando a mutação genética que enfraquecia seus músculos a uma velocista olímpica e ofereceu-se para enviar mais informações.

Eu esperava por uma carta; talvez alguns recortes de notícias. Recebi uma pilha de fotos de família, um histórico médico detalhado e um livreto de dezenove páginas, encadernado e ilustrado, que apontava as mutações genéticas, remetendo a suas posições específicas no DNA. O dever de casa dela estava muito bem feito.

Na página 14, havia uma foto de Jill de biquíni azul, cabelos loiros despenteados, sentada na areia, sorrindo. Seu torso parecia normal, mas seus braços eram incrivelmente finos, como galhos espetados em um boneco de neve. Suas pernas não pareciam que poderiam segurá-la. A coxa não era mais larga do que a articulação do joelho.

Ao lado dessa foto, estava Priscilla Lopes-Schliep, uma das melhores velocistas da história do Canadá. Nas Olimpíadas de 2008 em Pequim, ela ganhou uma medalha de bronze nos cem metros com barreiras. A justaposição era de tirar o fôlego. Na foto, Priscilla está no meio de uma passada, cordões de músculos descendo pelas pernas, veias destacando-se em seus antebraços. Ela parece uma super-heroína desenhada por uma criança. Eu dificilmente poderia imaginar duas mulheres que parecessem menos propensas a compartilhar uma condição biológica.

Nas fotos on-line de Priscilla, Jill reconheceu algo em seu próprio corpo, muito mais magro — um padrão familiar de perda de gordura nos membros. Sua teoria era de que ela e Priscilla tinham o mesmo gene mutante, mas, como Priscilla não sofria de distrofia muscular, seu corpo havia encontrado um jeito de "contorná-lo", como disse Jill. Em vez disso, estava construindo músculos gigantescos. Se sua teoria estivesse correta, esperava Jill, os cientistas gostariam de estudá-la junto com Priscilla, para descobrir como ajudar as pessoas com músculos como os de Jill a ter um pouco mais de músculos como os de Priscilla, que estava no outro extremo do espectro. Ela queria minha ajuda para convencer Priscilla a fazer um teste genético.

A ideia de que uma professora substituta de meio período operando o "instrumento médico de ponta" conhecido como o Google Imagens pudesse fazer uma descoberta significativa sobre uma atleta profissional — que é examinada por médicos como parte de seu trabalho — soou como algo entre a improbabilidade total e a loucura absoluta. Consultei um geneticista de Harvard. Ele estava preocupado. "Fortalecer um relacionamento entre essas duas mulheres pode acabar mal", disse-me ele. "As pessoas ficam instáveis quando se relacionam com celebridades com as quais acham que têm uma conexão."

Eu nem sequer tinha pensado nisso; e certamente não queria facilitar as coisas para uma *stalker*. Levou tempo para Jill me convencer de que, por causa de sua experiência única de vida, podia ver o que nenhum especialista poderia.

Quando Jill tinha quatro anos, uma professora da pré-escola notou que ela tropeçava. Jill disse à mãe que estava com medo dos "dedos de bruxa" que agarravam suas canelas e a faziam tropeçar. Seu pediatra encaminhou a família à Clínica Mayo.

Exames de sangue mostraram que Jill, o pai e o irmão tinham níveis mais altos do que o normal de creatina quinase, uma enzima que se espalha a partir de músculos danificados. Os médicos achavam que a família podia carregar algum tipo de distrofia muscular, mas essa é uma doença que, normalmente, não se manifesta assim em meninas. O pai e o irmão de Jill pareciam bem.

"Eles disseram que nossa família era única", disse Jill. "Isso era bom de uma certa maneira porque foi bem honesto da parte deles. Mas, por outro lado, foi aterrorizante."

Todo verão, Jill voltava à Clínica Mayo, e os resultados eram sempre os mesmos. Tinha parado de cair, mas, aos oito anos, a gordura de seus membros tinha começado a desaparecer. Outras crianças podiam fechar os dedos ao redor de seu braço; e, quando as veias começaram a se projetar de suas pernas, perguntaram a ela como era ser velha. A mãe de Jill estava tão preocupada com a vida social da filha que pagou em segredo para uma menina passear com ela. Aos doze anos, Jill começou a se esforçar para manter o corpo equilibrado na bicicleta e teve de se agarrar ao corrimão em uma pista de patinação.

Jill começou a procurar respostas, como uma criança faria. Vasculhou os livros da biblioteca que falavam sobre assombrações. "Isso realmente assustou meu pai", ela me disse. "Ele estava tipo: 'Bem, você está interessada em ocultismo agora, ou o quê?'. Mas não era nada disso." Jill simplesmente não conseguia explicar o que estava acontecendo com seu corpo. Então, quando lia histórias de pessoas com aflições inexplicáveis, "sabe, eu acreditava nelas".

Quando foi para a faculdade, Jill tinha 1,70 m e pesava só quarenta quilos. Ela não saía da biblioteca e examinava qualquer revista científica que tratasse sobre doenças musculares.

Encontrou um artigo chamado "Muscle and Nerve", sobre um raro tipo de distrofia muscular chamada Emery-Dreifuss, e se assustou com uma foto que o acompanhava. *Esse é o braço do meu pai,* pensou ela.[17]

O pai era magro, mas seus músculos do antebraço eram incrivelmente bem definidos. Jill o chamava de "braço de Popeye" quando ela era pequena. Outro artigo descrevendo pacientes que sofriam com Emery-Dreifuss, aliás, realmente fazia referência a uma deformidade do braço do Popeye. O artigo "Muscle and Nerve" relatava que os pacientes com Emery-Dreifuss apresentam "contraturas" que afetam a mobilidade articular.

"Tive calafrios lendo aquilo", lembrou-se Jill. Ela descreveu suas próprias contraturas como se fosse uma boneca Barbie: braços sempre flexionados, pescoço rígido, pés permanentemente inclinados como se esperassem saltos altos. A pesquisa indicava que a Emery-Dreifuss só ocorria em homens, mas Jill estava certa de que era isso que tinha — e com medo. A condição apresentava, também, problemas cardíacos.

Jill recheou uma pasta com artigos para levar para casa durante o recesso da faculdade. Um dia, encontrou seu pai folheando-os. Ele tinha tido todos os sintomas, contou à filha. "Bem, sim, eu sei... Seu braço e o pescoço", respondeu Jill. Não, ele disse: os sintomas cardíacos.

Durante anos, foi dito ao pai de Jill que seu ritmo cardíaco irregular se devia a um vírus. "Não é isso", disse Jill no mesmo instante. "Temos Emery-Dreifuss." Ela levou o pai, de 45 anos, ao Iowa Heart Center e insistiu para que um cardiologista o examinasse. Enfermeiros exigiam um encaminhamento, mas Jill era tão persistente que cederam. O cardiologista colocou no pai dela um monitor que registrou a atividade elétrica de seu coração por um dia, durante o qual o pulso caiu para a casa dos vinte. Ele estava pronto para vencer o Tour de France ou prestes a cair morto. O pai de Jill foi levado às pressas para uma cirurgia de emergência para colocar um marcapasso. "Ela salvou a vida do pai", contou-me Mary, mãe de Jill.

Ainda assim, o Iowa Heart Center não confirmou a condição da família. Em suas leituras, Jill encontrou um grupo italiano de pesquisa que buscava famílias com Emery-Dreifuss. Esperavam localizar a mutação genética que causava essa condição.

Jill, de dezenove anos, vestiu seu terninho azul-marinho mais imponente, levou os papéis para um neurologista em Des Moines e pediu para entrar em contato com os italianos. "Não, não é isso que você tem", lembra-se de ter ouvido o neurologista dizer com severidade. Ela se recusou a olhar para os papéis. Para ser justo, Jill era uma adolescente autodiagnosticando uma doença extremamente rara que ocorre apenas em homens. Então, em 1995, ela escreveu para os pesquisadores italianos e incluiu uma foto de si mesma.

A resposta que recebeu do Istituto di Genetica Biochimica ed Evoluzionistica foi claramente destinada a um cientista. Por favor, envie o DNA de toda a família, diziam os pesquisadores. "Se você não puder enviar o DNA, basta enviar sangue fresco." Jill convenceu uma amiga enfermeira a contrabandear agulhas e tubos de ensaio para sua casa. Felizmente, a Itália aceitou o sangue pelo correio normal.

Levaria anos para Jill ser procurada pelos italianos de novo, mas ela estava convencida. Em sua visita anual à Clínica Mayo, sob os protestos da mãe, pegou sua própria caneta e escreveu "Emery-Dreifuss" em sua ficha médica.

Em 1999, recebeu um e-mail da Itália. Ela respirou fundo e clicou. Jill tinha uma mutação em um gene conhecido como LMNA.[18] O pai dela também. E dois irmãos e uma irmã dela também eram portadores. O mesmo aconteceu com outras quatro famílias no estudo com Emery-Dreifuss. Jill estava certa.

O gene do LMNA carrega uma receita para construir um emaranhado de proteínas no centro de cada célula que influencia como outros genes são ligados ou desligados, como luzes, mudando o modo como o corpo gera gordura e músculo. Em algum lugar ao longo dos 3 bilhões de Gs, Ts, As e Cs no genoma de Jill, um erro de digitação de apenas uma letra criara toda aquela confusão.

Jill estava feliz por ter ajudado a descobrir uma nova mutação causadora de doenças. E a coisa toda ainda era "quase que sinistramente cômica", disse-me ela. "Tudo se resume a um G que foi alterado para um C."

O pai de Jill tinha 63 anos, em 2012, quando seu coração finalmente falhou.

A essa altura, Jill deslocava-se em um carrinho motorizado e tinha se casado, tido um filho e se aposentado de seu trabalho de detetive médica.

Dias depois de seu pai falecer, sua irmã mais nova mostrou a ela uma foto on-line de uma velocista olímpica extremamente musculosa que estava visivelmente perdendo peso. "Eu dei uma olhada e disse a mim mesma 'O quê...?!'. Nós não temos isso. Do que você está falando?", disse Jill. Então, ela ficou curiosa.

Jill tinha se perguntado sobre a gordura havia muito tempo. Assim como os músculos, estava visivelmente ausente de seus membros. Mais de uma década antes, quando tinha 25 anos, um diretor de laboratório da Johns Hopkins ouvira falar dela e, querendo um mutante do LMNA no laboratório, ofereceu-lhe um estágio de verão para examinar periódicos sobre qualquer condição causada por uma mutação de LMNA. Ela se deparou com uma doença extremamente rara chamada lipodistrofia parcial, que faz com que a gordura nos membros desapareça, deixando veias e músculos colados à pele. Mais uma vez, Jill viu sua família. Seria possível que não tivesse uma, mas duas doenças genéticas ridiculamente raras? Com as fotos em mãos, Jill foi atrás de alguns especialistas em uma conferência médica. Garantiram-lhe que ela não tinha lipodistrofia e diagnosticaram algo mais comum: síndrome interna. "Quando um estudante de Medicina aprende sobre uma nova doença", disse Jill, "ele acredita sofrer da doença sobre a qual está lendo".

Tudo voltou à mente quando ela pesquisou fotos de Priscilla no Google. Não apenas dela durante as competições, mas em casa, segurando sua filhinha. Lá estavam as veias salientes, a frouxidão familiar da manga de camisa sobre braços sem gordura, a visível divisão entre os músculos dos quadris e os das nádegas. "Eu sabia que éramos retalhos de um mesmo tecido", contou Jill. "Uma fazenda muito rara."

Foi o terceiro choque visual de Jill. O primeiro foi ao dar-se conta de que toda sua família era portadora de Emery-Dreifuss; depois, quando pensou que eles também tinham lipodistrofia; e, agora, ao reconhecer em Priscilla o mesmo padrão de perda de gordura. Mas, se compartilhavam a mesma condição sobre gordura corporal, como Priscilla conseguira construir uma camada dupla de músculos enquanto ela mal tinha uma sombra disso? "Esta condição é minha kryptonita, mas o combustível de foguete de Priscilla", pensou Jill. "Somos como super-heroínas com os poderes mais opostos que se pode imaginar. Quero dizer: seu corpo encontrou uma maneira de contornar [a perda de massa muscular] de alguma forma." Por um ano, ela pensou em como pedir a Priscilla que fizesse um teste genético sem aparecer em uma pista de corrida e persegui-la em uma scooter motorizada.

Jill, por acaso, estava perto de sua televisão quando eu falava sobre atletas e genética em um programa matinal. "Eu pensei: 'Ah, isso é a providência divina'", ela me disse. Em seguida, me enviou o pacote e perguntou se eu procuraria Priscilla. O agente de Priscilla, Kris Mychasiw, e eu nos seguimos no Twitter. Então, enviei uma mensagem para ele. Ele se divertiu enquanto eu tentava explicar a ideia muito improvável de que aquelas duas mulheres eram algum tipo de oposição biológica, mas também que fiquei muito impressionado com o esforço de Jill. Kris repassou a mensagem para Priscilla.

"Ele me disse 'Olha só, essa senhora em Iowa diz ter o mesmo gene que você e quer conversar'", lembrou Priscilla. "Eu estava, tipo, 'Hum, eu não sei, Kris'." Ele disse a Priscilla que apenas atendesse a uma ligação.

Graças a seu físico, a mídia na Europa acusava abertamente Priscilla de uso de esteroides. Alguém postou uma foto dela alongando-se para a final olímpica com uma cabeça de fisiculturista masculina colada em seu corpo. "Foi uma confusão", Priscilla me disse. No Campeonato Mundial de 2009 em Berlim, ela foi testada antes de conquistar a medalha de prata, ainda que um exame antidoping não fosse tecnicamente permitido tão próximo a uma corrida. Quando liguei, Priscilla estava ansiosa para compartilhar fotos, para mostrar que já era excepcionalmente magra e tinha as veias bem marcadas no ensino médio. Uma foto mostrava mulheres de sua família fazendo flexões. Um parente idoso exibia bíceps bem marcados, um cordão espesso de veia atravessando o cotovelo. Depois de nossa conversa, Priscilla concordou em falar com Jill.

Pelo telefone, sentiram uma conexão imediata — devido à maneira como suas veias as fizeram sofrer bullying quando crianças —, e Priscilla concordou em encontrar Jill e a mãe no saguão de um hotel em Toronto. Quando Priscilla chegou, Jill pensou: "Ah, meu Deus, é como ver alguém da minha família!". Elas se retiraram para um corredor do hotel para comparar partes do corpo, muito diferentes em tamanho, mas com a mesma topografia exposta pela falta de gordura. "Há alguma coisa acontecendo aqui", Priscilla se lembra de ter pensado. "Vamos pesquisar. Vamos descobrir."

Levou um ano para aparecer um médico disposto a analisar o gene *LMNA* de Priscilla. Finalmente, Jill foi a uma conferência médica e abordou o principal especialista em lipodistrofia, o dr. Abhimanyu Garg, do Centro Médico da Universidade do Texas. Ele concordou em fazer o teste e uma avaliação da lipodistrofia.

Jill estava certa mais uma vez. Ela e Priscilla não somente têm lipodistrofia, como também têm exatamente a mesma subcategoria rara de lipodistrofia parcial, conhecida como tipo Dunnigan.

Os problemas genéticos de Priscilla e Jill são da mesma vizinhança. Uma mínima alteração de distância no local da ocorrência parece fazer uma diferença extraordinária, tirando músculos e gordura de Jill, mas pegando apenas gordura de Priscilla enquanto permite que ela acumule músculos.

O dr. Garg ligou para Priscilla imediatamente e a buscou no shopping com os filhos. "Eu estava sonhando em comprar um hambúrguer suculento e batatas fritas", Priscilla me disse. Ela perguntou se podia ligar para ele depois do almoço. O médico disse que não, ela não podia. "Ele me disse: 'Você só tem permissão para comer salada porque está a um passo de ter uma pancreatite. E eu fiquei, tipo, como é que é?'."

Apesar do regime de treinamento de um atleta olímpico, devido a sua lipodistrofia não monitorada, Priscilla tinha três vezes o nível normal de gordura em seu sangue.

"Esse foi um problema grave", disse-me Garg. Priscilla foi obrigada a revisar sua dieta imediatamente e começou a tomar medicação.

Jill havia prolongado a vida de seu pai e, agora — por meio do Google Imagens —, tinha dado o pontapé inicial em uma intervenção médica que alterava a vida de um atleta profissional. "Você praticamente me salvou de uma internação!", disse Priscilla a Jill pelo telefone.

Até mesmo Garg ficou surpreso com o que Jill tinha feito. As duas eram os casos mais extremos de desenvolvimento muscular que ele já havia visto em pacientes com lipodistrofia — em extremos do espectro, é claro. Jill e Priscilla nunca teriam terminado no mesmo consultório médico em circunstâncias normais. "Eu posso entender que um paciente queira aprender mais sobre sua doença", Garg me contou. "Mas se aproximar de outra pessoa e descobrir também o problema dela… é um feito notável."

Jill não parou por aí. Ela se deparou com o trabalho de um biólogo francês, Etienne Lefai, um hiperespecialista que estuda a SREBP1, uma proteína que ajuda as células a determinarem se usam ou não a gordura de uma refeição ou se a armazenam como combustível. Lefai mostrou que, quando a proteína se acumula nos animais, pode causar atrofia ou crescimento muscular, ambos em escalas extremas. Jill entrou em contato com Lefai e sugeriu que ela poderia ter descoberto o mecanismo biológico que faz ela e Priscilla serem tão diferentes. Podia ser a SREBP1 interagindo com a doença do LMNA.

"Tudo bem, aquilo fez com que eu refletisse, porque eu disse a mim mesmo: 'Essa é uma boa questão. Isso é realmente uma boa, *realmente* boa pergunta!'", disse-me Lefai, com um forte sotaque francês. Ele começou a investigar se uma mutação no gene do LMNA pode alterar a regulação do SREBP1 e, por sua vez, causar uma perda simultânea de músculo e gordura. "Eu não tinha ideia do que fazer com doenças genéticas antes que ela me contatasse", contou. "Agora, mudei o rumo da minha equipe."

Quanto mais informações os especialistas geram, mais oportunidades existem para os diletantes curiosos contribuírem ao fundir as vertentes de dados amplamente disponíveis, mas díspares — conhecimento público não divulgado, como Don Swanson chamou. Quanto maior e mais facilmente acessível a biblioteca do conhecimento humano, maiores são as chances de os clientes que têm demandas fazerem conexões na vanguarda da pesquisa. Uma empresa como a InnoCentive, que à primeira vista parece totalmente contraintuitiva, deve tornar-se ainda mais frutífera conforme a especialização se acelera.

Contudo, não é apenas o aumento de novos conhecimentos que gera oportunidades para não especialistas. Na corrida pelo que virá, muito conhecimento útil é simplesmente deixado para trás sem ser aproveitado. Isso representa outro tipo de oportunidade para aqueles que querem criar e inventar, mas que não podem ou simplesmente não querem trabalhar na vanguarda. Pode-se avançar olhando para trás; pode-se voltar a conhecimentos antigos; e, então, escolher lidar com eles de uma nova maneira.

9
PENSAMENTO LATERAL COM TECNOLOGIA OBSOLETA

DURANTE DOIS SÉCULOS DE isolamento, graças a suas fronteiras fechadas, o Japão proibiu as *hanafuda* — "cartas de flores", assim chamadas porque os doze naipes diferentes eram representados por flores.[1] As cartas eram associadas ao jogo e à indesejada influência cultural ocidental. No fim do século XIX, o Japão reintroduziu-se no mundo, e a proibição foi finalmente suspensa. Assim, foi no outono de 1889 que um jovem abriu uma minúscula loja em uma construção de madeira em Kioto e pendurou uma placa na janela: "Nintendo".

O significado preciso dos caracteres japoneses está perdido na história. Eles podem ter significado "deixar o céu decidir sua sorte", mas eram mais provavelmente uma forma poética de dizer "a empresa que está autorizada a vender *hanafuda*". Em 1950, a Nintendo contava com uma centena de funcionários, e o bisneto de 22 anos do fundador assumiu o negócio. Mas havia problemas no horizonte. À medida que os Jogos Olímpicos de Tóquio de 1964 se aproximavam, os adultos japoneses se voltavam para o *pachinko*, e a febre do boliche engoliu os dólares do entretenimento. Numa tentativa desesperada de diversificar uma empresa que havia sobrevivido graças à *hanafuda* por três quartos de século, o jovem CEO começou a diversificar seus investimentos. A comida nunca saía de moda. Então, ele fez com que a companhia começasse a produzir arroz instantâneo e refeições com personagens de desenhos animados. (Alguém quer sopa de macarrão instantâneo do Popeye?) Sua tentativa de estabelecer uma frota de táxis não deu certo, e ele também não teve sucesso com os "hotéis de amor", quartos de aluguel por hora, que levaram o CEO às páginas de fofocas. A Nintendo afundou-se em dívidas. O presidente resolveu contratar os melhores jovens universitários para ajudá-lo a inovar.

Aquele não era um lugar onde alguém quisesse trabalhar. A Nintendo era uma empresa de pequeno porte de Kioto, e os estudantes japoneses ambiciosos queriam cargos nas grandes empresas de Tóquio. Por outro lado, ainda havia o negócio de *hanafuda*, que se tornara mais lucrativo graças às cartas industrializadas. Em 1965, o CEO resolveu contratar um jovem da vizinhança, formado em eletrônica, chamado Gunpei Yokoi, que lutara para conseguir seu diploma e se candidatara a cargos em grandes empresas fabricantes de eletrônicos, mas que não recebera ofertas. "O que você vai fazer na Nintendo?", perguntaram os colegas de classe de Yokoi. Ele não estava preocupado. "Eu não queria ir embora de Kioto, de qualquer maneira", disse ele mais tarde.[2] "Nunca tive qualquer plano específico para a minha carreira, e estava tudo bem."* Seu trabalho era cuidar das máquinas de fazer cartas. Havia apenas algumas, então Yokoi era o departamento de manutenção inteiro.

Desde sempre, ele cultivava passatempos: piano, dança de salão, coral, mergulho, trens em miniatura, mecânica de carros e, acima de tudo, *monozukuri* — literalmente, "fazer coisas". Ele era um sujeito que fazia de tudo. Muito antes de termos aparelhos de som no carro, Yokoi conectava um gravador ao rádio do veículo para poder reproduzir o conteúdo mais tarde. Em seus primeiros meses na Nintendo, havia tão pouco a fazer que ele passava o tempo brincando com o equipamento da empresa. Um dia, cortou pedaços de madeira entrecruzados e modelou um braço extensível simples, algo que tinha visto em desenhos animados, quando a barriga de um robô se

---

* As ideias e citações de Yokoi são de seus próprios escritos e entrevistas, incluindo o livro, do qual é coautor, 横井軍平ゲーム館 (*Yokoi Gunpei Gēmu-kan*) ou *A casa de jogos de Gunpei Yokoi*. Não há tradução dos escritos de Yokoi para o inglês, de forma que as partes citadas foram traduzidas especificamente para este livro.

198 David Epstein

abria e, lá de dentro, uma luva de boxe disparava. Yokoi adicionou a sua engenhoca uma espécie de pinça, a extremidade, que se fechava quando ele apertava as alças para estender o braço. Com essa invenção, ele podia recuperar objetos distantes de uma maneira preguiçosa.

O CEO viu seu novo contratado brincando com sua engenhoca e o chamou para seu escritório. "Pensei que seria repreendido", lembrou Yokoi. Em vez disso, o executivo desesperado disse ao funcionário para transformar seu dispositivo em um jogo. Yokoi adicionou um grupo de bolas coloridas que poderiam ser agarradas, e o *Ultra Hand* foi para o mercado imediatamente. Foi o primeiro brinquedo da Nintendo e vendeu 1,2 milhão de unidades, e a empresa pagou uma parte de sua dívida. Esse foi o fim da carreira de Yokoi na área de manutenção. O CEO fez com que ele criasse o departamento de pesquisa e desenvolvimento da Nintendo. A instalação, que, por um breve período, fez arroz instantâneo, foi convertida em uma fábrica de brinquedos.

Outros brinquedos de sucesso foram lançados, mas foi um enorme fracasso naquele primeiro ano que influenciou Yokoi profundamente. Ele ajudou a criar o Drive Game, um jogo de tabuleiro no qual um jogador usava um volante para guiar um carro de plástico ao longo de uma pista de corrida, que rolava logo abaixo do automóvel por meio de um motor elétrico. Foi o primeiro brinquedo da Nintendo que exigiu eletricidade, e um fracasso completo. O mecanismo interno era moderno para a época e acabou mostrando-se complexo e frágil — por isso, caro e difícil de produzir —, e o jogo tinha vários defeitos na fiação. Porém, o fracasso foi a semente de uma filosofia criativa que Yokoi aperfeiçoaria nos trinta anos seguintes.

Ele estava ciente de suas limitações em engenharia. Como disse um aficionado em história dos games, "ele estudou eletrônica em uma época em que a tecnologia estava evoluindo mais rápido do que a neve derrete sob a luz do sol".[3] Yokoi não tinha vontade (ou capacidade) de competir com empresas de eletrônicos que já competiam entre si para inventar novidades tecnológicas. A Nintendo também não poderia enfrentar os titãs japoneses de brinquedos tradicionais — Bandai, Epoch e Takara — em seu território conhecido. Com isso, e o Drive Game, em mente, Yokoi adotou uma abordagem que chamou de "pensamento lateral com tecnologia obsoleta". Pensamento lateral é um termo cunhado nos anos 1960 que define a releitura de informações em novos contextos, inclusive o conjunto de conceitos aparentemente díspares ou áreas que podem dar a velhas ideias novos usos.[4] Com "tecnologia obsoleta", Yokoi referia-se a uma tecnologia que tinha idade o bastante para ser extremamente bem compreendida e estar facilmente disponível e que, por isso, não exigia o conhecimento de um especialista. O cerne de sua filosofia estava em uma tecnologia simples e barata para usar de maneira que ninguém mais considerava. Se ele não pudesse pensar mais profundamente sobre as novas tecnologias, decidiu, pensaria de forma mais ampla sobre as antigas. Intencionalmente, Yokoi recuou da vanguarda e pôs-se em *monozukuri*.

Ligou um transístor a um galvanômetro barato, comprado em uma loja comum, e notou que podia medir a corrente que fluía através de seus colegas de trabalho. Yokoi imaginou um brinquedo que tornaria divertido para os meninos e meninas darem as mãos, o que, no Japão daquela época, era muito ousado.[*] O Love Tester não passava de dois cabos condutores e um medidor. Os jogadores seguravam uma alavanca e davam-se as mãos, completando, assim, o circuito. O medidor informava a corrente elétrica como se fosse uma medida do amor entre os participantes. Quanto mais suadas as palmas das mãos, melhor a condução elétrica entre o casal. O jogo foi uma sensação entre os adolescentes e fez sucesso nas festas de adultos. Yokoi sentiu-se encorajado. Ele se comprometeu a usar a tecnologia que já tivesse se tornado barata, até mesmo obsoleta, de novas maneiras.

No início dos anos 1970, os carros de brinquedo controlados por meio de rádio eram populares, mas brinquedos com a tecnologia necessária para serem operados por remoto podiam custar até um mês de salário. Então, era um passatempo reservado a adultos. Como sempre fazia, Yokoi ponderou uma maneira de democratizar os carrinhos de controle remoto. Assim, ele levou a tecnologia para o passado. O gasto devia-se à necessidade de múltiplos canais de controle de rádio. Os carros começaram com dois canais, um para controlar a saída do motor e um para o volante. Quanto mais funções o brinquedo tivesse, mais canais seriam necessários. Yokoi reduziu a tecno-

---

[*] No fim da década de 1960, o jogo Twister foi um fracasso no Japão porque estava em desacordo com as normas sociais vigentes. O jogo ganhou o apelido de "caixa erótica".

logia ao mínimo absoluto, um carro operado por um controle remoto de canal único, que só podia virar à esquerda. Nome do produto: Lefty RX. Custou menos de um décimo do valor de qualquer brinquedo de controle remoto, e era incrível para corridas no sentido anti-horário, mesmo quando precisava enfrentar obstáculos, porque as crianças aprenderam facilmente a desviar dos problemas.

Um dia, em 1977, quando estava no trem-bala, voltando de uma viagem de negócios a Tóquio, Yokoi acordou de um cochilo e viu um sujeito brincando com sua calculadora para aliviar o tédio do trajeto. Na época, a tendência era tornar os brinquedos tão impressionantemente grandes quanto possível. E se, pensou Yokoi, existisse um jogo pequeno o suficiente para que um adulto pudesse jogá-lo discretamente enquanto viajasse? Pensou na ideia por um tempo, até o dia em que foi convocado para ser o motorista do CEO da empresa. O motorista habitual estava gripado e, graças ao interesse de Yokoi por veículos estrangeiros, ele era o único dos cem funcionários da Nintendo que dirigia um carro com o volante à esquerda, como o Cadillac do CEO. Do banco da frente, Yokoi comentou sobre sua ideia de jogo em miniatura. "O CEO assentia enquanto eu falava, mas não parecia muito interessado", lembrou-se Yokoi.

Uma semana depois, ele recebeu uma visita-surpresa de executivos da Sharp, uma fabricante de calculadoras. No encontro em que Yokoi o conduziu, o presidente da Nintendo sentou-se ao lado do chefe da Sharp e retransmitiu a ideia de seu motorista. Havia vários anos, a empresa estava envolvida em guerras de calculadora com a Casio. No início dos anos 1970, uma calculadora custava algumas centenas de dólares, mas, à medida que os componentes se tornavam mais baratos e as empresas corriam em busca de participação de mercado, o custo despencou e o mercado ficou saturado. A Sharp estava ansiosa para encontrar um novo uso para suas telas de LCD.

Quando os executivos ouviram a ideia de Yokoi para um videogame do tamanho de um cartão de visita, que poderia ser usado no colo e tocado com os polegares, ficaram intrigados e céticos. Valeria a pena iniciar uma nova parceria apenas para reutilizar uma tecnologia que se tornara barata? Eles não estavam convencidos de que era possível fazer um display simples o suficiente para o jogo proposto por Yokoi, que envolvia um malabarista cujos braços se moviam para a esquerda e para a direita, tentando não derrubar as bolas enquanto elas aceleravam. Porém, os engenheiros da Sharp produziram para Yokoi uma tela de LCD no tamanho apropriado. Então, ele se deparou com um problema grave. Os componentes eletrônicos do jogo minúsculo ficavam encerrados em um espaço tão fino que se encostavam na tela de cristal líquido, o que criou uma distorção visual das bandas claras e escuras, conhecidas como anéis de Newton. Yokoi precisava de algum espaço entre o LCD e a placa. Assim, foi buscar uma ideia na fabricação de cartões de crédito. Com um ligeiro ajuste das antigas máquinas de impressão *hanafuda*, ele delicadamente marcou a tela com centenas de pontos para manter a placa e o elemento de exibição minimamente separados.[5] Como um último detalhe, com apenas algumas horas de trabalho, um colega ajudou-o a programar um relógio no visor. As telas de LCD já eram usadas em relógios de pulso, e eles achavam que isso daria aos adultos uma desculpa para comprar seu Game & Watch.

Em 1980, a Nintendo lançou seus primeiros três modelos do Game & Watch, com grandes esperanças de que as vendas alcançassem as 100 mil unidades. Seiscentas mil unidades foram vendidas no primeiro ano. A Nintendo não conseguiu acompanhar a demanda internacional. O Donkey Kong Game & Watch foi lançado em 1982 e, sozinho, vendeu 8 milhões de unidades. O Game & Watch permaneceu em produção por onze anos e vendeu 43,4 milhões de unidades. Também incluía outra invenção de Yokoi que seria usada de outra forma: o bloco direcional, ou "D-pad", que permitia ao jogador mover seu personagem em qualquer direção usando apenas um polegar. Após o sucesso do Game & Watch, a Nintendo colocou o D-pad nos controles de seu novo Nintendo Entertainment System. Esse console doméstico levou o videogame para milhões de lares em todo o mundo e lançou uma nova era de jogos. A combinação de produtos de sucesso — o Game & Watch e o NES — também levou à obra-prima de Yokoi, um console portátil que possibilitava que se jogasse qualquer jogo que um desenvolvedor pudesse colocar em um cartucho: o Game Boy.

Do ponto de vista tecnológico, mesmo em 1989, o Game Boy era risível. A equipe de Yokoi fez tudo de qualquer jeito. O processador do

Game Boy tinha sido idealizado com tecnologia de ponta — da década de 1970. Em meados dos anos 1980, os consoles domésticos estavam em uma competição acirrada pela qualidade dos gráficos. O Game Boy era uma monstruosidade. Apresentava um total de quatro tonalidades em escala de cinza, exibidas em uma tela minúscula tingida de um tom esverdeado que ficava algum lugar entre a meleca e a alface estragada. Gráficos de movimentos laterais rápidos espalhavam-se pela tela. E, ainda por cima, o Game Boy precisou competir com consoles portáteis da Sega e da Atari que eram tecnologicamente superiores em todos os sentidos. E foi isso que os destruiu.

O Game Boy compensava sua deficiência em tecnologia criando uma melhor experiência para o usuário. Era barato. Cabia em um bolso grande. Tudo nele era indestrutível. Se uma queda rachasse a tela — e teria de ser uma queda e tanto —, ela continuaria funcionando. Se fosse esquecido em uma mochila e terminasse dentro da máquina de lavar roupas, uma vez seco, alguns dias depois, estaria pronto para ser usado novamente. Ao contrário de seus competidores coloridos que consumiam muita energia, o Game Boy podia ser usado por dias (ou semanas) com pilhas AA. O hardware antigo era extremamente familiar para os desenvolvedores dentro e fora da Nintendo; e, com sua criatividade e sua velocidade livre para aprender novas tecnologias, eles lançavam jogos como se fossem os primeiros ancestrais dos designers de aplicativos para iPhone — *Tetris, Super Mario Land, The Final Fantasy Legend,* e uma série de jogos esportivos lançados no primeiro ano —, todos eles grandes sucessos. Com tecnologia simples, a equipe de Yokoi contornou a corrida armamentista de hardware e atraiu a comunidade de programação de jogos para seu lado.

O Game Boy tornou-se o Sony Walkman dos videogames, renunciando à tecnologia de ponta em nome da portabilidade e acessibilidade. Vendeu 118,7 milhões de unidades — de longe, o console mais vendido do século xx.[6] Nada mal para a pequena empresa que foi autorizada a vender *hanafuda.*

Então, ainda que reverenciado por isso, Yokoi precisou impor na empresa seu conceito de "pensamento lateral com tecnologia obsoleta" que seria aprovado com o Game Boy. "Foi difícil fazer com que a Nintendo entendesse", disse ele mais tarde. Yokoi estava convencido, porém, de que, se os usuários fossem atraídos para os jogos, a tecnologia viria depois. "Se você desenhar dois círculos em um quadro-negro e disser: 'Isso é um boneco de neve', todo mundo que o vir imaginará que a cor branca é da neve",[7] argumentou ele.

Quando o Game Boy foi lançado, um colega veio até ele "com uma expressão sombria no rosto",[8] lembrou Yokoi, relatando que um computador portátil concorrente havia chegado ao mercado. Yokoi perguntou se ele tinha uma tela colorida. O homem disse que sim. "Então estamos bem", respondeu Yokoi.

Sua estratégia de encontrar novos usos para a tecnologia antiga, depois que os outros seguiram em frente, é exatamente como um conhecido exercício de criatividade psicológica. Na Tarefa de Usos Incomuns (ou Alternativos), os participantes do teste precisam repensar o uso original de um objeto. Dado o comando "tijolo", um participante irá apresentar, primeiro, usos familiares (parte de uma parede, um degrau, uma arma). Para pontuar mais alto, os envolvidos têm de conceber usos que são conceitualmente distantes e raramente sugeridos por outros participantes, mas ainda viáveis. Para o tijolo: um peso de papel; um quebra-nozes; um caixão cenográfico para o funeral de uma boneca; um dispositivo de deslocamento de água colocado em uma caixa de descarga para que se use menos água cada vez que o mecanismo seja acionado. (Em 2015, a *Ad Age* premiou a "Campanha Pro Bono do Ano" para os atrevidos pensadores laterais do projeto "Drop-a-Brick", que fabricava tijolos de borracha para uso em banheiros da Califórnia durante o período de seca.)

Não há, com certeza, uma teoria abrangente sobre a criatividade. Mas existe uma tendência bem registrada de as pessoas considerarem apenas os usos já familiares para os objetos, um instinto conhecido como fixidez funcional. O exemplo mais famoso é o "problema das velas", no qual os participantes recebem uma vela, uma caixa de tachinhas e uma caixa de fósforos e são incumbidos de prender a vela à parede, de modo que a cera não pingue na mesa abaixo. Os envolvidos tentam derreter a vela na parede ou prendê-la de alguma forma. Nada funciona. Quando se apresenta o problema com as tachinhas *fora* da caixa, é mais provável que os solucionadores vejam a caixa vazia como um possível castiçal e resolvam o problema afixando-a na parede e colocando a vela dentro dela. Para Yokoi, as tachas estavam sempre fora da caixa.[9]

Sem dúvida, Yokoi precisava de especialistas. O primeiro verdadeiro engenheiro elétrico contratado pela Nintendo foi Satoru Okada, que disse sem rodeios: "A eletrônica não era o ponto forte de Yokoi".[10] Okada era o codesenvolvedor de Yokoi no Game & Watch e no Game Boy. "Lidei mais com os sistemas internos da máquina", lembrou ele. "E Yokoi cuidou mais dos aspectos de design e interface."[11] Okada era para Yokoi o que Steve Wozniak foi para Steve Jobs.

Yokoi foi o primeiro a admitir isso. "Eu não tenho nenhuma habilidade especializada em particular", disse ele uma vez. "Tenho uma espécie de conhecimento vago a respeito das coisas." Ele aconselhou os jovens funcionários não apenas a brincar com a tecnologia por si só, mas a brincar com ideias. Não seja um engenheiro, dizia ele, seja um produtor. "O produtor sabe que existe algo como um semicondutor, mas não precisa conhecer seu funcionamento interno (...). Isso pode ser deixado para os especialistas." Ele dizia: "As pessoas tendem a procurar aprender habilidades detalhadas e complexas. Se ninguém fizesse isso, não haveria pessoas que brilham como engenheiras. Olhar para mim, do ponto de vista de um engenheiro, é dizer: 'Veja só esse idiota', mas, uma vez que você tenha alguns produtos de sucesso, essa palavra, 'idiota', parece se perder em algum lugar".

Yokoi espalhava sua filosofia à medida que sua equipe crescia e pedia a todos que considerassem usos alternativos para a tecnologia antiga. Ele percebeu que tivera a sorte de trabalhar em uma empresa de cartas, em vez de um fabricante de brinquedos eletrônicos preso a soluções engessadas, e que, por isso, suas ideias não foram frustradas por suas limitações técnicas. À medida que a empresa crescia, ele se preocupava que os jovens engenheiros temessem parecer tolos se tentassem compartilhar ideias para novos usos da tecnologia antiga. Por isso, começou a espalhar intencionalmente ideias malucas nas reuniões. "Uma vez que um jovem começa a dizer coisas como: 'Bem, não cabe realmente a mim dizer isso...', então está tudo acabado", disse ele.

Tragicamente, Yokoi morreu em um acidente de trânsito em 1997. Mas sua filosofia sobreviveu. Em 2006, o presidente da Nintendo disse que o Nintendo Wii era uma consequência direta da doutrina de Yokoi. "Se eu puder falar sem medo de ser mal compreendido, gostaria de dizer que a Nintendo não está produzindo consoles de videogame de última geração."[12] O Wii usou jogos e tecnologia extremamente simples de um console anterior, mas seus controles baseados em movimento foram literalmente uma virada de jogo. Devido a seu hardware básico, o Wii foi criticado por não ser inovador. Clayton Christensen, professor da Escola de Administração de Harvard, argumentou que, na verdade, era o tipo mais importante de inovação, uma "inovação fortalecedora" — que cria novos clientes e gera novos empregos, como o aumento de computadores pessoais antes disso —, porque levou os videogames a um público inteiramente novo (muitas vezes mais velho). A Nintendo "simplesmente inovou de uma maneira diferente", escreveram Christensen e um colega. "Ela entendeu que a barreira para novos consumidores de sistemas de videogame era a complexidade do jogo, não a qualidade dos gráficos existentes."[13] A rainha Elizabeth ii da Inglaterra foi para as manchetes quando viu o príncipe William, seu neto, jogando Wii Bowling e decidiu experimentar ela mesma.

O maior fracasso de Yokoi veio quando ele deixou de lado seus próprios princípios de design. Um de seus últimos projetos da Nintendo foi o Virtual Boy, um *headset* para jogos que empregava tecnologia experimental. Contava com um processador que produzia altas emissões de rádio e, antes dos telefones celulares, ninguém sabia se era seguro manter essas emissões tão próximas da cabeça do usuário. Uma placa de metal precisava ser instalada em volta do processador, o que, por sua vez, tornava a unidade pesada demais para funcionar como óculos. A coisa toda acabou virando um dispositivo a ser usado sobre uma superfície, o que exigia que o usuário assumisse uma postura antinatural para olhar para a tela. Estava à frente de seu tempo, mas ninguém comprou.

Os maiores triunfos de Yokoi ocorreram quando ele usou o pensamento lateral. Ele precisava de especialistas, mas sua preocupação era que, à medida que as empresas crescessem e a tecnologia progredisse, os hiperespecialistas de pensamento vertical continuassem a ser valorizados, mas os generalistas de pensamento lateral, não. "O atalho [para a falta de ideias] é a competição no campo do poder da computação", explicou Yokoi. "Quando se trata disso, os fabricantes de telas e os designers gráficos especializados saem na frente. Então, a razão da existência da Nintendo desaparece." Ele achava que os pensadores laterais e verticais eram melhores juntos, mesmo em campos altamente técnicos.

O eminente físico e matemático Freeman Dyson colocou desta forma: precisamos tanto de sapos concentrados quanto de aves visionárias.[14] "Os pássaros voam alto sobre o mar e perscrutam a amplidão da matemática até o horizonte distante", escreveu Dyson em 2009. "Eles se deliciam com conceitos que unificam nosso pensamento e concentram diversos problemas de diferentes partes da paisagem." Sapos vivem na lama, junto da terra, e veem apenas as flores que crescem nas proximidades. "Eles se deliciam com os detalhes de objetos específicos e resolvem os problemas um de cada vez." Como matemático, Dyson rotulou-se como um sapo, mas afirmou: "É estúpido afirmar que os pássaros são melhores do que os sapos porque eles enxergam mais longe, ou que os sapos são melhores do que os pássaros porque veem as coisas de forma mais detalhada". O mundo, escreveu ele, é amplo e repleto de detalhes. "Precisamos de pássaros e sapos trabalhando juntos para explorá-lo." A preocupação de Dyson era que a ciência está cada vez mais transbordando de sapos, treinados apenas em uma especialidade estrita e incapazes de mudar, assim como a própria ciência. "Esta é uma situação perigosa para os jovens e também para o futuro da ciência", advertiu.

Felizmente, é possível, mesmo hoje, mesmo na vanguarda, mesmo junto às áreas mais hiperespecializadas, cultivar campos em que pássaros e sapos possam prosperar.

Andy Ouderkirk riu ao se lembrar dessa história: "Foi com três senhores que eram os donos da empresa, e eu vou me lembrar para sempre de eles segurando um frasco e apenas olhando para mim e dizendo: 'Isso é um avanço para o mundo do glitter'".

O glitter comum brilha, mas aquele não brilhava, resplandecia, como se o frasco contivesse uma colônia de mágicos vaga-lumes prismáticos. Ouderkirk anteviu muitas aplicações para filmes ópticos multicamadas,[15] mas o glitter foi uma surpresa agradável. "Aqui estou, um químico", ele me disse. "Costumo pensar em inovações como sendo tecnologias avançadas bastante sofisticadas."

Ouderkirk foi um inventor da 3M, com sede em Minnesota, um dos vinte "cientistas corporativos", com o título mais alto entre os 6.500 cientistas e engenheiros da empresa. O caminho para o avanço da purpurina começou quando ele se empenhou em desafiar a concepção de um princípio da física de duzentos anos conhecido como Lei de Brewster, que tinha sido interpretado como uma declaração de que nenhuma superfície poderia refletir a luz quase perfeitamente sob todos os ângulos.

Ouderkirk imaginou que, se colocasse camadas de plástico bem finas umas sobre as outras, cada uma com qualidades ópticas distintas, poderia criar um filme que refletisse e refratasse vários comprimentos de onda de luz em todas as direções. Um grupo de especialistas em óptica que ele consultou garantiu que nada poderia ser feito, o que era exatamente o que ele queria ouvir. "Se eles dissessem: 'É uma ótima ideia, com certeza, faz sentido', qual seria a chance de você ser a primeira pessoa a fazer isso? Zero, certamente", disse-me.

Na verdade, ele tinha certeza de que era fisicamente possível. A mãe natureza oferecia provas do conceito. A borboleta *Morpho* azul-iridescente não tem pigmentação azul de nenhum tipo; suas asas brilham em tom de azul e safira por causa de finas camadas que refratam e refletem determinados comprimentos de onda da luz azul.[16] Havia exemplos mais comuns também. O plástico de uma garrafa de água refrata a luz de maneira diferente, dependendo do ângulo. "Qualquer um que saiba alguma coisa sobre polímeros sabe disso", disse Ouderkirk. "Está, literalmente, na sua frente todos os dias, mas ninguém pensou em fazer filmes ópticos com isso."[17]

Ele formou e liderou uma pequena equipe que conseguiu fazer exatamente isso. Com uma espessura menor que a de um fio de cabelo humano, o filme é composto por centenas de camadas de polímero, primorosamente ajustadas para refletir, refratar ou deixar passar comprimentos de onda específicos de luz. Ao contrário dos filmes ópticos comuns, ou mesmo dos espelhos, o filme óptico multicamadas pode refletir quase perfeitamente a luz, e nem sequer o ângulo de incidência faz diferença. Ele pode até tornar a luz mais forte, à medida que ela é rebatida pelas camadas antes de retornar ao observador. Daí o glitter. O glitter normal não refletia a luz por igual para todos os lados, mas esse novo tipo era deslumbrante em todas as direções ao mesmo tempo.

As aplicações da invenção supostamente impossível alcançaram um pouco além do brilho. Dentro de telefones celulares e laptops, o filme óptico multicamadas reflete e "recicla" a luz que normalmente seria absorvida enquanto viaja do fundo para a tela, transmitindo, assim, mais luz para o usuário e reduzindo drasticamente a energia necessária para manter as telas acesas. Além disso, melhora a eficiência em lâmpadas LED, painéis solares e fibras ópticas. Ele melhorou a eficiência de energia de um projetor de forma tão significativa que só precisou de uma pequena bateria para obter um vídeo brilhante. Quando um desabamento, em 2010, prendeu 33 mineiros de ouro e cobre chilenos a mais de quinhentos metros de profundidade por 69 dias, projetores de bolso com filme óptico de multicamadas foram baixados por um buraco de doze centímetros até alcançar aqueles homens, para que eles pudessem receber transmissões de mensagens de suas famílias, instruções de segurança e, naturalmente, assistir a um jogo de futebol entre Chile e Ucrânia.

O filme óptico multicamadas é relativamente barato e pode ser produzido em grande escala. Acondicionado em carretéis, poderia ser confundido com papel de embrulho cintilante. É uma invenção multibilionária que é boa para o meio ambiente. Então, como é que ninguém olhou para uma garrafa de água de plástico antes? Um livro técnico publicado recentemente para especialistas em óptica "disse que essa tecnologia não é capaz de precisão", lembrou Ouderkirk. "Foi escrito por um especialista. Ele está escrevendo um livro inteiro sobre esse assunto, então ele sabia do que falava. O problema é: ele não sabe de todo o resto."

Em 2013, a revista *R & D Magazine* elegeu Ouderkirk o inovador do ano. Ao longo de três décadas na 3M, ele registrou 170 patentes. Ao longo de sua trajetória, ficou fascinado com os elementos da invenção, as equipes inventivas e os próprios inventores. Ouderkirk, finalmente, decidiu investigar esses elementos de forma sistemática. Ele se juntou a um especialista em análise e a um professor da Universidade Tecnológica Nanyang, em Cingapura. Eles descobriram que os elementos têm muito a ver com "o material adjacente".

***

Ouderkirk e os outros dois pesquisadores que decidiram estudar inventores na 3m queriam saber que perfil de profissional tinha feito as maiores contribuições.[18] Eles conheceram inventores altamente especializados que se concentravam em apenas uma tecnologia, e inventores generalistas que não eram especialistas em coisa alguma, mas que tinham trabalhado em vários campos.

Examinaram as patentes e, com o acesso de Ouderkirk à 3m, o impacto comercial que cada inventor realmente produzira. Todos eles, especialistas e generalistas, Ouderkirk e os outros dois pesquisadores descobriram, fizeram contribuições. Um grupo não era definitivamente superior ao outro. (Eles também descobriram inventores que não tinham nem profundidade significativa nem amplitude — o que produziam raramente causava impacto.) Os especialistas eram adeptos da ideia de se debruçarem por um longo tempo sobre problemas técnicos complexos e tentavam antecipar os obstáculos do processo. Os generalistas tendiam a se sentir entediados trabalhando em uma área por muito tempo. Agregaram valor ao integrar domínios, aplicando tecnologia de uma área em outras. Nem a amplitude de um dos inventores nem sua profundidade sozinhas previram a probabilidade de uma de suas invenções ganhar o Prêmio Carlton — o "Prêmio Nobel da 3m".

O grupo de Ouderkirk descobriu mais um tipo de inventor. Eles os chamavam de "polímatas", pessoas de amplos conhecimentos com pelo menos uma área de profundidade. A profundidade e a amplitude de um inventor foram medidas pelo histórico de trabalho. O Escritório de Patentes dos Estados Unidos categoriza a tecnologia em 450 classes diferentes — aparelhos de exercícios, conectores elétricos, propulsão marítima e milhares de outras. Especialistas tendiam a ter suas patentes classificadas em uma faixa estreita de categorias. Um especialista pode trabalhar por anos apenas para entender um tipo de plástico composto por um pequeno grupo de elementos químicos. Generalistas, enquanto isso, podem começar com fita adesiva, o que pode levá-los a um projeto de adesivos cirúrgicos que, no fim, tenham aplicação na Medicina Veterinária. Suas patentes estavam espalhadas por muitas categorias. Os polímatas tinham profundidade em uma área central — então, tinham numerosas patentes naquela área —, mas não eram tão profundos quanto os especialistas. Eles também tinham amplitude, *até mais do* que os generalistas, tendo trabalhado em dezenas de campos de tecnologia. Mais de uma vez, aproveitaram o conhecimento acumulado em um domínio e o aplicaram em outro completamente novo, o que significava que estavam constantemente aprendendo sobre novas tecnologias. Ao longo de suas carreiras, a amplitude dos polímatas aumentava consideravelmente à medida que aprendiam sobre "todo o resto", enquanto, na verdade, perdiam um pouco de profundidade. Eles eram os mais propensos a ter sucesso na empresa e ganhar o Prêmio Carlton. Em uma companhia cuja missão é aumentar constantemente as fronteiras tecnológicas, a maior especialização técnica mundial por si só não era o ingrediente-chave para o sucesso.

Ouderkirk é um polímata. Interessou-se por química desde que seu professor do segundo ano do ensino fundamental fez a demonstração de uma erupção vulcânica numa maquete. Isso o levou por um caminho sinuoso, de uma faculdade comunitária no norte de Illinois a um doutorado em química e, depois, a um trabalho — bem distante de sua formação inicial — em um laboratório de laser quando ele chegou à 3M. "Fui ensinado a me tornar um especialista mundial em taxa de transferência de energia vibracional entre moléculas de fase gasosa", disse ele. "O que ninguém nunca me disse em toda a minha carreira é que isso é ótimo, mas que também seria bom saber um pouco sobre tudo o mais."[19] As patentes de Ouderkirk variam de óptica a aplicação de metal em odontologia. O escritório de patentes costuma registrar invenções individuais em que ele trabalhou sob várias categorias de uma só vez, porque elas fundem domínios tecnológicos.

Ouderkirk ficou tão interessado em classificar os inovadores que escreveu um algoritmo de computador para analisar 10 milhões de patentes do século passado e aprender a identificar e classificar diferentes tipos de inventores. Contribuições de especialistas dispararam na época da Segunda Guerra Mundial e depois dela, no entanto, recuaram mais recentemente. "Os especialistas alcançaram o topo precisamente em 1985", disse Ouderkirk. "E, depois, seu índice diminuiu drasticamente e estabilizou-se em relação a 2007, e os dados mais recentes mostram que estão diminuindo novamente, o que estou tentando entender." Ele tem o cuidado de dizer que não consegue identificar uma causa para a tendência atual. Sua hipótese é que as organizações simplesmente não precisam de tantos especialistas. "À medida que as informações se tornam mais amplamente disponíveis, a necessidade de alguém simplesmente avançar em um campo não é tão fundamental porque, na verdade, elas estão disponíveis para todos", disse ele. Ouderkirk está sugerindo que a tecnologia de comunicação limitou o número de hiperespecialistas necessários para trabalhar em um problema específico, pois seus avanços podem ser comunicados rápida e amplamente a outros — os Yokois do mundo — que trabalham em aplicações inteligentes.

As tecnologias de comunicação certamente realizaram isso em outras áreas. No início do século xx, por exemplo, o estado de Iowa, sozinho, tinha mais de mil casas de ópera, uma para cada 1.500 residentes.[20] Essas instalações eram teatros de verdade, não apenas locais onde se tocava música, e forneciam emprego para centenas de companhias de atores locais e milhares de artistas em tempo integral. Avancemos rapidamente para provedores como a Netflix e a Hulu, cujos clientes podem assistir às performances de Meryl Streep no momento em que desejarem, enquanto as casas de ópera de Iowa estão extintas. Isso representou o fim da carreira para milhares de atores de teatro empregados no estado. Os dados de Ouderkirk sugerem que algo análogo aconteceu com os especialistas de foco restrito em campos técnicos. Ainda são absolutamente necessários, mas, como seu trabalho é amplamente acessível, é necessário um menor número deles.

Isso é uma extensão da tendência que Don Swanson previu, e aumentou bastante as oportunidades para agregadores e inovadores polimáticos semelhantes a Yokoi. "Quando as informações se disseminaram mais amplamente, ficou muito mais fácil atuar de maneira mais ampla do que um especialista para começar a combinar as coisas de novas maneiras", disse Ouderkirk.

A especialização é óbvia: continue em frente. A amplitude é mais difícil de cultivar. Uma subsidiária da PricewaterhouseCoopers que estudou inovação tecnológica ao longo de uma década descobriu que não havia relação estatisticamente significativa entre os gastos em pesquisa e desenvolvimento e o desempenho.* (Exceto os 10% dos investidores com níveis mais baixos,

---

* O "desempenho" inclui medidas de crescimento de vendas, lucro advindo da inovação, retorno de acionistas e capitalização de mercado.

que tiveram desempenho pior do que empresas semelhantes.)[21] Semear o solo para generalistas e polímatas que integram o conhecimento requer mais do que dinheiro. Requer oportunidade.

Jayshree Seth ascendeu no corporativismo científico precisamente porque lhe foi permitido jogar com diferentes domínios tecnológicos. Permanecer em apenas uma faixa técnica não é para ela. Seth não estava entusiasmada o suficiente a respeito da pesquisa que fez para seu mestrado, tanto que ignorou os avisos e trocou de laboratório na Universidade Clarkson para seu doutorado em engenharia química. "As pessoas disseram: 'Isso vai demorar demais porque você não tem qualquer conhecimento fundamental nessa área e ficará atrás de pessoas que já fizeram o mestrado delas'", disse-me ela. Para deixar claro: o conselho que ela recebeu foi ficar em uma área de que sabia não gostar porque já havia começado, mesmo que não estivesse avançado muito na pesquisa. É a incorporação da falácia do custo irrecuperável.

Quando Seth entrou no mundo profissional na 3M, ousou mudar de foco novamente, dessa vez longe de sua pesquisa de doutorado, e por uma razão pessoal: seu marido estava indo para a 3M, tendo saído do mesmo laboratório da Clarkson, e ela não queria ocupar a vaga que ele pleitearia. Então, Seth expandiu sua área de atuação. Funcionou: ela tem mais de cinquenta patentes. Ajudou a criar novos adesivos sensíveis à pressão para fitas elásticas e reutilizáveis, além de fraldas adequadas para bebês inquietos. Seth nunca estudou ciência dos materiais e diz que "não é uma grande cientista". "O que quero dizer é que eu não sou qualificada para fazer o que faço", disse ela. Seth descreveu sua abordagem à inovação quase como jornalismo investigativo, exceto que, em sua versão, ela verifica os avanços com cada um de seus pares. Seth é uma "pessoa em forma de T", contou ela, que tem mais largura, em comparação com uma "pessoa em forma de I", a qual só vai fundo, uma analogia aos pássaros e rãs de Dyson. "Pessoas T como eu podem tranquilamente encher as Pessoas I de perguntas para fortalecer seu T", disse-me ela. "Minha inclinação é atacar um problema construindo uma narrativa. Decido quais as perguntas fundamentais a serem feitas, e se você fizer essas perguntas para as pessoas que, de fato, conhecem o assunto, ainda estará exatamente onde estaria se tivesse todo esse conhecimento inerente. É uma composição de mosaico. Eu continuo encaixando as peças. Imagine-me em uma rede em que eu não tivesse a possibilidade de entrar em contato com todas essas pessoas. Isso, realmente, não funcionaria bem."

Em seus primeiros oito anos na 3M, Ouderkirk trabalhou com mais de cem equipes diferentes. Ninguém lhe entregou projetos importantes, como filmes ópticos multicamadas, com impacto potencial que abrange uma enorme variedade de tecnologias; sua amplitude ajudou-o a identificá-los. "Se você está trabalhando em problemas bem definidos e bem compreendidos, os especialistas trabalham muito, muito bem", disse-me ele. "Conforme aumentam a ambiguidade e a incerteza, o que é a norma quando se trata de sistemas, a amplitude torna-se cada vez mais importante."

Pesquisas dos professores de administração espanhóis Eduardo Melero e Neus Palomeras respaldaram a ideia de Ouderkirk. Eles analisaram quinze anos de patentes de tecnologia de 32 mil equipes em 880 organizações diferentes, rastreando cada inventor individual conforme ele se deslocava entre as equipes e, em seguida, o impacto de cada invenção.[22] Melero e Palomeras mediram a incerteza em cada campo tecnológico: uma área de alta incerteza tinha muitas patentes que se mostraram totalmente inúteis e alguns sucessos; os domínios de baixa incerteza caracterizavam-se pela progressão linear com os passos seguintes mais óbvios e por mais patentes que se mostraram moderadamente úteis. Nos domínios de baixa incerteza, as equipes de especialistas eram mais propensas a criar patentes úteis. Nos domínios de alta incerteza — nos quais as questões frutíferas em si eram menos óbvias —, as equipes que incluíam indivíduos que haviam trabalhado em uma ampla variedade de tecnologias tinham maior probabilidade de serem bem-sucedidas. Quanto maior a incerteza de domínio, mais importante era ter um membro da equipe de alta amplitude. Assim como os grupos de biologia molecular, Kevin Dunbar estudou o uso do pensamento analógico para resolver problemas. Quando as coisas ficaram incertas, a amplitude fez a diferença.

Como Melero e Palomeras, a professora de administração de Dartmouth, Alva Taylor, e o professor da Escola Norueguesa de Administração, Henrich Greve, queriam examinar o impacto criativo da amplitude individual, apenas em um domínio um pouco menos técnico: histórias em quadrinhos.[23]

A indústria dos quadrinhos proporcionou uma era bem definida de explosão criativa. De meados dos anos 1950 a 1970, os criadores de quadrinhos concordaram em se autocensurar depois que o psiquiatra Fredric Wertham convenceu o Congresso norte-americano de que os quadrinhos estavam pervertendo as crianças. (Wertham manipulou ou inventou aspectos de sua pesquisa).[24] Em 1971, a Marvel Comics rompeu esse padrão. O Departamento de Saúde, Educação e Bem-Estar dos EUA pediu que o editor da Marvel, Stan Lee, criasse uma história que educasse os leitores sobre o abuso de drogas. Ele escreveu uma história do Homem-Aranha na qual o melhor amigo de Peter Parker sofria uma overdose de comprimidos. A Autoridade de Código de Quadrinhos, o órgão de autocensura do setor, não aprovou. A Marvel publicou mesmo assim. A história foi tão bem recebida que os padrões de censura foram imediatamente relaxados, e as comportas criativas se abriram. Os criadores de quadrinhos desenvolveram super-heróis com problemas emocionais complexos; *Maus* tornou-se a primeira *graphic novel* a ganhar um Pulitzer; a vanguardista *Love and Rockets* apresentou um elenco etnicamente diverso que envelheceu com os leitores em tempo real.

Taylor e Greve acompanharam as carreiras de criadores individuais e analisaram o valor comercial de milhares de histórias em quadrinhos de 234 editoras desde aquela época. Cada história exigia a integração, por um ou vários criadores, da narrativa, do diálogo, da arte e do design do layout. A dupla de pesquisadores fez previsões sobre o que melhoraria o valor médio das obras produzidas por um indivíduo ou uma equipe de criadores, e o que aumentaria a variação de valor — ou seja, a possibilidade de um criador produzir uma história em quadrinhos que ou fracassasse de maneira espetacular comparada a seu trabalho habitual ou que obtivesse sucesso além do normal.

Taylor e Greve esperavam uma típica curva de aprendizado da produção industrial: os criadores aprendem por repetição, então aqueles que criam mais quadrinhos em um determinado período de tempo seriam os melhores em média. Eles estavam errados. Além disso, como havia sido demonstrado na produção industrial, imaginaram que, quanto mais recursos um editor tivesse, melhor seria o produto médio de seus criadores. Errado. E fizeram a previsão muito intuitiva de que, conforme os anos de experiência dos criadores no setor aumentassem, eles produziriam melhores quadrinhos em média. Errado de novo.

Uma carga de trabalho de alta repetição afetou negativamente o desempenho. Anos de experiência não tiveram impacto algum. Se não havia experiência, repetição ou recursos, o que ajudava os criadores a fazerem quadrinhos melhores, na média, e inovar?

A resposta (além de não estar sobrecarregado) era em quantos dos 22 gêneros diferentes o criador tinha atuado, da comédia e do crime à fantasia, adulto, não ficção e ficção científica. Onde a duração da experiência não diferenciava os criadores, a amplitude da experiência o fazia. O amplo conhecimento de gêneros tornava os criadores melhores, em média, e mais propensos a inovar.

Os criadores individuais começaram com baixa taxa de inovação em relação às equipes — eram menos propensos a produzir um sucesso —, mas, à medida que sua experiência se ampliava, eles realmente superavam as equipes. Um criador individual que tivesse trabalhado em quatro ou mais gêneros era mais inovador do que uma equipe cujos membros possuíam experiência coletiva em todo o mesmo número de gêneros. Taylor e Greve sugeriram que "os indivíduos são capazes de uma integração mais criativa de suas diversas experiências do que as equipes".

Eles chamaram seu estudo de *Superman or the Fantastic Four?* [*Super-Homem ou o Quarteto Fantástico?*]. "Ao buscar inovação em indústrias baseadas no conhecimento é melhor encontrar um 'superindivíduo'", escreveram eles. Se nenhum indivíduo com a combinação necessária de conhecimento diverso estiver disponível, deve-se formar uma equipe "fantástica". A diversidade de experiências se mostrou impactante quando presente em membros de uma equipe, e ainda mais impactante quando contida em um único indivíduo. Essa descoberta imediatamente me lembrou dos meus próprios criadores favoritos de quadrinhos. Quadrinista e criador de longas-metragens de animação, o japonês Hayao Miyazaki é mais conhecido pelo épico onírico *A Viagem de Chihiro*, que superou Titanic como o filme de maior bilheteria da história no Japão. Sua carreira anterior nos quadrinhos e na animação prova que ele não deixou quase nenhum gênero intocado. Ele transitou entre os gêneros de fantasia e contos de fadas até ficção histórica, ficção científica, comédia pastelão, ensaios históricos ilustrados, ação-aventura e muito mais. Romancista, roteirista e quadrinista, o autor Neil Gaiman circula em uma amplitude de atuação semelhante à de Miyazaki, que vai do jornalismo e de ensaios sobre arte até uma obra de ficção que abrange histórias que podem ser lidas para (ou por) leitores mais jovens até exames psicologicamente complexos de identidade que têm encantado a audiência adulta. Jordan Peele não é um criador de histórias em quadrinhos, mas o roteirista e diretor de primeira viagem do surpreendente e extraordinário sucesso *Corra!*, alcançando uma nota similar quando creditou sua facilidade para escrever comédia a sua habilidade em criar o *timing* perfeito de revelações em um filme de terror. "No desenvolvimento de produtos, a especialização pode sair cara", concluíram Taylor e Greve.

Em ambientes propícios, em que o objetivo é recriar o desempenho anterior com o mínimo de desvio possível, as equipes de especialistas trabalham de maneira esplêndida. As equipes cirúrgicas trabalham mais rápido e cometem menos erros ao repetirem procedimentos específicos, e cirurgiões especializados obtêm melhores resultados, independentemente das repetições.[25] Se você precisar de uma cirurgia, vai querer um médico especializado no procedimento, que o tenha repetido várias vezes, de preferência com a mesma equipe, assim como você gostaria de que Tiger Woods ficasse a seu lado se você estivesse prestes a enfrentar a partida de golfe de sua vida. São pessoas que passam pela mesma experiência muitas vezes e agora precisam recriar um processo conhecido que executaram com sucesso antes. O mesmo vale para as tripulações de companhias aéreas. Equipes que têm experiência em trabalhar juntas tornam-se extremamente eficientes em delegar todas as tarefas conhecidas e necessárias para assegurar um voo tranquilo. Quando o Conselho Nacional de Segurança do Transporte analisou seu banco de dados sobre grandes acidentes aéreos, constatou que 73% deles ocorreram no primeiro dia em que a tripulação trabalhava junto.[26] Como as cirurgias e os jogos de golfe, o melhor voo é aquele em que tudo vai de acordo com rotinas há muito compreendidas e otimizadas por todos os envolvidos, sem surpresas.

Quando o caminho não é claro — um jogo de tênis com regras marcianas —, essas mesmas rotinas não são mais suficientes. "Algumas ferramentas funcionam de modo fantástico em certas situações, fazendo com que a tecnologia avance menos, mas de maneira importante, e tais ferramentas são bem conhecidas e bem praticadas", me disse Andy Ouderkirk. "Essas mesmas ferramentas também o afastarão de uma inovação revolucionária. Na verdade, transformarão uma inovação revolucionária em uma inovação incremental."

Abbie Griffin, professora da Universidade de Utah, dedicou-se ao estudo dos Thomas Edisons modernos — "inovadores em série" —, como ela e dois colegas os chamaram.[27] Suas descobertas sobre quem são essas pessoas devem soar familiares: "alta tolerância à ambiguidade"; "pensadores sistêmicos"; "conhecimento técnico adicional de domínios periféricos"; "redirecionamento do que já está disponível"; "adepto a usar domínios análogos para encontrar insumos para o processo da invenção"; "capacidade de conectar diferentes informações de novas maneiras"; "sintetizam informações de muitas fontes diferentes"; "eles parecem flertar entre as ideias"; "ampla gama de interesses"; "leem mais (e mais amplamente) do que outros tecnólogos e têm uma gama mais ampla de interesses externos"; "precisam aprender de forma significativa em vários campos"; "os inovadores em série também precisam se comunicar com vários indivíduos com experiência técnica fora de sua própria área". Entendeu o quadro?

Charles Darwin "poderia ser considerado um profissional não convencional", de acordo com o pesquisador de criatividade Dean Keith Simonton.[28] Darwin não era membro do corpo docente da universidade, nem cientista profissional em nenhuma instituição, mas estava ligado à comunidade científica. Por um tempo, concentrou-se exclusivamente em crustáceos, mas ficou tão cansado que declarou, na introdução de uma monografia sobre cirrípedes, o seguinte: "Não estou disposto a gastar mais tempo com o assunto".[29] Como os generalistas e polímatas da 3M, ele se cansou de ficar em apenas uma área, e foi tudo. Para seu trabalho de quebra de paradigmas, a ampla rede de Darwin era crucial. Howard Gruber, psicólogo que estudou seus diários, escreveu que Darwin só realizou pessoalmente experimentos "oportunos para eventos experimentais como generalista científico que era". Para todo o resto, ele confiava em especialistas, ao estilo de Jayshree Seth.

Darwin sempre atuou em diversos projetos de uma vez, o que Gruber chamou de sua "rede de empreendimento". Tinha, pelo menos, 231 parceiros científicos que puderam ser agrupados em treze temas amplos com base em seus interesses, de vermes a seleção sexual humana.[30] Ele os encheu de perguntas. Recortava trechos das cartas que trocavam, para colar informações em seus cadernos, nas quais "ideias se sobrepõem de uma forma aparentemente caótica". Quando seus cadernos insanos se tornavam inviáveis, ele os desmembrava e arquivava suas páginas, separadas por temas de investigação. Só para seus experimentos com sementes, Darwin correspondia-se com geólogos, botânicos, ornitólogos e conquiliologistas da França, da África do Sul, dos Estados Unidos, dos Açores, da Jamaica e da Noruega, sem mencionar um sem-número de naturalistas amadores e alguns paisagistas que conhecia. Como Gruber escreveu, as atividades de um criador "podem aparecer, do lado de fora, como uma miscelânea desconcertante", mas ele pode "mapear" cada atividade em um dos empreendimentos em andamento.[31] "Em alguns aspectos, os maiores trabalhos de Charles Darwin representam compilações interpretativas de fatos reunidos primeiramente por outras pessoas", concluiu Gruber. Ele era um integrador de pensamento lateral.

Ao final de seu livro *Serial Innovators*, Abbie Griffin e seus coautores compartilham estoicamente seus dados e observações e oferecem conselhos aos gestores de recursos humanos. Eles estão preocupados com o fato de as políticas de RH em empresas maduras terem um lugar tão bem definido e especializado para empregados que contratar potenciais funcionários inovadores será como "tentar encaixar peças redondas em buracos quadrados", e eles serão filtrados. Sua amplitude de interesses não se encaixa perfeitamente em uma só designação. Eles são "pessoas em forma de π" que entram e saem de várias especialidades. "Procure interesses amplos", aconselham. "Procure por vários passatempos e atividades (...). Quando o candidato descreve seu trabalho, ele tende a se concentrar nos limites e nas interfaces com outros sistemas?" Um inovador em série descreveu sua rede de negócios como "um bando de anzóis com balõezinhos de pensamentos pendurados neles". Lin-Manuel Miranda, autor de *Hamilton*, pintou a mesma ideia com elegância: "Eu tenho muitos aplicativos abertos em meu cérebro agora".[32]

A equipe de pesquisas de Griffin percebeu que os inovadores em série afirmavam várias vezes que eles mesmos seriam excluídos de acordo com as práticas atuais de contratação da empresa. "Uma abordagem mecanicista de contratação, ainda que produza resultados altamente reprodutíveis, na verdade, reduz o número de candidatos de alto potencial [para inovação]", escreveram eles. Quando falei com ele pela primeira vez, Andy Ouderkirk estava desenvolvendo um curso na Universidade de Minnesota, em parte sobre como identificar inovadores em potencial. "Achamos que muitos deles podem ser frustrados pela escola, porque, por natureza, pensam de maneira muito ampla", disse ele.

Diante de ambientes incertos e problemas iníquos, a amplitude da experiência é inestimável. Enfrentando problemas definidos, a especialização estrita pode ser notavelmente eficiente. O problema é que, muitas vezes, esperamos que o hiperespecialista, por causa de sua especialidade em uma área restrita, possa magicamente estender sua habilidade a problemas iníquos. Os resultados podem ser desastrosos.

10
ENGANADO PELA ESPECIALIZAÇÃO

A APOSTA ESTAVA NA MESA, e o que estava em jogo era o destino da humanidade.[1]

De um lado, Paul Ehrlich, biólogo de Stanford. Em um depoimento ao Congresso, no *Tonight Show* (vinte vezes) e em seu livro de 1968, *The Population Bomb*, Ehrlich insistiu que era tarde demais para evitar o juízo final apocalíptico causado pela explosão populacional. No canto inferior esquerdo da capa do livro, aparecia a imagem de um pavio curto queimando, e a advertência de que "a bomba ainda continua armada". A escassez de recursos causaria centenas de milhares de mortes por fome em uma década, avisava Erhlich. A *New Republic* alertou o mundo de que a demanda da população global já havia ultrapassado a capacidade mundial de produção de alimentos. "A fome começou", proclamou a revista. Era uma matemática fria e rígida: a população humana estava crescendo exponencialmente; a produção de comida, não. Ehrlich era um especialista em borboletas muito respeitado. Ele sabia perfeitamente que a natureza não regula as populações animais de maneira gentil. Populações explodem, crescem além dos recursos disponíveis e entram em colapso. "O formato da curva de crescimento populacional é familiar para o biólogo",[2] escreveu ele.

Ehrlich descreveu cenários hipotéticos em seu livro, representando "os tipos de desastre que *vão* ocorrer". Em um dos cenários, durante os anos 1970, os Estados Unidos e a China começam a culpar um ao outro pela fome generalizada, e a discussão termina em uma guerra nuclear. Esse é o cenário *moderado*. No cenário ruim, a fome se alastra pelo planeta. Cidades alternam entre tumultos e a lei marcial. Os conselheiros ambientais do presidente norte-americano recomendam a adoção de uma política de um único filho e a esterilização de pessoas com baixo QI. A Rússia, a China e os Estados Unidos são levados a uma guerra nuclear que deixa inabitáveis os dois terços setentrionais do planeta. Resquícios da sociedade humana sobrevivem no Hemisfério Sul, mas a degradação ambiental logo extingue a espécie humana. No cenário "feliz", o controle populacional começa. O papa anuncia que os católicos devem se reproduzir menos e abençoa o aborto. A fome se espalha ainda mais e os países oscilam. Em meados dos anos 1980, a maior onda de mortes termina, e a terra fértil começa a ser retomada. O cenário feliz prevê apenas cerca de meio bilhão de mortes por desnutrição. "Eu os desafio a criar um panorama mais otimista", escreveu Ehrlich, acrescentando que não consideraria cenários envolvendo alienígenas benevolentes trazendo ajuda humanitária.

O economista Julian Simon aceitou o desafio de Ehrlich de criar um quadro mais otimista. O fim dos anos 1960 foi o início da "revolução verde".[3] Tecnologias de outras áreas — técnicas de controle da água, sementes híbridas, estratégias de gerenciamento — chegaram à agricultura, e a produção das colheitas globais estava aumentando. Simon notou que a inovação estava alterando a equação. Ter mais gente, na verdade, seria a solução, pois isso significaria mais boas ideias e mais descobertas tecnológicas. Então, Simon propôs uma aposta. Ehrlich escolheria cinco metais que ele esperava que se tornassem mais caros à medida que os recursos fossem se esgotando e o caos se instaurasse durante a década seguinte. A aposta consistia em mil dólares no valor daqueles cinco metais escolhidos. Se, em dez anos, os preços tivessem caído, Ehrlich pagaria a diferença de preço a Simon. Se os preços tivessem subido, Simon teria que cobrir a diferença. O prejuízo máximo para Ehrlich seria, então, de mil dólares, enquanto, para Simon, não haveria limite para o risco. A aposta foi oficialmente feita em 1980.

Em outubro de 1990, Simon recebeu pelo correio um cheque no valor de 576,07 dólares. Ehrlich havia perdido. O preço de cada um dos cinco metais caíra. A mudança tecnológica havia não apenas sustentado o crescimento populacional, mas a quantidade de comida disponível por pessoa aumentara ano após ano, em todos os continentes.[4] A proporção de pessoas subnutridas é sempre muito alta se for diferente de zero, mas ela nunca foi tão baixa quanto agora. Nos anos 1960, cinquenta a cada 100 mil cidadãos do mundo morriam de fome anualmente; hoje, tal número é 0,5 a cada 100 mil. Mesmo sem a ajuda do papa, o crescimento da população mundial iniciou um declínio vertiginoso que continua até hoje. Quando a mortalidade infantil caiu e a educação (especialmente das mulheres) e o desenvolvimento aumentaram, as taxas de natalidade caíram. A humanidade irá precisar de mais inovações, pois o número absoluto da população mundial continua a aumentar, mas a *taxa* de crescimento está diminuindo, e rápido. A ONU projeta que, no final deste século, a população mundial se encontrará perto de seu pico — a taxa de crescimento estará se aproximando de zero — ou mesmo já em declínio.[5]

As previsões de Ehrlich sobre a fome foram quase que magicamente ruins. Ele as fez em um momento em que o desenvolvimento tecnológico já estava alterando substancialmente o cenário global *e* exatamente antes de a taxa de crescimento populacional começar sua longa desaceleração. E, ainda assim, no mesmo ano em que reconheceu ter perdido a aposta, Ehrlich repetiu-a em outro livro. Com certeza, ele tinha errado na linha do tempo, mas "agora a bomba populacional detonou".[6] Apesar de fazer uma previsão errada atrás da outra, Ehrlich acumulou uma imensa legião de seguidores e continuou a receber prêmios importantes. Simon se tornou o porta-voz dos acadêmicos que achavam que Ehrlich ignorava os princípios da economia, e de todos aqueles irritados com o incessante fluxo de previsões terríveis que jamais se concretizavam. O tipo de regulação excessiva defendida por Ehrlich, argumentavam os defensores de Simon, suprimiria as próprias inovações que haviam salvado a humanidade da catástrofe. Os dois homens tornaram-se referências em suas respectivas áreas. E ambos estavam errados.

Quando, mais tarde, economistas examinaram os preços dos metais para cada uma das décadas entre 1900 e 2008, período durante o qual a população mundial quadruplicou, eles descobriram que Ehrlich teria vencido a aposta em 63% dos casos.[7] O erro: preços de commodities guardam uma correlação ruim com os efeitos populacionais, especialmente em apenas uma única década. A variável que os dois homens tinham certeza de que justificaria suas visões de mundo, na verdade, tinha pouca relação com elas. Os preços das commodities sobem e descem ao sabor de ciclos macroeconômicos, e uma recessão durante o período da aposta derrubou os preços. Ehrlich e Simon podiam ter tirado cara ou coroa e se declarado, ambos, vencedores.

Os dois homens se entrincheiraram em seus campos. Cada um deles declarou sua fé na ciência e na primazia indiscutível dos fatos. E cada um deles continuou a desprezar o valor das ideias do outro. Ehrlich estava errado sobre a população (e sobre o apocalipse), mas correto sobre aspectos da degradação ambiental. Simon estava certo sobre a influência da engenhosidade humana sobre os suprimentos de comida e energia, porém errado ao alegar que as melhorias na qualidade do ar e da água também confirmavam suas previsões. Ironicamente, tais melhorias não nasceram naturalmente de iniciativas tecnológicas e de mercado, mas foram, ao contrário, alicerçadas por meio de regulações advindas da pressão de Ehrlich e de outros.

A rigor, adversários intelectuais "afiam mutuamente seus argumentos, que então se tornam mais agudos e melhores", escreveu Paul Sabin, historiador de Yale. "Com Paul Ehrlich e Julian Simon, ocorreu o contrário." Conforme colecionavam mais informações a favor de suas próprias visões, cada um deles foi ficando mais dogmático; e as inadequações de seus modelos de mundo, mais rígidas.

Há um tipo específico de pensador, que fica mais convencido de sua própria grande ideia a respeito do funcionamento do mundo, mesmo diante de fatos discordantes, e cujas previsões se tornam piores, não melhores, conforme coleta mais informações para sua representação mental do mundo. Eles estão todos os dias na televisão e nos jornais, fazendo previsões cada vez piores e ao mesmo tempo declarando vitória, e foram estudados rigorosamente.

Tudo começou em 1984, no encontro do comitê do Conselho Nacional de Pesquisa sobre as relações americano-soviéticas. O recém-efetivado psicólogo e cientista político Philip Tetlock tinha trinta anos de idade e era, de longe, o membro menos experiente do comitê. Ele ouviu com atenção as discussões dos outros participantes sobre as intenções dos soviéticos e as políticas norte-americanas. Especialistas de grande renome fizeram previsões de muita autoridade, e Tetlock ficou abismado por aquelas pessoas estarem sendo, muitas vezes, completamente contraditórias entre si — e impermeáveis a qualquer contra-argumento.

Tetlock decidiu testar as previsões dos especialistas.[8] Com a Guerra Fria a todo vapor, ele começou a coletar previsões de curto e longo prazo de 284 especialistas altamente treinados (a maioria com doutorado), todos com mais de doze anos de experiência, em média, em suas respectivas áreas. As questões tratavam de política internacional e economia; e, para garantir que as previsões fossem concretas, os especialistas tinham que atribuir probabilidades específicas para eventos futuros. Tetlock precisava coletar previsões o bastante durante um período suficientemente longo, para ser possível separar golpes de sorte ou azar da verdadeira habilidade. O projeto durou vinte anos e coletou 82.361 estimativas de probabilidade sobre o futuro. Os resultados retratavam um mundo extremamente perverso.

O especialista médio era terrível fazendo previsões. As áreas de especialização, os anos de experiência, os títulos acadêmicos e mesmo (para alguns deles) o acesso a informações sigilosas: nada disso fazia diferença. Eles eram ruins nas previsões de curto prazo, ruins nas previsões de longo prazo e ruins nas previsões sobre qualquer área. Quando os especialistas declararam que determinado evento futuro era impossível ou quase impossível, mesmo assim tal evento ocorreu em 15% das vezes. Quando declararam que algo era certo, tal evento deixou de acontecer em mais de um quarto das vezes. O provérbio dinamarquês advertindo que "É muito difícil fazer previsões, especialmente sobre o futuro" está correto. Os diletantes que foram colocados junto com os especialistas não eram melhores clarividentes, mas, pelo menos, eram menos propensos a declarar eventos futuros como impossíveis ou como certos, o que os deixou com menos erros risíveis dos quais se expiar — isto é, se os especialistas acreditassem em expiação.

Muitos especialistas jamais admitiram suas falhas sistemáticas de avaliação, mesmo confrontados com seus resultados. Quando eles acertavam, isso era sempre atribuído a seus próprios méritos — sua especialização tinha claramente permitido que eles entendessem o mundo. Quando erravam feio, era sempre um pequeno erro; eles tinham, com certeza, entendido a situação, insistiam. E, se apenas uma coisinha ou outra tivesse acontecido de forma diferente, eles teriam acertado. Ou, como Ehrlich, seu entendimento estava correto, e suas derrotas estavam sempre a um golpe de azar de terem sido vitórias. Os especialistas continuavam invictos, apesar de errarem com frequência. "Muitas vezes, aparece uma relação curiosamente inversa entre o quão bem eles achavam que estavam se saindo com as previsões e quão bem eles de fato se saíam", concluiu Tetlock.[9]

Havia também uma "relação inversa perversa" entre a fama e a precisão. Quanto mais provável fosse que as previsões de um especialista aparecessem em editoriais ou na televisão, mais provável era que tais especialistas estivessem sempre errados. Ou nem sempre errados. Ou melhor, como Tetlock e seu coautor escreveram de maneira sucinta em seu livro *Superprevisões: a arte e a ciência de antecipar o futuro*: "mais ou menos tão precisos quanto um chimpanzé jogando dardos".

As primeiras previsões na pesquisa de Tetlock diziam respeito ao futuro da União Soviética. Havia especialistas (em geral, os liberais) que viam Mikhail Gorbachev como um reformista sincero que seria capaz de transformar a União Soviética e mantê-la intacta por algum tempo; e especialistas (em geral, os conservadores) que consideravam a União Soviética imune a reformas, desastrosa por sua própria natureza e com a legitimidade decrescente. Os dois lados estavam, em parte, corretos e, em parte, errados. Gorbachev realizou reformas reais, abrindo a União Soviética para o mundo e dando mais poder aos cidadãos. Mas aquelas mesmas reformas liberaram forças que estavam reprimidas nas repúblicas fora da Rússia, onde o sistema havia perdido legitimidade. Começando pela declaração de soberania da Estônia, tais forças desmontaram a União Soviética. Os dois grupos de especialistas foram pegos de surpresa pelo rápido fim da URSS, e suas previsões sobre o curso dos eventos foram horríveis. Houve, entretanto, um subgrupo entre os especialistas que conseguiu enxergar melhor o que estava por vir.

Ao contrário de Ehrlich e Simon, esses especialistas não estavam comprometidos com uma abordagem única. Eles foram capazes de considerar cada um dos argumentos e integrar visões de mundo aparentemente contraditórias. Eles concordaram que Gorbachev era um verdadeiro reformista *e* que a União Soviética tinha perdido sua legitimidade dentre as repúblicas fora da Rússia. Alguns desses integradores chegaram a prever que o fim da União Soviética estava próximo e que reformas verdadeiras seriam o catalisador.

Os integradores superaram a performance de seus colegas em praticamente tudo, mas os arrasaram especialmente nas previsões em longo prazo. No fim, Tetlock atribuiu apelidos (emprestados do filósofo Isaiah Berlin) os quais ficaram famosos nas comunidades de psicologia e de inteligência: os ouriços de visão estrita, que "sabem uma coisa grande", e as raposas integradoras, que "sabem muitas coisas pequenas".

Especialistas ouriços tinham conhecimentos profundos, mas estritos. Alguns tinham passado toda a carreira estudando um único problema. Como Ehrlich e Simon, eles criavam teorias bem estruturadas sobre o funcionamento do mundo, unicamente através das lentes de sua especialidade e, então, ajustavam todos os eventos para que se encaixassem na teoria. Os ouriços, segundo Tetlock, "trabalham arduamente" dentro de uma das tradições de sua especialidade "e chegam a soluções arbitrárias para problemas mal definidos". Os resultados não importavam; os especialistas estavam certos tanto nos sucessos quanto nos fracassos e enterravam-se cada vez mais em suas próprias ideias. Isso os tornava perfeitos para prever o passado, mas chimpanzés jogando dardos quando previam o futuro. As raposas, enquanto isso, "bebem de uma coleção eclética de tradições e aceitam a ambiguidade e a contradição", escreveu Tetlock. Onde os ouriços representavam a estreiteza, as raposas vagavam para longe de uma única disciplina ou teoria, incorporando a amplitude.

Mais incrível ainda, os ouriços se saíam especialmente mal nas previsões em longo prazo em suas áreas de especialidade. E eles ficavam piores conforme acumulavam mais credenciais acadêmicas e experiência em suas áreas. Quanto mais informação tinham a seu dispor, mais fácil era para eles encaixarem qualquer história em suas visões de mundo. Isso dava aos ouriços uma notável vantagem. Ver todos os eventos do mundo através de seu buraco de fechadura preferido tornava fácil criar histórias atraentes sobre o que quer que ocorresse — e contar tais histórias com uma autoridade inabalável. Em outras palavras, eles são ótimos na TV.

***

Tetlock é, obviamente, uma raposa. Ele é professor na Universidade da Pensilvânia e, quando o visitei em sua casa na Filadélfia, fui incluído em uma conversa informal sobre política entre ele e seus colegas, com sua mulher e colaboradora, Barbara Mellers, também psicóloga e pesquisadora importante na área de tomada de decisão. Tetlock começava seu argumento em uma direção, questionava-se e voltava atrás. Ele trouxe dados da economia, da ciência política e da história para amparar uma opinião rápida sobre um debate corrente na psicologia. Então, puxou o freio de mão e observou: "Mas, se seus pressupostos sobre a natureza humana e sobre como uma boa sociedade deve ser estruturada fossem outros, você veria isso de forma completamente diferente". Quando uma nova ideia entrava na conversa, ele rapidamente dizia "Vamos supor, apenas por hipótese", o que o levava a apresentar pontos de vista de diferentes disciplinas ou perspectivas políticas ou emocionais. Ele experimentava as ideias como se fossem filtros do Instagram, até que fosse muito difícil saber no que ele realmente acreditava.

Em 2005, publicou os resultados de sua longa pesquisa sobre opiniões de especialistas e chamou a atenção para a Atividades com Projetos de Pesquisa Avançada em Inteligência (Iarpa), uma organização governamental que apoia pesquisas sobre os mais difíceis desafios da comunidade de inteligência norte-americana. Em 2011, a Iarpa iniciou um torneio de previsões de quatro anos, no qual competiam entre si cinco equipes lideradas por pesquisadores. Cada equipe podia recrutar, treinar e experimentar como quisesse. Todos os dias, por quatro anos, as previsões deviam ser entregues até as nove horas da manhã, no horário da Costa Leste americana. As perguntas eram complexas. Qual é a chance de um país-membro sair da União Europeia até uma determinada data? O Índice Nikkei fechará acima de 9.500 pontos? Qual a possibilidade de ocorrer um confronto naval no mar da China Oriental resultando em mais de dez vítimas fatais? Os participantes podiam revisar suas previsões quantas vezes quisessem, mas o sistema de pontuação recompensava a precisão ao longo do tempo. Então, uma ótima previsão feita no último momento antes da data final da questão tinha valor limitado.

A equipe liderada por Tetlock e Mellers chamava-se Projeto Bom Julgamento. Em vez de recrutar especialistas famosos, no primeiro ano do torneio eles fizeram uma chamada por voluntários. Depois de uma seleção inicial, convidaram 3.200 voluntários para começar a prever. Desses, identificaram um pequeno grupo de participantes com mais características de raposas — apenas pessoas brilhantes com uma ampla variedade de interesses e com hábito de leitura, mas sem qualquer experiência prévia específica relevante — e deram mais peso a esse grupo nas previsões da equipe. Eles arrasaram as outras equipes.

No segundo ano, o Projeto Bom Julgamento organizou os melhores "superprevisores" em equipes on-line de doze membros, de forma que pudessem trocar informações e ideias. Eles venceram as equipes lideradas por outras universidades de forma tão devastadora que a Iarpa dispensou essas equipes menores do torneio. E os voluntários selecionados entre o público em geral venceram equipes formadas por experientes analistas de inteligência com acesso a dados sigilosos "por margens ainda mantidas em segredo", de acordo com Tetlock. (Ele citou um artigo do jornal *The Washington Post*, mas indicando que o Projeto Bom Julgamento se saiu cerca de 20% melhor que um grupo de analistas da comunidade de inteligência.)

Não apenas os que faziam as melhores previsões tinham características de raposas individualmente. Também tinham qualidades que faziam deles ótimos colaboradores — parceiros no compartilhamento de informações e na discussão das previsões. Cada membro da equipe ainda precisava fazer previsões individuais, mas o grupo era avaliado pelo desempenho coletivo. Em média, os membros das pequenas "superequipes" de previsores se tornaram 50% mais precisos em suas previsões *individuais*. As superequipes superam os resultados de grupos muito maiores — nos quais se considera a média das previsões de um grande grupo de pessoas — e também superam os resultados de mercados de previsões, nas quais os participantes "negociam" o desenrolar de eventos futuros como ações. Assim, o preço do mercado representa a previsão do grupo.

Pode parecer que a complexidade da previsão de eventos geopolíticos e econômicos exigiria um grupo de especialistas de escopo preciso, cada um trazendo para o grupo seu conhecimento profundo de uma área. Mas, na verdade, ocorre exatamente o contrário. Como com autores de histórias em quadrinhos e inventores que registram patentes de novas tecnologias, quando se encara a incerteza, a amplitude individual é decisiva. Os participantes com mais características de raposas eram impressionantes sozinhos, mas, juntos, tornavam-se um exemplo do ideal mais sublime de uma equipe: eles se tornavam mais que a soma de suas partes. Muito mais.

Algumas das qualidades que tornam os melhores membros do Projeto Bom Julgamento grandes membros de uma equipe ficam óbvias quando se conversa com eles. São brilhantes, mas os especialistas ouriços com os quais Tetlock iniciou seu trabalho também eram. Têm muita facilidade em brincar com números, estimando a taxa de pobreza de um país ou a proporção de terra cultivável de um estado. E têm uma amplitude de interesses e conhecimentos.

Scott Eastman disse-me que "nunca se encaixou completamente em um mundo". Ele cresceu no Oregon e competiu em torneios de Ciências e Matemática, mas, na faculdade, estudou Literatura Inglesa e Artes Plásticas. Tinha sido mecânico de bicicletas, pintor de paredes, fundador de uma empresa de pintura de paredes, gerente de um fundo multimilionário, fotógrafo, professor de fotografia, professor convidado em uma universidade na Romênia — de várias matérias, desde Antropologia Cultural até Direitos Civis — e, o mais inusitado, conselheiro-chefe do prefeito de Avrig, uma pequena cidade da Romênia central. Neste cargo, fazia um pouco de tudo, desde ajudar a integrar novas tecnologias à economia local até atender à imprensa e participar de negociações com líderes empresariais chineses.

Eastman narra sua vida como um livro de fábulas; cada experiência traz uma lição. "Acho que pintar paredes foi provavelmente o mais importante", ele me disse. Aquele trabalho lhe deu a chance de interagir com vários tipos de colegas e clientes — de refugiados em busca de asilo a bilionários do Vale do Silício com quem conversava se tinha projetos mais longos em suas casas. Ele descreveu a experiência como um campo fértil para colecionar perspectivas. Mas pintar paredes talvez não seja uma experiência educacional especialmente necessária para se fazer previsões geopolíticas. Eastman, como seus colegas de equipe, está constantemente colecionando novas perspectivas, sempre que pode, sempre aumentando sua amplitude intelectual, então qualquer terreno é fértil para ele.

Eastman era assustadoramente preciso ao prever acontecimentos na Síria e surpreendeu-se ao saber que a Rússia era seu ponto fraco. Ele estudou russo e tem um amigo que foi embaixador na Rússia. "Eu deveria ter uma vantagem ali, mas vi que, em meio a uma grande série de perguntas, aquela era uma de minhas piores áreas", me disse. Ele aprendeu que a especialização em um tópico frequentemente não se refletia em bons resultados nas previsões. "Então, se sei que alguém [na equipe] é um especialista naquela área, fico muito, muito feliz de ter acesso a essa pessoa para fazer perguntas e ver o que ela traz. Mas não vou simplesmente dizer 'Tudo bem, o bioquímico disse que certo fármaco, provavelmente, irá chegar ao mercado. Então ele deve estar certo'. Muitas vezes, se você está muito dentro de alguma coisa, é difícil ter uma boa perspectiva." Eastman descreveu o traço central de toda pessoa boa em fazer previsões assim: "alguém genuinamente curioso sobre, bem, na verdade sobre tudo".

Ellen Cousins investiga fraudes para advogados. Sua pesquisa, naturalmente, vai da medicina aos negócios. Ela tem outros interesses paralelos amplos, desde colecionar artefatos históricos até bordado, passando por gravura a laser e abertura de fechaduras. Também faz pesquisas gratuitas para veteranos de guerra que poderiam receber uma Medalha de Honra (e, às vezes, de fato, recebem). Ela acha o mesmo que Eastman. Especialistas em áreas específicas são um recurso valioso, disse-me, "mas você precisa entender que podem estar usando antolhos. Então, o que eu tento extrair deles são fatos, não opiniões". Como os inventores profícuos, Eastman e Cousins buscam vorazmente especialistas e integram o conhecimento obtido.

As interações on-line dos "superprevisores" são exercícios de antagonismo extremamente educado, discordância sem deselegância.[10] "Mesmo nas raras ocasiões em que alguém diz 'Você está todo entusiasmado, mas para mim não faz sentido, me explique isso', eles não se importam", me disse Cousins. Concordância não é o objetivo ali; estão em busca da agregação de perspectivas, muitas delas. Em uma imagem extremamente desagradável, Tetlock me descreveu as pessoas que fazem as melhores previsões como raposas com olhos de libélula. Os olhos da libélula são compostos por milhares de lentes, cada uma com uma perspectiva diferente, que são sintetizadas no cérebro do inseto.

Uma das previsões que vi sendo discutida foi em um grupo que tentava prever a maior alta no fechamento para a taxa de câmbio entre o dólar americano e a grívnia (ou hryvnia) ucraniana durante um período extremamente volátil em 2014. Seria menos que 10 para 1, entre 10 e 13 ou mais de 13? A discussão começou com um dos membros da equipe atribuindo previsões de probabilidade para cada uma das três possibilidades e compartilhando um artigo da *Economist*. Outro membro, em seguida, trouxe um link para o site da Bloomberg e informações históricas disponíveis on-line e ofereceu três previsões diferentes de probabilidade para cada faixa, com "entre 10 e 13" sendo a mais provável. Um terceiro participante concordou com o argumento do segundo. Um quarto compartilhou informações sobre o estado lastimável das finanças ucranianas. Um quinto mencionou o problema mais amplo, de como as taxas de câmbio mudam, ou não, de acordo com eventos no mundo. O membro que iniciara a conversa postou novamente; ele havia sido convencido pelos argumentos anteriores, e modificou suas previsões, mas ainda achava que estavam superestimando a possibilidade de "mais de 13". Continuaram a compartilhar informações, desafiar-se mutuamente e modificar suas previsões. Dois dias depois, um membro da equipe com especialização específica em finanças viu que a grívnia estava se fortalecendo em meio a eventos que ele achava que certamente a enfraqueceriam. Apareceu para informar seus colegas de equipe que isso era exatamente o oposto do que esperava, e que deviam tomar essa informação como um sinal de que havia algo errado no entendimento dele. Ao contrário dos políticos, as pessoas mais capazes de fazer previsões mudam de ideia o tempo todo. Finalmente, a equipe decidiu-se por "entre 10 e 13" como o maior favorito, e estava certa.

Em uma pesquisa separada, de 2000 a 2010 o psicólogo alemão Gerd Gigerenzer compilou as previsões anuais sobre o valor da taxa de conversão entre o euro e o dólar, feitas por 22 dos mais renomados bancos internacionais — Barclays, Citigroup, JPMorgan Chase, Bank of America, Merrill Lynch e outros.[11] A cada ano, todos os bancos previam a taxa de conversão ao final daquele ano. A conclusão de Gigerenzer sobre aquelas previsões, feitas por alguns dos mais proeminentes especialistas do mundo, foi apenas a seguinte: "Previsões sobre a taxa de conversão entre o euro e o dólar são inúteis". Em seis dos dez anos, a taxa real de conversão terminou fora da extensão coberta por todas as previsões. Onde um "superprevisor" rapidamente apontava uma mudança na direção da taxa de câmbio que o tinha deixado confuso e se adaptava à nova situação, as previsões dos grandes bancos falhavam em antecipar cada uma das mudanças de direção ocorridas na década analisada por Gigerenzer.

Uma marca das interações dentro das melhores equipes é o que o psicólogo Jonathan Baron chamou de "mentes ativamente abertas".[12] As melhores previsões vêm de pessoas que encaram suas próprias ideias como hipóteses a serem testadas. O objetivo não é convencer os colegas de que sua opinião está certa, mas encorajar os demais membros da equipe a ajudar no falseamento daquela opinião. Isso não é muito normal considerando a humanidade como um todo. Quando confrontadas com uma questão difícil — por exemplo, "Dar mais dinheiro às escolas públicas aumentaria de forma significativa a qualidade do ensino e da aprendizagem?" —, as pessoas tendem a naturalmente produzir uma barragem de ideias "suas".[13] Armadas com um *browser*, elas não começam procurando os motivos pelos quais, provavelmente, estão erradas. Não é que sejamos incapazes de produzir ideias contrárias às nossas. É só que nosso instinto diz para não o fazermos.

Pesquisadores no Canadá e nos Estados Unidos começaram um estudo em 2017 pedindo a um grupo de adultos com bom nível educacional e ideias políticas variadas que lessem argumentos confirmando suas crenças sobre assuntos controversos. Quando foi dada aos participantes a chance de serem pagos para ler os argumentos contrários a suas crenças, dois terços decidiram que não queriam sequer *olhar* os contra-argumentos, muito menos considerá-los seriamente.[14] A aversão a ideias contrárias não é um mero artefato da estupidez ou da ignorância. Dan Kahan, professor de Direito e Psicologia de Yale, mostrou que os adultos mais instruídos sobre ciência são, na verdade, *mais* propensos a adotar posturas dogmáticas em tópicos científicos politicamente polarizados. Kahan acha que um dos motivos pode ser que eles têm mais facilidade em encontrar evidência confirmando seus sentimentos: quanto mais tempo gastam com um determinado tópico, mais "ouriços" eles se tornam.

Em um estudo conduzido durante o período anterior à votação do Brexit, uma pequena maioria de eleitores dos dois lados, tanto os favoráveis ao Brexit quanto os contrários, foi capaz de interpretar corretamente estatísticas inventadas sobre a eficácia de um creme para a prevenção de rachaduras na pele.[15] No entanto, quando os eleitores foram apresentados a exatamente os mesmos dados, mas como se os números indicassem que a imigração ou aumentava ou diminuía a criminalidade, hordas de britânicos subitamente perderam todas as suas noções de matemática e interpretaram erroneamente aquelas estatísticas que contrariavam suas crenças políticas. Kahan observou o mesmo fenômeno nos Estados Unidos, usando o creme dermatológico e o controle de armas.[16] Ele também registrou uma característica de personalidade que lutava contra aquela propensão: a curiosidade científica. Não o conhecimento científico, a *curiosidade* científica.[17]

Kahan e seus colaboradores mediram a curiosidade científica de uma forma original, introduzindo perguntas relevantes em algo que parecia ser uma pesquisa de mercado com consumidores e acompanhando como as pessoas buscavam mais informação após assistirem a vídeos com conteúdo específico, alguns deles relacionados a ciência. Aqueles com maior curiosidade científica sempre escolhiam buscar mais evidências, independentemente de ela concordar ou não com suas crenças correntes. Os adultos com menos curiosidade científica eram como ouriços: tornavam-se mais resistentes à evidência contrária e mais polarizados politicamente conforme obtinham mais conhecimento sobre o assunto em questão. Aqueles com maior curiosidade científica resistiam àquela tendência. Sua caçada por informações era similar à literal caçada da raposa por sua presa: vagavam livremente, ouviam com atenção e consumiam de forma insaciável. Exatamente como Tetlock diz daqueles que fazem as melhores previsões, o importante não é o que pensam, mas como pensam. As melhores previsões vêm daqueles que mantêm suas mentes ativamente abertas. Também são curiosos ao extremo, e não apenas consideram ideias opostas: ativamente passam por disciplinas inteiras em busca dessas ideias. "A profundidade pode ser inadequada sem amplitude", escreveu Jonathan Baron, o psicólogo que desenvolveu formas de medir a capacidade de manter a mente ativamente aberta.[18]

Charles Darwin deve ter sido um dos seres humanos mais curiosos e de mente ativamente aberta da história. Seus quatro primeiros modelos da evolução eram variações do criacionismo e do design inteligente (o quinto modelo tratava a criação como uma questão em separado).[19] Ele fazia questão de copiar para suas anotações qualquer fato ou observação contrário à teoria na qual estava trabalhando que encontrava. Atacava suas próprias ideias de forma implacável, descartando um modelo após o outro, até chegar a uma teoria que se encaixasse totalmente à evidência. Mas, antes mesmo de começar aquele que foi o trabalho de sua vida, ele precisou de um empurrão de um colega de mente ativamente aberta — ou seu mentor, na verdade. John Stevens Henslow era o padre, geólogo e professor de botânica que conseguiu uma vaga para Darwin a bordo do HMS *Beagle*. Antes de o navio partir, ele recomendou a Darwin que lesse um livro controverso recém-publicado, *Princípios da Geologia*, de Charles Lyell. O autor argumentava que a Terra havia mudado muito gradualmente ao longo do tempo, por meio de processos que continuavam a ocorrer no presente. Henslow não aceitava a descrição de Lyell de uma geologia separada da teologia. Assim, advertiu a Darwin: "De forma nenhuma aceite as ideias aqui defendidas".[20] Mas, como uma raposa, ele ignorou sua repulsa e incitou seu discípulo a ler o livro. E foi uma revelação. De acordo com a historiadora da ciência Janet Browne, "em uma das mais extraordinárias interações da história da ciência, o livro de Lyell ensinou Darwin a pensar sobre a natureza".[21]

Nada disso significa que especialistas "ouriços" são desnecessários. Eles produzem conhecimento crucial. Einstein era um ouriço.[22] Viu a simplicidade sob a complexidade e encontrou teorias elegantes para demonstrar suas descobertas. Mas também passou os últimos trinta anos de sua vida em uma busca inflexível por uma teoria única de tudo, que eliminaria a aleatória bagunça aparente, inerente à mecânica quântica, um campo que nasceu em parte do próprio trabalho do físico alemão. Como escreveu o astrofísico Glen Mackie: "Existe um consenso: em seus últimos anos, Einstein trabalhou com antolhos matemáticos, imune a descobertas relevantes e incapaz de modificar seu método de investigação".[23] Deus não joga dados com o universo, afirmou Einstein, de modo figurado. Niels Bohr, seu contemporâneo que elucidou a estrutura dos átomos (usando analogias com os anéis de Saturno e com o sistema solar), respondeu que Einstein deveria manter a mente aberta, e não tentar dizer a Deus como cuidar do universo.[24]

Sob a complexidade, os ouriços tendem a ver regras simples e deterministas de causa e efeito, moldadas por sua área de especialização, como os desenhos repetidos em um tabuleiro de xadrez. Raposas enxergam a complexidade onde os outros erroneamente só veem relações simples de causa e efeito. Entendem que a maioria dessas relações de causa e efeito é probabilística, não determinista. Há o desconhecido e a sorte; e, mesmo quando a história aparentemente se repete, isso nunca acontece de forma precisa. Reconhecem que estão operando dentro da própria definição de ambiente de aprendizagem perverso, no qual pode ser muito difícil de aprender, tanto com vitórias quanto com derrotas.

Em domínios perversos que não fornecem respostas ou críticas automáticas, a experiência por si só não melhora a performance. Hábitos mentais eficazes são mais importantes e podem ser desenvolvidos. Nos quatro anos seguidos de torneios de previsão, o grupo de pesquisa de Tetlock e Mellers mostrou que uma hora de treinamento básico em hábitos de "raposa" melhorava a precisão.[25] Um dos hábitos era muito similar ao pensamento por analogias que ajudou os investidores e fãs de cinema citados no capítulo 5 a fazerem melhores projeções de retorno sobre o investimento e receitas de bilheteria. Basicamente, as previsões podem ser melhoradas se a pessoa gerar listas de eventos separados com similaridade estrutural profunda, em vez de se concentrar apenas nos detalhes internos do evento específico em questão. Poucos eventos são 100% novos — a singularidade é uma questão de gradação, como diz Tetlock —, e criar a lista força a pessoa a pensar, implicitamente, como um estatístico.

Por exemplo, em 2015, foi perguntado ao grupo se a Grécia sairia da Zona do Euro naquele ano. Nenhum país tinha saído. Então, a questão parecia inteiramente nova. Mas havia muitos exemplos de fracassos em negociações internacionais, retiradas de tratados internacionais e conversões de moeda forçadas que permitiram que os melhores estimadores de previsões se concentrassem no que ocorre em geral sem precisar se concentrar de forma estrita em todos os detalhes únicos da situação presente. Começar com os detalhes — a visão interna — é perigoso. Os especialistas do tipo ouriço conhecem detalhes mais que suficientes sobre um assunto para fazer exatamente o que Dan Kahan sugeriu: selecionar aqueles que se encaixam em suas teorias gerais. Seu conhecimento profundo funciona contra eles mesmos. Os criadores de previsões mais profícuos afastam-se do problema em questão e examinam eventos não relacionados, mas com similaridades estruturais, em vez de confiarem na intuição baseada na experiência pessoal ou em apenas uma área de especialização.

Outro aspecto do treinamento envolvia dissecar ferozmente os resultados das previsões em busca de lições, sobretudo das previsões que tivessem dado errado. Elas tornaram um pouco mais gentil seu perverso ambiente de aprendizagem, sem crítica ou resposta automática, ao criarem um mecanismo rigoroso de feedback a cada oportunidade. No estudo de duas décadas de Tetlock, tanto raposas quanto ouriços atualizavam rapidamente suas crenças após previsões bem-sucedidas, reforçando-as com ainda mais ímpeto. Quando um resultado as surpreendia, entretanto, as raposas eram muito mais propensas a ajustar suas ideias. Os ouriços mal se moviam. Alguns emitiam previsões cheias de autoridade que se mostravam, depois, completamente errôneas. Então, atualizavam suas teorias *na direção errada*. Tornavam-se ainda mais convencidos das crenças originais que os tinham levado a se perder. "Os que fazem bons julgamentos sobre o mundo são aqueles bons em revisar suas crenças", diz Tetlock. Se fazem uma aposta e perdem, lidam com a lógica da perda da mesma forma como com o reforço vindo de uma vitória.

Em somente uma palavra, isso se chama aprender. E, algumas vezes, envolve deixar toda a experiência de lado.

11
APRENDENDO A ABANDONAR SUAS
FERRAMENTAS CONHECIDAS

JAKE, DE PORTE ATLÉTICO e cabelo loiro-escuro, é o primeiro a falar. Ele quer colocar o carro para correr. "E se a gente concordasse de uma vez?", pergunta ele. "Para mim, vamos partir para a corrida."

Era um fim de tarde de outono, e Jake e seis de seus colegas de classe do segundo ano da Escola de Administração de Harvard estavam à sombra, onde podiam almoçar e conversar.* Seu professor lhes havia entregado três páginas contendo um dos mais famosos estudos de caso para escolas de administração já criados, conhecido como Carter Racing. O ponto central era decidir se a fictícia equipe de corrida Carter deveria competir na mais importante prova da temporada, que começaria em uma hora.[1]

O argumento a favor de correr: graças a um turbocompressor customizado, a Carter tinha ganhado prêmios em dinheiro (chegado entre os cinco primeiros) em doze das 24 corridas. Esse sucesso tinha trazido o patrocínio de uma distribuidora de gasolina e uma promessa de patrocínio da prestigiosa (e também fictícia) Goodstone Tire. A Carter tinha vencido a última corrida; era sua quarta vitória na temporada. A corrida daquele dia seria

---

* Os nomes dos estudantes foram alterados, exceto os daqueles que deram permissão explícita para que seus verdadeiros nomes fossem usados.

transmitida por uma rede nacional de TV e, se a Carter terminasse entre as cinco melhores, quase certamente receberia um patrocínio de 2 milhões de dólares da Goodstone. Se a equipe decidisse não correr, perderia parte do valor da inscrição e teria que devolver algum dinheiro de patrocínio. A Carter terminaria uma temporada brilhante com um prejuízo de 80 mil dólares e, talvez, nunca mais conseguisse uma chance tão boa. Correr parecia óbvio.

O argumento contra correr: em sete das 24 corridas, o motor havia falhado, danificando o carro em cada ocasião. Nas últimas duas corridas, os mecânicos usaram um novo procedimento de preparação do carro, e não houve problemas, mas eles não tinham certeza da causa das falhas anteriores. Se o motor quebrasse com a TV transmitindo, eles perderiam o patrocínio da distribuidora de gasolina, podiam dizer adeus à Goodstone e estariam de volta à estaca zero ou talvez até tivessem que encerrar as atividades. Então: correr ou não correr?

O grupo dá início à votação. Três dos estudantes votam por correr; quatro se abstêm. E, então, o debate começa.

Mesmo com as falhas do motor, diz Jake, a equipe tem uma chance de 50% de alcançar seu maior triunfo. A perspectiva do patrocínio do Goodstone representa tanto dinheiro a mais do que a equipe pode perder se o motor quebrar e o patrocinador atual rescindir o contrato. Se a Carter não correr, uma excelente temporada termina em prejuízo, "e esse, como todos sabemos, não é um modelo de negócios sustentável".

"Eu acho que nós simplesmente não podemos deixar de correr", diz Justin.

Alexander concorda e pergunta aos discordantes: "O que convenceria vocês a seguir em frente, reconhecer que estamos preparados?", pergunta ele.

Mei, vestida com um moletom com capuz da Harvard e sentada do outro lado da roda, tem um cálculo para compartilhar. "Para mim, o risco de não correr é de, aproximadamente, um terço do prejuízo de [outra quebra de motor]", diz ela, e acrescenta que está se concentrando na mitigação das perdas e que não quer correr.

O estudo de caso diz que, no último instante, BJ Carter, o dono da equipe, ligou para seus mecânicos. Pat, o mecânico do motor, desistiu do ensino médio e não tem qualquer treinamento mais sofisticado em engenharia, mas tem uma década de experiência em corridas. A temperatura pode ser um problema, sugeriu ele. Quando o turbocompressor esquenta em um dia frio, os componentes do motor podem expandir de formas diferentes e causar uma falha na junta de vedação, um selo metálico no motor. Pat reconheceu que cada uma das falhas do motor parecia diferente, mas em todas as sete vezes a junta de vedação também havia sido danificada (e em duas das falhas de motor havia múltiplos danos à junta). Ele não sabia o que estava acontecendo, mas não conseguia pensar em mais nada imediatamente. Ainda estava empolgado para correr e muito feliz com os novos uniformes da Goodstone. A 4,5 °C, aquele seria o dia de corrida mais frio da temporada. Robin, o mecânico-chefe, apoiou a ideia de Pat, de examinar os dados de temperatura. Ele fez um gráfico, mas não encontrou nenhuma correlação:

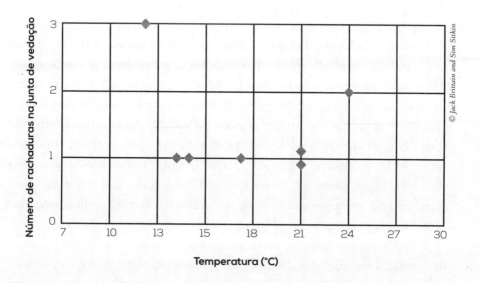

Dmitry, com o cabelo preto de lado, é firmemente contra entrar na corrida. Ele concorda que não há uma relação linear aparente entre as falhas na junta e a temperatura; três falhas ocorreram no dia de corridas mais frio (11 °C) e duas em um dos dias mais quentes (24 °C). Mas, e se houvesse uma faixa ideal de temperatura para o motor, nem tão fria nem tão quente? "Se as falhas são aleatórias, a probabilidade de terminar a corrida e chegar entre os cinco primeiros é de 50%", diz Dmitry. "Mas, se elas não são aleatórias, a probabilidade é menor. Nesse dia, a temperatura está muito, muito baixa, uma temperatura que nunca experimentamos antes. Não sabemos se há uma correlação com a temperatura, mas, se houver, é certo que o carro quebrará."

Julia acha que a ideia sobre temperatura do mecânico Pat é "uma tolice", mas, como Dmitry, vê o problema do motor como uma caixa-preta, que não dá à equipe qualquer informação que ajude a calcular as probabilidades para a corrida. Ela admite que está tomando uma posição avessa ao risco e, que, pessoalmente, jamais se envolveria em corridas de carro.

Exceto por Dmitry, o grupo concorda que há "zero correlação", como coloca Alexander, entre a temperatura e as falhas no motor. "Então eu estou sozinho?", pergunta Dmitry, que recebe algumas risadinhas como resposta.

Jake está particularmente desconfiado da conversa de Pat, o mecânico de motores. "Acho que Pat é um ótimo mecânico", diz ele. "Mas ele não é um bom engenheiro de análise de causa-raiz, e essas são duas coisas muito diferentes". Jake acha que Pat está se deixando influenciar por um conhecido vício cognitivo, superestimando a importância de apenas uma lembrança crucial — as três vezes em que a junta de vedação foi danificada em dias frios. "Nós não temos sequer informação suficiente para entender esse gráfico", diz Jake. "Foram 24 corridas, certo? Quantas dessas aconteceram em dias com temperatura em torno de 12 °C, e a junta não quebrou? Sem querer atacar seu argumento…", diz ele a Dmitry, sorrindo e dando um tapinha amigável na mão do colega.

Todos concordam que seria bom ter as informações de temperatura das corridas em que não aconteceram problemas, mas o gráfico incompleto era tudo o que tinham. Justin fala por todos os favoráveis a correr quando diz o seguinte: "Eu acho que temos que correr, porque é por isso que estamos nesse negócio".

Parece que o grupo irá terminar a discussão onde começou, votando contra correr, até Mei examinar novamente seus cálculos. "Eu acho que mudei de ideia", anuncia ela. "Mudarei meu voto para sim. Vamos correr." Comparando as vantagens e desvantagens financeiras, Mei calcula que a Carter Racing precisa apenas de um chance de 26% de terminar nos primeiros cinco lugares — metade de sua performance atual — para que a decisão de correr seja uma boa aposta. Mesmo se a temperatura baixa mudar as probabilidades, "não cairá abaixo de 26%, então ainda estamos seguros". Ela acha que a leitura dos dados feita por Dmitry é tendenciosa. A Carter Racing competiu em temperaturas indo de 12 °C a 28 °C, com quatro falhas do motor abaixo de 18 °C e três acima dessa temperatura. Dmitry está dando muita importância, diz Mei, à marca dos 12 °C, porque ela envolveu três danos à junta de vedação. Mas isso representou apenas uma falha do motor.

Jake acrescenta que cada membro do grupo está vendo o que quer no gráfico de temperatura. Então, "talvez a gente possa adiar esse debate". Ele gosta do argumento de Mei, do valor esperado. "Acho que esse é um dado concreto no qual podemos nos basear, levando em conta que fundamentar as decisões na matemática é sempre bom... Se alguém me dissesse para jogar uma moeda, e a cada vez que eu perdesse tivesse que pagar cem dólares, mas, se ganhasse, receberia duzentos dólares, eu jogaria a moeda todas as vezes." Ele lembra ao grupo que a Carter havia usado um novo procedimento de preparação do motor para as duas últimas corridas e que não tinham ocorrido problemas. "São poucos dados, mas pelo menos estão alinhados ao meu argumento", diz ele.

Mei volta-se para Dmitry. "A que temperaturas você se sentiria confortável em correr?", pergunta ela. "Tivemos duas falhas de motor a 21 °C, uma a 18 °C e uma a 12 °C. Não há uma temperatura segura para nós."

Dmitry quer estabelecer os limites exatamente nas temperaturas que eles já tinham experimentado. Algo não está funcionando da forma esperada. Então, qualquer coisa fora daquela faixa de temperaturas é um território desconhecido. Ele sabe que sua recomendação parece extremamente arbitrária.

O grupo inicia uma última votação. Com a conversão de Mei, o resultado é quatro a três. Eles irão correr. Os estudantes continuam a conversar enquanto guardam as descrições do estudo de caso nas mochilas.

Martina lê rapidamente, em voz alta, a parte do estudo de caso em que o dono da equipe, BJ Carter, pergunta a opinião de seu mecânico responsável, Robin. "Os pilotos estão arriscando suas vidas, eu estou arriscando minha carreira e você tem todo o seu dinheiro investido nesse negócio", respondeu-lhe Robin. Ninguém jamais ganhou uma corrida sentado no boxe, lembrou a seu patrão.

Martina tem uma última questão. "É tudo só uma questão de dinheiro, não é? Não vamos matar ninguém se corrermos, certo?"

Alguns dos membros do grupo entreolham-se e riem. Depois, cada um segue seu caminho.

Quando os alunos chegam à aula no dia seguinte, são informados de que a maioria dos grupos de alunos ao redor do mundo aos quais foi dado o caso da Carter Racing decidiu correr. O professor questiona os grupos, perguntando-lhes sobre a lógica usada para decidir correr ou desistir.

Os grupos que optaram correr falam de suas estimativas de probabilidade e árvores de decisão. Os alunos estão divididos sobre se uma falha no motor no meio da corrida coloca o piloto em perigo. A maioria acha que os dados de temperatura são apenas uma pista falsa ou uma distração. Cabeças assentem em concordância quando uma das mulheres diz: "Se queremos ser alguém no negócio de corridas, este é o tipo de risco que temos que assumir".

Dmitry apresenta sua objeção, e o professor atormenta-o impiedosamente. O rapaz argumenta que todas as árvores de decisão de probabilidades que todos os grupos apresentaram seriam irrelevantes se você abandonasse o pressuposto de que as falhas do motor estão distribuídas de forma aleatória. Ele acrescenta que os dados são particularmente ambíguos, pois, por alguma razão, o mecânico responsável não colocou no gráfico as temperaturas dos dias de corrida em que o motor não falhou.

"Certo, então, Dmitry, aqui vai uma questão quantitativa", diz o professor. "Quantas vezes eu disse ontem que quem quisesse dados adicionais deveria me procurar?" Suspiros abafados de surpresa espalham-se pela sala. "Quatro vezes", responde a si mesmo o professor. "Quatro vezes eu disse que quem quisesse mais informações deveria me procurar." Nenhum aluno havia pedido os dados que faltavam. O professor mostra um novo gráfico, com os dados de todas as corridas. Ele é mais ou menos assim:

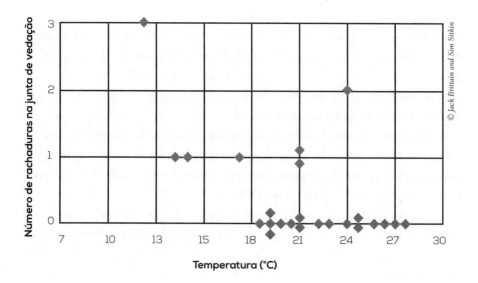

O motor tinha quebrado em todas as corridas abaixo de 18 °C. O professor, então, sinaliza cada corrida como fracasso ou sucesso e aplica naquele conjunto binário uma análise estatística simples, conhecida dos alunos, chamada regressão logística. Ele informa aos alunos que, a 4,5 °C, a chance de uma falha do motor é de 99,4%. "Ainda restou algum fã de corridas na sala?", pergunta ele. E aí tem uma nova surpresa.

Os dados de temperatura e de falhas do motor foram tirados, exatamente, da trágica decisão da Nasa de lançar o ônibus espacial *Challenger*, com os detalhes adaptados para um cenário de corrida de carros em vez de exploração espacial. O *Challenger* sofreu falhas nos anéis de vedação O-Ring — fitas de borracha que selavam as juntas ao redor da parede externa das turbinas de foguete que impulsionavam a nave —, e não danos em uma junta de vedação. Temperaturas baixas fizeram com que a borracha dos anéis endurecesse, tornando-as menos eficazes como lacres.

Os personagens do estudo de caso são vagamente baseados nos gestores e engenheiros da Nasa e da empresa fornecedora de turbinas, a Morton Thiokol, em uma audioconferência de emergência ocorrida na noite antes do lançamento do *Challenger*. A previsão do tempo para 27 de janeiro de 1986 era de uma temperatura excepcionalmente baixa na Flórida durante o lançamento. Depois da conferência, a Nasa e a Thiokol aprovaram o lançamento. Em 28 de janeiro, os O-Rings falharam em selar uma junta na parede da turbina do foguete. O gás incandescente irrompeu através da junta para a atmosfera e o *Challenger* explodiu 27 segundos após o lançamento. Todos os sete tripulantes morreram.

O estudo de caso da Carter Racing funcionou de forma extraordinária. Foi assustador o modo como os alunos se sentiram na pele dos engenheiros naquela conferência de emergência que deu sinal verde para o lançamento. O professor, magistralmente, expôs a lição.

"Como cada um de vocês, ninguém [na Nasa ou na Thiokol] pediu os dezessete pontos de dados nos quais não tinha acontecido nenhum problema", explicou ele. "Obviamente, a informação existia; e eles estavam tendo uma discussão similar à nossa. Se eu estivesse no lugar de vocês, provavelmente diria: 'Mas, em uma sala de aula, o professor normalmente fornece o material de que precisamos'. Contudo, muitas vezes, em reuniões, a pessoa que fez a apresentação no Powerpoint coloca as informações à nossa frente, e nós normalmente usamos apenas os dados que alguém coloca diante de nós. Eu diria que não nos preocupamos como deveríamos em perguntar 'Essas são as informações de que precisamos para tomar a decisão que temos que tomar?'."

A comissão de investigação presidencial que examinou o acidente do *Challenger* concluiu que a simples inclusão dos dados sobre voos sem problemas teria revelado a correlação entre as falhas dos O-Rings e a temperatura. Um professor de psicologia organizacional da Universidade de Chicago escreveu que a informação que faltava foi um erro tão rudimentar que resumia "uma falha profissional compartilhada por todos os participantes" da audioconferência que decidiu pelo lançamento. "Os argumentos contra o lançamento sob baixas temperaturas poderiam ter sido quantificados, mas não foram."[2] Os engenheiros eram mal treinados, declarou ele.

O livro *The Challenger Launch Decision*, da socióloga Dianne Vaughan, chegou a ser considerado pela Nasa como o relato causal definitivo da tragédia. "Ainda mais espantosa é a observação de que eles *tinham* os dados relevantes", diz o livro. "Havia gráficos que [os vários engenheiros da Thiokol que queriam adiar o lançamento] não imaginaram e não produziram e que, se criados, teriam fornecido os dados de correlação necessários para sustentar aquele argumento."

Professores de Administração têm usado o caso da Carter Racing em sala de aula há trinta anos, pois ele ensina uma dura lição sobre os perigos de se chegar a conclusões a partir de dados incompletos, além da insensatez de se confiar apenas naquilo que está diante de você.

E, então, uma última surpresa. Todos estavam errados. A decisão de lançamento do *Challenger* não foi um erro de análise quantitativa. O verdadeiro erro da Nasa foi confiar demais em análises quantitativas.

Antes da ignição, os O-Rings do *Challenger* ficavam espremidos nas juntas que conectavam as seções verticais do propulsor. Durante a ignição, o gás incandescente era lançado propulsor abaixo. As paredes de metal que se conectavam para formar uma junta se afastavam por uma fração de segundo, quando então os O-Rings de borracha imediatamente se expandiam para preencher o espaço e manter a junção selada. Quando os O-Rings esfriavam, a borracha enrijecia-se e não conseguia expandir tão rápido. Quanto mais frios os O-Rings estivessem, mais longa a fração de segundo durante a qual a junção não estava selada e o gás incandescente podia atravessar a parede do propulsor. Ainda assim, a temperatura não costumava ter importância: os O-Rings eram protegidos por uma massa especial de isolante térmico, que existia exatamente para impedir que o gás incandescente atingisse os O-Rings. Nos dezessete voos sem problemas nos O-Rings — similares às dezessete corridas sem problemas no motor da Equipe Carter —, o isolante funcionou perfeitamente. Aqueles voos não trouxeram qualquer informação sobre como os O-Rings poderiam falhar, independentemente da temperatura, porque o gás incandescente não conseguia sequer chegar a eles para causar algum problema. Às vezes, pequenos buracos se formavam na massa isolante quando as junções eram montadas. Nos sete voos que tiveram problemas com os O-Rings, o gás incandescente atravessou esses buracos na massa protetora e chegou aos O-Rings. Apenas esses sete pontos de dados eram relevantes para determinar a forma como os O-Rings podiam ser danificados ou falhar.

E, naqueles sete voos do ônibus espacial — diferentemente das quebras na junta de vedação no caso da Carter Racing, que era sempre o mesmo problema —, os problemas com O-Rings vinham em duas variantes. A primeira: erosão. Em cinco voos, o gás incandescente que descia pelo propulsor durante a ignição atingiu os O-Rings e erodiu a superfície de borracha. Essa não era uma condição de vida ou morte. Havia restado borracha mais que suficiente para os O-Rings fazerem seu trabalho. Além disso, a erosão não tinha absolutamente nada a ver com a temperatura.

A segunda variação: atravessamento. Se o anel de borracha não se expandisse instantaneamente para selar a junta durante a ignição, o gás incandescente "atravessaria" e poderia vazar através da parede do propulsor. O atravessamento *era* uma condição de vida ou morte e, como os engenheiros descobririam mais tarde, era consideravelmente mais provável quando temperaturas baixas enrijeciam a borracha dos O-Rings. Dois voos antes da tragédia do *Challenger*, havia ocorrido esse tipo de problema, mas o ônibus espacial conseguiu voltar em segurança.

Os engenheiros da Thiokol que se opuseram ao lançamento na audioconferência de emergência, na verdade, não tinham 24 ocorrências de falhas nos O-Rings para trabalhar, como o estudo de caso da Carter Racing indica. Eles não tinham sequer sete, como os alunos de Harvard. Tinham dois.

Agora, o que este gráfico lhe diz?

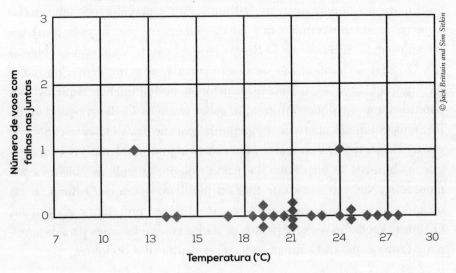

Ironicamente, Allan McDonald, então diretor do projeto de propulsores de foguete na Morton Thiokol, me disse: "Se você olhar apenas os dados relevantes, o gráfico sustenta a posição [pré-lançamento] da Nasa de que as informações eram inconclusivas". Não havia uma certeza de 99,4% que foi ignorada. Os engenheiros não eram mal treinados.

Os engenheiros da Thiokol mostraram outras informações importantes que poderiam ter ajudado a Nasa a evitar o desastre. Porém, não eram informações quantitativas, então os gestores da Nasa não as aceitaram. O estudo de caso da Carter Racing ensina que a resposta estava disponível. Bastava que os engenheiros olhassem para os números corretos. Na verdade, os números corretos de forma alguma continham a resposta. A decisão do *Challenger* era realmente ambígua. Era um problema perverso, cheio de incertezas, e diferente da experiência anterior, no qual a exigência de mais informações, na verdade, se tornou o próprio problema.

Aquela notória audioconferência reuniu 34 engenheiros — cada gestor também era engenheiro — em três locais diferentes. Roger Boisjoly, engenheiro da Thiokol, havia inspecionado pessoalmente as juntas após os dois voos nos quais ocorreram atravessamentos, e apresentou fotografias de cada um deles.[3] Após o voo a 24 ºC, ele encontrou uma faixa muito fina de fuligem em cinza-claro fora do O-Ring na junta, resultado de uma pequena quantidade de gás que tinha atravessado antes que o O-Ring selasse a abertura. Isso não estava nem próximo de ser um problema catastrófico. Depois do voo a 12 ºC, ele encontrou uma fuligem negra espalhada por uma larga faixa da junta. Muito gás incandescente tinha atravessado dessa vez. Na opinião de Boisjoly, a razão do lançamento a 12 ºC parecer tão pior era que a temperatura baixa tinha endurecido o O-Ring, tornando sua expansão e seu selamento à junta durante a ignição muito lentos. Ele estava certo, mas não tinha dados para sustentar sua posição. "Me pediram para quantificar minhas preocupações, e eu disse que não podia", testemunhou Boisjoly mais tarde. "Eu não tinha dados para quantificar minhas apreensões, mas disse que sabia que aquela situação não era boa."

Graças a uma extraordinária cultura técnica, a Nasa havia desenvolvido "revisões de prontidão para voo" quantitativamente rigorosas. Essas revisões eram ativamente conflituosas, como as discussões de equipes de "superprevisores". Os gestores interrogavam ferozmente os engenheiros e os obrigavam a mostrar dados que amparassem suas afirmações. O processo funcionava de forma excepcional. O ônibus espacial era a máquina mais complexa já construída, e todos os 24 voos tinham voltado para a Terra em segurança.[4] Porém, na conferência de emergência, a mesma cultura quantitativa os desviou do curso.

Seguindo o conselho de seus engenheiros, McDonald e dois vice-presidentes da Thiokol presentes na conferência de início apoiaram a decisão de cancelar o lançamento.[5] O *Challenger* já havia sido considerado pronto para o lançamento, então esta era uma reversão de última hora. Quando o pessoal da Nasa perguntou aos engenheiros da Thiokol exatamente qual faixa de temperatura consideravam segura para o voo, eles recomendaram estabelecer o marco de 12 ºC, o limite inferior dos voos anteriores.

O gestor da Nasa, Larry Mulloy, ficou exasperado. Ele achava que o ônibus espacial, supostamente, podia ser lançado sob temperaturas que iam de -0,5 a 37 ºC. Um limite de última hora de 12 ºC significava estabelecer todo um novo critério para os lançamentos. Um limite que nunca tinha sido discutido, não estava apoiado em dados quantitativos e significava que, subitamente, não se podia mais fazer exploração espacial no inverno. Mulloy achou tudo muito frustrante; mais tarde, ele chamou isso de "idiota".

Como os engenheiros haviam chegado a esse número? "Eles disseram que era porque já tinham voado a 12 ºC antes", comentou um gestor da Nasa, "o que para mim não é um bom motivo.[6] Isso é tradição, não tecnologia". Pediram novamente a Boisjoly que apresentasse dados para amparar suas afirmações, "e eu respondi que não tinha nada além do que já havia sido apresentado".

Com a conferência num impasse, um dos vice-presidentes da Thiokol pediu um intervalo de cinco minutos para uma "reunião interna", durante a qual a empresa concluiu que não tinha mais dados para apresentar. Todos voltaram à conferência meia hora depois com uma nova decisão: seguir em frente com o lançamento. No documento que expressa a posição oficial da companhia, está escrito: "Os dados de temperatura não são conclusivos para prever o atravessamento dos O-Rings".

250 *David Epstein*

Quando os participantes da conferência da Nasa e da Thiokol mais tarde falaram com investigadores e concederam entrevistas, repetidamente mencionaram "a posição frágil da engenharia", citando um deles. Seus depoimentos formavam um coro repetitivo: "impossível de quantificar"; "os dados de apoio eram subjetivos"; "o trabalho técnico não foi bom"; "não havia dados conclusivos o suficiente". A Nasa, afinal, era a agência que mantinha um quadro pendurado na Sala de Avaliação de Missões com os dizeres: "Em Deus nós confiamos, todos os outros apresentem seus dados". [7]

"A maior parte das preocupações dos engenheiros baseava-se apenas em algumas fotografias que eles haviam tirado de fuligem presa nas juntas que tinham desmontado", me disse McDonald. "Uma era de um dia com temperatura baixa, outra, de um dia bem quente. Roger Boisjoly achava que a diferença entre as duas contava uma história importante, mas essa era uma avaliação qualitativa." Mulloy argumentou depois que "teria se sentido nu" se tivesse que levar os argumentos da Thiokol para seus superiores. Sem um suporte quantitativo sólido, "eu não tinha como defender aquilo".

A mesma ferramenta que havia ajudado a Nasa a se tornar tão consistentemente bem-sucedida, o que Dianne Vaughan chamou de "a cultura técnica original" no DNA da agência, tinha subitamente se tornado perversa em uma situação em que o tipo familiar de informação não existia. O raciocínio sem dados não era aceito. Diante de um desafio desconhecido, os gestores da Nasa não conseguiram largar suas ferramentas habituais.

O psicólogo e especialista em comportamento organizacional Karl Weick observou algo diferente nas mortes de bombeiros-paraquedistas e bombeiros de elite em incêndios em áreas selvagens: eles continuavam segurando suas ferramentas, mesmo quando soltar o equipamento teria lhes permitido fugir de um foco de chamas que avançava em sua direção. Para Weick, isso simbolizava algo maior.[8]

No incêndio de Mann Gulch, em Montana, em 1949, que ficou famoso pelo livro *Young Man and Fire*, de Norman Maclean, os bombeiros paraquedistas saltaram esperando encarar um "incêndio das dez", isto é, eles iriam conter o incêndio antes das dez horas da manhã seguinte. Até que o fogo saltou através da ravina, da encosta de uma colina arborizada para a encosta íngreme onde os bombeiros estavam reunidos, e os perseguiu morro acima ao longo da relva seca, a três metros por segundo.[9] O chefe da equipe, Wagner Dodge, gritou para que os homens abandonassem o equipamento. Dois deles obedeceram imediatamente e atravessaram o cume do morro em segurança. Outros correram com os equipamentos e foram alcançados pelas chamas. Um bombeiro parou de correr e sentou-se, exausto, sem jamais ter soltado a pesada mochila. Treze bombeiros morreram. A tragédia de Mann Gulch levou a mudanças no treinamento de segurança, mas os bombeiros em áreas selvagens continuaram a perder corridas para o fogo por não abandonarem seu equipamento.[10]

Em 1994, na montanha Storm King, no Colorado, bombeiros de elite e paraquedistas encontraram-se mais uma vez em uma situação similar à de Mann Gulch, quando o fogo passou por cima de um cânion e irrompeu através de um bosque de carvalhos abaixo deles. O barulho no cânion era como o de "um jato durante a decolagem", de acordo com um sobrevivente.[11] Quatorze homens e mulheres perderam a corrida contra a cortina de fogo. "[A vítima] ainda estava carregando sua mochila", diz um relatório de análise da operação de resgate de corpos. "A vítima ainda tinha a empunhadura de sua motosserra na mão." Ele estava a apenas 75 metros de uma zona segura. O sobrevivente Quentin Rhoades já tinha corrido 275 metros morro acima, "E, então, percebi que ainda estava carregando minha serra no ombro! E eu, irracionalmente, comecei a procurar um lugar onde ela não se queimasse para deixá-la... Me lembro de pensar que não acreditava que ia abandonar minha serra".[12] Duas análises independentes, conduzidas pelo Serviço Florestal dos Estados Unidos e pelo Departamento de Administração das Terras Públicas, concluíram que o grupo teria sobrevivido sem baixas se todos tivessem simplesmente abandonado o equipamento e corrido para um local seguro de imediato.

Em quatro incêndios diferentes nos anos 1990, 23 bombeiros de elite desobedeceram a ordens de abandonar seu equipamento e morreram com ele.[13] Mesmo quando Rhoades enfim deixou sua motosserra, ele sentiu como se estivesse fazendo algo não natural. Weick observou fenômenos similares entre marinheiros que ignoraram ordens para tirar os sapatos com salto

252 David Epstein

de metal ao abandonar o navio e se afogaram ou furaram os botes salva-vidas; pilotos de caça em aviões avariados desobedecendo ordens de ejetar; e Karl Wallenda, o mundialmente famoso equilibrista, que morreu em uma queda de 35 metros quando perdeu o equilíbrio e agarrou primeiro seu bastão, em vez de se agarrar à corda bamba sob ele. Wallenda perdeu o bastão por um momento enquanto caía, mas o pegou novamente no ar. "Abandonar suas ferramentas de trabalho é equivalente a desaprender, a se adaptar, a ter flexibilidade", escreveu Weick. "É a própria relutância das pessoas em soltar suas ferramentas que transforma alguns desses dramas em tragédias."[14] Para ele, os bombeiros foram um exemplo, e uma metáfora para o que aprendeu estudando organizações normalmente confiáveis que se agarraram a métodos conhecidos, mesmo quando esses métodos as levaram a decisões desastrosas.

Em vez de se adaptarem a situações desconhecidas, sejam acidentes aéreos ou incêndios trágicos, Weick testemunhou grupos experientes tornando-se rígidos sob pressão e "regredindo para o que conhecem melhor". Eles se comportavam como um "ouriço coletivo", moldando uma situação desconhecida para encaixá-la em uma zona de conforto familiar, como se tentando fazer, por mágica, com que o desconhecido se tornasse algo que já tivessem visto antes. Para bombeiros em regiões selvagens, seu equipamento é o que eles conhecem melhor. "Equipamentos de combate a incêndios definem o pertencimento do bombeiro ao grupo. São a razão fundamental pela qual o bombeiro é enviado ao incêndio", escreveu Weick. "Dado o papel central do equipamento na definição da essência do bombeiro, não é surpresa que abandoná-lo gere uma crise existencial."[15] Como resumiu Maclean: "Dizer a um bombeiro para abandonar seu equipamento de combate a incêndio é como lhe dizer para deixar de ser um bombeiro".

Weick explicou que os bombeiros de regiões selvagens têm uma forte cultura de realização e enfrentamento de problemas, e abandonar o equipamento não faz parte dessa cultura, pois significa que eles perderam o controle. A motosserra de Quentin Rhoades era uma parte tão fundamental de sua autoimagem como bombeiro que ele nem sequer notou que ainda a empunhava, da mesma forma que não percebia que ainda tinha mãos. Quando ficou completamente ridículo continuar carregando a serra, Rhoades ainda assim "não conseguia acreditar" que ia abandonar a ferramenta. Ele se sentiu nu, da mesma forma que Larry Mulloy afirmou que se sentiria sem um argumento quantitativo para suspender um lançamento na última hora. Na Nasa, aceitar um argumento qualitativo era como pedir para esquecer que eram engenheiros.

Quando a socióloga Diane Vaughan entrevistou os engenheiros da Nasa e da Thiokol que tinham trabalhando com os propulsores, ela descobriu que a famosa cultura de realização da Nasa se manifestava como a crença de que tudo daria certo porque "nós seguimos todos os procedimentos"; porque "o processo [de revisão de prontidão para voo] é agressivo e desconfortável"; porque "seguimos o manual". As ferramentas da Nasa são seus procedimentos familiares. As regras que sempre funcionaram antes. Mas, com o *Challenger*, eles estavam fora de seu território normal, em que a "realização" deveria ter sido substituída pelo que Weick chama de "cultura de improvisação". Eles precisavam improvisar, em vez de descartar informação que não se encaixava no esquema estabelecido.

O argumento não quantificável de Roger Boisjoly de que o tempo frio "não era uma boa situação" foi considerado um argumento emocional aos olhos da cultura da Nasa. Baseava-se na interpretação de uma fotografia. Não se encaixava nos padrões quantitativos normais, então foi considerado uma evidência inadmissível e descartado. A postura de realização no grupo dos engenheiros de propulsores, observou Vaughan, "estava alicerçada na submissão". Depois da tragédia, descobriu-se que outros engenheiros na conferência concordavam com Boisjoly, mas sabiam que não tinham como construir argumentos quantitativos e, por isso, ficaram calados. E o silêncio foi entendido como concordância. Um dos engenheiros presentes na conferência do *Challenger* me disse mais tarde: "Se eu acho que não tenho os dados para amparar meu argumento, a opinião do meu chefe é melhor que a minha".

Abandonar os instrumentos familiares é particularmente difícil para profissionais que dependem do que Weick chamou de comportamento superaprendido. Isto é, eles fizeram a mesma coisa em resposta aos mesmos desafios tantas vezes, e seu comportamento se tornou tão automático que nem reconhecem mais que o instrumento é algo dependente da situação. Pesquisas sobre acidentes aéreos, por exemplo, revelaram que "um padrão muito comum era a decisão da tripulação de seguir seu plano original",[16] mesmo após as condições terem mudado substancialmente.

Quando Weick conversou com o bombeiro de elite Paul Gleason, um dos melhores bombeiros de regiões selvagens do mundo, o profissional contou que preferia encarar a liderança não como a responsabilidade de tomar decisões, mas de sentir o ambiente. "Se eu tomo uma decisão, é uma propriedade minha, me orgulho dela, vou tentar defendê-la e não vou ouvir quem a questionar", explicou Gleason.[17] "Se fizer sentido para mim, então tudo é mais dinâmico. Aí, ouço e posso mudar o raciocínio." Ele empregava o que Weick chamou de "palpites defendidos delicadamente". Gleason dava instruções concretas para sua equipe, mas com justificativas racionais transparentes, e acrescentando que o plano estava aberto à revisão à medida que o grupo, coletivamente, entendesse o incêndio.

Na noite da audioconferência do *Challenger*, seguir o procedimento correto em meio à incerteza era tão primordial que Mulloy pediu à Thiokol para expor sua recomendação final sobre o lançamento e sua justificativa em um documento e assiná-lo. Aprovações de último minuto, no passado, tinham sempre sido verbais. Allan McDonald, da Thiokol, estava na sala com Mulloy e se recusou a produzir o documento. Em vez disso, um dos chefes de McDonald, em Utah, assinou e enviou o texto por fax. Até Mulloy, que tinha exigido dados, deve ter ficado desconfortável com a decisão, ao mesmo tempo em que se sentia protegido pelo instrumento definitivo da Nasa — seu reverenciado processo. O processo culminou com mais preocupações em ser capaz de defender uma decisão do que em usar toda a informação disponível para se chegar à decisão correta. Da mesma forma que os bombeiros, os gestores da Nasa haviam se fundido a suas ferramentas. Como disse McDonald, olhar apenas para os dados quantitativos, na verdade, fortalecia a posição da Nasa de que não havia ligação entre a temperatura e as falhas. O padrão quantitativo normal da Nasa era um instrumento muito importante e caro, mas era a ferramenta errada para o trabalho. Naquela noite, ele deveria ter sido abandonado.

É fácil dizer isso analisando a situação em retrospecto. Um grupo de gestores acostumados a receber informações técnicas decisivas não tinha nenhuma; e os engenheiros achavam que não deveriam falar se não tivessem informações. Décadas depois, um astronauta que voou nos ônibus espaciais antes e depois do *Challenger*, e daí se tornou chefe de segurança e de confiança da missão na Nasa, contou o que a placa "Em Deus nós confiamos, todos os outros apresentem seus dados" significava para ele: "Nas entrelinhas, ela sugeria que 'Nós não estamos interessados em sua opinião sobre as coisas. Se você tiver os dados, nós escutaremos, mas sua opinião não interessa'".[18]

Richard Feynman, físico e ganhador do Prêmio Nobel, foi um dos membros da comissão que investigou o acidente do *Challenger*. Durante um dos depoimentos, ele advertiu um gestor da Nasa que repetia que os dados de Boisjoly não provavam sua opinião. "Quando você não tem os dados, precisa usar a razão", disse Feynman.[19]

Essas são, por definição, situações perversas. Bombeiros em regiões selvagens e engenheiros de ônibus espaciais não podem se dar ao luxo de treinar para seus momentos mais desafiadores por tentativa e erro. Uma equipe, ou organização, tanto confiável quanto flexível, de acordo com Weick, é como uma banda de jazz. Há o básico — escalas e acordes — que todos os membros devem conhecer, mas aqueles são apenas instrumentos para perceber um ambiente dinâmico. Não há instrumentos que não possam ser abandonados, reformados ou reciclados para permitir a navegação por um desafio incomum. Mesmo os instrumentos mais sagrados. Mesmo aqueles tão conspícuos que se tornam invisíveis. Claro, é mais fácil falar do que fazer. Especialmente quando o instrumento é o âmago da cultura da organização.

Como o capitão Tony Lesmes descreveu, sua equipe na Base Aérea de Bagram, no nordeste do Afeganistão, só trabalhava quando alguém tinha muito azar. Lesmes comandava a equipe de paraquedistas de resgate da Força Aérea (PJs, na sigla em inglês), uma divisão das Operações Especiais voltada para missões de extremo risco, como saltar de paraquedas à noite em território inimigo para resgatar pilotos abatidos. Coloque juntos um soldado, um paramédico, um mergulhador de resgate, um bombeiro, um especialista em resgate em montanhas e um paraquedista e terá uma equipe que chamamos de PJ — uma abreviação de *parajumpers*. Seu emblema mostra um anjo com os braços em torno do planeta, e as palavras "Para que outros vivam".

Não havia um dia típico para os PJS em Bagram. Um dia, eles estavam descendo uma montanha de rapel para resgatar um soldado que havia caído em um poço. No outro, estavam correndo para cuidar de militares feridos em um tiroteio. Os PJS podiam, às vezes, acompanhar unidades em missões, mas em geral permaneciam alertas 24 horas por dia, à espera das "9-linhas", um formulário (com nove linhas) que fornecia informações básicas sobre a emergência em questão, como aquele que chegou em um dia de outono em 2009. A categoria era alfa: ferimentos traumáticos. Em minutos, a equipe estaria no ar.

As informações eram escassas. Uma bomba na estrada havia explodido no meio de um comboio de veículos blindados do exército. O local ficava a, aproximadamente, meia hora de helicóptero. Havia feridos graves, mas não estava claro quantos ou quão graves eram seus ferimentos, nem se a bomba era parte de uma armadilha de busca e resgate, na qual o inimigo espera para emboscar a equipe de resgate.

Os PJS estão acostumados a trabalhar com pouca informação, mas mesmo para eles essa missão parecia ambígua. Lesmes sabia que teriam que levar equipamento pesado, como extratores hidráulicos e serras com lâmina de diamante, porque "você não consegue cortar um veículo blindado como corta um carro de passeio", ele me disse. O peso era um obstáculo, sobretudo na altitude das montanhas. Se a carga fosse muito pesada, os helicópteros teriam dificuldade de voar no ar rarefeito. As limitações de combustível eram outro obstáculo. E o espaço era o maior problema. Cada PJ leva também seu equipamento, e cada um dos dois helicópteros tem apenas espaço interior equivalente a uma van grande. Eles não sabiam quantos soldados tinham ferimentos graves o suficiente para precisar de remoção imediata e quanto espaço seria necessário para eles.

Lesmes tinha certeza de apenas uma coisa: queria deixar espaço o suficiente para pacientes em potencial, de forma que só precisassem ir ao local da emergência uma vez. Levariam mais tempo para tratar e embarcar os soldados feridos. Quanto mais tempo passavam em um local, mais provável era que o inimigo percebesse a operação e a equipe de resgate acabasse precisando da ajuda de outra equipe de resgate.

Ele tinha 27 anos de idade e, no ano anterior, havia liderado uma equipe estadual de resgate especializada em furacões. O Afeganistão era sua primeira missão completa, e ele estava comandando uma equipe de membros mais velhos que já tinham participado de inúmeras missões no exterior. Como sempre, Lesmes levou dois membros da equipe ao centro de operações para coletar informações e ajudá-lo a avaliar a situação. "Às vezes, os outros caras conseguem levantar questões muito boas em que eu não teria pensado", ele me disse. "E você quer compartilhar o máximo possível, mas não tem muito tempo." Mas havia pouca informação adicional. "Em Hollywood, um drone voa sobre a região e mostra tudo que você precisa saber", Lesmes me disse. "Mas isso só acontece em Hollywood."

Ele se dirigiu para a área dos helicópteros, onde os PJs estavam vestindo seu equipamento completo de combate, como Lesmes descreveu. A situação não se encaixava nas árvores de decisão habituais; ele explicou os desafios e perguntou aos homens: "Como resolvemos isso?".

"Podemos reorganizar melhor o equipamento para caber mais gente", sugeriu um dos membros da equipe. Outro disse que eles podiam deixar alguns PJs com o comboio do Exército, caso precisassem de mais espaço nos helicópteros para os pacientes. Alguém recomendou evacuar os pacientes em estado mais grave; e, caso fosse necessária uma segunda viagem, podiam mover o comboio para um local menos exposto. Porém, a bomba tinha explodido no meio de uma fila de veículos, em terreno acidentado. Lesmes não sabia sequer se o comboio podia se deslocar.

"Nós não estávamos conseguindo pensar em nenhuma solução real que nos desse alguma vantagem. Eu queria uma vantagem de rapidez, e a possibilidade de aproveitar o peso e o espaço para transportar mais soldados feridos", disse-me. "A distância, o tempo, as restrições e o fator desconhecido do inimigo começaram a se somar. Comecei a achar que não tínhamos o necessário para enfrentar com sucesso o pior cenário. Não estava reconhecendo um padrão. Aquilo estava fora dos padrões normais." Em outras palavras, ele não tinha dados de inteligência fundamentais que gostaria de ter. Com base nas informações disponíveis, Lesmes estimou que havia mais que três e menos que quinze feridos graves. Uma ideia começou a se formar, uma que economizaria mais espaço para pacientes em potencial. Ele ia descartar uma ferramenta que nunca havia abandonado em uma situação como aquela: ele mesmo.

Lesmes nunca tinha deixado de acompanhar a equipe em um evento de categoria alfa com múltiplos feridos. Ele era o comandante da operação. Seu papel era manter uma visão ampla da situação enquanto os PJs estivessem "mergulhados", trabalhando furiosamente para salvar os pacientes ou suas pernas e seus braços. Ele ajudava a proteger o local; se comunicava com os membros da equipe, com a base, com os pilotos de helicóptero que estavam sobrevoando a área, esperando para apanhar os pacientes e partir; pedia suporte aéreo se eram atacados; coordenava as ações com outros oficiais presentes, frequentemente de outras áreas militares. O caos emocional era uma certeza no local de uma explosão. Os soldados, observando seus companheiros feridos ingerindo cápsulas de analgésico, sob risco de sangrar até a morte, estariam desesperados para ajudar, mas teriam que ser afastados. O local deveria ser gerenciado. Desta vez, desde que não houvesse mais feridos do que Lesmes estimava, ele sabia que seu subordinado mais experiente poderia liderar a ação e fornecer ajuda médica ao mesmo tempo. Lesmes poderia auxiliar nos arranjos do hospital de campo para os pacientes que chegassem e coordenar o embarque nos helicópteros do centro de operações, ajustando os planos de acordo com as informações que recebesse, via rádio, da equipe no local. Era uma troca, mas todas as opções também eram.

Ele apresentou sua "hipótese", como a chamou, à equipe — seu palpite sugerido delicadamente. "Eu queria que eles mostrassem que a hipótese estava errada", contou ele. Lesmes disse aos homens que planejava ficar na base para poupar espaço para o equipamento e os pacientes. As pás do helicóptero estavam girando; os segundos da "hora dourada", a janela de tempo crítica para se salvar um soldado gravemente ferido, estavam passando. Ele pediu que falassem rápido e disse que consideraria tudo o que dissessem. Alguns ficaram em silêncio. Muitos discordaram. A união era sua ferramenta mais básica, aquela que eles nem sequer sabiam que podia ser descartada, até que alguém mandasse descartar. Um dos homens disse secamente que era o dever do oficial comandante acompanhar a equipe, e que ele deveria cumprir seu dever. Outro se irritou. Um terceiro sugeriu, por reflexo, que Lesmes estava com medo. Disse a Lesmes que, quando a hora chegava, ela chegava. Então deveriam fazer o que sempre tinham feito. Lesmes, *de fato*, temia, mas não por sua vida. "Se alguma coisa ruim acontece e o oficial não está junto", me disse ele, "imagine ter de explicar isso para dez famílias".

Eu estava sentado com ele no Memorial da Segunda Guerra Mundial, em Washington, D.C., quando me disse aquilo. Lesmes tinha sido estoico, e então começou a chorar. "A estrutura toda é construída sobre aquele treinamento, aquela familiaridade e aquela coesão", contou ele. "Entendo completamente por que alguns dos rapazes estavam irritados. Era quebrar nosso procedimento padrão de operação. Quer dizer, meu julgamento foi questionado. Mas, se eu os acompanhasse, nós poderíamos precisar ir ao local do resgate duas vezes." As objeções que ele ouviu eram emocionais e filosóficas, não táticas. Já tinham feito Lesmes mudar de ideia sobre um plano outras vezes, mas, daquela, não conseguiram. Ele ia ficar, e era hora de irem. Os helicópteros se lançaram ao ar enquanto Lesmes retornava ao centro de operações. "Foi um enorme esforço", disse ele. "Eu podia ver tudo o que estava acontecendo e, se algo ruim acontecesse, poderia, literalmente, assistir à queda do helicóptero de resgate."

A missão de resgate, felizmente, foi um imenso sucesso. Os PJs trataram dos ferimentos no local da explosão, e sete soldados em estado mais grave tiveram que ser transportados nos helicópteros. Viajaram espremidos como sardinhas. Vários tiveram membros amputados, mas todos sobreviveram.

Quando a operação terminou, os veteranos reconheceram que a decisão tinha sido correta. Um dos PJs não falou daquilo por meses e, depois, disse apenas que tinha ficado espantado por aquela demonstração de confiança na equipe por parte de Lesmes. O soldado que tinha ficado irritado continuou assim de início, por algum tempo. Outro PJ de Bagram com quem conversei me disse: "Se eu estivesse naquela posição, com certeza eu teria dito 'Sim, vamos todos'. Deve ter sido muito difícil".[20]

"Cara, eu não sei", contou Lesmes. "Algumas vezes, ainda tenho dúvidas sobre aquela decisão. Se alguma coisa tivesse saído errado, ela teria sido uma decisão ruim. Talvez tenha sido sorte. Naquele momento, nenhuma das opções parecia muito correta."

Quando terminamos nossa conversa, mencionei o trabalho de Weick sobre os bombeiros de elite agarrados a suas ferramentas. Sob pressão, explicou Weick, profissionais experientes regridem ao que conhecem melhor.

Sugeri a Lesmes que talvez seus PJS estivessem apenas reagindo emocionalmente, um reflexo em busca de território familiar. Devem existir momentos em que mesmo a sacrossanta ferramenta da coesão precisa ser descartada, certo? "Sim, hummm." Ele assentiu com a cabeça. Claro, para mim, era fácil falar. Ele ficou em silêncio por um momento. "Sim, mas tudo é construído sobre ela", disse.

Os responsáveis pela missão *Challenger* cometeram erros por se conformarem ao padrão estabelecido. Eles ficaram presos a seus instrumentos habituais diante de um desafio incomum. O capitão Lesmes descartou uma ferramenta sagrada e funcionou. Depois que as emoções esfriaram, vários membros de sua equipe reconheceram que aquela tinha sido a decisão correta. Outros nunca o fizeram. Recordar aquilo levou Lesmes às lágrimas. Não é exatamente um final de conto de fadas para uma boa decisão. Se a Nasa tivesse cancelado o lançamento, segundo Allan McDonald, os engenheiros que defenderam o cancelamento poderiam ter sido rotulados de "frangotes covardes". Frangotes covardes não sobrevivem no ambiente de exploração espacial. Como Mary Shafer, engenheira da Nasa, certa vez afirmou: "Exigir perfeita segurança é para gente que não tem coragem de viver no mundo real".[21] Não é de se espantar que as organizações tenham que realizar grandes esforços para cultivar especialistas que sejam, ao mesmo tempo, proficientes com seus instrumentos e, ainda assim, preparados para abandonar tais instrumentos. Porém, há uma estratégia organizacional que pode ajudar. A estratégia, por mais estranho que pareça, implica enviar mensagens ambíguas.

"Congruência" é um termo das ciências sociais para a "adequação" cultural entre os componentes de uma instituição — valores, objetivos, visão, autoimagem e estilos de liderança. Desde os anos 1980, a congruência tem sido o pilar da teoria organizacional. Uma cultura eficaz é tanto consistente quanto forte. Quando todos os sinais apontam claramente na mesma direção, isso promove uma consistência que se autofortalece, e as pessoas gostam de consistência.

Muitos perfis de negócios e empresas individuais foram escritos para amparar a congruência. No entanto, no primeiro estudo que examinou sistematicamente uma ampla gama de empresas em uma mesma área, os pesquisadores que estudaram a congruência cultural em 334 instituições de ensino superior descobriram que ela não tinha qualquer influência em qualquer uma das medidas de sucesso organizacional possíveis.[22] Administradores, chefes de departamento e dirigentes em instituições altamente congruentes, de fato, tinham mais facilidade para classificar a cultura quando interrogados, mas não havia qualquer impacto na performance, desde o desenvolvimento acadêmico e profissional dos estudantes até a satisfação dos docentes e a saúde financeira da universidade. A pesquisadora que liderou aquele trabalho foi, então, estudar milhares de outros negócios. Descobriu que os líderes e as organizações mais eficazes tinham amplitude; eles eram, na verdade, paradoxais.[23] Podiam ser exigentes e acolhedores, ordenados e empreendedores, mesmo hierárquicos e individualistas, tudo ao mesmo tempo. Um certo nível de ambiguidade, ao que parece, não é danoso. Para a tomada de decisões, a ambiguidade pode ampliar as ferramentas disponíveis à organização de uma forma incomparavelmente preciosa.

Philip Tetlock e Barbara Mellers mostraram que pensadores capazes de tolerar a ambiguidade são melhores ao fazer previsões; um antigo orientando de Tetlock, Shefali Patil, professor da Universidade do Texas, liderou um projeto em conjunto com eles, para demonstrar que as culturas podem incluir uma forma de ambiguidade que força os tomadores de decisão a usarem mais de uma ferramenta e a se tornarem mais flexíveis e mais abertos à aprendizagem.

Em um experimento, os participantes faziam o papel de gerentes de recursos humanos corporativos que tinham de prever a performance de candidatos a empregos.[24] Os gerentes eram apresentados a um processo padrão de avaliação, que lhes mostrava como as habilidades de um candidato costumavam ser avaliadas, e então eram informados de que eles mesmos seriam avaliados (e pagos) de acordo com o modo como tomassem as decisões. Em uma simulação acelerada da vida real, após cada previsão o participante podia ver como o candidato havia, de fato, se saído, de acordo com os registros da empresa. Em alguns grupos de contratações, os candidatos saíam-se como o processo padrão de avaliação havia previsto; em outros, não chegavam nem perto. Ainda assim, vez após vez, os gerentes continuavam a seguir o procedimento padrão independentemente do que os resultados dissessem, mesmo quando ficava claro que não estava funcionando, e mesmo quando um sistema melhor estivesse facilmente disponível. Eles fracassaram em aprender com a experiência. Até um detalhe ser acrescentado. Esses gerentes conformistas receberam uma pesquisa falsa da *Harvard Business Review*, proclamando que as equipes bem-sucedidas priorizavam a independência e a divergência. De forma milagrosa, suas mentes se abriram, e eles começaram a aprender. Começaram a entender quando o processo padronizado de avaliação claramente precisava ser modificado ou descartado. Eles estavam aprendendo com a experiência, e suas previsões tornaram-se mais precisas. Os gerentes estavam recebendo os benefícios da *incongruência*. As regras do processo formal e conformista da empresa foram contrabalançadas por uma cultura informal de autonomia individual na tomada de decisões e de divergência do modo típico de executar o trabalho.

A incongruência funcionava também no sentido contrário. Os gerentes de recursos humanos que recebiam o processo padrão de avaliação, mas eram também informados de que apenas a precisão de suas previsões importava, começaram a descartar o processo e criar suas próprias regras. Nunca aprenderam quando o processo padrão, de fato, funcionava. Nesses casos, a cura foi uma pesquisa falsa da *Harvard Business Review* indicando que os grupos mais bem-sucedidos priorizam a coesão, a lealdade e a busca de um terreno comum. De novo, os gerentes se tornaram máquinas de aprender; de repente aproximavam-se do processo tradicional quando ele tinha valor, mas continuavam prontos a se desviar quando não tinha, como a Nasa deveria ter feito.

Os estudantes de Administração são ensinados à exaustão a acreditarem no modelo de congruência, segundo o qual um bom gestor deve sempre alinhar cada elemento do trabalho a uma cultura em que todas as influências se reforcem mutuamente — seja na direção da coesão, seja na direção do individualismo. Mas, na verdade, as culturas podem sofrer de excesso de consistência interna. Com a incongruência, "você cria alternativas de verificação", disse Tetlock.

Os experimentos mostraram que uma cultura de resolução de problemas eficaz era a que balanceava as práticas padronizadas — quaisquer que fossem — com forças que empurravam na direção oposta. Se os gestores estavam acostumados à conformidade dos processos, encorajar o individualismo ajudava-os a usar o "pensamento ambidestro" e a aprender o que funcionava melhor em cada situação. Se estavam habituados a improvisar, incentivar um senso de lealdade e coesão tinha o mesmo efeito. O truque era expandir a amplitude da organização, identificando a cultura dominante e, então, diversificando-a, com empurrões na direção oposta.

Na época do lançamento do *Challenger*, a cultura de realização da Nasa manifestava-se como um processo extremo de responsabilização combinada com normas sociais coletivistas. O processo era tão rígido que desprezava evidências que não se conformavam às regras usuais, e tão sagrado que Larry Mulloy se sentiu protegido por um pedaço de papel assinado, assegurando que ele tinha seguido o processo habitual. A divergência era valorizada nas revisões de prontidão para voo, mas, no momento mais crucial, o mais importante grupo de engenheiros pediu um tempo para uma reunião em separado, na qual encontraram uma forma de, em particular, se conformar. Como disse um dos engenheiros, sem dados, "a opinião de meu chefe é melhor que a minha".

Quanto mais eu conversava com o capitão Lesmes, mais me parecia que ele se achava extremamente responsável pelo resultado — buscar uma solução ainda que se desviasse dos procedimentos normais — dentro de uma cultura coletiva extraordinariamente potente, que assegurava que ele não tomaria a decisão de se desviar de forma leviana. Ele tinha, como Patil, Tetlock e Mellers escreveram, sentido "o poder de pressões cruzadas em promover um pensamento flexível e ambidestro". O subtítulo do artigo: "Equilibrando os riscos do conformismo impensado e da divergência temerária".

As equipes de "superprevisores" também conheciam a mesma pressão cultural cruzada. A equipe era avaliada apenas pela precisão das previsões de seus membros. Mas, internamente, o Projeto Bom Julgamento incentivava uma cultura coletiva. Comentários eram esperados; os membros da equipe eram incentivados a votar nos comentários mais úteis e eram reconhecidos por marcos nesse processo, como um certo número de comentários totais ao longo do projeto.

Antes do *Challenger*, houve um longo período em que a cultura da Nasa abrigava a incongruência. Gene Kranz, o diretor de voo quando a

Apollo 11 pousou pela primeira vez na Lua, vivia sob o mesmo mantra, a valorização do processo — "Em Deus nós confiamos, todos os outros apresentem seus dados" —, mas ele também tinha o hábito de buscar opiniões de técnicos e engenheiros de todos os níveis da hierarquia. Se ele ouvia o mesmo palpite duas vezes, não era preciso mostrar dados para que ele interrompesse o processo normal e fosse investigar.[25]

Wernher von Braun, que liderou o desenvolvimento do foguete que impulsionou a missão lunar, no Centro de Voos Espaciais de Marshall, balanceava o rígido processo da Nasa com uma cultura informal individualista, que encorajava a discordância constante e a comunicação entre diferentes áreas. Von Braun iniciou as "Notas de Segunda":[26] toda semana os engenheiros enviavam uma única página de anotações sobre seus problemas mais prementes. Ele escrevia comentários nas margens e, então, fazia circular a compilação completa. Todos viam o que as outras divisões estavam fazendo, e como era fácil levantar novos problemas. As Notas de Segunda eram rigorosas, mas informais.

Em uma página datilografada de notas, datada de dois dias após a chegada à Lua em 1969, Von Braun destacou uma pequena seção, na qual um engenheiro fazia uma suposição sobre o motivo da perda de pressão inesperada em um tanque de oxigênio. O problema já era irrelevante para a missão à Lua, mas poderia reaparecer em futuros voos. "Vamos examinar isso da forma mais precisa possível", escreveu Von Braun. "Precisamos saber se há algo mais por trás disso, algo que precise ser verificado ou remediado." Como Kranz, Von Braun saía procurando problemas, palpites e más notícias. Chegava a recompensar quem descobrisse problemas. Depois da época de Kranz e Von Braun, o processo cultural de "todos os outros precisam apresentar seus dados" continuou funcionando, mas a cultura informal e o poder dos palpites individuais murcharam.

Em 1974, William Lucas assumiu a chefia do Centro de Voos Espaciais Marshall. Um historiador — chefe da Nasa — escreveu que Lucas era um engenheiro brilhante, mas "muitas vezes ficava zangado ao ser informado sobre algum problema".[27] Allan McDonald descreveu-o para mim como "um tipo que culpava o mensageiro". Lucas transformou as Notas de Segunda de Von Braun em um sistema de comunicação exclusivamente de baixo para cima. Não respondia às notas e elas não circulavam. Em determinado momento, elas foram transformadas em formulários padrão que precisavam ser preenchidos. As Notas de Segunda se tornaram mais uma formalidade rígida em uma cultura de processos. "A qualidade das notas imediatamente despencou", escreveu outro historiador oficial da Nasa.[28]

Lucas se aposentou logo após o acidente do *Challenger*, mas a cultura de processo encrustada persistiu. O único outro acidente fatal da Nasa com ônibus espaciais, a desintegração do *Columbia*, em 2003, foi uma cópia em papel-carbono do desastre do *Challenger*. A Nasa se agarrou a seus instrumentos normais de processo em uma circunstância inusitada. O acidente do *Columbia* engendrou uma congruência desastrosa ainda mais forte entre a responsabilidade pelo processo e as normas voltadas para o grupo. Os engenheiros ficaram preocupados com um problema técnico que não conseguiam entender, mas não conseguiam produzir um caso quantitativo. Quando foram ao Departamento de Defesa para requisitar fotografias em alta resolução de uma parte da nave que achavam que estava avariada, não apenas os gestores da Nasa bloquearam a assistência externa: eles se desculparam com o Departamento de Defesa pelo contato fora dos "canais competentes". Os administradores da Nasa prometeram que tal violação de protocolo não se repetiria. O Painel de Investigação do Acidente do *Columbia* concluiu que a cultura da Nasa "enfatizava a cadeia de comando, os procedimentos, o cumprimento das regras e o manual. Apesar de regras e procedimentos serem essenciais à coordenação, elas têm um efeito negativo não intencional". Novamente, a "submissão à hierarquia e aos procedimentos" tinha terminado em desastre. Novamente, engenheiros de escalões mais baixos tinham preocupações que não conseguiam quantificar. Ficaram em silêncio porque "a exigência de dados era estrita e inibitória".[29]

Os aspectos culturais e administrativos dos acidentes do *Challenger* e do *Columbia* eram tão assustadoramente similares que o painel de investigação decretou que a Nasa não funcionava como uma "organização capaz de aprender". Na falta de pressões culturais divergentes, a Nasa não conseguia aprender, assim como os sujeitos no experimento de Patil que foram colocados em culturas fortemente congruentes.

Entretanto, havia alguns indivíduos na Nasa que tinham aprendido lições culturais essenciais. Quando chegou o momento, eles as colocaram em prática.

Na primavera de 2003, apenas dois meses após a Nasa perder o *Columbia*, ela precisava decidir se encerrava um projeto famoso, que tinha levado quarenta anos e 750 milhões de dólares para ser construído. A Sonda Gravitacional B (GP-B, na sigla em inglês) era uma maravilha tecnológica, projetada para testar diretamente a teoria geral da relatividade de Einstein.[30] Ela seria lançada ao espaço para medir como a massa e a rotação da Terra deformavam a camada do espaço-tempo, como uma bola de boliche girando em um tanque de mel. A GP-B tinha a distinção de ser o projeto mais longo da história da Nasa. E isso não era um elogio.

Foi concebido um ano após a fundação da agência espacial. O lançamento foi adiado inúmeras vezes por problemas técnicos; o projeto, quase cancelado em três ocasiões diferentes. Havia membros da administração da Nasa que não mais achavam que a missão fosse possível, e as verbas tiveram que ser resgatadas repetidamente por um físico de Stanford com certa habilidade para convencer o Congresso.

Os desafios tecnológicos eram imensos. A sonda exigia os objetos mais esféricos já produzidos — os rotores de quartzo dos giroscópios, do tamanho de uma bola de pingue-pongue e tão perfeitamente esféricos que, se os inflássemos até ficarem do tamanho da Terra, a montanha mais alta não teria nem dois metros e meio de altura. Os giroscópios tinham que ser resfriados a -267,8 °C com hélio líquido, e a sonda exigia propulsores de uma delicadeza cirúrgica, para manobras precisas. A tecnologia precisou de vinte anos para ser desenvolvida antes de estar pronta para um voo de teste.[31]

Os olhos do Congresso estavam sobre a Nasa. A agência não podia se dar ao luxo de lançar a sonda e acabar com mais um fracasso retumbante logo após o *Columbia*. Mas, se o lançamento da Sonda Gravitacional B fosse adiado novamente, podia ser a última vez. "Havia uma *enorme* pressão para colocar aquela coisa no ar", disse-me Rex Geveden, o gerente de projeto da GP-B. Infelizmente, os engenheiros responsáveis pela revisão pré-lançamento de prontidão para voo encontraram um problema.

A fonte de energia de um grupo de componentes estava interferindo em um instrumento científico crítico. Por sorte, aqueles componentes só precisavam funcionar no início da missão, para iniciar a rotação dos giroscópios. Depois, podiam ser desligados, então não era um problema catastrófico. Porém, era inesperado. Se existissem outras falhas que impedissem aqueles componentes de iniciar a rotação dos giroscópios, a missão toda iria por água abaixo.

O contêiner gigante em forma de garrafa térmica contendo os giroscópios já tinha sido preenchido com hélio líquido, resfriado e selado para o lançamento. Se aqueles componentes precisassem ser inspecionados, peças que precisaram de três meses para serem instaladas teriam que ser removidas da sonda; um atraso no lançamento custaria entre 10 e 20 milhões de dólares. Alguns engenheiros achavam que havia mais risco na remoção, com potencial de danificar as peças, do que em deixar tudo como estava. A Universidade de Stanford era a principal parceira da missão, e o líder da equipe de Stanford "estava confiante de que podíamos ter sucesso", disse ele. "Então, eu pressionei bastante para irmos em frente e lançar."[32] O engenheiro-chefe da Nasa e cientista principal da Sonda Gravitacional B também pressionou a favor do lançamento. Além disso, a sonda havia sido transferida para a Base Aérea de Vandenberg, na Califórnia, para o lançamento, e um atraso aumentaria a chance de a GP-B estar lá durante um terremoto. E então: correr ou não correr?

A decisão estava nas mãos de Geveden. "Meu Deus, não sei nem expressar como foi estressante", ele me disse. Mesmo antes dos últimos problemas, Geveden já tinha um palpite — ele estava desconfortável com o modo como aqueles componentes eletrônicos haviam sido gerenciados. Mas, enquanto eles estivessem conectados à sonda, não haveria mais nenhuma informação nova.

Geveden tinha começado a trabalhar na Nasa em 1990, e era um atento observador da cultura. "Quando eu estava na Nasa, tinha a intuição de que havia uma forte cultura de conformidade", disse ele. Logo no início, Geveden participou de um curso de formação de equipes oferecido pela agência. No primeiro dia, o instrutor perguntou à classe, retoricamente, qual era o elemento mais importante da tomada de decisão. Sua resposta: che-

268 *David Epstein*

gar a um consenso. "E eu disse: 'Acho que as pessoas que lançaram o *Challenger* não concordam com isso'", contou-me Geveden. "É bom chegar a um consenso, mas nós não devíamos estar otimizando a felicidade. Devíamos estar otimizando nossas decisões. O tempo todo eu sentia que havia algo errado com a cultura. Não tínhamos uma tensão saudável no sistema."[33] A Nasa ainda seguia seu sagrado processo, e Geveden via por toda parte os sinais de uma cultura coletiva que varria os conflitos para baixo do tapete. "Você quase não conseguia ir a uma reunião sem que alguém dissesse 'Vamos conversar sobre isso a sós'", recordou ele, exatamente como Morton Thiokol tinha feito na famosa reunião particular do *Challenger*.

Geveden, a seu modo, era favorável a um equilíbrio entre a típica cultura do processo formal e uma dose de individualismo informal, como antes tinham sido Kranz e Von Braun. "A cadeia de comunicação precisa ser informal", ele me disse, "completamente diferente da cadeia de comando". Geveden queria uma cultura na qual todos tivessem a responsabilidade de protestar se algo não parecesse certo. Decidiu sair procurando dúvidas.

Ele respeitava profundamente o gerente de eletrônica de Stanford, que tinha trabalhado com aquele tipo de fonte de energia antes e o via como uma tecnologia frágil. Depois de uma reunião formal na qual tanto o engenheiro-chefe da Nasa como o cientista principal do projeto defenderam não mexer nos componentes eletrônicos, Geveden fez reuniões individuais informais. Em uma delas, ouviu de um membro da equipe da Nasa que um dos gestores da Lockheed Martin, que tinha manufaturado aqueles componentes, estava preocupado. Como os O-Rings do *Challenger*, o problema conhecido com os componentes era superável, mas inesperado. Havia fatores desconhecidos.

Contra a recomendação do engenheiro-chefe e do líder da equipe de Stanford, Geveden decidiu cancelar o lançamento e retirar os componentes. Assim que foram extraídos, os engenheiros rapidamente descobriram três outros problemas de design que não estavam claros nos esquemas, incluindo um caso de uso de peças completamente erradas. Aquelas surpresas levaram a Lockheed a revisar cada um dos componentes. Eles encontraram vinte problemas diferentes.

Como se a Sonda Gravitacional B fosse obrigada pelos deuses do espaço a superar todos os obstáculos imagináveis, um mês após os componentes terem sido retirados houve um terremoto perto do local de lançamento. O veículo de lançamento foi levemente danificado, mas, por sorte, a sonda continuou intacta. Quatro meses depois, em abril de 2004, enfim a GP-B foi lançada. Foi o primeiro experimento a confirmar diretamente a ideia de Einstein, de que a Terra arrasta a estrutura do espaço-tempo consigo enquanto gira.[34] A tecnologia desenvolvida ali deixou um enorme legado. Os componentes desenvolvidos para a Sonda Gravitacional B melhoraram as câmeras digitais e os satélites; o GPS com precisão de centímetros foi aplicado a sistemas automáticos de pouso e à agricultura de precisão.

No ano seguinte, o presidente indicou um novo diretor para a Nasa. O novo administrador exigiu o tipo de individualismo e de debate franco que poderia servir como uma pressão contrária ao robusto processo de responsabilização da Nasa. Ele nomeou Geveden diretor adjunto, mais especificamente Diretor Geral de Operações, o posto mais alto da agência não indicado politicamente.

Em 2017, Geveden levou as lições aprendidas para seu novo emprego de CEO da BWX Technologies, uma empresa cujo escopo inclui a tecnologia de propulsão nuclear capaz de suportar uma missão tripulada a Marte. Alguns dos gestores da BWX Technologies são militares de alta patente aposentados, cuja ferramenta mais importante é uma forte hierarquia. Então, quando Geveden se tornou CEO, ele escreveu um curto memorando sobre suas expectativas em relação ao trabalho em equipe. "Eu disse a eles que esperava que discordassem de minhas opiniões e ideias quando estivéssemos tentando chegar a uma decisão, e que isso é um sinal de uma organização saudável", ele me disse. "Depois que uma decisão for tomada, queremos concordância e apoio, mas, antes, temos permissão para brigar um pouco sobre essas coisas, de forma profissional." Ele enfatizou que havia uma diferença entre a cadeia de comando e a cadeia de comunicação, e que essa diferença representa uma pressão contrária saudável. "Eu avisei a eles que ia me comunicar diretamente com todos os níveis da organização, até o chão de fábrica, e que não podiam ficar paranoicos com isso", contou Geveden. "Disse também que não ia interceptar decisões que pertenciam à cadeia de comando de cada um, mas ia dar e receber informações de qualquer ponto da organização, o tempo todo. Eu não tenho como entender a empresa ouvindo apenas as vozes no topo."

Sua descrição me lembrou a "administração circular" de Frances Hesselbein, a CEO das Escoteiras. Em vez de uma escada, a estrutura organizacional era formada por círculos concêntricos, com Hesselbein no centro. A informação podia fluir em várias direções, e qualquer um em um círculo tinha numerosas vias para se comunicar com o círculo seguinte, em vez de apenas um superior funcionando como um portão. Quando ela me explicou isso, pareceu muito com o tipo de incongruência que Geveden quis engendrar, o mesmo tipo que o capitão Lesmes utilizou: uma cadeia de comunicação separada da cadeia de comando produzindo uma incongruência, que levava a uma tensão saudável. Uma mistura algumas vezes confusa, mas eficaz, de culturas formais e informais fortes. Um trio de psicólogos e professores de administração que analisou um século de alpinismo no Himalaia — 5.104 expedições no total — descobriu que equipes de países com forte cultura hierárquica levavam mais alpinistas ao topo, só que tinham também mais mortes pelo caminho.[35] Essa tendência não valia para alpinistas solitários, apenas para equipes, e os pesquisadores propuseram que as equipes hierárquicas se beneficiavam de uma cadeia de comando clara, mas sofriam com uma cadeia de comunicação de mão única, que ocultava os problemas. Para vencer a montanha e sobreviver, as equipes precisavam tanto de hierarquia quanto de individualismo.

Cultivar aspectos aparentemente contraditórios dentro de uma cultura é um exercício de equilíbrio difícil. Não há regras para os palpites qualitativos dos engenheiros de ônibus espaciais ou para paraquedistas de resgate sem informações. A incongruência, como a pesquisa experimental mostrou, ajuda as pessoas a descobrirem pistas úteis e a abandonarem ferramentas tradicionais quando isso faz sentido.

O *insight* de Karl Weick sobre as ferramentas me lembrou de uma experiência que tive na pós-graduação, trabalhando a bordo do navio de pesquisa *Maurice Ewing,* no oceano Pacífico. A embarcação emitia ondas sonoras contra o fundo do oceano para mapear vulcões subaquáticos. Conheci alguns especialistas em vulcões que, literalmente, enxergavam o mundo por meio dessa especialidade. Apesar da ampla evidência de que o impacto de um asteroide foi ou a causa primária ou, pelo menos, um fator muito importante para a extinção dos dinossauros, eles insistiam que as erupções vulcânicas tinham, obviamente, sido as verdadeiras culpadas. Se teve algum efeito, disse-me um deles, o asteroide foi só o golpe final que levou ao nocaute. Os vulcões já haviam dado os socos necessários para vencer a luta. Ele parecia atribuir uma enorme quantidade de extinções aos vulcões, em alguns casos amparados por evidências convincentes, em outros, por quase nada. Quando tudo o que você tem é um vulcanologista, aprendi, toda extinção tem como origem um vulcão. Isso não é necessariamente ruim para o mundo. Eles *estão certos* em desafiar o conhecimento aceito, e esse desafio anima aqueles especialistas de foco estrito a produzirem conhecimento sobre vulcões a partir de lugares para os quais ninguém está olhando. Mas, quando disciplinas inteiras se desenvolvem em torno da devoção a um instrumento em particular, o resultado pode ser uma miopia desastrosa.

Cirurgiões cardíacos, por exemplo, são especialistas em tratar dores no peito com a colocação de *stent* — um tubo de metal que abre os vasos sanguíneos. Faz todo o sentido: um paciente chega com dor no peito, os exames de imagem mostram um estreitamento em uma artéria, o *stent* é colocado para expandi-la e prevenir um ataque cardíaco. A lógica é tão cristalina que um proeminente cardiologista criou o termo "reflexo oculoestenoico",[36] uma combinação de *oculus*, palavra em latim para "olho", e *stenos*, termo grego para "estreito", significando o seguinte: se você vê um bloqueio, automaticamente o corrige. Exceto que, repetidas vezes, testes clínicos aleatórios comparando *stent* com formas mais conservadoras de tratamento mostraram que sua colocação em pacientes com dor estável no peito previne nenhum ataque cardíaco e aumenta absolutamente em nada a vida dos pacientes.

Os cirurgiões cardíacos estão vendo e tratando uma pequena parte de um sistema complicado; o sistema cardiovascular não é uma pia de cozinha, e muitas vezes consertar um cano entupido não ajuda. Além disso, um em cada cinquenta pacientes que recebem um *stent* irá sofrer complicações sérias ou morrer devido ao procedimento de implantação.[37] Apesar dessa evidência global, cardiologistas que se especializaram no uso desse instrumento relataram que simplesmente não conseguem acreditar que a implantação de *stents* não funciona, mesmo quando sua remuneração não estava atrelada à realização do procedimento.[38] Dizer para pararem de usar *stents* era como dizer para deixarem de ser cirurgiões cardíacos. O instinto, muitas vezes bem intencionado, de realizar intervenções que parecem lógicas, mas que não se mostraram úteis, pode explicar a descoberta de um estudo de 2015: pacientes com insuficiência ou parada cardíacas têm menos probabilidade de morrer se chegarem ao hospital durante uma conferência nacional de cardiologia, quando milhares dos especialistas estão fora.[39] "Nessas grandes convenções de cardiologia, meus colegas e eu sempre brincávamos que o centro de convenções seria o local mais seguro do mundo para se ter um ataque cardíaco", escreveu a cardiologista Rita F. Redberg. "[Aquele estudo] virou essa análise de cabeça para baixo."[40]

Descobertas igualmente angustiantes estão agora aparecendo por toda a medicina, onde quer que especialistas tenham surgido em torno de um instrumento ou um procedimento específico. Uma das cirurgias ortopédicas mais comuns no mundo consiste em aparar um menisco — um pedaço de cartilagem no joelho — danificado para trazê-lo de volta a sua forma original de Lua em quarto crescente. Um paciente reclama de dor no joelho; uma ressonância magnética mostra uma lesão no menisco; naturalmente, um cirurgião quer reparar o problema. Quando cinco clínicas ortopédicas na Finlândia compararam o resultado de cirurgias com "cirurgias falsas"[41] — isto é, os cirurgiões levaram os pacientes com dor no joelho e menisco lesionado para a sala de operações, fizeram incisões, fingiram realizar procedimentos, fecharam tudo e enviaram os pacientes para fisioterapia —, descobriram que as cirurgias falsas funcionavam da mesma maneria que as reais. A maioria das pessoas com o menisco lesionado, ao que parece, não tem qualquer sintoma e nunca saberá do problema. E, naqueles que têm um menisco lesionado e dor no joelho, o dano na cartilagem pode não ter relação alguma com a dor.

Ver pequenas peças isoladas de um grande quebra-cabeças, independentemente da definição da imagem, é insuficiente para abordar os maiores desafios da humanidade. Há muito tempo, nós conhecemos as leis da termodinâmica, mas temos dificuldade em prever como um incêndio irá se espalhar por uma floresta. Sabemos como as células funcionam, mas não conseguimos prever a poesia que será escrita por um ser humano formado por elas. A perspectiva do sapo, de partes individuais, não é suficiente. Um ecossistema saudável precisa de biodiversidade.

Mesmo hoje, com esforços que levam a uma especialização sem precedentes na história, há faróis de amplitude. Indivíduos que vivem conforme as palavras do historiador Arnold Toynbee: "Nenhuma ferramenta é onicompetente. Não existe uma chave mestra capaz de abrir *todas* as portas". Em vez de empunhar apenas uma ferramenta, essas pessoas conseguiram acumular e proteger um armário inteiro de equipamentos, e elas são a prova do poder da amplitude em um mundo hiperespecializado.

12
Amadores propositais

O dia 23 de janeiro de 1954 foi um sábado, e Oliver Smithies estava em seu laboratório, em Toronto, como de praxe. "Experimentos da manhã de sábado", como ele chamava. Não havia mais ninguém por perto, e sentia-se livre das restrições do trabalho normal. No sábado, ele não precisava ponderar cada coisa cuidadosamente. Podia pegar um pouco disso, uma pitada daquilo e conduzir um experimento que durante a semana seria considerado um desperdício de tempo e equipamento. Ele podia testar algo que o intrigava, mas que tinha pouca relação com seu projeto principal. Você precisa deixar o cérebro pensar sobre algo diferente de seu trabalho cotidiano, ele diria. "No sábado, você não precisa ser completamente racional", alegava.

Smithies trabalhava em um laboratório estudando a insulina, e sua tarefa era encontrar um precursor dela. O trabalho estava parado, literalmente. O método de separação de moléculas, de forma que elas pudessem ser estudadas, envolvia a passagem de uma corrente elétrica por um tipo especial de papel umedecido. As moléculas se separavam conforme atravessavam o papel, mas a insulina simplesmente grudava. Smithies tinha ouvido que um hospital infantil local havia tentado usar grãos umedecidos de fécula no lugar do papel. A fécula resolvia o problema da aderência, mas exigiria que ele cortasse os grãos em cinquenta fatias e os analisasse individualmente cada uma, para descobrir onde as moléculas tinham ido parar. Isso tomaria um tempo enorme, portanto, não servia. Ele então se lembrou de algo de quando tinha doze anos.

Smithies cresceu na cidade de Halifax, na Inglaterra, e sempre observava sua mãe engomar as camisas de trabalho do pai, para que os colarinhos ficassem firmes. Ela mergulhava cada camisa em goma quente pegajosa e, depois, as passava a ferro. Para ajudar na arrumação posterior, ele jogava a goma fora. Smithies percebeu que, quando esfriava, a goma ficava com a consistência de uma geleia.

Ele tinha a chave mestra do laboratório, então saiu procurando por grãos de fécula nos armários de suprimentos. Cozinhou os grãos, deixou que esfriassem e virassem uma geleia e tentou usar esse gel em vez do papel. Quando aplicou a corrente elétrica, as moléculas de insulina se separaram no gel de acordo com o tamanho. "Muito promissor!",[1] diz a página de seu caderno de anotações daquele dia. Nos anos seguintes, a "eletroforese em gel" foi refinada e revolucionou a biologia e a química. Fragmentos individuais de DNA e componentes do soro do sangue humano puderam ser isolados e estudados.

Quando conversei com Smithies, em 2016, ele tinha noventa anos e estava em seu laboratório. Pensava sobre como o rim separa moléculas grandes e pequenas. "Por ora, é um experimento teórico das manhãs de sábado", disse ele.

O que me chamou atenção em Smithies foi sua alegria em experimentar. Não apenas no laboratório, mas na vida. Ele encarnava diversos princípios que me dispus a estudar neste livro. Visto de fora, parecia ser o hiperespecialista consumado. Afinal, era um bioquímico molecular. Exceto que *bioquímicos moleculares* não existiam quando Smithies estava se formando. Ele, primeiro, estudou Medicina, até assistir a uma palestra de um professor que estava combinando a Biologia e a Química. "Ele falava dessa nova disciplina que, de certa forma, ainda não havia sido inventada", Smithies me disse. "Era maravilhoso, e eu pensei: 'Quero fazer isso. Acho melhor aprender um pouco de Química'." Ele deu meia-volta e mudou para Química. Nunca se preocupou se aquilo iria atrasá-lo. Pelo contrário, "era realmente muito valioso, pois, no fim, eu tinha uma boa base em Biologia, e não tinha medo da Biologia, assim eu não tenho mais medo de Química. Aquilo me influenciou um bocado nos primeiros anos da Biologia Molecular". O que parece hoje com hiperespecialização era, na verdade, uma formação híbrida ousada na época.

Smithies atuava como professor da Universidade da Carolina do Norte quando conversamos. Ele faleceu nove meses depois, aos 91 anos. Até o fim da vida, encorajou seus alunos a pensar lateralmente, expandir suas experiências e abrir seu próprio caminho na busca por um trabalho adequado. "Eu tento ensinar às pessoas: 'Não se torne um clone de seu orientador de doutorado'", disse-me ele. "Leve suas habilidades para algum lugar em que não esteja mexendo com o mesmo tipo de coisa. Leve suas habilidades e aplique-as a um problema novo ou pegue seu problema e tente adquirir habilidades completamente novas."

Smithies viveu os conselhos que dava. Quando estava com mais de cinquenta anos, tirou uma licença sabática para se aventurar apenas dois andares acima, no mesmo prédio, para aprender a trabalhar com DNA. Ele nunca encontrou o precursor da insulina que buscava e, quando ganhou o Prêmio Nobel em 2007, foi como geneticista, por descobrir como modificar genes causadores de doenças de forma que pudessem ser estudados em animais. Neste sentido, ele se especializou tarde. Contei a Smithies sobre uma conversa recente que tinha tido com o reitor de um grande centro de pesquisas universitário, que estava usando análise de dados para avaliar contribuições e decidir sobre contratações e promoções. O reitor me disse que a produtividade dos químicos religiosamente despenca em um abismo vinte anos depois de terem obtido seu doutorado. Smithies deu uma gargalhada. "Sim, e meu artigo mais importante foi publicado quando eu tinha uns sessenta anos", disse ele. Uma análise de 2016, envolvendo as carreiras de 10 mil pesquisadores, determinou que não havia qualquer relação necessária entre a experiência do pesquisador e sua capacidade de contribuição. O artigo mais importante de um indivíduo tinha tanta chance de ser seu primeiro trabalho quanto seu segundo, décimo ou último trabalho (entretanto, os pesquisadores realmente tendem a publicar com mais frequência quando são mais jovens).[2]

Quando mencionei a Smithies que sua lembrança de camisas engomadas era um exemplo de pensamento lateral sobre tecnologia obsoleta, ele acrescentou que, em 1990, havia dividido o Prêmio Gairdner (uma espécie de pré-Nobel) com Edwin Southern, que também trazia uma memória de infância que, à primeira vista, parecia totalmente não relacionada. "A lembrança dele era com uma máquina de *cyclostyling*", disse Smithies, referindo-se a um equipamento para cópia de documentos anterior ao mimeógrafo, que utilizava papel vitrificado e um sistema de estêncil. Dessa lembrança, Southern criou o *"Southern blot"*, um método onipresente de detecção de moléculas específicas de DNA. Gunpei Yokoi teria ficado encantado. E isso não era nada em comparação à tecnologia obsoleta empregada por Tu Youyou, que em 2015 se tornou a primeira (e, até o momento, a única) pessoa de nacionalidade chinesa a receber o Prêmio Nobel de Fisiologia ou Medicina, e a primeira mulher chinesa a recebê-lo em qualquer categoria.

Tu é conhecida como "a professora dos três nãos": não é membro da Academia Chinesa de Ciência, não tem experiência com pesquisa fora da China e não tem um título de pós-graduação. Antes dela, outros cientistas já haviam relatado o teste com 240 mil compostos diferentes na busca de uma cura para a malária.[3] Tu tinha interesse tanto na Medicina moderna quanto em História, e se inspirou em uma pista que encontrou na receita de um medicamento feito a partir de uma árvore asiática chamada *Artemisia annua*, escrita por um alquimista chinês do século IV.[4] Não há tecnologia mais obsoleta do que essa. Isso a levou a experimentar (primeiro nela mesma) com um extrato daquela árvore chamado artemisinina. Hoje, a artemisinina é considerada um dos mais importantes medicamentos já descobertos pela medicina. Um estudo sobre o declínio da malária na África atribui a terapias baseadas na artemisinina a prevenção de 146 *milhões* de casos entre 2000 e 2015.[5] Tu tinha muitas desvantagens, mas tinha a seu favor a vantagem do *outsider*, que tornou mais fácil para ela procurar onde outros não ousavam ir. O tipo de vantagem que Smithies buscava nas manhãs de sábado.

Ao longo de sua carreira, Smithies preencheu e guardou 150 cadernos. "Essa também foi de sábado", repetiu ele, enquanto me mostrava as páginas mais importantes. Quando mencionei a relação entre os sábados e as notas importantes, ele respondeu: "Bem, algumas pessoas já me perguntaram 'Por que você vinha trabalhar nos outros dias?'".

**

As descobertas, claro, eram exceções. Um experimento das manhãs de sábado acidentalmente dissolveu um equipamento importante. Em outro, Smithies contaminou seus sapatos com um composto químico com cheiro putrefato. Achou que os tinha deixado tomar ar o suficiente, até ouvir uma senhora perguntar a outra se ela estava sentindo cheiro de algo morto. Smithies não conseguia resistir a "pegar qualquer coisa" para experimentar, disse ele, um hábito que seus colegas notaram. Em vez de jogarem fora os equipamentos quebrados, deixavam-os para ele, com a etiqueta "SCMOKPO", "sem conserto, mas o.k. para o Oliver".[6]

Um traço brincalhão, entusiástico, quase infantil, é tema recorrente na pesquisa com pensadores criativos. Andre Geim, físico da Universidade de Manchester, mantém (sem qualquer relação com os sábados de Smithies) os "Experimentos de sexta à noite" (ESNs). Foi em uma sexta-feira que começou o trabalho que lhe renderia o Prêmio Ig Nobel de 2000. O Ig Nobel é dado a trabalhos que, à primeira vista, parecem ridículos ou triviais. A mascote é uma imagem da escultura *O pensador*, de Rodin, exceto que *O fedorento** caiu do pedestal e está deitado de costas no chão. Os contemplados são questionados com antecedência se estão dispostos a receber o prêmio, de forma a poderem recusar para evitar problemas de reputação acadêmica. Geim recebeu o Ig Nobel por levitar um sapo com ímãs poderosos. (Os sapos, e a água dentro deles, são diamagnéticos, isto é, repelidos por campos magnéticos.)

Nem é preciso dizer que os ESNs não recebem financiamento de pesquisa, e a maioria não leva a nada. Depois do sapo, entretanto, outro ESN levou ao desenvolvimento de novos compostos adesivos inspirados na aderência das patas das lagartixas. E, então, veio aquele que começou com o uso de fita adesiva para produzir camadas finas de grafite, o material usado nos lápis.[7] Aquela brincadeira nada tecnológica culminou no Prêmio Nobel de Física de 2010 para Geim e seu colega Konstantin Novoselov, pela criação

---

* Em inglês, *The Stinker*, trocadilho com o nome em inglês da escultura de Rodin, *The Thinker*. (N. T.)

do grafeno, um material cem vezes mais fino que um fio de cabelo e duzentas vezes mais forte que o aço.[8] O grafeno é flexível, mais transparente que o vidro e ótimo condutor elétrico. Aranhas alimentadas com grafeno foram capazes de produzir teias muitas vezes mais resistentes que o Kevlar usado em coletes à prova de balas.[9] O grafeno é formado por tiras de carbono de um átomo de espessura, um arranjo antes considerado puramente teórico. Quando Geim e Novoselov apresentaram seu trabalho inicial para publicação em uma das mais importantes revistas científicas do mundo, um revisor disse que aquilo era impossível, e outro considerou a descoberta "um avanço científico insuficiente".[10]

A historiadora da arte Sarah Lewis estuda feitos criativos e descreveu o tipo de mentalidade de Geim como um exemplo do "amador proposital".[11] A palavra "amador", explicou ela, não era originalmente um insulto, mas, sim, uma derivação da palavra latina para uma pessoa que ama algo em particular. "Um paradoxo da inovação e da maestria é que uma descoberta, muitas vezes, ocorre quando você se lança em uma direção, mas se afasta um pouco da estrada e finge que está apenas começando", escreveu Lewis. Quando, dois anos antes de receber o Nobel, pediram a Geim para descrever seu estilo de pesquisa, ele respondeu assim: "É bem diferente, tenho que admitir. Eu não cavo muito fundo — fico no raso. Então, desde que terminei meu doutorado, eu mudo de direção a cada cinco anos, mais ou menos... Não quero ficar estudando a mesma coisa a vida inteira. Algumas vezes, brinco que não estou interessado em fazer pesquisas. Quero só iniciá-las".[12] Desviar daquilo que Geim chama de "ferrovia em linha reta" da vida "não é seguro... psicologicamente", mas tem suas vantagens para motivar-se e para "fazer perguntas que as pessoas que trabalham naquela área nunca se dão ao trabalho de perguntar".[13] Suas noites de sexta são como as manhãs de sábado de Smithies; elas contrabalançam a prática padrão do resto da semana com uma exploração ampla do mundo. Abarcam aquilo que Max Delbrück, vencedor do Nobel que estudou a interseção entre a Física e a Biologia, chamou de "o princípio do desleixo limitado".[14] Seja cuidadoso, mas não muito cuidadoso, advertiu Delbrück, ou você inconscientemente limitará sua exploração.

Novoselov era orientando de doutorado de Geim. Conheceram-se após um colega de Geim ter comentado que Novoselov "parecia estar jogando a vida fora"[15] em outro laboratório. Quando chegou, o estudante encontrou equipamentos similares aos que usava no laboratório anterior, mas "com uma flexibilidade e uma oportunidade de experimentar em áreas diferentes que era interessante". Um perfil dele feito pela revista *Science* tinha como títulos de seção as expressões "Procurando seu espaço" e "Largo e raso", as quais soariam muito mal, como se ele estivesse perdido na carreira, se o artigo não fosse também o relato de como, aos 36 anos de idade, ele era o mais jovem vencedor do Nobel em quarenta anos.

Como Van Gogh, Frances Hesselbein ou hordas de jovens atletas, Novoselov, visto de fora, provavelmente parecia estar ficando para trás, até que, de repente, ele não estava mais atrás. Ele teve sorte. Encontrou um local de trabalho que tratava suas divagações mentais como uma vantagem competitiva, não uma praga a ser exterminada em nome da eficiência.

Esse tipo de proteção contra o culto da vantagem inicial é cada vez mais raro. Em algum momento, todos nos especializamos, de uma forma ou de outra, então a corrida para chegar lá antes pode parecer lógica. Felizmente, há pioneiros trabalhando para contrabalançar o culto da vantagem inicial. Eles querem tudo — a liberdade da divagação mental e a sabedoria da experiência profunda; as habilidades conceituais amplas, que fazem uso das lentes científicas de Flynn, mesmo dentro de programas de treinamento cujo objetivo é formar especialistas; e o poder criativo da fertilização cruzada interdisciplinar. Querem reverter a tendência a Tiger, não apenas para si mesmos, mas para todos, mesmo em áreas quase sinônimas da hiperespecialização. O futuro das descobertas, dizem eles, depende disso.

Bastam alguns minutos de conversa para perceber que Arturo Casadevall é uma pessoa do tipo "béquer meio cheio". Um dos grandes dias de sua vida foi quando as ondas gravitacionais foram detectadas, e essa nem é sua área. "Dois buracos negros colidem no espaço, um bilhão de anos atrás, e por um bilhão de anos aquelas ondas gravitacionais viajam pelo espaço-tempo", narrou ele, arregalando os olhos. "Quando o sinal original foi emitido, a vida na Terra era *unicelular*, e nesse período de tempo a humanidade conseguiu construir dois interferômetros e medir o sinal. Quer dizer:

que feito!". Ele também é médico com doutorado, e uma estrela em suas áreas, Microbiologia e Imunologia. Ele estudou a Aids e o antraz e trouxe à luz aspectos importantes do funcionamento das doenças causadas por fungos. Seu "índice H", uma medida da produtividade de um cientista e da quantidade de citações que ele recebe, recentemente ultrapassou o de Einstein.[*] Então, seus colegas levaram a sério quando ele chegou à Escola Bloomberg de Saúde Pública da John Hopkins em 2015, como chefe das cadeiras de Microbiologia e Imunologia, e advertiu que a pesquisa científica estava em crise.

Em uma palestra para seus novos colegas, Casadevall declarou que o ritmo do avanço tinha diminuído, enquanto a taxa de retratação de artigos científicos tinha acelerado, superando proporcionalmente a publicação de novos estudos. "Se essa tendência continuar, em alguns anos toda a literatura cientifica terá sido retratada", disse ele.[16] Era apenas uma piada de cantina de universidade, mas estava amparada por dados. Parte do problema, argumentou ele, é que os cientistas jovens são obrigados a se especializar antes de aprenderem a pensar; e acabam incapazes de produzir um bom trabalho por si mesmos e despreparados para detectar os trabalhos ruins (ou fraudulentos) de seus colegas.

A razão de Casadevall ter aceitado ir para a Hopkins, abandonando um cargo confortável na Faculdade de Medicina Albert Einstein, em Nova York, foi que o novo trabalho lhe deu a chance de criar um protótipo de como ele imagina que cursos de pós-graduação (e algum dia *toda* a educação) em ciências devam ser.

Na direção contrária à tendência predominante, Casadevall — com Gundula Bosch, professora de Biologia e Pedagogia — está "desespecializando" o treinamento, mesmo para aqueles estudantes que planejam se tornar os mais especializados dos especialistas. O programa, conhecido como Iniciativa R3 (Rigor, Responsabilidade e Reprodutibilidade), começa com disciplinas interdisciplinares como Filosofia, História, Lógica, Ética, Estatística, Comunicação e Liderança. Um curso chamado "Como sabemos

---

[*] Os cientistas de hoje publicam mais que no passado. Então, a comparação não é inteiramente justa, mas, ainda assim, coloca Casadevall em um grupo bastante especial.

282 *David Epstein*

o que é verdade?" examina os tipos de evidências aceitas ao longo da história e pelas diferentes disciplinas. Em "Anatomia do erro científico", os alunos se tornam detetives, buscando sinais de fraude ou métodos ruins em pesquisas reais, enquanto aprendem, ao mesmo tempo, como os erros e o acaso levaram a descobertas importantes.

Quando Casadevall descreveu sua visão de uma educação ampla durante um painel em uma conferência profissional, em 2016, um dos conferencistas e editor do *New England Journal of Medicine* (um periódico de imenso prestígio e inclinado a retratações) replicou que seria absurdo acrescentar mais tempo de formação à já pesada grade de médicos e cientistas. "Eu diria que devemos manter o mesmo tempo, mas tirar a ênfase de todos os outros materiais didáticos", disse Casadevall. "Nós realmente precisamos passar por cursos com conhecimento extremamente especializado, que muitas vezes apenas fornecem uma grande quantidade de coisas muito detalhadas, muito especializadas, muito enigmáticas, e que serão completamente esquecidas algumas semanas depois? Especialmente hoje, quando toda a informação está no celular. As pessoas estão andando por aí com todo o conhecimento da humanidade em seus celulares, mas não têm a menor ideia de como integrar esse conhecimento. Nós não treinamos pessoas para pensar ou raciocinar."

Médicos e cientistas frequentemente não são sequer informados da lógica básica subjacente a seus próprios instrumentos. Em 2013, um grupo de médicos e cientistas deu a estudantes de Medicina e médicos especialistas ligados a Harvard e à Universidade de Boston um tipo de problema que aparece com frequência na medicina:

> Se um exame para detectar uma doença, cuja prevalência é de 1/1000, tem uma taxa de falso-positivo de 5%, qual a chance de uma pessoa cujo resultado do exame dá positivo ter realmente aquela doença, supondo que você não sabe nada sobre os sintomas ou sinais da pessoa?[17]

· A resposta correta é que a chance é de, aproximadamente, 2% (1,96%, para ser exato) de o paciente realmente ter a doença. Apenas um quarto dos especialistas e médicos em formação acertou. A resposta mais comum foi 95%. Deveria ser um problema muito simples para profissionais que dependem de exames laboratoriais para sobreviver: em uma amostra de 10 mil pessoas, dez têm a doença e o resultado do exame é um verdadeiro-positivo; 5%, ou 500 pessoas, terão um falso-positivo; entre as 510 pessoas cujo exame deu positivo, apenas dez, ou 1,96%, estarão realmente doentes. O problema não é intuitivo, mas também não se mostra difícil. Qualquer especialista médico ou estudante de Medicina tem as habilidades matemáticas para resolvê-lo. Então, como James Flynn observou quando testou estudantes universitários brilhantes sobre raciocínio básico, eles não estão sendo preparados para usar os instrumentos racionais mais amplos de sua profissão, apesar de serem capazes de fazê-lo.

"Eu diria, pelo menos sobre a Medicina e a ciência básica, áreas nas quais nós entupimos as pessoas de fatos de muitos cursos, que o necessário é apenas algum contexto, além de ferramentas para se pensar", me disse Casadevall. Atualmente, "tudo está configurado da forma errada".

Ele comparou o sistema atual às guildas medievais.[18] "O sistema de guildas na Europa surgiu na Idade Média, quando artesãos e mercadores buscavam manter e proteger habilidades e ofícios especializados", escreveu ele com um colega. "Apesar de essas guildas costumarem produzir indivíduos altamente treinados e especializados, que aperfeiçoavam suas habilidades por meio de um longo aprendizado, elas também encorajavam o conservadorismo e sufocavam a inovação." Tanto a formação quanto os incentivos profissionais estão alinhados para acelerar a especialização, criando arquipélagos intelectuais.

Há uma indústria crescente de conferências que convidam apenas cientistas que trabalham com apenas um micro-organismo. Enquanto isso, o entendimento completo da forma como o corpo responde a um corte no dedo foi dificultado, porque hiperespecialistas em hematologia e imunologia se concentram em peças isoladas do quebra-cabeças, apesar de a resposta imune ser um sistema integrado.

"Você pode passar toda uma carreira estudando um tipo de célula, e é mais provável que mantenha seu emprego e consiga o financiamento de agências de fomento", contou Casadevall. "Não existe sequer uma pressão por integração. Na verdade, se você faz um pedido de financiamento para estudar como o linfócito B está integrado ao macrófago (uma interação entre duas células básicas do sistema imunológico),* pode ser que não haja sequer alguém para revisar a proposta. Se for enviada aos que trabalham com macrófagos, eles dirão 'Bem, eu não sei nada sobre isso. Por que linfócitos B?'. O sistema o mantém em uma trincheira. Você tem basicamente essas trincheiras paralelas, e é muito raro que alguém se levante e olhe com atenção para a trincheira seguinte para ver o que estão fazendo, e muitas vezes são coisas parecidas ou relacionadas."**

Substituindo algumas palavras específicas, o sistema de trincheiras paralelas que ele descreveu poderia se aplicar a muitas áreas. Quando eu fazia as pesquisas para este livro, um funcionário da SEC (agência governamental que fiscaliza os negócios no mercado financeiro dos EUA) soube que eu estava escrevendo sobre especialização e entrou em contato comigo para se assegurar de que eu sabia como a especialização tinha desempenhado um papel crucial na crise financeira de 2008. "Os reguladores de seguros regulavam os seguros, os reguladores bancários regulavam os bancos, os reguladores de títulos regulavam os títulos e os reguladores do mercado consumidor regulavam os consumidores", disse-me aquele funcionário. "Mas o suprimento de crédito atravessa todos esses mercados. Então, nós especializamos produtos, especializamos regulações, e a pergunta é 'Quem olha para todos os mercados?'. A abordagem especializada à regulação não enxergou os problemas sistêmicos."

Em 2015, Casadevall mostrou que o financiamento de pesquisas biomédicas aumentou exponencialmente durante os últimos 35 anos, enquanto a quantidade de descobertas diminuiu.[19] A expectativa de vida nos países mais avançados na área biomédica, como o Reino Unido e os Estados Unidos, declinou recentemente, depois de anos de aumento.[20] A gripe mata, por ano, centenas de milhares de pessoas ao redor do mundo, enquanto a

---

* Quando uma bactéria entra por um corte, o linfócito B libera anticorpos que se aderem à bactéria e a conduzem até um macrófago, que a destrói.

** Pior ainda, muitas vezes a pesquisa interdisciplinar é considerada inferior exatamente por não evidenciar a hiperespecialização. As cientistas Diana Rhoten e Stephanie Pfirman escreveram no livro *Inside Higher Ed* que mulheres parecem mais inclinadas a conduzir pesquisas interdisciplinares, mas que foram desaconselhadas a encorajar mulheres iniciantes a conduzir pesquisas interdisciplinares "senão elas jamais serão levadas a sério".

humanidade continua lutando contra essa doença com uma vacina de produção difícil criada nos anos 1940. A mãe de Casadevall tem 93 anos e usa cinco medicamentos que já estavam disponíveis quando ele era residente de Medicina, na década de 1980. "Dois desses remédios são mais velhos do que eu", disse ele, e dois outros são pouca coisa mais novos. "Não consigo acreditar que não podemos fazer melhor." Ele parou por um instante, virou a cabeça e se inclinou para a frente. "Se você escrever um pedido de financiamento interdisciplinar, ele acaba com gente que é especializada de verdade em A ou B. E, se você tiver sorte, eles terão a capacidade de ver as conexões na interface entre A e B", ele me disse. "Todos reconhecem que grandes progressos são feitos nessa interface, mas quem está lá para defendê-la?"

A interface entre especialidades, e entre criadores com históricos diferentes, foi estudada, e vale a pena defendê-la.

Quando pesquisadores da Northwestern e de Stanford analisaram as redes que dão margem ao triunfo criativo, encontraram o que chamaram de configuração "universal".[21] Independentemente de olharem para grupos de pesquisa em Economia ou Ecologia, ou equipes que escrevem, compõem e produzem musicais da Broadway, ecossistemas vicejantes têm bordas porosas entre os diversos grupos que os compõem.

Nas redes profissionais que agiam como solo fértil para grupos bem-sucedidos, os indivíduos se deslocavam facilmente entre as equipes, cruzando fronteiras organizacionais e disciplinares e encontrando novos colaboradores. Redes que resultavam em equipes malsucedidas, por outro lado, eram quebradas em pequenos aglomerados isolados, nos quais as mesmas pessoas colaboravam seguidamente. Algo talvez eficiente e confortável, mas que, ao que parece, não é um motor de criação. "A rede inteira tem uma aparência diferente quando você compara uma equipe bem-sucedida com uma equipe malsucedida", de acordo com Luís A. Nunes Amaral, um físico da Northwestern que estuda redes.[22] A observação de Amaral não compara equipes individuais, mas os grandes ecossistemas que favorecem a formação de equipes de sucesso.

O destino comercial da Broadway durante qualquer era em particular, seja uma de grande prosperidade ou uma cheia de fracassos, tinha menos relação com nomes famosos específicos e mais com o reagrupamento e a adequação vivazes dos colaboradores.[23] A década de 1920 teve dezenas de espetáculos com Cole Porter, Irving Berlin, George Gershwin, Rodgers e Hammerstein (embora não ainda em colaboração) e também foi uma época com um alto índice de fracassos, 90% para novos espetáculos. Foi uma era de equipes estagnadas, cheia de colaborações repetidas e pouca ou nenhuma permeabilidade de fronteiras.

Novas colaborações permitem que os criadores "peguem ideias convencionais em um campo e as levem para uma nova área, onde elas subitamente sejam vistas como invenções", disse o sociólogo Brian Uzzi, colaborador de Amaral. A criatividade humana, disse ele, é basicamente um "negócio de importação e exportação de ideias".[24]

Uzzi registrou uma tendência de importação/exportação que começou tanto nas ciências físicas quanto nas ciências sociais na década de 1970, antes da internet: os grupos de maior sucesso tendiam a ter membros de origens mais distantes entre si. Grupos que incluíam membros de instituições diferentes tinham mais chance de sucesso que aqueles que não incluíam, e grupos com membros de países diferentes tinham também uma vantagem.

Consistente com esse modelo de importação/exportação é o fato de que cientistas que trabalharam em outros países — independentemente de terem ou não voltado — apresentam maior probabilidade de produzir um maior impacto científico que aqueles que nunca saíram de seu país. Os economistas que registraram essa tendência sugeriram que uma razão poderia ser as oportunidades de "arbitragem"[25] dos migrantes, a chance de pegar uma ideia de um mercado e levá-la para onde ela é mais rara e valiosa.* É um

---

* Quando Dean Keith Simonton, que pesquisa a criatividade, estudou a história da inovação no Japão, um país que oscilou entre ser muito fechado e muito aberto ao resto do mundo, ele viu que as explosões criativas em domínios que iam da ficção e da poesia à cerâmica e à medicina seguiam ondas de imigração. (D. K. Simonton, "Foreign Influence and National Achievement: The Impact of Open Milieus on Japanese Civilization", *Journal of Personality and Social Psychology* 72, nº 1 (1997): 86-94.)

eco do conselho de Oliver Smithies, de trazer novas habilidades para um velho problema, ou novos problemas para velhas habilidades. A combinação atípica de formas típicas — digamos, hip-hop, um musical da Broadway e uma biografia de um personagem da história americana — não é uma casualidade estratégica do *showbiz*.

Uzzi e sua equipe analisaram 18 milhões de artigos de uma grande variedade de áreas científicas para entender se combinações atípicas de conhecimento tinham alguma importância.[26] Se um artigo em particular citava outras áreas de pesquisa que raramente, ou nunca, apareciam juntas, então ele era classificado como tendo usado uma combinação atípica de conhecimento.[27] A maioria dos artigos se baseava apenas em combinações convencionais de conhecimento anterior. Isto é, citavam trabalhos de outros periódicos que quase sempre apareciam juntos nas listas de referências de outros estudos. Os artigos "de sucesso", aqueles que durante a década seguinte a sua publicação foram usados por um grande número de outros cientistas, traziam uma ampla combinação convencional, mas também acrescentavam uma injeção de combinações de conhecimento não habituais.

Um grupo internacional diferente analisou mais de meio milhão de artigos de pesquisa e classificou cada artigo como "original" se ele citava dois outros periódicos que *nunca* tivessem aparecido juntos antes. Apenas um em cada dez artigos fazia uma nova combinação, e apenas um em cada vinte fazia múltiplas novas combinações. O grupo acompanhou o impacto dos artigos científicos ao longo do tempo e observou que aqueles com novas combinações de conhecimento tinham maior probabilidade de serem publicados em periódicos de menor prestígio, e também era mais provável que fossem ignorados após sua publicação. Tinham um início lento pelo mundo, mas, após três anos, os artigos com grupos de combinações de conhecimentos novos ultrapassavam os artigos convencionais e começavam a acumular mais citações de outros cientistas. Quinze anos após a publicação, estudos que haviam lançado mão de múltiplas novas combinações de conhecimento tinham uma probabilidade *muito* maior de estarem entre o grupo de 1% de artigos mais citados.

Recapitulando: trabalhos que conectam áreas díspares do conhecimento têm menor probabilidade de serem financiados, menos chance de serem publicados em periódicos famosos, maior probabilidade de serem ignorados após sua publicação e, assim, maior probabilidade, em longo prazo, de serem um grande sucesso na biblioteca do conhecimento humano.[28]

Casadevall lidera pelo exemplo. Uma simples conversa com ele tem chance de incluir *Anna Karenina*, os artigos de *O Federalista*, o fato de Isaac Newton e Gottfried Leibniz serem tanto filósofos como cientistas, os motivos de o Império Romano não ter sido mais inovador e um argumento sobre o papel dos mentores na forma de uma descrição do personagem Mentor de *Odisseia*, de Homero. "Eu trabalho com isso", disse ele, dando um sorrisinho. "Sempre aconselho meus alunos e colegas a lerem coisas de fora de seu campo de estudo, alguma coisa todo dia. E a maioria das pessoas diz 'Bem, eu não tenho tempo para ler coisas de fora da minha área'. Eu digo 'Não, você tem tempo; é muito mais importante'. Seu mundo se torna um mundo maior, e talvez chegue um momento em que você faça conexões."

Um dos projetos de Casadevall nasceu de uma notícia de jornal que leu sobre um robô enviado ao local do acidente nuclear de Chernobyl, ainda extremamente contaminado, trinta anos após o desastre. O artigo, por acaso, mencionava que o robô retornara com um mofo negro, de um tipo que lembrava uma cortina de banheiro encardida, que havia colonizado o reator abandonado. "Mas por que esse mofo negro?", perguntou-se Casadevall retoricamente. "E aí uma coisa levou a outra." Ele e os colegas fizeram uma descoberta notável — que o mofo estava se alimentando de radiação. Não de substâncias radioativas — da própria radiação.[29]

Casadevall faz questão de apontar para experiências fora do laboratório e para como contribuíram para que ele se tornasse quem é hoje. Sua família fugiu de Cuba para o Quênia quando ele tinha onze anos. Aos dezesseis, conseguiu seu primeiro emprego, no McDonald's, onde trabalhou até os vinte. Ainda está em seu currículo, e ele fez questão de falar sobre aquele trabalho em sua entrevista de seleção no John Hopkins. "Foi uma experiência muito, muito boa", ele me disse. "Aprendi muito trabalhando lá." Coisas como lidar com a pressão. Seu irmão mais novo trabalhou lá também e foi logo feito refém durante um assalto. "Ele passou dois dias no banco das testemunhas, com os advogados gozando de seu sotaque", lembrou Casadevall. "Saiu dali pronto para a faculdade de Direito. Hoje, é um advogado criminalista de muito sucesso." Depois do McDonald's, Casadevall trabalhou como caixa de banco. ("Que também foi assaltado!") Seu pai queria que ele tivesse algo prático com que se sustentar, então um diploma em um curso técnico em Controle de Pragas está pendurado na parede de sua sala, perto do certificado de sua eleição para a prestigiosa Academia Nacional de Medicina.

Casadevall é famoso em sua especialidade. Ele não tem problemas em conseguir financiamentos de pesquisa e, frequentemente, é um dos cientistas que ajudam a determinar quem mais recebe financiamento. Ele é um vencedor se o *status quo* da especialização se mantiver. E, ainda assim, considera sua tentativa de acabar com ele o trabalho mais importante de sua vida. Quanto mais a ciência se afastar da exploração desinteressada em direção à eficiência, acredita, menor a chance de ela resolver os principais desafios da humanidade.

Laszlo Polgar, em meio a seu experimento de xadrez com a filha, proclamou que "os problemas do câncer e da Aids" seriam mais fáceis de resolver se seu sistema de especialização estrita e educação eficiente fosse usado além do ensino do xadrez, para educar mil crianças. Casadevall é um estudioso da história da inovação. Ele se formou médico e cientista quando a Aids virou epidemia, e não poderia discordar de Polgar com mais veemência. "Quando cheguei à faculdade de Medicina, me ensinaram que não havia doenças humanas causadas por retrovírus, que os retrovírus eram uma raridade que só ocorria em tumores de certos animais. Em 1981, uma nova doença aparece, e ninguém sabe nada sobre ela. Em 1984, descobre-se que é causada por um retrovírus, o HIV. Em 1987, aparece o primeiro tratamento. Em 1996 você tem um tratamento tão eficaz que ninguém mais precisa morrer de Aids. Como isso aconteceu? Foi porque as empresas, de repente, correram para produzir novas drogas? Não. Se você olhar com cuidado e analisar, antes da Aids a sociedade tinha gastado um pouco de seu suado dinheiro para estudar uma 'raridade' chamada retrovírus. Apenas um fenômeno curioso em animais. Então, quando se descobriu que o HIV era um retrovírus, você já sabia que, se interferisse com a protease (um tipo de enzima),

290 *David Epstein*

era possível desativar o vírus. Assim, quando o HIV apareceu, a sociedade já tinha, guardada na prateleira, uma *grande* quantidade de conhecimento, vinda de um investimento em uma curiosidade que, à época, não tinha qualquer utilidade. Pode ser que, se você pegar todo o financiamento de pesquisa do país e colocar na pesquisa de Alzheimer, mesmo assim não consiga achar uma solução. A resposta para o Alzheimer pode vir do enovelamento defeituoso de uma proteína do pepino. Mas como você irá escrever um pedido de financiamento para pesquisar o pepino? E para quem você mandará esse pedido? Se alguém se interessar pelo enovelamento de uma proteína do pepino, deixe-os pesquisar em paz. Deixe-os torturar os pepinos."

A grande questão de Casadevall é que um ecossistema voltado para a inovação deveria, intencionalmente, preservar a amplitude e a ineficiência.

Em 2006, quando eu estava começando no jornalismo, assisti a audiências sobre política de financiamento no subcomitê de ciência e espaço do Senado, presidido pela senadora texana Kay Bailey Hutchison.[30] Hutchison folheava um calhamaço de propostas de pesquisa de cientistas e lia os títulos em voz alta. Se um título não dissesse respeito à criação de uma nova tecnologia comercial, ela o retirava da pilha e perguntava à sala como, exatamente, aquele tipo de coisa ajudaria o país a se manter à frente da Índia e da China. Entre as disciplinas que Hutchison classificava como meras distrações para a inovação tecnológica estavam a Biologia, a Geologia, a Economia e a Arqueologia. Só podemos supor como ela avaliaria o trabalho de Louis Pasteur (que começou como artista) em galinhas com cólera, que o levou à criação de vacinas em laboratório. Ou a ideia fantasiosa de Einstein de investigar se o tempo passa de forma diferente sob força gravitacional forte ou fraca, parte de uma teoria essencial para algumas tecnologias muito úteis, como celulares, que utilizam satélites geoestacionários com relógios ajustados para a gravidade que se sincronizam com relógios na Terra.

Em 1945, o reitor aposentado do MIT, Vannevar Bush, que supervisionou a pesquisa científica militar durante a Segunda Guerra Mundial — inclusive a produção em massa de penicilina e o Projeto Manhattan —, escreveu um relatório a pedido do presidente Franklin Roosevelt, no qual explicava a cultura de inovação bem-sucedida. O documento se chamava "Ciência, a fronteira sem fim" e levou à criação da Fundação Nacional de Ciências, que financiou três gerações de descobertas científicas de imenso sucesso, do radar Doppler e das fibras ópticas ao navegador de internet e aos tomógrafos. "O progresso científico em uma frente ampla é resultado do livre brincar de intelectos livres, trabalhando em assuntos de sua própria escolha, de uma forma ditada por sua curiosidade pela exploração do desconhecido", escreveu Bush.

Um fenômeno curioso tem aparecido nos últimos anos com uma frequência quase anual, quando os prêmios Nobel são concedidos.[31] Algum vencedor de um dos prêmios explica que sua descoberta não poderia ocorrer hoje. Em 2016, o biólogo japonês Yoshinori Ohsumi fechou seu discurso de aceitação Nobel de forma sinistra: "Descobertas verdadeiramente originais na ciência são, muitas vezes, desencadeadas por pequenas descobertas inesperadas (...) Cada vez mais se exige dos cientistas que forneçam evidências de aplicações tangíveis e imediatas para seu trabalho". A febre da vantagem inicial deu a volta completa; exploradores devem buscar objetivos tão estritamente especializados, com tanta hipereficiência, que podem dizer o que irão encontrar antes mesmo de começar a procurar.

Como Casadevall, Ohsumi sabe que a aplicação é o objetivo final, mas que a questão é como chegar lá. Não há uma falta de instituições concentradas de forma muito firme em aplicações. Algumas apareceram neste livro. Por que especializar todo o mundo da pesquisa daquela forma? O "livre brincar" de intelectos soa terrivelmente ineficiente, como o livre brincar de jogadores de futebol em formação, que poderiam estar sempre treinando habilidades específicas. É só que, quando alguém se dispõe a estudar como as descobertas realmente acontecem, ou como os jogadores que cresceram para formar o time alemão vencedor da Copa do Mundo de 2014 se desenvolveram, "aqueles jogadores realizaram menos treinos organizados, mas proporções maiores de atividades lúdicas".[32]

No fundo, toda hiperespecialização é um impulso bem-intencionado em busca da eficiência — o modo mais eficiente de desenvolver uma habilidade esportiva, montar um produto, aprender a tocar um instrumento ou trabalhar em uma nova tecnologia. Mas a ineficiência também precisa ser cultivada. A sabedoria dos métodos como o de Polgar, de desenvolvimento eficiente e concentrado como um laser, limita-se a ambientes generosos de aprendizagem, construídos de forma estrita.

"Quando você explora além das fronteiras, muito do que faz é só sondar. *Tem* de ser ineficiente", disse-me Casadevall. "O que desapareceu completamente foram aqueles momentos para conversar e sintetizar. As pessoas pegam o almoço e vem comer no escritório. Acham que o almoçar é ineficiente, mas muitas vezes aquela se mostra a melhor hora para trocar ideias e criar conexões."

Quando o engenheiro Bill Gore deixou a DuPont para criar a empresa que inventou o Gore-Tex (um tecido à prova d'água, muito usado na fabricação de calçados e roupas), ele montou sua companhia baseando-se na observação de que as empresas realizam seu trabalho criativo mais impactante durante uma crise, porque as fronteiras entre as disciplinas desaparecem. "A comunicação acontece de verdade durante a carona solidária para o trabalho", disse ele certa vez. Gore se assegurou de que o "tempo de papear" fosse um marco cultural de sua empresa.[33]

Conclusão

Expanda sua amplitude

Quando comecei a escrever e falar sobre os dados indicando que os atletas que acabam por se tornar de elite, em geral, *não* são especialistas precoces, as reações (sobretudo dos pais) seguramente caíam em duas categorias: (1) simples descrença; não pode ser verdade; (2) "Então, em uma frase, o que você aconselha?". Que conselho de uma frase pode capturar a dimensão da amplitude e a jornada de experimentação que são necessárias se você quiser, como Van Gogh, Andre Geim ou Frances Hesselbein, chegar a um lugar otimizado apenas para você? Assim como os caminhos daqueles indivíduos, minha exploração sobre amplitude e especialização foi ineficiente, e aquilo que começou como uma busca por um conselho terminou neste livro.

Contadas em retrospecto pela mídia popular, essas histórias de inovação e autodescoberta podem parecer jornadas organizadas dos pontos A a B. Mais ou menos como os relatos fragmentados e inspiradores das jornadas dos atletas de elite parecem diretos, mas a narrativa quase sempre fica mais nebulosa quando examinada mais a fundo ou por mais tempo. A noção popular do caminho de Tiger Woods minimiza o papel dos desvios, da amplitude e da experimentação. Mostra-se atraente, pois é uma receita bem organizada, com baixa incerteza e grande eficiência. Afinal, quem não gosta de uma vantagem inicial? A experimentação não é uma receita organizada, mas se mostra comum, tem suas vantagens e exige mais que aqueles típicos chavões motivacionais sobre tolerância ao fracasso. Avanços e descobertas são grandes variâncias.

Dean Keith Simonton, que pesquisa a criatividade, demonstrou que, quanto mais criadores proeminentes produziam, mais insucessos geravam e maiores eram suas chances de um sucesso espetacular.[1] Thomas Edison detinha mais de mil patentes, a maioria delas completamente sem importância, e teve muitas mais rejeitadas. Seus fracassos foram abundantes, mas seus sucessos — a lâmpada, vendida em massa, o fonógrafo, um precursor do projetor de cinema — foram impactantes. Entre *Rei Lear* e *Macbeth*, Shakespeare produziu *Timão de Atenas*. A escultora Rachel Whiteread alcançou um feito semelhante à dobradinha Ig Nobel/Nobel, de Geim: foi a primeira mulher a ganhar o Prêmio Turner — prêmio britânico para a melhor produção artística do ano — e também o "Prêmio Anti-Turner" como pior artista britânica.[2] E ela os recebeu *no mesmo ano*. Quando eu estava pesquisando a história dos videogames para escrever sobre a Nintendo, descobri que o agora psicoterapeuta Howard Scott Warshaw foi designer de videogames da Atari e usou tecnologia extremamente limitada de maneira engenhosa para fazer o jogo de ficção científica *Yar's Revenge*. Foi o jogo campeão de vendas do console Atari 2600 durante o início dos anos 1980, quando a empresa se tornou a companhia de crescimento mais rápido dos Estados Unidos. Naquele mesmo ano, Warshaw projetou a adaptação do filme *E.T* para o Atari. Novamente, precisou lidar com tecnologia limitada. Dessa vez, o jogo foi um fiasco tão grande que foi eleito o maior fracasso comercial da história do videogame e culpado pela demissão, praticamente do dia para a noite, de todo o pessoal da Atari Inc.[*]

É isso o que acontece no caminho turbulento da experimentação. Criadores originais tendem a errar muitas rebatidas, mas também fazem *home-runs*, e uma analogia com o beisebol não lhes faz muita justiça. Como diz o escritor

---

[*] *E.T.*, o jogo, foi um fracasso tão espetacular que deu origem à lenda do "Grande Enterro do Jogo de Videogame de 1983". Esta rezava que a Atari havia enterrado milhões de cópias em um aterro sanitário no Novo México. O lugar foi escavado em 2014 como parte de um documentário. E, de fato, foram encontradas cópias enterradas de *E.T.* — ainda que, definitivamente, não milhares delas.

Michael Simmons, "o beisebol tem uma distribuição muito irregular de resultados.[3] Quando você está com o taco, não importa quão bem você atinja a bola: o máximo possível de corridas é quatro". No mundo real, "de vez em quando, se você se dispõe a fazer o que é necessário, você pode marcar mil corridas". Isso não significa que descobertas originais são uma questão de sorte, apesar de a sorte ajudar, mas, sim, que sua produção é difícil e inconsistente. Ir aonde ninguém foi é um problema terrível. Não há fórmula predefinida ou sistema perfeito de *feedback* para seguir. De certa forma, é como o mercado de ações: se você quer ganhar muito, tem que tolerar uma grande quantidade de perdas. Como me disse o fundador da InnoCentive, Alph Bingham, "no início, grandes descobertas e falácias são muito parecidas".

A questão que me propus explorar foi como capturar e cultivar o poder da amplitude, a experiência diversificada e a exploração interdisciplinar, dentro de sistemas que exigem cada vez mais hiperespecialização e querem que você decida o que deve ser antes de descobrir quem você é.

No início do livro, falei sobre atletas e músicos porque eles são praticamente sinônimos de especialização precoce. Mas, entre os atletas que continuam na prática e se tornam parte da elite, a ampla experiência inicial e a especialização tardia são a norma. Os músicos chegam à grandeza por meio de uma diversidade incrível de caminhos, mas a hiperespecialização precoce não costuma ser necessária para o desenvolvimento da habilidade, e nas formas mais improvisadas é rara — ainda que, como nos esportes, muitos adultos tenham um enorme interesse financeiro em fazê-la parecer essencial. Sviatoslav Richter foi um dos grandes pianistas do século xx; ele começou sua instrução formal aos 22 anos.[4] Steve Nash é um canadense de tamanho relativamente normal, que não teve uma bola de basquete até os treze anos.[5] Foi ganhador do prêmio de MVP da NBA duas vezes. Enquanto escrevo isso, estou ouvindo uma violinista profissional que começou quando tinha dezoito anos. É claro, lhe disseram para parar antes mesmo de começar porque era velha demais. Agora, ela dá seu recado ensinando adultos iniciantes. A narrativa organizada da especialização não se encaixa com facilidade nem mesmo nesses domínios relativamente gentis que a divulgaram com o maior sucesso.

Então, sobre aquele conselho: não se sinta defasado. Dois historiadores romanos registraram que, quando Júlio César era jovem, viu a estátua de

Alexandre, o Grande, na Espanha e caiu em lágrimas.[6] "Na minha idade, Alexandre tinha conquistado tantas nações, e eu, em todo esse tempo, nada fiz de memorável", teria dito ele. Em pouquíssimo tempo, essa preocupação era uma memória distante, e a República Romana estava sob o comando de César — república que ele, aliás, transformou em ditadura antes de ser assassinado pelos próprios companheiros. É justo dizer que, como quase todos os jovens atletas de destaque, ele chegou cedo ao ápice. Compare a si mesmo com seu eu de ontem, e não com pessoas mais jovens e que não sejam você. Cada um de nós avança em um ritmo diferente, então não permita que alguém faça com que você se sinta atrasado. Provavelmente, você nem sequer sabe com exatidão para onde está indo, e sentir-se em desvantagem não ajuda em nada. Em vez disso, como sugeriu Herminia Ibarra para a busca proativa da adequação, comece a planejar seus futuros experimentos. Sua versão pessoal das experiências de sexta-feira à noite ou sábado de manhã, quem sabe.

Aproxime-se de sua viagem pessoal e projetos como Michelangelo se aproximava de um bloco de mármore, disposto a aprender e se ajustar à medida que avança, e até mesmo a abandonar um objetivo prévio e a mudar totalmente de direção caso a necessidade surja. Pesquisas a respeito de criadores em domínios que vão da inovação tecnológica aos quadrinhos mostram que um grupo diverso de especialistas não pode substituir de maneira integral as contribuições de indivíduos com interesses amplos. Mesmo quando você muda de uma área de trabalho para outra ou começa uma coisa inteiramente nova, sua experiência anterior não é perdida.

Finalmente, lembre-se de que não há nada inerentemente errado com a especialização. Nós nos especializamos em um grau ou outro, em um ponto ou outro. Minha centelha inicial de interesse nesse tópico brilhou ao ler artigos virais e ao assistir a palestras que ofereciam a hiperespecialização precoce como um tipo de truque, uma receita para não perder tempo acumulando experiências diferentes e experimentando coisas novas. Espero ter acrescentado ideias a essa discussão, porque a pesquisa em diversas áreas sugere que o devaneio mental e a experimentação pessoal são fontes de poder, e que a vantagem inicial é superestimada. Como o juiz da suprema corte Oliver Wendell escreveu há cem anos sobre a livre troca de ideias: "É uma experiência, assim como todo o resto da vida".[7]

Agradecimentos

ENCARO A ESCRITA DE UM livro como uma espécie de corrida de oitocentos metros — torturante durante o processo, mas, se você bate seu recorde pessoal ou faz um esforço supremo, logo olha para trás e diz: "Bem, não foi *tão* ruim". Foi, mas você faria de novo mesmo assim.

Todos os tipos de acontecimentos incríveis me alcançaram enquanto eu trabalhava neste livro. Por exemplo: aprendi um monte de coisas. Além disso, um dia, enquanto meu cérebro estava superaquecido, um cardeal, um gaio-azul e um papa-figo pousaram no peitoril da minha janela — são pássaros com os mesmos nomes de equipes da Liga Principal de Beisebol. Isso nunca acontece.

Obrigado, em primeiro lugar, a toda a equipe do Riverhead, especialmente minha editora, Courtney Young. Courtney me assustou um pouco quando concordamos em seguir em frente juntos com o projeto deste livro ao dizer algo como "Eu ficaria preocupada se não o conhecesse bem". [Oh, Deus!] Ela, então, atuou como um grande treinador instruindo um atleta; permitiu que eu cuidasse de mim mesmo, escolhendo os caminhos a percorrer e, quando reapareci dois anos depois com um manuscrito longo demais, ela mudou de marcha e atendeu ao meu desejo de respostas rápidas e frequentes enquanto eu reduzia o material em tamanho e formato. Quando chegou a hora, tornou o ambiente de aprendizagem perverso um pouco mais gentil com suas observações ("Sim, eu gosto disso; agora, ele soa menos como um gnomo mágico." Esse foi o feedback de Courtney sobre o que pode ter sido uma descrição excessivamente floreada da minha parte.). Como não poderia deixar de ser, ela tem amplitude; quase se tornou engenheira.

Agradeço a meu agente, Chris Parris-Lamb, que terminou em 235º lugar a Maratona de Nova York, o que é importante, mas não tão importante quanto sua missão motivadora, que, até onde posso dizer, consiste em ajudar escritores a ganharem sua liberdade. Para usar uma analogia esportiva, minha estratégia para trabalhar com um agente foi preparar o melhor atleta disponível e sair do caminho.

Agradeço a todos que participaram de meu tortuoso processo de verificação dos fatos, mas especialmente a Emily Krieger e Drew Bailey e aos entrevistados que cederam seu tempo (de novo... e, às vezes, de novo), para que eu pudesse importuná-los sobre coisas que já haviam me contado. Agradeço a Masaharu Kawamata e Tyler Walker por ajudarem com a tradução dos trechos em japonês.

Agradeço a Malcolm Gladwell. A primeira vez que nos encontramos foi para um debate no MIT Sloan Sports Analytics Conference, chamado "10,000 hours x The Sports Gene". (Disponível no YouTube.) A coisa toda se transformou em uma ótima discussão, e acredito que nós dois levamos ideias novas para casa. Ele me convidou para um treino intervalado no dia seguinte, e em outro dia, e começamos a conversar (apenas durante o aquecimento) sobre toda aquela ideia de "Roger x Tiger". A discussão foi arquivada em algum lugar na minha mente e veio à tona quando interagi com Tillman Scholars. Não tenho certeza se teria explorado o tema sem toda aquela conversa prévia. Como escreveu o psicólogo Howard Gruber: "Ideias não são realmente perdidas. São recuperadas quando se tornam necessárias".

Este livro foi o maior desafio organizacional que enfrentei; decidir como coletar informações, o que incluir e, em seguida, como armazená-la me fez sentir sobrecarregado, muitas vezes. Uma citação continuava vindo à minha mente: "É parecido com lutar com um gorila. Você não para quando está cansado. Você para quando o gorila está cansado". Qualquer que seja a recepção, estou orgulhoso de ter ido até o fim. E agradeço aos amigos e familiares que me apoiaram e aceitaram quando eu respondia "quem sabe no ano que vem" para aquele monte de convites. Acreditem: não é que eu não

300 *David Epstein*

quisesse ingressos para algo de que gosto. É apenas que, como qualquer nativo de Westeros sabe, os dizeres em meu brasão declaram: "Quando eu terminar meu livro". Esses apoiadores são: meu irmão Daniel (cuja resposta entusiasmada à minha divagação sobre as ideias presentes no capítulo 4 me convenceu a escrever sobre elas); minha irmã Charna (talvez ela tenha comprado todos os exemplares de meu último livro); meus pais, Mark e Eve, que sempre esperaram até depois que eu fizesse alguma coisa ridícula para se manifestarem, em vez de me proibiriem de fazê-la antes. Eles fizeram daqueles anos uma maravilhosa época de experimentação para mim. Agradeço ao "Príncipe Andrei", que saberá que falo dele quando ler isto; e à minha sobrinha, Sigalit Koufax (sim, aquele Koufax) Epstein-Pawar e seu pai, Ameya. Agradeço também a Andrea e John, pelo apoio moral e calórico, e às famílias Weiss e Green. Um agradecimento especial a Liz O'Herrin e Mike Christman por me envolverem com a Fundação Tillman; a Steve Mesler, por me dar acesso a Classroom Champions; a meu falecido amigo Kevin Richards, sem o qual eu provavelmente não teria me tornado um escritor de divulgação científica; e para meu amigo Harry Mbang, que nunca diz não para uma corrida à meia-noite até certa livraria. Agradeço a toda a família Chalkbeat — continuem a nadar.

Agradecimentos especiais a Toru Okada, Alice, Natasha Rostova e Katurian K. Katurian, Petter e Mona Kummel, Nate River, Gbessa, Benno von Archimboldi, Tony Webster, o irmão de Sonny, Tony Loneman, o trio Tommy, Doc e Maurice, Braiden Chaney, Stephen Florida e muitos outros personagens que insistem em me ensinar sobre a escrita. Espero que aqueles de que estou me esquecendo me perdoem.

Eu me sinto um pouco como Inigo Montoya depois que ele finalmente se vingou: "E o que vem agora???". Mas estou um milhão de vezes mais empolgado e menos amedrontado do que estava antes de realizar a pesquisa que gerou esse livro. Encerro os agradecimentos de meu último livro com uma nota sobre Elizabeth: "Se eu escrever outro livro, tenho certeza de que também será dedicado a ela". (Ainda que ela hesitasse entre desejar um livro meu ou de John Dewey dedicado a ela.) No fim do meu segundo livro, acho que posso afirmar que, se eu escrever outro livro, tenho certeza de que será dedicado a ela também.

Notas

POR QUESTÕES DE ESPAÇO, aqui apresento um grande número de menções, embora não sejam abrangentes. Espero que estas notas funcionem como uma trilha da pesquisa que levou a este livro, bem como uma porta de entrada com detalhes das fontes primárias para quem quer que esteja interessado em alguma experimentação de sexta-feira à noite (ou sábado de manhã). A maioria das citações feitas no livro é de entrevistas que realizei. Quando não é o caso, a fonte é identificada no texto ou aqui. No intuito de elencar tantas menções quanto possível no espaço disponível, desconsiderei subtítulos de livros e artigos em algumas das referências a seguir.

INTRODUÇÃO: ROGER VS. TIGER

1 G. Smith, "The Chosen One", *Sports Illustrated*, 23 de dezembro de 1996. (Além disso, Earl Woods incluiu uma fotografia referente na fonte citada abaixo.)

2 A principal fonte sobre a infância de Tiger neste capítulo é: E. Woods (com P. McDaniel, prefácio de Tiger Woods), *Training a Tiger: Raising a Winner in Golf and Life* (Nova York: Harper Paperbacks, 1997).

3 J. Benedict e A. Keteyian, *Tiger Woods* (Nova York: Simon & Schuster, 2018).

4 Smith, "The Chosen One".

5 R. Jacob, "Ace of Grace", *Financial Times*, 13 de janeiro de 2006, ed. on-line.

6 Ibid.

7 R. Stauffer, *The Roger Federer Story: Quest for Perfection* (Chicago: New Chapter Press, 2007 [e-book Kindle]).

8 Ibid.

9 J. L. Wertheim, *Strokes of Genius* (Nova York: Houghton Mifflin Harcourt, 2009 [e-book Kindle]).

10 Ibid.

11 Ibid.

12 Ibid.

13 Stauffer, *The Roger Federer Story.*

14 Ibid.

15 K. A. Ericsson, R. T. Krampe e C. Tesch-Romer, "The Role of Deliberate Practice in the Acquisition of Expert Performance", *Psychological Review* 100, nº 3 (1993): 363-406.

16 A. Gawande, *The Checklist Manifesto* (Nova York: Metropolitan Books, 2010).

17 Para uma excelente visão de como a Grã-Bretanha alterou seus canais de captação de novos talentos, veja: O. Slot, *The Talent Lab* (Londres: Ebury Press, 2017).

18 Exemplos de estudos — incluindo os citados na introdução — de vários esportes e países que registram a tendência de amostragem e a especialização tardia incluem (este primeiro artigo é a fonte de dados dos gráficos mostrando horas de prática): K. Moesch et al. "Late Specialization: The Key to Success in Centimeters, Grams, or Seconds (CGS) Sports", *Scandinavian Journal of Medicine and Science in Sports,* 21, nº 6 (2011): e282-90; K. Moesch et al. "Making It to the Top in Team Sports: Start Later, Intensify, and Be Determined!", *Talent Development and Excellence,* 5, nº 2 (2013): 85-100; M. Hornig et al., "Practice in the Development of German Top-Level Professional Football Players", *European Journal of Sport Science* 16, nº 1 (2016): 96-105 (epub anterior à impressão, 2014); A. Güllich et al., "Sport Activities Differentiating Match-Play Improvement in Elite Youth Footballers — A 2-Year Longitudinal Study", *Journal of Sports Sciences* 35, nº 3 (2017): 207-15 (epub anterior à impressão, 2016); A. Güllich, "International Medallists' and Nonmedallists' Developmental Sport Activities — A Matched-Pairs Analysis", *Journal of Sports Sciences* 35, nº 23 (2017): 2281-88; J. Gulbin et al., "Patterns of Performance Development in Elite Athletes", *European Journal of Sport Science* 13, nº 6 (2013): 605-14; J. Gulbin et al., "A Look Through the Rear View Mirror: Developmental Experiences and Insights of High Performance Athletes", *Talent Development and Excellence* 2, nº 2 (2010): 149-64; M. W. Bridge e M. R. Toms, "The Specialising or Sampling Debate", *Journal of Sports Sciences* 31, nº 1 (2013): 87-96; P. S. Buckley et al., "Early Single-Sport Specialization", *Orthopaedic Journal of Sports Medicine* 5, nº 7 (2017): 2325967117703944; J. P. Difiori et al., "Debunking Early Single Sports Specialization and Reshaping the Youth Sport Experience: An NBA Perspective", *British Journal of Sports Medicine* 51, nº 3 (2017): 142-43; J. Baker et al., "Sport-Specific Practice and the Development of Expert Decision-Making in Team Ball Sports", *Journal of Applied Sport Psychology* 15, nº 1 (2003): 12-25; R. Carlson, "The Socialization of Elite Tennis Players in Sweden: An Analysis of the Players' Backgrounds and Development", *Sociology of Sport Journal* 5 (1988): 241-56; G. M. Hill, "Youth Sport Participation of Professional Baseball Players", *Sociology of Sport Journal* 10 (1993): 107-14.; F. G. Mendes et al., "Retrospective Analysis of Accumulated Structured Practice: A Bayesian Multilevel Analysis of Elite Brazilian Volleyball Players", *High Ability Studies* (publicação on-line antecipada, 2018); S. Black et al "Pediatric Sports Specialization in Elite Ice Hockey Players", *Sports Health: A Multidisciplinary Approach* (publicação on-line antecipada, 2018). (A França, que venceu a Copa do Mundo de 2018, reformulou a liga juvenil décadas atrás para enfatizar o jogo desestruturado à custa de competições oficiais e para abrir espaço para o início tardio. Um grande jogador de futebol juvenil na França pode jogar metade dos jogos oficiais do que joga um colega norte-americano. Quando as

crianças francesas no sistema de desenvolvimento nacional têm jogos oficiais, os treinadores são impedidos de falar durante a maior parte da competição, de forma que não podem microgerenciar os jovens jogadores. "Não há controle remoto para os jogadores... Deixe-os jogar", disse Ludovic Debru, que ajudou a projetar a liga juvenil, colocando-o na edição de 2018 do Projeto Play Summit do Instituto Aspen.)

19 J. Brewer, "Ester Ledecká Is the Greatest Olympian at the Games, Even If She Doesn't Know It", *Washington Post,* 24 de fevereiro de 2018, ed. on-line.

20 J. Drenna, "Vasyl Lomachenko: 'All Fighters Think About Their Legacy. I'm No Different'", *Guardian,* 16 de abril de 2018, ed. on-line.

21 M. Coker, "Startup Advice for Entrepreneurs from Y Combinator", *VentureBeat,* 26 de março de 2007.

22 P. Azoulay et al., "Age and High-Growth Entrepreneurship", NBER Working Paper nº 24489 (2018).

23 G. Tett, *The Silo Effect: The Peril of Expertise and the Promise of Breaking Down Barriers* (Nova York: Simon & Schuster, 2015 [e-book Kindle]).

24 A. B. Jena et al., "Mortality and Treatment Patterns Among Patients Hospitalized with Acute Cardiovascular Conditions During Dates of National Cardiology Meetings", JAMA *Internal Medicine* 175, nº 2 (2015): 237-44. Veja também: R. F. Redberg, "Cardiac Patient Outcomes during National Cardiology Meetings", JAMA *Internal Medicine* 175, nº 2 (2015): 245.

1: O CULTO DA VANTAGEM INICIAL

1 A vida das irmãs Polgar foram registradas em vários livros e artigos. Para os detalhes deste capítulo, além de uma entrevista com Susan Polgar, as fontes mais úteis foram: Y. Aviram (diretor), *The Polgar Variant* (Israel: Lama Films, 2014); S. Polgar com P. Truong, *The Polgar Variant* (Israel: Lama Films, 2014); S. Polgar com P. Truong, *Breaking Through: How the Polgar Sisters Changed the Game of Chess* (Londres: Everyman Chess, 2005); C. Flora, "The Grandmaster Experiment", *Psychology Today,* julho de 2005, ed. on-line; P. Voosen, "Bringing Up Genius: Is Every Healthy Child a Potential Prodigy?", *Chronicle of Higher Education,* 8 de novembro de 2015, ed. on-line; C. Forbes, *The Polgar Sisters* (Nova York: Henry Holt, 1992).

2 Polgar com Truong, *Breaking Through.*

3 Equipe da *People,* "Nurtured to Be Geniuses, Hungary's Polgar Sisters Put Winning Moves on Chess Masters", *People,* 4 de maio de 1987.

4 L. Myers, "Trained to Be a Genius, Girl, 16, Wallops Chess Champ Spassky for $110,000", *Chicago Tribune,* 18 de fevereiro de 1993.

5 Aviram, *The Polgar Variant.*

6 W. Hartston, "A Man with a Talent for Creating Genius", *Independent,* 12 de janeiro de 1993.

7 "Daniel Kahneman — Biographical", Nobelprize.org, Nobel Media AB 2014. Tive o prazer de discutir a vida de Kahneman e trabalhar com ele durante um almoço em dezembro de 2015. Detalhes adicionais podem ser encontrados em seu livro *Thinking, Fast and Slow* (Nova York: Farrar, Straus & Giroux, 2011).

8 O livro ainda relevante que impressionou Kahneman foi: Paul E. Meehl, *Clinical Versus Statistical Prediction* (Minneapolis: University of Minnesota Press, 1954). Meehl desenca-

deou uma enorme quantidade de pesquisas mostrando que os especialistas costumam ganhar confiança, mas não habilidade, com a experiência. Uma excelente revisão de alguns desses trabalhos é: C. F. Camerer e E. J. Johnson, "The Process-Performance Paradox in Expert Judgment: How Can Experts Know So Much and Predict So Badly?", em *Toward a General Theory of Expertise*, ed. K. A. Ericsson e Jacqui Smith (Cambridge: Cambridge University Press, 1991).

9 D. Kahneman e G. Klein, "Conditions for Intuitive Expertise: A Failure to Disagree", *American Psychologist* 64, nº 6 (2009): 515-26.

10 O fantástico livro sobre ambientes de aprendizagem de Robin Hogarth chama-se *Educating Intuition* (Chicago: University of Chicago Press, 2001).

11 L. Thomas, *The Youngest Science* (Nova York: Penguin, 1995), 22.

12 Kasparov e seu ajudante de campo, Mig Greengard, tiveram a gentileza de responder às minhas perguntas. Informações adicionais vieram de uma palestra que Kasparov deu na Universidade de Georgetown, em 5 de junho de 2017, e do livro de Kasparov e Greengard, *Deep Thinking* (Nova York: PublicAffairs, 2017).

13 S. Polgar e P. Truong, *Chess Tactics for Champions* (Nova York: Random House Puzzles & Games, 2006), x.

14 Kasparov e Greengard, *Deep Thinking*.

15 Para uma excelente discussão sobre parcerias de xadrez humano–computador, veja: T. Cowen, *Average is Over* (Nova York: Dutton, 2013).

16 Hernandez gentilmente se envolveu em uma longa troca, explicando-me as nuances do xadrez de estilo livre e fornecendo-me documentação sobre torneios. Ele estimou que a classificação Elo da Williams no xadrez tradicional seria de cerca de 1800.

17 O programa foi *My Brilliant Brain*.

18 A. de Groot, *Thought and Choice in Chess* (Amsterdã: Amsterdam University Press, 2008).

19 A Teoria dos Blocos de Chase e Simon: W. G. Chase e H. A. Simon, "Perception in Chess", *Cognitive Psychology* 4 (1973): 55—81.

20 F. Gobet e G. Campitelli, "The Role of Domain-Specific Practice, Handedness, and Starting Age in Chess", *Developmental Psychology* 43 (2007): 159-72. Para as diferentes taxas de progressão dos indivíduos, consulte: G. Campitelli e F. Gobet, "The Role of Practice in Chess: A Longitudinal Study", *Learning and Individual Differences* 18, nº 4 (2007): 446-58.

21 Treffert compartilhou comigo vídeos de sua biblioteca de registros sobre sábios. Seu livro *Islands of Genius* (Londres: Jessica Kingsley Publishers, 2012) é um ótimo relato de sua pesquisa.

22 A. Ockelford, "Another Exceptional Musical Memory", em *Music and the Mind,* ed. I. Deliège, e J. W. Davidson (Oxford: Oxford University Press, 2011). Outras fontes sobre *savants* e música atonal: L. K. Miller, *Musical Savants* (Hove, East Sussex: Psychology Press, 1989); B. Hermelin et al., "Intelligence and Musical Improvisation", *Psychological Medicine* 19 (1989): 447-57.

23 N. O'Connor e B. Hermelin, "Visual and Graphic Abilities of the Idiot-Savant Artist", *Psychological Medicine* 17 (1987): 79-90. (Treffert ajudou a substituir o termo "Idiota-savant" por "síndrome *savant*".) Veja também: E. Winner, *Gifted Children: Myths and Realities* (Nova York: BasicBooks, 1996), cap. 5.

24 D. Silver et al., "Mastering Chess and Shogi by Self-Play with a General Reinforcement Learning Algorithm", *arXiv* (2017): 1712.01815.

25 Além de uma entrevista com Gary Marcus, usei o vídeo de sua palestra de 7 de junho de 2017 na AI for Good Global Summit em Genebra, bem como vários de seus trabalhos e ensaios: "Deep Learning: A Critical Appraisal", *arXiv*: 1801.00631; "In Defense of Skepticism About Deep Learning", *Medium*, 14 de janeiro de 2018; "Innateness, Alpha-Zero, and Artificial Intelligence", *arXiv*: 1801.05667.

26 Para ter uma visão equilibrada dos desafios de Watson na área da saúde — de um crítico chamar de "uma piada" a outros que sugerem que ela está muito aquém do original, mas que, de fato, tem valor — veja: D. H. Freedman, "A Reality Check for IBM's AI Ambitions", *MIT Technology Review*, 27 de junho de 2017, ed. on-line.

27 O oncologista é o dr. Vinay Prasad. Ele disse isso para mim em uma entrevista e também postou no Twitter.

28 Ginsberg et al., "Detecting Influenza Epidemics Using Search Engine Query Data", *Nature* 457 (2009): 1012-14.

29 D. Butler, "When Google Got Flu Wrong", *Nature* 494 (2013): 155-56; D. Lazer et al., "The Parable of Google Flu: Traps in Big Data Analysis", *Science* 343 (2014): 1203-5.

30 C. Argyris, "Teaching Smart People How to Learn", *Harvard Business Review*, maio-junho 1991.

31 B. Schwartz, "Reinforcement-Induced Behavioral Stereotypy: How Not to Teach People to Discover Rules", *Journal of Experimental Psychology: General* 111, nº 1 (1982): 23-59.

32 E. Winner, "Child Prodigies and Adult Genius: A Weak Link", em *The Wiley Handbook of Genius*, ed. D. K. Simonton (Malden: John Wiley & Sons, 2014).

33 Uma fonte útil, além da publicação de Kahneman e Klein "Adversarial Collaboration", e de *Educating Intuition*, de Hogarth, é: J. Shanteau, "Competence in Experts: The Role of Task Characteristics", *Organizational Behavior and Human Decision Processes* 53 (1992): 252—62.

34 Kahneman, *Thinking, Fast and Slow*.

35 P. A. Frensch e R. J. Sternberg, "Expertise and Intelligent Thinking: When Is It Worse Know Better?" em *Advances in the Psychology of Human Intelligence*, vol. 5, ed. R. J. Sternberg (Nova York: Psychology Press, 1989).

36 E. Dane, "Reconsidering the Trade-Off Between Expertise and Flexibility", *Academy of Management Review* 35, nº 4 (2010): 579-603. Para uma discussão geral sobre flexibilidade e inflexibilidade de especialistas: P. J. Feltovich et al., "Issues of Expert Flexibility in Contexts Characterized by Complexity and Change", em *Expertise in Context*, ed. P. J. Feltovich et al. (Cambridge: AAAI Press/MIT Press, 1997); e F. Gobet, *Understanding Expertise* (Basingstoke: Palgrave Macmillan, 2016).

37 Ibid.

38 E. Dane, "Reconsidering the Trade-Off Between Expertise and Flexibility", *Academy of Management Review* 35, nº 4 (2010): 579-603. Para uma discussão geral sobre flexibilidade e inflexibilidade de especialistas: P. J. Feltovich et al., "Issues of Expert Flexibility in Contexts Characterized by Complexity and Change", em *Expertise in Context*, ed. P. J. Feltovich et al. (Cambridge: AAAI Press/MIT Press, 1997); e F. Gobet, *Understanding Expertise* (Basingstoke: Palgrave Macmillan, 2016).

39 R. Root-Bernstein et al., "Arts Foster Scientific Success: Avocations of Nobel, National Academy, Royal Society and Sigma Xi Members", *Journal of Psychology of Science and Technology* 1, nº 2 (2008): 51-63; R. Root-Bernstein et al., "Correlations Between Avocations, Scientific Style, Work Habits, and Professional Impact of Scientists", *Creativity Research Journal* 8, nº 2 (1995): 115-37.

40 S. Ramón y Cajal, *Precepts and Counsels on Scientific Investigation* (Mountain View: Pacific Press Publishing Association, 1951).

41 A. Rothenberg, *A Flight from Wonder: An Investigation of Scientific Creativity* (Oxford: Oxford University Press, 2015).

42 D. K. Simonton, "Creativity and Expertise: Creators Are Not Equivalent to Domain-Specific Experts!", em *The Science of Expertise,* ed. D. Hambrick et al. (Nova York: Routledge, 2017 [e-book Kindle]).

43 Discurso de formatura de Steve Jobs em 2005, em Stanford: https://news.stanford.edu/2005/06/14/jobs-061505.

44 J. Horgan, "Claude Shannon: Tinkerer, Prankster, and Father of Information Theory", *IEEE Spectrum* 29, nº 4 (1992): 72-75. Para mais detalhes sobre Shannon, veja J. Soni e R. Goodman, *A Mind at Play* (Nova York: Simon & Schuster, 2017).

45 C. J. Connolly, "Transition Expertise: Cognitive Factors and Developmental Processes That Contribute to Repeated Successful Career Transitions Amongst Elite Athletes, Musicians and Business People" (tese de doutorado, Brunel University, 2011).

46 Ibid.

2: Como o mundo perverso foi criado

1 R. D. Tuddenham, "Soldier Intelligence in World Wars I and II", *American Psychologist* 3, nº 2 (1948): 54-56.

2 J. R. Flynn, *Does Your Family Make You Smarter?* (Cambridge: Cambridge University Press, 2016), 85.

3 J. R. Flynn, *What Is Intelligence?* (Cambridge: Cambridge University Press, 2009).

4 J. R. Flynn, "The Mean IQ of Americans: Massive Gains 1932 to 1978", *Psychological Bulletin* 95, nº 1 (1984): 29-51; J. R. Flynn, "Massive IQ Gains in 14 Nations", *Psychological Bulletin* 101, nº 2 (1987): 171-91. Para um excelente compêndio sobre o efeito e a resposta de Flynn, veja I. J. Deary, *Intelligence: A Very Short Introduction* (Oxford: Oxford University Press, 2001).

5 Além de entrevistas com Flynn, seus livros foram úteis — particularmente as cem páginas de apêndices em *Are We Getting Smarter?* (Cambridge: Cambridge University Press, 2012).

6 M. C. Fox e A. L. Mitchum, "A Knowledge-Based Theory of Rising Scores on 'Culture-Free' Tests", *Journal of Experimental Psychology* 142, nº 3 (2013): 979-1000.

7 O. Must et al., "Predicting the Flynn Effect Through Word Abstractness: Results from the National Intelligence Tests Support Flynn's Explanation", *Intelligence* 57 (2016): 7-14. Vi pela primeira vez esses resultados em São Petersburgo, na Rússia, na conferência anual de 2016 da International Society for Intelligence Research. O ISIR convidou-me para fazer o discurso anual do Constance Holden Memorial. Depois de quatro tentativas de conseguir um visto, eu cheguei. O evento foi cheio de debates vigorosos, mas civilizados, inclusive sobre o efeito Flynn, e mostrou-se um excelente recurso de background.

8 J. R. Flynn, *What Is Intelligence?*

9 E. Dutton et al., "The Negative Flynn Effect", *Intelligence* 59 (2016): 163-69. Veja também, de Flynn, *Are We Getting Smarter?*, por exemplo, as tendências no Sudão.

10 O fascinante livro de Luria, que é a principal fonte deste capítulo: *Cognitive Development: Its Cultural and Social Foundations* (Cambridge: Harvard University Press, 1976).

11 E. D. Homskaya, *Alexander Romanovich Luria: A Scientific Biography* (Nova York: Springer, 2001).

12 Flynn, *Does Your Family Make You Smarter?* e capítulo 22 de R. J. Sternberg e S. B. Kaufman, eds., *The Cambridge Handbook of Intelligence* (Cambridge: Cambridge University Press, 2011).

13 Uma descrição detalhada do fenômeno "vendo as árvores" em um contexto diferente pode ser encontrada em seções sobre "fraca coerência central" em U. Frith, *Autism: Explaining the Enigma* (Malden: Wiley-Blackwell, 2003).

14 S. Scribner, "Developmental Aspects of Categorized Recall in a West African Society", *Cognitive Psychology* 6 (1974): 475-94. Para mais informações sobre o trabalho que ampliou as descobertas de Luria, ver: M. Cole e S. Scribner, *Culture and Thought* (Nova York: John Wiley & Sons, 1974).

15 No Google Books *Ngram Viewer*, procure por "percent". Veja também: J. B. Michel et al., "Quantitative Analysis of Culture Using Millions of Digitized Books", *Science* 331 (2011): 176-82.

16 Flynn, *Does Your Family Make You Smarter?*

17 S. Arbesman, *Overcomplicated* (Nova York: Portfolio, 2017), 158-60.

18 C. Schooler, "Environmental Complexity and the Flynn Effect", em *The Rising Curve*, ed. U. Neisser (Washington, DC: American Psychological Association, 1998). E veja: A. Inkeles e D. H. Smith, A. Inkeles e D. H. Smith, *Becoming Modern: Individual Change in Six Developing Countries* (Cambridge: Harvard University Press, 1974).

19 Flynn, *Are We Getting Smarter?*

20 Flynn, *How to Improve Your Mind* (Malden: Wiley- Blackwell, 2012). Flynn gentilmente me forneceu a chave de teste e os gabaritos.

21 R. P. Larrick et al., "Teaching the Use of Cost-Benefit Reasoning in Everyday Life", *Psychological Science* 1, nº 6 (1990): 362-70; R. P. Larrick et al., "Who Uses the Cost-Benefit Rules of Choice?", *Organizational Behavior and Human Decision Processes* 56 (1993): 331-47. (A citação de Hogarth na nota de rodapé é de sua Instituição de Ensino, p. 222).

22 J. F. Voss et al., "Individual Differences in the Solving of Social Science Problems", em *Individual Differences in Cognition*, vol. 1, ed. R. F. Dillon e R. R. Schmeck (Nova York: Academic Press, 1983); D. R. Lehman et al., "The Effects of Graduate Training on Reasoning", *American Psychologist* 43, nº 6 (1988): 431-43.

23 "The College Core Curriculum", University of Chicago, https://college.uchicago.edu/academics/college-core-curriculum.

24 M. Nijhuis, "How to Call B.S. on Big Data: A Practical Guide", *The New Yorker*, 3 de junho 2017, ed. on-line.

25 J. M. Wing, "Computational Thinking", *Communications of the ACM* 49, nº 3 (2006): 33-35.

26 B. Caplan, *The Case Against Education* (Princeton: Princeton University Press, 2018), 233-35.

27 J. R. Abel e R. Deitz, "Agglomeration and Job Matching among College Graduates". *Regional Science and Urban Economics* 51 (2015): 14-24.

28 A. J. Toynbee, *A Study of History*, vol. 12, *Reconsiderations* (Oxford: Oxford University Press, 1964), 42.

29 Vídeo do Centro de Medicina Baseada em Evidências, "Doug Altman — Scandal of Poor Medical Research", https://www.youtube.com/watch?V=ZwDNPldQO1Q.

30 Além dos estudos de Larrick e Lehman acima, ver: D. F. Halpern, "Teaching Critical Thinking for Transfer Across Domains", *American Psychologist* 53, nº 4 (1998): 449-55; W. Chang et al., "Developing Expert Political Judgment", *Judgment and Decision Making* 11, nº 5 (2016): 509-26.

31 "Case Studies: Bullshit in the Wild", *Calling Bullshit*, https://callingbullshit.org/case_studies.html.

3: QUANDO MENOS DO MESMO É MAIS

1 As citações para este capítulo serão muitas e resumidas por necessidade. Explicação: a pesquisa mais extensa sobre vida e música nos *ospedali* foi conduzida por Jane L. Baldauf-Berdes. Alguns de seus trabalhos podem ser encontrados em livros, como *Women Musicians of Venice* (Oxford: Oxford University Press, 1996), que ela mal completou antes de morrer de câncer. Baldauf-Berdes ainda estava no meio de seu trabalho. No decorrer da reportagem, descobri que ela deixou seus arquivos de pesquisa para a Biblioteca de Manuscritos e Livros Raros David M. Rubenstein, na Universidade de Duke. Graças à biblioteca e a sua equipe, tive acesso a 48 caixas cheias de material de pesquisa de Baldauf-Berdes, desde traduções de documentos originais e fotografias de instrumentos antigos até listas de músicos e correspondência com outros historiadores. Sua paixão pelo tema extrapola essas caixas. Alguns detalhes neste capítulo que vêm de sua pesquisa são, creio, publicados aqui pela primeira vez. Só espero que Jane fique feliz por um escritor curioso ter aparecido e feito um pequeno uso dele. Eu gostaria de dedicar este capítulo a Jane L. Baldauf-Berdes.

2 J. Kerman e G. Tomlinson, *Listen (Brief Fourth Edition)*. (Boston: Bedford/St. Martin's, 2000), capítulos 7 e 9. (Vivaldi aparece como "campeão indiscutível" na página 117.)

3 Retirado da publicação moderna de um relato contemporâneo que forneceu uma fonte importante ao longo do capítulo sobre a música do século XVIII na Europa: P. A. Scholes, ed., *Dr. Burney's Musical Tours in Europe*, vol. 1, *An Eighteenth-Century Musical Tour in France and Italy* (Oxford: Oxford University Press, 1959, p. 118-38).

4 E. Selfridge- Field, "Music at the Pietà Before Vivaldi". *Early Music* 14, nº 3 (1986): 373-86; R. Thackray, "Music Education in Eighteenth Century Italy", reimpresso de *Studies in Music* 9 (1975): 1-7.

5 E. Arnold e J. Baldauf-Berdes, *Maddalena Lombardini Sirmen* (Lanham: Scarecrow Press, 2002).

6 J. Spitzer e N. Zaslaw, *The Birth of the Orchestra* (Oxford: Oxford University Press, 2004), 175. Também: Scholes, ed., *Burney's Musical Tours in Europe*, vol. 1, 137.

7 A. Pugh, *Women in Music* (Cambridge: Cambridge University Press, 1991).

8 Hester L. Piozzi, *Autobiography, Letters and Literary Remains of Mrs. Piozzi (Thrale)* (Tredition Classics, 2012 [e-book Kindle]).

9 Arnold e Baldauf-Berdes, *Maddalena Lombardini Sirmen*.

10 Ibid.

11 A escrita de Coli apareceu em 1687 em *Pallade Veneta,* um (em grande parte esquecido) periódico que levou o comentário em forma de carta. A melhor fonte do periódico é: E. Selfridge-Field, *Pallade Veneta: Writings on Music in Venetian Society, 1650-1750* (Veneza: Fondazione Levi, 1985).

12 J. L. Baldauf-Berdes, "Anna Maria della Pietà: The Woman Musician of Venice Personified", em *Cecilia Reclaimed*, ed. S. C. Cook e J. S. Tsou (Urbana: University of Illinois Press, 1994).

13 Ibid.

14 Esta é de outra fonte notável, um livro de documentos originais digitalizados e compilados por Micky White, ex-fotógrafa de esportes britânica e entusiasta de Vivaldi que se mudou para Veneza e fez de sua missão se debruçar sobre imensos arquivos da Pietà: M. White, *Antonio Vivaldi: A Life in Documents (with CD-ROM)* (Florença: Olschki, 2013), 87.

15 Baldauf-Berdes, "Anna Maria della Pietà".

16 Rousseau era um autodidata musical. Suas citações vêm de seu famoso trabalho autobiográfico, *The Confessions*.

17 O poema anônimo (c. 1740) foi traduzido por Baldauf-Berdes e M. Civera de R. Giazotto, *Vivaldi* (Turin: ERI, 1973).

18 Lady Anna Riggs Miller, *Letters from Italy Describing the Manners, Customs, Antiquities, Paintings, etc. of that Country in the Years* MDCCLXX *and* MDCCLXXI, vol. 2 (Impresso para E. e C. Dilly, 1777), 360-61.

19 D. E. Kaley, "The Church of the Pietà" (Veneza: International Fund for Monuments, 1980).

20 De uma das muitas listas de músicos e instrumentos que Baldauf-Berdes compilou da pesquisa de arquivos. Este, em particular, está na Caixa 1 de 48 na coleção Baldauf-Berdes, na Biblioteca Rubinstein da Duke.

21 Baldauf-Berdes, *Women Musicians of Venice* (Oxford: Oxford University Press, 1996).

22 Scholes, ed., *Burney's Musical Tours in Europe*, vol. 1.

23 Arnold e Baldauf-Berdes, *Maddalena Lombardini Sirmen*.

24 Uma das muitas órfãs em uma lista da Pietà, sua trajetória também é habilmente discutida por Micky White em um filme da BBC 4 chamado *Vivaldi's Women*.

25 R. Rolland, *A Musical Tour Through the Land of the Past* (Nova York: Henry Holt, 1922).

26 M. Pincherle, "Vivaldi e o 'Ospitali' de Veneza", *Musical Quarterly* 24, nº 3 (1938): 300-312.

27 D. Arnold. "Venetian Motets and Their Singers", *Musical Times* 119 (1978): 319-21. (A peça específica discutida é *Exsultate, jubilate*, mas o autor a usa como representante da música sacra de Mozart.)

28 Em uma proposta de pesquisa escrita para a Fundação Gladys Krieble Delmas em 1989, Baldauf-Berdes narrou esta e outras ocorrências das *figlie* sendo esquecidas. A série que ela pretendia publicar, infelizmente, foi uma daquelas que ela nunca conseguiu concluir.

29 Arnold e Baldauf-Berdes, *Maddalena Lombardini Sirmen*.

30 Baldauf-Berdes, "Anna Maria della Pietà".

31 G. J. Buelow, ed., *The Late Baroque Era* (Basingstoke: Macmillan, 1993).

32 R. Lane, "How to Choose a Musical Instrument for My Child", Upperbeachesmusic.com, 5 de janeiro de 2017.

33 M. Steinberg, "Yo-Yo Ma on Intonation, Practice, and the Role of Music in Our Lives", *Strings*, 17 de setembro de 2015, ed. on-line.

34 J. A. Sloboda et al., "The Role of Practice in the Development of Performing Musicians", *British Journal of Psychology* 87 (1996): 287-309. Veja também: G. E. McPherson et al., "Playing an Instrument", in *The Child as Musician*, ed. G. E. McPherson (Oxford: Oxford

University Press, 2006) ("Descobri que alguns dos jovens alunos de maior sucesso eram aqueles que tinham passado por vários instrumentos musicais."); e J. A. Sloboda e M. J. A. Howe, "Biographical Precursors of Musical Excellence", *Psychology of Music* 19 (1991): 3-21 ("As crianças excepcionais praticavam muito menos que a média das crianças em seu primeiro instrumento escolhido, mas muito mais do que as crianças comuns no terceiro instrumento.").

35 S. A. O'Neill, "Developing a Young Musician's Growth Mindset", em *Music and the Mind*, ed. I. Deliège e J. W. Davidson (Oxford: Oxford University Press, 2011).

36 Sloboda e Howe, "Biographical Precursors of Musical Excellence".

37 A. Ivaldi, "Routes to Adolescent Musical Expertise", em *Music and the Mind*, ed. Deliege and Davidson.

38 P. Gorner, "Cecchini's Guitar Truly Classical", *Chicago Tribune*, 13 de julho de 1968. (Studs Terkel entrevistou Cecchini no dia anterior à apresentação. Essa conversa fantástica sobre música pode ser encontrada aqui: http://jackcecchini.com/Interviews.html.)

39 T. Teachout, *Duke: A Life of Duke Ellington* (Nova York: Gotham Books, 2013).

40 Kerman e Tomlinson, *Listen*, 394.

41 L. Flanagan, *Moonlight in Vermont: The Official Biography of Johnny Smith* (Anaheim Hills: Centerstream, 2015).

42 F. M. Hall, *It's About Time: The Dave Brubeck Story.* (Fayetteville: University of Arkansas Press, 1996).

43 M. Dregni, *Django: The Life and Music of a Gypsy Legend* (Oxford: Oxford University Press, 2004 [e-book Kindle]). Duas outras fontes forneceram detalhes particularmente importantes sobre a vida de Django: C. Delaunay, *Django Reinhardt* (Nova York: Da Capo, 1961) (na contracapa, James Lincoln Collier, autor de *The Making of Jazz*, identifica Django como, "sem dúvida, o violonista mais importante"); e uma edição especial sobre Django da revista *Guitar Player* (novembro de 1976) dedicada a músicos lendários contando seu tempo com ele.

44 M. Dregni, *Django: The Life and Music of a Gypsy Legend* (Oxford: Oxford University Press, 2004 [e-book Kindle]). Duas outras fontes forneceram detalhes particularmente importantes sobre a vida de Django: C. Delaunay, *Django Reinhardt* (Nova York: Da Capo, 1961) (na contracapa, James Lincoln Collier, autor de *The Making of Jazz*, identifica Django como, "sem dúvida, o violonista mais importante"); e uma edição especial sobre Django da revista *Guitar Player* (novembro de 1976) dedicada a músicos lendários contando seu tempo com ele.

45 O conjunto de cinco CDs *Django Reinhardt — Musette to Maestro 1928-1937: The Early Work of a Guitar Genius* (JSP Records, 2010) inclui gravações de um jovem Reinhardt, tanto antes como após sua lesão.

46 Jacob McMurray, curador sênior do Museu da Cultura Pop de Seattle, gentilmente confirmou isso com a coleção permanente do museu.

47 "Django Reinhardt Clip Performing Live (1945)", YouTube, www.youtube.com/watch?v=aZ308aOOX04. (A data no vídeo do YouTube está incorreta. O clipe é do curta-metragem de 1938 "Jazz 'Hot'".)

48 P. F. Berliner, *Thinking in Jazz* (Chicago: University of Chicago Press, 1994).

49 C. Kalb, "Who Is a Genius?", *National Geographic*, maio 2017.

50 *Guitar Player*, novembro 1976.

51 Dregni, *Django*.

52 A. Midgette, "*Concerto on the Fly: Can Classical Musicians Learn to Improvise*", *Washington Post,*15 de junho de 2012, ed. on-line.

53 S. Suzuki, *Nurtured by Love,* trad. W. Suzuki (Alfred Music, 1993 [e-book Kindle]).

54 Ibid.

55 J. S. Dacey, "*Discriminating Characteristics of the Families of Highly Creative Adolescents*", *Journal of Creative Behavior* 23, nº 4 (1989): 263-71. (Grant fez referência ao estudo em: "How to Raise a Creative Child. Step One: Back Off", *New York Times*, 30 de janeiro de 2016.)

4: Aprendizado: rápido e lento

1 A cena da sala de aula é de vídeo, transcrição e análise do Estudo de Tendências em Matemática e Ciências Internacionais (timss). O vídeo em particular é "M-US2 Writing Variable Expressions".

2 O professor, por um curto período, errou e disse "dois". É corrigido para maior clareza.

3 J. Hiebert et al., "Teaching Mathematics in Seven Countries", National Center for Education Statistics, 2003, cap. 5.

4 Ibid.

5 E.R.A. Kuehnert et al. "Bansho: Visually Sequencing Mathematical Ideas", *Teaching Children Mathematics* 24, nº 6 (2018): 362-69.

6 L. E. Richland et al., "Teaching the Conceptual Structure of Mathematics", *Educational Psychology* 47, nº 3 (2012): 189-203.

7 R. A. Bjork, "Institutional Impediments to Effective Training", em *Learning, Remembering, Believing: Enhancing Human Performance,* ed. D. Druckman e R. A. Bjork (Washington, dc: National Academies Press, 1994), 295-306.

8 N. Kornell e J. Metcalfe, "The Effects of Memory Retrieval, Errors and Feedback on Learning", em *Applying Science of Learning in Education,* V. A. Benassi et al., ed. (Society for the Teaching of Psychology, 2014); J. Metcalfe e N. Kornell, "Principles of Cognitive Science in Education", *Psychonomic Bulletin and Review* 14, nº 2 (2007): 225-29.

9 T. S. Eich et al., "The Hypercorrection Effect in Younger and Older Adults", *Neuropsychology, Development and Cognition. Section B, Aging, Neuropsychology and Cognition* 20, nº 5 (2013): 511-21; J. Metcalfe et al., "Neural Correlates of People's Hypercorrection of Their False Beliefs", *Journal of Cognitive Neuroscience* 24, nº 7 (2012): 1571-83.

10 N. Kornell e H. S. Terrace, "The Generation Effect in Monkeys", *Psychological Science* 18, nº 8 (2007): 682-85.

11 N. Kornell et al., "Retrieval Attempts Enhance Learning, but Retrieval Success (Versus Failure) Does Not Matter", *Journal of Experimental Psychology: Learning, Memory, and Cognition* 41, nº 1 (2015): 283-94.

12 H. P. Bahrick e E. Phelps, "Retention of Spanish Vocabulary over 8 Years", *Journal of Experimental Psychology: Learning, Memory, and Cognition* 13, nº 2 (1987): 344-49.

13 L. L. Jacoby e W. H. Bartz, "Rehearsal and Transfer to ltm", *Journal of Verbal Learning and Verbal Behavior* 11 (1972): 561-65.

14 N. J. Cepeda et al., "Spacing Effects in Learning", *Psychological Science* 19, nº 11 (2008): 1095-1102.

15 H. Pashler et al., "Organizing Instruction and Study to Improve Student Learning", National Center for Education Research, 2007.

16 S. E. Carrell e J. E. West, "Does Professor Quality Matter?", *Journal of Political Economy* 118, nº 3 (2010): 409-32.

17 M. Braga et al., "Evaluating Students' Evaluations of Professors", *Economics of Education Review* 41 (2014): 71-88.

18 C. M. Clark e R. A. Bjork, "When and Why Introducing Difficulties and Errors Can Enhance Instruction", em *Applying the Science of Learning in Education,* ed. V. A. Benassi et al. (Society for the Teaching of Psychology, 2014 [e-book]).

19 C. Rampell, "Actually, Public Education is Getting Better, Not Worse", *Washington Post*, 18 de setembro de 2014.

20 G. Duncan e R. J. Murnane, *Restoring Opportunity* (Cambridge: Harvard Education Press, 2014 [e-book Kindle]).

21 D. Rohrer e K. Taylor, "The Shuffling of Mathematics Problems Improves Learning", *Instructional Science* 35 (2007): 481-98.

22 M. S. Birnbaum et al., "Why Interleaving Enhances Inductive Learning", *Memory and Cognition* 41 (2013): 392-402.

23 C. L. Holladay e M. A. Quinones, "Practice Variability and Transfer of Training", *Journal of Applied Psychology* 88, nº 6 (2003): 1094-1103.

24 N. Kornell e R. A. Bjork, "Learning Concepts and Categories: Is Spacing the 'Enemy of Induction'?", *Psychological Science* 19, nº 6 (2008): 585-92.

25 M. Bangert et al., "When Less of the Same Is More: Benefits of Variability of Practice in Pianists", *Proceedings of the International Symposium on Performance Science* (2013): 117-22.

26 Bjork faz essa sugestão para Daniel Coyle em *The Talent Code* (Nova York: Bantam, 2009).

27 M. T. H. Chi et al., "Categorization and Representation of Physics Problems by Experts and Novices", *Cognitive Science* 5, nº 2 (1981): 121-52; e J. F. Voss et al., "Individual Differences in the Solving of Social Science Problems", em *Individual Differences in Cognition,* vol. 1, ed. R. F. Dillon e R. R. Schmeck (Nova York: Academic Press, 1983).

28 D. Bailey et al., "Persistence and Fadeout in Impacts of Child and Adolescent Interventions", *Journal of Research on Educational Effectiveness* 10, nº 1 (2017): 7-39.

29 S. G. Paris, "Reinterpreting the Development of Reading Skills", *Reading Research Quarterly* 40, nº 2 (2005): 184-202.

5: Pensar além da experiência

1 A. A. Martinez, "Giordano Bruno and the Heresy of Many Worlds", *Annals of Science* 73, nº 4 (2016): 345-74.

2 Fontes que dão um excelente histórico sobre as visões de mundo herdadas por Kepler e suas analogias transformadoras são: D. Gentner et al., "Analogical Reasoning and Conceptual Change: A Case Study of Johannes Kepler", *Journal of the Learning Sciences* 6, nº 1 (1997): 3-40; D. Gentner, "Analogy in Scientific Discovery: The Case of Johannes Kepler", em *Model-Based Reasoning: Science, Technology, Values,* ed. L. Magnani e N. J. Nersessian (Nova York: Kluwer Academic/Plenum Publishers, 2002), 21-39; D. Gentner et al., "Analogy and Creativity in the Works of Johannes Kepler", em *Creative Thought: An Investigation of Conceptual Structures and Processes,* ed. T. B. Ward et al. (Washington, DC: American Psychological Association, 1997).

3 D. Gentner e A. B. Markman, "Structure Mapping in Analogy and Similarity", *American Psychologist* 52, nº 1 (1997): 45-56. Além disso, Kepler leu uma nova publicação sobre magnetismo: A. Caswell, "Lectures on Astronomy", *Smithsonian Lectures on Astronomy*, 1858 (British Museum collection).

4 J. Gleick, *Isaac Newton* (Nova York: Vintage, 2007).

5 A. Koestler, *The Sleepwalkers: A History of Man's Changing Vision of the Universe* (Nova York: Penguin Classics, 2017).

6 Ibid.

7 B. Vickers, "Analogy Versus Identity", em: *Occult and Scientific Mentalities in the Renaissance*, ed. B. Vickers (Cambridge: Cambridge University Press, 1984).

8 Gentner et al., "Analogy and Creativity in the Works of Johannes Kepler"; E. McMullin, "The Origins of the Field Concept in Physics", *Physics in Perspective* 4, nº 1 (2002): 13-39.

9 M. L. Gick e K. J. Holyoak, "Analogical Problem Solving", *Cognitive Psychology* 12 (1980): 306-55.

10 Ibid.

11 Ibid.

12 Ibid.

13 Ibid.

14 T. Gilovich, "Seeing the Past in the Present: The Effect of Associations to Familiar Events on Judgments and Decisions", *Journal of Personality and Social Psychology* 40, nº 5 (1981): 797-808.

15 A história de Kahneman está em seu *Thinking, Fast and Slow* (Nova York: Farrar, Straus & Giroux, 2011). Com fundo nas vistas internas e externas, também está em D. Kahneman e D. Lovallo, "Timid Choices and Bold Forecasts", *Management Science* 39, nº 1 (1993): 17-31.

16 D. Lovallo, C. Clarke e C. Camerer, "Robust Analogizing and the Outside View", *Strategic Management Journal* 33, nº 5 (2012): 496-512.

17 M. J. Mauboussin, *Think Twice: Harnessing the Power of Counterintuition* (Boston: Harvard Business Review Press, 2009).

18 L. Van Boven e N. Epley, "The Unpacking Effect in Evaluative Judgments: When the Whole Is *Less* Than the Sum of Its Parts", *Journal of Experimental Social Psychology* 39 (2003): 263-69.

19 A. Tversky e D. J. Koehler, "Support Theory", *Psychological Review* 101, nº 4 (1994): 547-67.

20 B. Flyvbjerg et al., "What Causes Cost Overrun in Transport Infrastructure Projects?" *Transport Reviews* 24, nº 1 (2004): 3-18.

21 B. Flyvbjerg, "Curbing Optimism Bias and Strategic Misrepresentation in Planning", *European Planning Studies* 16, nº 1 (2008): 3-21. O preço de £ 1 bilhão: S. Brocklehurst, "Going off the Rails", *BBC Scotland*, 30 de maio de 2014, ed. on-line.

22 Lovallo, Clarke e Camerer, "Robust Analogizing and the Outside View".

23 T. Vanderbilt, "The Science Behind the Netflix Algorithms That Decide What You'll Watch Next", Wired.com, 7 de agosto de 2013; e C. Burger, "Personalized Recommendations at Netflix", *Tastehit.com*, 23 de fevereiro de 2016.

24 F. Dubin e D. Lovallo, "The Use and Misuse of Analogies in Business", *Working Paper* (Sydney: University of Sydney, 2008).

25 Uma breve discussão sobre o ímpeto das exposições do BCG está em: D. Gray, "A Gallery of Metaphors", *Harvard Business Review,* setembro de 2003.

26 B. M. Rottman et al., "Causal Systems Categories: Differences in Novice and Expert Categorization of Causal Phenomena", *Cognitive Science* 36 (2012): 919-32.

27 M. T. H. Chi et al., "Categorization and Representation of Physics Problems by Experts and Novices", *Cognitive Science* 5, nº 2 (1981): 121-52.

28 Koestler, *The Sleepwalkers*.

29 N. Morvillo, *Science and Religion: Understanding the Issues* (Malden, MA: Wiley-Blackwell, 2010).

30 Koestler, *The Sleepwalkers*.

31 Uma excelente fonte sobre o trabalho de Dunbar é: K. Dunbar, "What Scientific Thinking Reveals About the Nature of Cognition", in *Designing for Science,* ed. K. Crowley et al. (Mahwah: Lawrence Erlbaum Associates, 2001).

32 K. Dunbar, "How Scientists Really Reason", in *The Nature of Insight,* ed. R. J. Sternberg e J. E. Davidson (Cambridge: MIT Press, 1995), 365-95.

6: O PROBLEMA DO EXCESSO DE GARRA

1 Os detalhes sobre a vida de Van Gogh vêm de várias fontes, incluindo cartas traduzidas escritas por ele e endereçadas a ele. Mais de novecentas cartas (isto é, todas as que sobreviveram) estão disponíveis no incrível website *Vincent van Gogh: The Letters* (vangoghletters.org), cortesia do Museu Van Gogh e do Instituto Huygens para a História da Holanda. Sem outra fonte incrível, eu não saberia quais cartas ler: Steven Naifeh e Gregory White Smith, *Van Gogh: The Life* (Nova York: Random House, 2011). Naifeh e Smith deram o passo extraordinário de criar um banco de dados pesquisável em vangoghbiography.com/notes.php. Foi extremamente útil. Duas outras fontes escritas foram úteis: N. Denekamp et al., *The Vincent van Gogh Atlas* (New Haven: Yale University Press and the Van Gogh Museum, 2016); e J. Hulsker, *The Complete Van Gogh* (Nova York: Harrison House/H. N. Abrams, 1984). Finalmente, duas exposições: "Van Gogh's Bedrooms", no Instituto de Arte de Chicago (2016), e as coleções do impressionismo e pós-impressionismo do Museu Hermitage, em São Petersburgo, Rússia.

2 Naifeh e Smith, *Van Gogh: The Life*.

3 Carta de Van Gogh ao irmão Theo em junho de 1844.

4 Naifeh e Smith, *Van Gogh: The Life*.

5 Carta de Van Gogh ao irmão Theo, setembro de 1877.

6 Naifeh e Smith, *Van Gogh: The Life*.

7 Émile Zola, *Germinal,* trad. R. N. MacKenzie (Indianapolis: Hackett Publishing, 2011).

8 Carta de Van Gogh ao irmão Theo, junho de 1880.

9 Carta de Van Gogh ao irmão Theo, agosto de 1880.

10 Carta de Van Gogh ao irmão Theo, março de 1822 (trad. Johanna van Gogh-Bonger).

11 Naifeh e Smith, *Van Gogh: The Life*.

12 Carta de Van Gogh ao irmão Theo, agosto de 1822. A pintura que Van Gogh fez naquele dia foi *Praia em Scheveningen na tempestade*. A obra foi roubada do Museu Van Gogh em 2002, mas recuperada mais de uma década depois.

13 A resenha, por G.-Albert Aurier, foi intitulada "*Les isolés*: Vincent van Gogh".

14 O número exato é 39,84 e vem da publicação on-line *Our World in Data* (ourworldindata.org).

15 *The Great Masters* (Londres: Quantum Publishing, 2003).

16 T. W. Schultz, "Resources for Higher Education", *Journal of Political Economy* 76, nº 3 (1968): 327-47.

17 O. Malamud, "Discovering One's Talent: Learning from Academic Specialization", *Industrial and Labor Relations* 64, nº 2 (2011): 375-405.

18 O. Malamud, "Breadth Versus Depth: The Timing of Specialization in Higher Education", *Labour* 24, nº 4 (2010): 359-90.

19 Malamud, "Discovering One's Talent".

20 S. D. Levitt, "Heads or Tails: The Impact of a Coin Toss on Major Life Decisions and Subsequent Happiness", NBER Documento de trabalho nº 22487 (2016).

21 Levitt, no programa *Freakonomics Radio* em 30 de setembro de 2011, "The Upside of Quitting".

22 C. K. Jackson, "Match Quality, Worker Productivity, and Worker Mobility: Direct Evidence from Teachers", *Review of Economics and Statistics* 95, nº 4 (2013): 1096-1116.

23 A. L. Duckworth et al., "Grit: Perseverance and Passion for Long-Term Goals", *Journal of Personality and Social Psychology* 92, nº 6 (2007): 1087-1101. (Toda a classe novata engloba 1.233 cadetes calouros; assim, Duckworth pesquisou quase todos.) A tabela 3 dá um bom resumo do tamanho da variância contabilizada pela pontuação de garra nos resultados da West Point, o Encontro Nacional de Soletração Scripps, notas dos alunos da Ivy League e conquistas na educação adulta. Duckworth tornou seu trabalho muito acessível no livro, *Grit: The Power of Passion and Perseverance* (Nova York: Scribner, 2016).

24 Uma peça incisiva sobre o Teste de Garra e a Pontuação Total do Candidato é: D. Engber, "Is 'Grit' Really the Key to Success?", *Slate,* 8 de maio 2016.

25 A. Duckworth, "Don't Grade Schools on Grit", *New York Times,* 26 de março de 2016.

26 Duckworth et al., "Grit: Perseverance and Passion for Long-Term Goals".

27 M. Randall, "New Cadets March Back from 'Beast Barracks' em West Point", *Times Herald-Record,* 8 de agosto de 2016.

28 R. A. Miller, "Job Matching and Occupational Choice", *Journal of Political Economy* 92, nº 6 (1984): 1086-1120.

29 S. Godin, *The Dip: A Little Book That Teaches You When to Quit (and When to Stick)* (Nova York: Portfólio, 2007 [e-book Kindle]).

30 G. Cheadle (Brig. Gen. USAF [Ret.]), "Retention of USMA Graduates on Active Duty", relatório oficial para a Associação de Graduados USMA, 2004.

31 Essa monografia faz parte de uma série de seis sobre o desenvolvimento de oficiais e retenção: C. Wardynski et al., "Towards a U.S. Army Officer Corps Strategy for Success: Retaining Talent", Instituto de Estudos Estratégicos, 2010.

32 A. Tilghman, "At West Point, Millennial Cadets Say Rigid Military Career Tracks Are Outdated", *Military Times,* 26 de março de 2016.

33 Você pode comparar sua pontuação de garra com a de outros adultos em https://angeladuckworth.com/grit-scale/.

34 S. Cohen, "Sasha Cohen: An Olympian's Guide to Retiring at 25", *New York Times,* 24 de fevereiro 2018.

35 Relatório de Gallup *State of the Global Workplace,* 2017.

7: Flertando com seus possíveis eus

1 As informações sobre a vida de Hesselbein vêm de múltiplas entrevistas com ela, assim como seus livros e a corroboração de outros que a conhecem. Seu livro, *My Life in Leadership* (São Francisco: Jossey-Bass, 2011), foi uma fonte particularmente útil e contém a citação "uma médica, uma advogada, uma aviadora".

2 E. Edersheim, "The Woman Drucker Said Was the Best CEO in America", *Management Matters Network*, 27 de abril de 2017.

3 J. A. Byrne, "Profiting from the Nonprofits", *Business Week,* 26 de março de 1990.

4 Quando o presidente Bill Clinton concedeu a medalha a Hesselbein, mostrou-se bem-humorado ao pedir que ela viesse "adiante" para receber o prêmio, porque ela não gosta do uso de palavras hierárquicas como "subir" e "descer".

5 *Good Morning America*, 26 de abril de 2016.

6 Phil Knight, *Shoe Dog* (Nova York: Scribner, 2016).

7 Esses e outros detalhes sobre a vida de Charles Darwin podem ser encontrados em *The Autobiography of Charles Darwin*. A versão gratuita com anotações pode ser encontrada em Darwin-online.org.uk.

8 Há uma porção de informações, como o convite do professor J. S. Henslow (em uma carta de 24 de agosto de 1831), disponíveis ao público no Projeto de Correspondências de Darwin da Universidade de Cambridge (www.darwinproject.ac.uk).

9 *The Autobiography of Charles Darwin.*

10 Biografia em www.michaelcrichton.com.

11 J. Quoidbach, D. T. Gilbert e T. D. Wilson, "The End of History Illusion", *Science* 339, nº 6115 (2013): 96-98.

12 B.W. Roberts et al., "Patterns of Mean-Level Change in Personality Traits Across the Life Course", *Psychological Bulletin* 132, nº 1 (2006): 1-25. Veja também: B. W. Roberts e D. Mroczek, "Personality Trait Change in Adulthood", *Current Directions in Psychological Science* 17, nº 1 (2009): 31-35. Para uma boa (e gratuita) resenha de pesquisa de personalidade pretendida para grandes audiências, veja M. B. Donnellan, "Personality Stability and Change", em *Noba Textbook Series: Psychology,* ed. R. Biswas-Diener e E. Diener (Champaign: DEF Publishers, 2018), nobaproject.com.

13 W. Mischel, *The Marshmallow Test* (Nova York: Little, Brown, 2014 [e-book Kindle]).

14 Y. Shoda et al., eds., *Persons in Context: Building a Science of the Individual* (Nova York: Guilford Press, 2007 [e-book Kindle]).

15 Shoda usou a ocasião de receber um prêmio de pesquisa para levantar o ponto outra vez. Um comunicado à imprensa de 2 de junho de 2015 da Universidade de Washington anunciando o prêmio observava: "Ainda que grato pela honra, Shoda expressou preocupação a respeito da cobertura da mídia sobre os estudos ao longo dos anos e a noção incorreta de que os pais poderiam prever o destino dos filhos ao fazerem os estudos por eles mesmos". Ele acrescentou que "os relacionamentos que estamos encontrando estão longe da perfeição. E há muito espaço para mudança".

16 T. Rose, *The End of Average: How We Succeed in a World That Values Sameness* (Nova York: HarperOne, 2016 [e-book Kindle]).

17 H. Ibarra, *Working Identity* (Boston: Harvard Business Review Press, 2003).

18 P. Capell, "Taking the Painless Path to a New Career", *Wall Street Journal Europe*, 2 de janeiro de 2002.

19 "What You'll Wish You'd Known", www.paulgraham.com/hs.html.

20 W. Wallace, "Michelangelo: Separating Theory and Practice", in *Imitation, Representation and Printing in the Italian Renaissance*, ed. R. Eriksen e M. Malmanger (Pisa and Rome: Fabrizio Serra Editore, 2009).

21 *The Complete Poems of Michelangelo*, trad. J. F. Nims (Chicago: University of Chicago Press, 1998): poema 5 (pintura); p. 8 (inacabado).

22 "Haruki Murakami, The Art of Fiction nº 182". *The Paris Review*, 170 (2004).

23 H. Murakami, "The Moment I Became a Novelist", *Literary Hub*, 25 de junho de 2015.

24 Biografia em patrickrothfuss.com.

25 Entrevista com Maryam Mirzakhani, *Guardian*, 12 de agosto de 2014, republicado com a permissão do Instituto de Matemática Clay.

26 A. Myers e B. Carey, "Maryam Mirzakhani, Stanford Mathematician and Fields Medal Winner, Dies", *Stanford News*, 15 de julho de 2007.

27 "A new beginning", Chrissiewellington.org, 12 de março de 2012.

28 H. Finster, como dito para T. Patterson, *Howard Finster: Stranger from Another World* (Nova York: Abbeville Press, 1989).

8: A VANTAGEM DO *OUTSIDER*

1 K. R. Lakhani, "InnoCentive.com (A)", HBS nº 9-608-170, Harvard Business School Publishing, 2009. Veja também: S. Page, *The Difference* (Princeton: Princeton University Press, 2008).

2 T. Standage, *An Edible History of Humanity* (Nova York: Bloomsbury, 2009).

3 "Selected Innovation Prizes and Rewards Programs", Knowledge Ecology International, KEI Research Note, 2008: 1.

4 J. H. Collins, *The Story of Canned Foods* (Nova York: E. P. Dutton, 1924).

5 Standage, *An Edible History of Humanity*.

6 Apresentação de Cragin em *Collaborative Innovation: Public Sector Prizes,* 12 de junho de 2012, Washington, D.C., A Fundação Case e a Fundação Joyce.

7 J. Travis, "Science by the Masses", *Science* 319, nº 5871(2008): 1750-52.

8 C. Dean, "If You Have a Problem, Ask Everyone", *New York Times,* 22 de julho de 2008. Veja também: entrevista de L. Moise com K. Lakhani, "5 Questions with Dr. Karim Lakhani", *InnoCentive Innovation Blog*, 25 de julho de 2008.

9 K. R. Lakhani et al., "Open Innovation and Organizational Boundaries", em A. Grandori, ed., *Handbook of Economic Organization* (Cheltenham: Edward Elgar, 2013).

10 S. Joni, "Stop Relying on Experts for Innovation: A Conversation with Karim Lakhani", *Forbes*, 23 de outubro de 2013, ed. On-line.

11 Equipe da Kaggle, "Profiling Top Kagglers: Bestfitting, Currently #1 in the World", *No Free Hunch* (blog official da Kaggle), 7 de maio de 2018.

12 Cópia de um memorando do Escritório de Relações Públicas da Universidade de Chicago (nº 62-583) de 17 de dezembro de 1962.

13 D. R. Swanson, "On the Fragmentation of Knowledge, the Connection Explosion, and Assembling Other People's Ideas", *Bulletin of the American Society for Information Science and Technology* 27, nº 3 (2005): 12-14.

14 K. J. Boudreau et al., "Looking Across and Looking Beyond the Knowledge Frontier", *Management Science* 62, nº 10 (2016): 2765-83.

15 D. R. Swanson, "Migraine and Magnesium: Eleven Neglected Connections", *Perspectives in Biology and Medicine* 31, nº 4 (1988): 526-57.

16 Entrevista de L. Moise com K. Lakhani, "5 Questions with Dr. Karim Lakhani".

17 O artigo era F. Deymeer et al., "Emery-Dreifuss Muscular Dystrophy with Unusual Features", *Muscle and Nerve* 16 (1993): 1359-65.

18 A equipe italiana de pesquisa logo publicou seus resultados (e agradeceu a Jill): G. Bonne et al., "Mutations in the Gene Encoding Lamin A/C Cause Autosomal Dominant Emery-Dreifuss Muscular Dystrophy", *Nature Genetics* 21, nº 3 (1999): 285-88.

9: PENSAMENTO LATERAL COM TECNOLOGIA OBSOLETA

1 Várias fontes sobre a história da Nintendo são de particular importância: F. Gorges e I. Yamazaki, *The History of Nintendo,* vol. 1, *1889-1980* (Triel-sur-Seine: Pix'N Love, 2010). F. Gorges e I. Yamazaki, *The History of Nintendo,* vol. 2, *1980-1991* (Triel-sur-Seine: Pix'N Love, 2012); E. Voskuil, *Before Mario: The Fantastic Toys from the Video Game Giant's Early Days* (Châtillon: Omaké Books, 2014); J. Parish, *Game Boy World 1989* (Norfolk, VA: CreateSpace, 2016); D. Sheff, *Game Over: How Nintendo Conquered the World* (Nova York: Vintage, 2011).

2 Para a nota da fonte das citações de Yokoi, veja a nota de rodapé na p. 198.

3 Gorges e Yamazaki, *The History of Nintendo, vol. 2,* 1980-1991.

4 E. de Bono, *Lateral Thinking: Creativity Step by Step* (Nova York: HarperCollins, 2010).

5 As patentes muitas vezes simples de Yokoi são um tesouro valioso da história da invenção. Essa patente (U.S. nº 4398804) e outras podem ser encontradas usando-se o Google Patents.

6 B. Edwards, "Happy 20th b-day, Game Boy", *Ars Technica,* 21 de abril de 2009.

7 *shmuplations.com* (tradução), "Console Gaming Then and Now: A Fascinating 1997 Interview with Nintendo's Legendary Gunpei Yokoi", *techspot.com,* 10 de julho de 2015.

8 Ibid.

9 Para uma descrição excelente, veja D. Pink, *Drive* (Nova York: Riverhead, 2011).

10 Prefácio de Satoru Okada em *Before Mario.*

11 Funcionários do IGN, "Okada on the Game Boy Advance", IGN.com, 13 de setembro de 2000.

12 M. Kodama, *Knowledge Integration Dynamics* (Cingapura: World Scientific): 2011.

13 C. Christensen e S. C. Anthony, "What Should Sony Do Next?", *Forbes,* 1º de agosto de 2007, ed. on-line.

14 F. Dyson, "Bird and Frogs", *Notices of the American Mathematical Society* 56, nº 2 (2009): 212-23. (Dyson pode ser uma criatura da matemática, mas também é um escritor excelente.)

15 M. F. Weber et al., "Giant Birefringent Optics in Multilayer Polymer Mirrors", *Science* 287 (2000): 2451-56; e R. F. Service, "Mirror Film Is the Fairest of Them All", *Science* 287 (2000): 2387-89.

16 R. Ahmed et al., "Morpho Butterfly-Inspired Optical Diffraction, Diffusion, and Bio-chemical Sensing", *RSC Advances* 8 (2018): 27111-18.

17 Palestra de Ouderkirk no TEDXHHL, 14 de outubro de 2016.

18 W. F. Boh, R. Evaristo e A. Ouderkirk, "Balancing Breadth and Depth of Expertise for Innovation: A 3M Story", *Research Policy* 43 (2013): 349-66.

19 Palestra de Ouderkirk no TEDXHHL, 14 de outubro de 2016.

20 G. D. Glenn e R. L. Poole, *The Opera Houses of Iowa* (Ames: Iowa State University Press, 1993). Para uma discussão mais ampla desse fenômeno, veja R. H. Frank, *Luxury Fever* (New York: The Free Press, 1999), cap. 3.

21 B. Jaruzelski et al., "Proven Paths to Innovation Success", *Strategy + Business*, inverno de 2014, pré-impressão da edição 77.

22 E. Melero e N. Palomeras, "The Renaissance Man Is Not Dead! The Role of Generalists in Teams of Inventors", *Research Policy* 44 (2015): 154-67.

23 A. Taylor e H. R. Greve, "Superman or the Fantastic Four? Knowledge Combination and Experience in Innovative Teams", *Academy of Management Journal* 49, nº 4 (2006): 723-40.

24 C. L. Tilley, "Seducing the Innocent: Fredric Wertham and the Falsifications That Helped Condemn Comics", *Information and Culture* 47, nº 4 (2012): 383-413.

25 M. Maruthappu et al., "The Influence of Volume and Experience on Individual Surgical Performance: A Systematic Review", *Annals of Surgery* 261, nº 4 (2015): 642-47; N. R. Sahni et al., "Surgeon Specialization and Operative Mortality in the United States: Retrospective Analysis", *BMJ* 354 (2016): i3571; A. Kurmann et al., "Impact of Team Familiarity in the Operating Room on Surgical Complications", *World Journal of Surgery* 38, nº 12 (2014): 3047-52; M. Maruthappu, "The Impact of Team Familiarity and Surgical Experience on Operative Efficiency", *Journal of the Royal Society of Medicine* 109, nº 4 (2016): 147-53.

26 "A Review of Flightcrew — Involved Major Accidents of U.S. Air Carriers, 1978 Through 1990", Conselho Nacional de Segurança no Transporte, Estudo de Segurança NTSB/SS-94/ 01, 1994.

27 A. Griffin, R. L. Price e B. Vojak, *Serial Innovators: How Individuals Create and Deliver Breakthrough Innovations in Mature Firms* (Stanford: Stanford Business Books, 2012 [e-book Kindle]).

28 D. K. Simonton, *Origins of Genius* (Oxford: Oxford University Press, 1999).

29 H. E. Gruber, *Darwin on Man: A Psychological Study of Scientific Creativity* (Chicago: University of Chicago Press, 1981).

30 T. Veak, "Exploring Darwin's Correspondence", *Archives of Natural History* 30, nº 1 (2003): 118-38.

31 H. E. Gruber, "The Evolving Systems Approach to Creative Work", *Creativity Research Journal* 1, nº 1 (1988): 27-51.

32 R. Mead, "All About the Hamiltons", *The New Yorker*, 9 de fevereiro de 2015.

10: ENGANADO PELA ESPECIALIZAÇÃO

1 O livro do professor de história de Yale, *The Bet* (New Haven, CT: Yale University Press, 2013), tem um contexto e uma análise fascinantes. Uma pequena amostra dessa análise é

C. R. Sunstein, "The Battle of Two Hedgehogs", *New York Review of Books,* 5 de dezembro de 2013.

2 P. Ehrlich, *Eco-catastrophe!* (São Francisco: City Lights Books, 1969).

3 G. S. Morson e M. Schapiro, *Cents and Sensibility* (Princeton: Princeton University Press, 2017 [e-book Kindle]).

4 Essa outra estatística no parágrafo (proporção de cidadãos malnutridos; mortes por inanição; índice de nascimento; trajetória do crescimento da população) vem da incrível publicação on-line *Our World in Data*, fundada pelo economista Max Roser, da Universidade de Oxford. O suprimento de calorias por pessoa por dia, por exemplo, pode ser encontrado aqui: https://slides.ourworldindata.org/hunger-and-food-provision//kcalcapitaday-by-world-regions-mg-png.

5 Departamento de Economia e Assuntos Sociais, Divisão Populacional, "World Population Prospects: The 2017 Revision, Key Findings and Advance Tables", Documento nº SA/P/WP/248.

6 P. R. Ehrlich e A. H. Ehrlich, *The Population Explosion* (New York: Simon & Schuster, 1990).

7 K. Kiel et al., "Luck or Skill? An Examination of the Ehrlich-Simon Bet", *Ecological Economics* 69, nº 7 (2010): 1365-67.

8 Tetlock oferece os resultados de seu trabalho em grandes (e sagazes) detalhes em *Expert Political Judgment: How Good Is It? How Can We Know?* (Princeton: Princeton University Press, 2005).

9 Tetlock, *Expert Political Judgment*.

10 P. E. Tetlock et al., "Bringing Probability Judgments into Policy Debates via Forecasting Tournaments", *Science* 355 (2017): 481-83.

11 G. Gigerenzer, *Risk Savvy* (Nova York: Penguin, 2014).

12 J. Baron et al., "Reflective Thought and Actively Open-Minded Thinking", in *Individual Differences in Judgment and Decision Making,* ed. M. E. Toplak e J. A. Weller (Nova York: Routledge, 2017 [e-book Kindle]).

13 Ibid.

14 J. A. Frimer et al., "Liberals and Conservatives Are Similarly Motivated to Avoid Exposure to One Another's Opinions", *Journal of Experimental Social Psychology* 72 (2017): 1-12.

15 Online Privacy Foundation, "Irrational Thinking and the EU Referendum Result" (2016).

16 D. Kahan et al., "Motivated Numeracy and Enlightened Self-Government", *Behavioural Public Policy* 1, nº 1 (2017): 54-86.

17 D. M. Kahan et al., "Science Curiosity and Political Information Processing", *Advances in Political Psychology* 38, nº 51 (2017): 179-99.

18 Baron et al., "Reflective Thought and Actively Open-Minded Thinking".

19 H. E. Gruber, *Darwin on Man: A Psychological Study of Scientific Creativity,* 127.

20 *The Autobiography of Charles Darwin*.

21 J. Browne, *Charles Darwin: A Biography,* vol. 1, *Voyaging* (Nova York: Alfred A. Knopf, 1995), 186.

22 Para algumas das muitas referências sobre Einsten como ouriço, veja Morson and Schapiro, *Cents and Sensibility*.

23 G. Mackie, "Einstein's Folly", *The Conversation,* 29 de novembro de 2015.

24 C. P. Snow, *The Physicists*, (Londres: Little, Brown and Co., 1981). Einstein também expressa essa ideia em: H. Dukas e B. Hoffmann eds., *Albert Einstein, The Human Side: Glimpses from His Archives* (Princeton: Princeton University Press, 1979), 68.

25 W. Chang et al., "Developing Expert Political Judgment: The Impact of Training and Practice on Judgmental Accuracy in Geopolitical Forecasting Tournaments", *Judgment and Decision Making* 11, nº 5 (2016): 509-26.

11: APRENDENDO A ABANDONAR SUAS FERRAMENTAS CONHECIDAS

1 O professor Max Bazerman gentilmente me permitiu observar o estudo de caso Carter Racing na Escola de Administração de Harvard ao longo de dois dias em outubro de 2016. (O estudo de caso foi criado em 1986 por Jack W. Brittain e Sim B. Sitkin.)

2 F. Lighthall, "Launching the Space Shuttle Challenger: Disciplinary Deficiencies in the Analysis of Engineering Data", *IEEE Transactions on Engineering Management* 38, nº 1 (1991): 63-74.

3 R. P. Boisjoly et al. "Roger Boisjoly and the Challenger Disaster", *Journal of Business Ethics* 8, nº 4 (1989): 217-230. A citação de Boisjoly "aquela situação não era boa" é das transcrições de 25 de fevereiro de 1986 da comissão presidencial.

4 J. M. Logsdon, "Was the Space Shuttle a Mistake?", MIT *Technology Review*, 6 de julho de 2011.

5 As transcrições dos interrogatórios da comissão presidencial, que forneceu as informações e citações apresentadas neste capítulo, estão disponíveis em https://history.nasa.gov/rogersrep/genindex.htm. Allan McDonald também dá um relato fascinante da investigação e do retorno do ônibus espacial em *Truth, Lies, and O-Rings* (Gainesville: University Press of Florida, 2009).

6 Do livro de Diane Vaughan, que inclui uma exploração fascinante da "normalização do desvio" na tomada de decisões: *The Challenger Launch Decision: Risky Technology, Culture, and Deviance at Nasa* (Chicago: University of Chicago Press, 1996).

7 As várias entrevistas de bastidores com gerentes e engenheiros da Nasa, antigos e atuais — especialmente durante uma visita ao Johnson Space Center em 2017 —, proporcionaram um material útil. O próprio portal da Nasa, APPEL Knowledge Services, foi extremamente útil. É um repositório incrível de informações que leva aos volumosos "Lessons Learned System" da Nasa.

8 K. E. Weick, "The Collapse of Sensemaking in Organizations: Gulch Disaster", *Administrative Science Quarterly* 38, nº 4 (1993): 52.; K. E. Weick, "Drop Your Tools: An Allegory for Organizational Studies", *Administrative Science Quarterly* 41, nº 2 (1996): 301-13; K. E. Weick, "Drop Your Tools: On Reconfiguring Management Education", *Journal of Management Education* 31, nº 1 (2007): 5-16.

9 R. C. Rothermel, "Mann Gulch Fire: A Race That Couldn't Be Won", Departamento de Agricultura, Serviço Florestal, Estação de Pesquisa Intermountain, Relatório Técnico Geral INT-299, maio de 1993.

10 K. E. Weick, "Tool Retention and Fatalities in Wildland Fire Settings", em *Linking Expertise and Naturalistic Decision Making*, ed. E. Salas e G. A. Klein (Nova York: Psychology Press, 2001 [e-book Kindle]).

11 USDA, USDI e USDC, *South Canyon Fire Investigation* (Relatório da Equipe de Investigação do Incêndio Acidental do South Canyon), EUA. Escritório de Impressão do Governo, Região 8, Relatório 573-183, 1994.

12 Weick, "Tool Retention and Fatalities em Wildland Fire Settings".

13 Ibid.

14 Weick, "Drop Your Tools: An Allegory for Organizational Studies".

15 Ibid.

16 J. Orasanu e L. Martin, "Errors in Aviation Decision Making", *Proceedings of the* HESSD '98 (Workshop sobre Erros Humanos, Segurança e Desenvolvimento de Sistemas) (1998): 100-107; J. Orasanu et al., "Errors in Aviation Decision Making", Fourth Conference on Naturalistic Decision Making, 1998.

17 Weick, "Tool Retention and Fatalities in Wildland Fire Settings".

18 M. Kohut, "Interview with Bryan O'Connor", revista ASK (*Academy Sharing Knowledge*), da Nasa, edição 45 (janeiro de 2012).

19 Interrogatórios da Comissão Presidencial sobre o Acidente com o Ônibus Espacial *Challenger* vol. 4, 4 de fevereiro de 1986.

20 Vários membros do 48º Batalhão de Resgate forneceram material e corroboração inestimáveis.

21 C. Grupen, *Introduction to Radiation Protection* (Berlim: Springer, 2010), 90. A mensagem completa de Shafer está preservada em https://yarchive.net/air/perfect-safety.html.

22 K. S. Cameron e S. J. Freeman, "Cultural Congruence, Strength, and Type: Relationships to Effectiveness", *Research in Organizational Change and Development* 5 (1991): 23-58.

23 K. S. Cameron e R. E. Quinn, *Diagnosing and Changing Organizational Culture*, 3ª edição (São Francisco: Jossey-Bass, 2011).

24 S. V. Patil et al., "Accountability Systems and Group Norms: Balancing the Risks of Mindless Conformity and Reckless Deviation", *Journal of Behavioral Decision Making* 30 (2017): 282-303.

25 G. Kranz, *Failure Is Not an Option* (Nova York: Simon & Schuster, 2000). Veja também: M. Dunn, "Remaking NASA one step at a time", Associated Press, 12 de outubro de 2003.

26 S. J. Dick, ed., *NASA's First 50 Years* (Washington, DC: NASA, 2011 [e-book]). Além disso, as notas semanais de Von Braun estão arquivadas em https://history.msfc.nasa.gov/vonbraun-vb-weekly-notes.html.

27 Ibid.

28 R. Launius, "Comments on a Very Effective Communications System: Marshall Space Flight Center's Monday Notes", *Roger Launius's Blog,* 28 de fevereiro de 2011.

29 Conselho de Investigação do Acidente do *Columbia* "History as Cause: *Columbia* and *Challenger*", in *Columbia Accident Investigation Board Report,* vol. 1, agosto de 2003.

30 A Universidade de Stanford mantém um arquivo com diversas informações (tanto técnicas quanto escritas) abertas ao público sobre a GP-B em einstein.stanford.edu. Para um profundo mergulho científico, uma edição especial da *Classical and Quantum Gravity* foi dedicada à GP-B (vol. 32, nº 22 [novembro de 2015]).

31 T. Reichhardt, "Unstoppable Force", *Nature* 426 (2003): 380-81.

32 Estudo de caso da Nasa, "The Gravity Probe B Launch Decisions", Nasa, Academia de Programa/Projeto e Liderança em Engenharia.

33 Geveden também discute a tensão saudável em R. Wright et al., eds., *Nasa at 50: Interviews with NASA's Senior Leadership* (Washington, DC: NASA, 2012).

34 J. Overduin, "The Experimental Verdict on Spacetime from Gravity Probe B", em Vesselin

Petkov, ed., *Space, Time, and Spacetime* (Berlim: Springer, 2010).

35 E.M. Anicich et al., "Hierarchical Cultural Values Predict Success and Mortality in High-Stakes Teams", *Proceedings of the National Academy of Sciences of the United States of America* 112, nº 5 (2015): 1338-43.

36 Eric Topol é o cardiologista que cunhou esse termo. (Para um paciente que está, na verdade, tendo um ataque cardíaco, um *stent* pode salvar a vida.)

37 K. Stergiopoulos e D. L. Brown, "Initial Coronary Stent Implantation With Medical Therapy vs Medical Therapy Alone for Stable Coronary Artery Disease: Meta-analysis of Randomized Controlled Trials", *Archives of Internal Medicine* 172, nº 4 (2012): 312-19.

38 G. A. Lin et al., "Cardiologists' Use of Percutaneous Coronary Interventions for Stable Coronary Artery Disease", *Archives of Internal Medicine* 167, nº 15 (2007): 1604-09.

39 A. B. Jena et al., "Mortality and Treatment Patterns among Patients Hospitalized with Acute Cardiovascular Conditions during Dates of National Cardiology Meetings", *JAMA Internal Medicine* 175, nº 2 (2015): 237-44. Veja também: A. B. Jena et al., "Acute Myocardial Infarction during Dates of National Interventional Cardiology Meetings", *Journal of the American Heart Association* 7, nº 6 (2018): e008230.

40 R. F. Redberg, "Cardiac Patient Outcomes during National Cardiology Meetings", *JAMA Internal Medicine* 175, nº 2 (2015): 245.

41 R. Sihvonen et al., "Arthroscopic Partial Meniscectomy Versus Sham Surgery for a Degenerative Meniscal Tear", *New England Journal of Medicine* 369 (2013): 2515-24. Links para vários outros estudos com descobertas de apoio podem ser encontrados em: D. Epstein, "When Evidence Says No, But Doctors Say Yes", *ProPublica,* 22 de fevereiro de 2017.

12: AMADORES PROPOSITAIS

1 Smithies abordou uma parte de seu trabalho e das páginas de seu caderno em seu discurso ao receber o Prêmio Nobel, disponível publicamente: "Turning Pages" (dezembro de 2007). A Universidade da Carolina do Norte mantém um arquivo on-line extraordinário de versões digitalizadas de mais de sessenta anos dos cadernos de Smithies, junto com gravações de áudio do próprio Smithies lendo-os e fazendo comentários. (Ele me disse que uma pessoa sempre deve ter um caderno, mesmo aos sábados.) Esse arquivo foi uma fonte maravilhosa para a preparação da entrevista e pode ser encontrado em: smithies.lib.unc.edu/notebooks.

2 A. Clauset et al., "Data-Driven Predictions in the Science of Science", *Science* 355 (2017): 477-80.

3 P. McKenna, "Nobel Prize Goes to Modest Woman Who Beat Malaria for China", *New Scientist,* 9 de novembro de 2011, ed. On-line.

4 O alquimista e herbalista Ge Hong escreveu *A Handbook of Prescriptions for Emergencies* no século IV, durante a dinastia Jin. Tu oferece um panorama em seu discurso do Nobel: "Artemisinin — A Gift from Traditional Chinese Medicine to the World" (7 de dezembro de 2015). Ela compartilha uma imagem do exemplar de um livro do século XVI em: Y. Tu, "The Discovery of Artemisinin (Qinghaosu) and Gifts from Chinese Medicine", *Nature Medicine* 17, nº 10 (2011): 1217-20.

5 Bhatt et al., "The Effect of Malaria Control on *Plasmodium falciparum* in Africa Between 2000 and 2015", *Nature* 526 (2015): 207-11.

6 G. Watts, "Obituary: Oliver Smithies", *Lancet* 389 (2017): 1004.

7 Geim detalha a descoberta na Palestra do Nobel apropriadamente intitulada "Random Walk to Graphene" (8 dezembro de 2010). Entre as palestras apropriadamente intituladas "Better to Be Wrong Than Boring" e "Legend of Scotch Tape".

8 C. Lee et al., "Measurement of the Elastic Properties and Intrinsic Strength of Monolayer Graphene", *Science* 321 (2008): 385-8.

9 E. Lepore et al., "Spider Silk Reinforced by Graphene or Carbon Nanotubes", *2D Materials* 4, nº 3 (2017): 031013.

10 J. Colapinto, "Material Question", *The New Yorker,* dezembro de 2014, ed. on-line.

11 O fascinante livro de Sarah Lewis sobre criatividade: *The Rise: Creativity, the Gift of Failure, and the Search for Master* (Nova York: Simon & Schuster, 2014).

12 "U. Manchester's Andre Geim: Sticking with Graphene — For Now", entrevista na *newsletter ScienceWatch*, agosto de 2008.

13 Lewis, *The Rise.*

14 Entrevistas de Max Delbrück com Carolyn Harding em 1978, Projeto de História Oral do Instituto de Tecnologia da Califórnia, 1979.

15 E. Pain, "Sharing a Nobel Prize at 36", *Science,* ed. Perfis de carreira on-line, 25 de fevereiro de 2011.

16 A. Casadevall, "Crisis in Biomedical Sciences: Time for Reform?", série de palestras do reitor da Escola de Saúde Pública Johns Hopkins Bloomberg, 21 de fevereiro de 2017: www.youtube.com/watch?v=05Sk-3u90Jo. Veja também: F. C. Fang et al., "Misconduct Accounts for the Majority of Retracted Scientific Publications", *Proceedings of the National Academy of Sciences of the USA* 109, nº 42 (2012): 17028-33.

17 A. K. Manrai et al., "Medicine's Uncomfortable Relationship with Math", *JAMA Internal Medicine* 174, nº 6 (2014): 991-93.

18 A. Casadevall e F. C. Fang, "Specialized Science", *Infection and Immunity* 82, nº 4 (2014): 1355-60.

19 A. Bowen e A. Casadevall, "Increasing Disparities Between Resource Inputs and Outcome, as Measured by Certain Health Deliverables, in Biomedical Research", *Proceedings of the National Academy of Sciences of the USA* 112, nº 36 (2015): 11335-40.

20 J. Y. Ho e A. S. Hendi, "Recent Trends in Life Expectancy Across High Income Countries", *BMJ* (2018), 362:k2562.

21 R. Guimerà et al., "Team Assembly Mechanisms Determine Collaboration Network Structure and Team Performance", *Science* 308 (2005): 697-702.

22 "Dream Teams Thrive on Mix of Old and New Blood", *Northwestern Now,* 3 de maio de 2005.

23 B. Uzzi and J. Spiro, "Collaboration and Creativity", *American Journal of Sociology* 111, nº 2 (2005): 447-504.

24 "Teaming Up to Drive Scientific Discovery", Brian Uzzi em TEDxNorthwesternU, junho de 2012.

25 C. Franzoni et al., "The Mover's Advantage: The Superior Performance of Migrant Scientists", *Economic Letters* 122, nº 1 (2014): 89-93; veja também: A. M. Petersen, "Multiscale Impact of Researcher Mobility", *Journal of the Royal Society Interface* 15, nº 146 (2018): 20180580.

26 B. Uzzi et al., "Atypical Combinations and Scientific Impact", *Science* 342 (2013): 468-72.

27 J. Wang et al., "Bias Against Novelty in Science", *Research Policy* 46, nº 8 (2017): 1416-36.

28 K. J. Boudreau et al., "Looking Across and Looking Beyond the Knowledge Frontier: Intellectual Distance, Novelty, and Resource Allocation in Science", *Management Science* 62, nº 10 (2016): 2765-83.

29 E. Dadachova et al., "Ionizing Radiation Changes the Electronic Properties of Melanin and Enhances the Growth of Melanized Fungi", *PLoS ONE* 2, nº 5 (2007): e457.

30 Por exemplo: D. Epstein, "Senatorial Peer Review", *Inside Higher Ed,* 3 de maio de 2006; e: D. Epstein, "Science Bill Advances", *Inside Higher Ed,* 19 de maio de 2006. Curiosamente, naqueles interrogatórios, o senador por New Hampshire (e doutor em Engenharia) John Sununu, normalmente um estridente falcão do orçamento, colocou-se em estrita oposição a Hutchison e defendeu o fundo de pesquisa sem aplicação clara. "Se você pode identificar um benefício econômico, não deveria estar financiando", disse ele. "É para isso que temos uma comunidade de capital de risco."

31 Clauset et al., "Data-Driven Predictions in the Science of Science".

32 M. Hornig et al., "Practice and Play in the Development of German Top-Level Professional Football Players", *European Journal of Sport Science* 16, nº 1 (2016): 96-105.

33 J. Gifford, *100 Great Business Leaders* (Cingapura: Marshall Cavendish Business, 2013).

CONCLUSÃO: EXPANDA SUA AMPLITUDE

1 Há uma excelente discussão dessa pesquisa (incluindo as patentes de Edison) no capítulo 10 de S. B. Kaufman e C. Gregoire, *Wired to Create* (Nova York: Perigee, 2015). Uma análise interessante das obras de Shakespeare baseada em pontuações de "popularidade" é D. K. Simonton, "Popularity, Content, and Context in 37 Shakespeare Plays", *Poetics* 15 (1986): 493-510.

2 W. Osgerby, "Young British Artists", em *ART: The Whole Story,* ed. S. Farthing (Londres: Thames & Hudson, 2010).

3 M. Simmons, "Forget the 10,000-Hour Rule", *Medium,* 26 de outubro de 2017.

4 W. Moskalew et al., *Svetik: A Family Memoir of Sviatoslav Richter* (Londres: Toccata Press, 2015).

5 "My Amazing Journey — Steve Nash", NBA.com, Prévia da temporada 2007-08.

6 C. Pelling, *Plutarch and History* (Swansea: Classical Press of Wales, 2002).

7 Abrams v. United States, 250 U.S. 616 (1919) (opinião discordante de Holmes).

ÍNDICE REMISSIVO

3M, 208

A genética do esporte, 300

A mente musical, 73

acidentes aéreos, 217, 253

agregação de perspectivas, 231

Airbnb, 169

AlphaZero, 37

Amaral, Luís A. Nunes, 286-287

ambientes generosos, 146, 293

análise quantitativa, 247

Appert, Nicolas, 179-181

aprendizado de circuito único, 39

aprendizado de máquina, 38, 185

aprendizado profundo, 97, 103

Argyris, Chris, 39-40

Aristóteles, 58, 105, 122, 187

Arnold, Denis, 70

Atari Inc, 296

Atividades com Projetos de Pesquisa
   Avançada em Inteligência (Iarpa), 228

atletas de elite, 15-16, 35, 102, 295

autodidata, 43, 77, 80-84, 174

aversão a ideias contrárias, 233

Bailey, Drew, 102, 300

bancos de dados de literatura, 186

Band of Gypsys, 80

Baron, Jonathan, 233, 235

Beast Barracks, 138-145

benefícios da amplitude, 23

Berliner, Paul, 81-82

Bingham, Alph, 177, 180, 184, 297

Bjork, Robert, 98, 101

Bohr, Niels, 236

Boisjoly, Roger, 249-251, 254, 256

Bonaparte, Napoleão, 71, 179-180

Boole, George, 43

Boston Consulting Group, 119

Boyle, Robert, 179

Brady, Tom, 18

Braun, Wernher von, 265, 269

Brexit, 234

Browne, Janet, 235

Brubec, Dave, 78-79, 82

Bruno, Giordano, 105

Burney, Charles, 69

busca pela inovação, 22

Bush, Vannevar, 291-292

BWX Technologies, 270

Caldune, Ibne, 55

Campitelli, Guillermo, 36

Caplan, Bryan, 58

cardiologia, 22, 273

Carter Racing, 239, 242-249

Casadevall, Arturo, 281

Cecchini, Jack, 76

Challenger, 245-250, 254-256, 261, 264, 266, 269

Chase, William G., 34-35

Chicago Tribune, 76

Christensen, Clayton, 206

Cohen, Sasha, 149

Coli, Francesco, 64

Columbia, 266-267

comandantes navais, 28

Command & Conquer, 33

concentração tardia, 23

congruência, 261-263, 266

Connolly, Christopher, 43

Copérnico, Nicolau, 105-106

Cousins, Ellen, 231

Cragin, Bruce, 181, 183, 185

Crichton, Michael, 161

curiosidade científica, 234

Dai, Shubin, 185

Dane, Erik, 42

Dark Horse Project, 160, 170

Darwin, Charles, 161-162, 218-219, 235

Davis, John, 182-185

Deep Blue, 31-33

Delbrück, Max, 280

desenvolvimento de habilidades, 14,

Dewey, John, 121, 301

dificuldades desejáveis, 91, 98, 102-103

DNA, 52, 187, 191, 251, 276-278

domínio não generoso (perverso), 30-31, 39, 44, 61, 118, 236-237, 299

domínios de alta incerteza, 214

Dregni, Michael, 83

Dropbox, 169

Dubin, Ferdinand, 118

Duckworth, Angela, 138-141

Duncan, Greg, 98, 102-103

Duncker, Karl, 110-111

Dyson, Freeman, 207, 213

Eastman, Scott, 230-231

educação ampla, 283

educação, 14, 25, 47-49, 57, 67, 95, 98, 102-103, 121, 131, 135-136, 215, 223, 282, 290

edução, 50

efeito da hipercorreção, 91

efeito Flynn, 46, 53

efeito geração, 91

Ehrlich, Paul, 221-224, 226-227

Einstein, Albert, 25, 235-236, 267, 270, 282, 291

Ellington, Duke, 19, 77

Emery-Dreifuss

enfrentamento de problemas, 253

entrincheiramento cognitivo, 42-43

equipe de paraquedistas de resgate (PJ), 220, 256-261

Escala de Garra, 148-149

escassez de recursos, 221

escorbuto, 180

Escritório do Censo dos EUA, 21

especialidade primária, 43

especialistas ouriços, 227, 230

especialistas precoces, 18, 295

especialistas raposas, 227-230, 232, 234, 236-237

especialistas tardios, 17-19

especialização estrita, 38-39, 43, 290

especialização tardia, 17-18, 22, 152

estratégia adaptativa de longo prazo, 38

estratégia da criação de blocos, 35-36

estratégia em tempo real, 33, 38

Exercício de De Groot, 34

experiência diversificada, 23, 297

experiência estrita, 30

explosão criativa, 215

Federer, Roger, 14, 40

Feynman, Richard, 256

filme óptico multicamadas, 208-209

Fischer, Bobby, 26

Fleisher, Leon, 83

Flynn, James, 45-48, 52-53, 55-59, 125, 281, 284

Flyvbjerg, Bent, 116

Foles, Nick, 18

Forças de Defesa de Israel, 29

Freakonomic, 137

Fundação Pat Tillman, 19, 151

Gaiman, Neil, 217

Galilei, Galileu, 107, 121

Garg, Abhimanyu, 194

Gawande, Atul, 15

Geim, Andre, 279-280, 295-296

Gentner, Dedre, 108-110, 112, 119-121, 125

Gigerenzer, Gerd, 232-233

Gilbert, Dan, 162

Gobet, Fernand, 36, 43

Godin, Seth, 143, 150

Gogh, Vincent van, 133-134, 150-152, 158, 167, 173, 281, 295

golfe, 11-12, 14, 40-41, 44, 72, 75, 89, 217

Google Flu Trends, 39

Gore, Bill, 293

Gore-Tex, 293

Graham, Paul, 169

Grant, Adam, 84

Griffin, Abbie, 218-220

Grito de Guerra da Mãe-Tigre, 72

Groot, Adriaan de, 34

Gruber, Howard, 218-219, 300

Hamilton, 219

Hendrix, Jimi, 80

Henslow, John Stevens, 235

Hernandez, Nelson, 33

Hesselbein, Frances, 153, 158, 167, 271, 281, 295

Hillary, Edmund, 78

Hogarth, Robin, 30-31, 41, 43, 56

Holley, Lonnie, 174

Holmes, Sherlock, 119

Hydra, 33

Ibarra, Herminia, 166-170, 298

ilusão de Ebbinghaus, 51

ilusão do fim da história, 162

incêndio de Mann Gulch, 251

incêndio de Storm King, 252

indexação de artigos, 186

Índice do Candidato Completo, 139-141

Iniciativa R3, 282

InnoCentive, 179, 181-184, 187, 195, 297

inovação fortalecedora, 206

inteligência artificial, 31, 38-39, 109, 184

intervalos, 94-95, 102

Jackson, Kirabo, 138

Jentleson, Katherine, 174

Jeopardy!, 39

Jobs, Steve, 42, 205

Johnson, Lyndon, 113

Jordan, Hillary, 171-172

Kahan, Dan, 233-234, 237

Kahneman, Daniel, 29-30, 41, 114-116, 165

Kasparov, Garry, 28, 31-35 Kepler, Johannes, 105-109, 113, 115, 119, 121-124

Klein, Gary, 28-30, 118

Knight, Phil, 160

Konnikova, Maria, 150

Kornell, Nate, 91-94, 101

Kranz, Gene, 264-265, 269

Lakhani, Karim, 184, 187

Ledecká, Ester, 18

Lemke, Leslie, 36

Levitt, Steven, 137-138

Lilly, Eli, 178

Limb, Charles, 82

Lomachenko, Vasyl, 18

loop de retroalimentação negativa, 120

loop de retroalimentação positiva, 120

Lopes-Schliep, Priscilla, 188

Lovallo, Dan, 115, 118-119

Luria, Alexander, 49, 51, 55, 57, 104, 109

Lyell, Charles, 235

Ma, Yo-Yo, 73

Mackie, Glen, 235

Malamud, Ofer, 135

Marcus, Gary, 38-39

Marvel Comics, 215

Matrizes Progressivas de Raven, 46-47, 50

McDonald, Allan, 249, 255, 261, 265

Melero, Eduardo, 214

Mellers, Barbara, 228-229, 236, 262, 264

memória, 36-37, 71, 95

Metcalfe, Janet, 91

método dos Polgar, 28

método Suzuki, 83

Michelangelo, 170, 298

Microsoft Research, 58

Miller, Robert A., 142

Miranda, Lin-Manuel, 219

Mirzakhani, Maryam, 19, 172

Mischel, Walter, 164-165

MIT, 21, 156

Miyazaki, Hayao, 216-217

modelo de especialização de "tomada de decisões naturalistas", 28

Morton Thiokol, 245-246, 248-251, 254-255, 269

Mozart, Wolfgang 15, 70

Mulloy, Larry, 250-251, 254-255, 264

Murakami, Haruki, 171

mutação genética, 187, 190

Naifeh, Steven, 133, 150-151, 158, 173

Nasa, 181, 245-247, 249-251, 254-256, 261, 263-270

NBA, 141, 297

Netflix, 117, 172, 212

Newton, Isaac, 121, 202, 289

Nicolas, Ashley, 141, 146

Nintendo Entertainment System, 202

Nintendo, 197-199, 201-207, 296

O nome do vento, 171

Ogas, Ogi, 159-161, 165-166

Ohsumi, Yoshinori, 292

oncologistas, 15

Ouderkirk, Andy, 207-212, 214, 218, 220

padrões instintivos, 30

padrões repetitivos, 31, 36

Palomeras, Neus, 214

paradoxo de Moravec, 32

Pasteur, Louis, 180, 291

Peele, Jordan, 217

pensamento "não convencional", 179

pensamento abstrato, 52, 55, 58

pensamento analógico, 108-109, 112, 117, 119, 121, 214

pensamento interdisciplinar, 23

pensamento lateral, 199, 203, 206, 219, 277

pensamento profundo, 108, 125

pensamento relacional, 109

período de experimentação, 17, 73, 75

pesquisa centralizada, 179

pesquisa de fraudes, 231, 283

Pietà, Anna Maria della, 64, 67, 71

Platão, 58, 105

Polgar, Laszlo, 25, 36, 290

Polgar, Susan, 32, 34-35

332 *David Epstein*

polímatas, 210-211, 213, 218

prática compactada, 14-17, 28, 30, 100-101

prática deliberada, 72, 81, 94, 102

precoce, 30, 125

precocidade, 15, 23

preservação de alimentos, 179

prevenção da enxaqueca, 186

previsão de eventos geopolíticos e econômicos, 229

previsão de sucesso de um filme, 81, 115, 117

previsões de especialistas, 225-226, 233

Prince, 80

princípio do desleixo limitado, 280

problema de "estabelecimento de conexão", 89

problema de "semelhanças", 60

problema de radiação de Duncker, 111

problemas de Fermi, 60-61

proficiências físicas, 17

profissionais de saúde, 21

Projeto Bom Julgamento, 229-230, 264

raciocínio estrutural, 114, 125

redes neurais, 109

Reinhardt, Django, 79, 82-83

resolução de problemas, 110, 112, 121, 263

revolução verde, 222

Richland, Lindsey, 88-90, 95, 100, 125

Roberts, Brent W., 163

robustas regularidades estatísticas, 41

Rose, Todd, 159, 165

Rousseau, Jean-Jacques, 65-66

Schoenberg, Arnold, 78

Schultz, Theodore, 135

Schwartz, Barry, 40

Selby, Cecily Cannan, 156

Seth, Jayshree, 213, 218

setor bancário, 21, 67, 120, 232-233, 285

Shannon, Claude, 43

Sharp, 201-202

Shoda, Yuichi, 164-165

Simon, Herbert A., 34-35

Simon, Julian, 222-224, 226-227

Simonton, Dean Keith, 42, 218, 287, 296

sistema escolar, 25-26, 135

Sloboda, John, 73-75

Smith, Johnny, 77-78

Smithies, Oliver, 275, 288

Sócrates, 25, 91

Sonda Gravitacional B, 267-268, 270

Southern, Edwin, 278

Spassky, Boris, 26

StarCraft, 38

stents, 21, 273

Stradivari, Antonio, 63

Stratton, Dorothy, 156

Superprevisões: a arte e a ciência de antecipar o futuro, 226

Swanson, Don, 185, 195, 212

Swanson, Judy, 187

Talent Is Overrated, 28

Tarefa de Classificação Ambígua, 119-121

tênis, 13-14, 18, 40-41, 217

Tenzing Norgay, 78

Teste de Garra, 140, 151

teste de QI, 46

teste de Raven, 46, 51-52

teste do marshmallow, 163-165

Tetlock, Philip, 224-231, 234, 236-237, 262-264

The Cambridge Handbook of Expertise and Expert Performance, 75

The Challenger Launch Decision, 246

The Confidence Game, 150

tomada de decisão, 29, 114, 228, 262-263, 268

Toynbee, Arnold, 9, 59, 274

trabalho de alta repetição, 216,

transferência distante, 104

Treffert, Darold, 36-37

treinamento cerebral, 95

treinamento especializado, 32

Tucker, Ross, 18

Tversky, Amos, 114

Uber, 38

Universidade Bocconi, 97

Universidade Carnegie Mellon, 34

Universidade da Pensilvânia, 228

Universidade de Chicago, 57, 60, 88, 185, 246

Universidade de Illinois, 163

Universidade de Michigan, 43

Universidade de Northwestern, 21, 120, 125, 286

Universidade de Oxford, 69, 116

Universidade de Stanford, 268

Vaughan, Dianne, 246-251, 254

Viles, Jill, 187

visão externa, 114-119

visão interna, 114-115, 119, 237

Vivaldi, Antonio, 63

Wallace, William, 170

Warshaw, Howard Scott, 296

Watson (IBM), 39

Wellington, Chrissie, 172

Wertham, Fredric, 215

Williams, Anson, 33

Wing, Jeannette, 58

Winner, Ellen, 41

Woods, Tiger, 14, 16, 27-28, 32, 71-72, 217, 295

xadrez, 26-28, 30-34, 36-44, 61, 102, 118, 236, 290

y Combinator, 169

Yates, Ian, 73

Yokoi, Gunpei, 198-207, 212, 278

YouTube, 63, 81, 163, 300

Youyou, Tu, 278

Zuckerberg, Mark, 15, 20-21

Este livro, composto na fonte Fairfield, foi impresso
em papel Lux Cream 60g/m², na gráfica A.R. Fernandez.
São Paulo, Brasil, setembro de 2024.